POCHES ODILE JACOB

UNE PENSÉE
EN MOUVEMENT

DU MÊME AUTEUR
CHEZ ODILE JACOB

Les Deux Sœurs et leur Mère, 1994.
De l'inceste, 1994.
Masculin/Féminin I. La pensée de la différence, 1996.
Contraception : contrainte ou liberté ? (sous la dir. de, avec Étienne-Émile Baulieu et Henri Leridon), 1999.
Masculin/Féminin II. Dissoudre la hiérarchie, 2002.
Corps et Affects (sous la dir. de, avec Margarita Xanthakou), 2004.
De la violence I, 2005.
De la violence II, 2005.
Le Sel de la vie, 2012.

FRANÇOISE HÉRITIER

UNE PENSÉE EN MOUVEMENT

Textes réunis par
Salvatore D'Onofrio

Odile Jacob
poches

15, rue Soufflot, 75005 Paris

www.odilejacob.fr

ISBN : 978-2-7381-2987-1
ISSN : 1621-0654

Pour Catherine, ma fille très aimée.

Présentation

J'ai intitulé ce livre *Une pensée en mouvement* pour deux raisons qui tiennent étroitement l'une à l'autre : car il s'agit d'un montage sélectif de parties d'entretiens réalisés depuis plus de vingt ans, et qu'au fil de ces rencontres et des questions qui m'y furent posées, on voit se dessiner, me semble-t-il, le mouvement d'une pensée, anthropologique certes, mais aussi d'une personne engagée dans les problèmes de la Cité.

Des entretiens que j'ai donnés n'ont été gardés que les plus denses, les plus riches, qu'ils aient été accordés à des collègues pour des journaux spécialisés, ou à des journalistes pour la presse. On en trouvera la liste en fin de volume. Dans deux cas seulement, il s'agit de réponses écrites à des questionnaires. Je dois l'idée de cette publication à un collègue et ami palermitain, Salvatore D'Onofrio, qui y a vu une mine d'informations et de réflexions qui dépassaient celles que j'ai pu fournir sur mes recherches et mes activités dans des ouvrages et autres publications savantes. Après m'avoir convaincue de l'intérêt de ce projet, il s'est chargé du choix, du découpage et du montage des textes. À de rares exceptions près, aucun de ces entretiens n'est repris *in extenso*. C'est tout l'art du découpage et du montage d'avoir sélectionné des morceaux qui s'ajustent et se complètent pour donner au lecteur un texte informatif suivi.

Bien évidemment, ces entretiens ont un côté « parlé ». Ils ont été enregistrés le plus souvent, décryptés, transcrits, parfois simplifiés par rapport au dit original, mais il reste toujours dans ces écrits la spontanéité et le ton de l'oralité. Je les ai conservés du mieux que possible. Cependant, il ne s'agit pas d'une simple reproduction. Des redites ont été supprimées, des tournures stylistiques aménagées et surtout j'ai rajouté quelques passages aux textes originaux. En effet, le propre d'un entretien, c'est que deux personnes ou même davantage sont face à face et que la conversation peut s'arrêter net et bifurquer à la suite d'une question qui interrompt trop tôt un développement. Ainsi, à la relecture, me sautaient aux yeux parfois des raisonnements tronqués, bloqués dans leur élan, ou des arguments dépourvus de leur justification. Ce sont ces apports nécessaires que j'ai ajoutés aux textes originaux.

Pour ne pas alourdir l'ensemble ni compliquer la lecture, on a fait le choix de le découper en chapitres, dans un texte qui se lit de façon continue, en précisant le nom des questionneurs mais sans fournir, à chaque changement de partenaire, la référence au texte original : le lecteur retrouvera ces informations bibliographiques à la fin de l'ouvrage, dans une liste des entretiens utilisés (plus quelques autres qui ne l'ont pas été), où le nom des chercheurs et journalistes qui furent mes partenaires est suivi de la référence datée de la publication.

Un ordonnancement a été fait par Salvatore D'Onofrio qui, en six grands chapitres, part de ma vie et de ma carrière et de quelques grands thèmes (1. Un parcours remémoré), s'attache ensuite plus particulièrement à deux points saillants de mes recherches, ceux qui ont particulièrement retenu l'attention publique (2. La valence différentielle des sexes ; 3. Incestes et substances), pour aboutir à des sujets de réflexion plus généraux et contemporains (4. L'anthropologue dans la Cité ; 5. L'avenir des sciences ; 6. Le sens du regard). C'est dans cette progression que se dessine une pensée en mouvement.

C'est vrai que dans mon adolescence et ma jeunesse, j'étais – je l'ai dit et écrit – plus intéressée par l'ailleurs et l'autrefois que par l'ici et maintenant. C'est ainsi que j'explique mon goût d'adolescente pour l'histoire ancienne et l'égyptologie, domaines de recherche que je convoitais tout en me préparant à l'enseignement de l'histoire, avant de faire la rencontre décisive de Claude Lévi-Strauss qui a changé ma vie en m'orientant vers l'anthropologie sociale et en me faisant partir sur le terrain en 1957. Je m'explique cet attrait après coup – mais c'est une hypothèse gratuite – par une sorte de rejet par mon jeune esprit des événements de la Seconde Guerre mondiale auxquels j'ai été confrontée à 6-7 ans et par l'horreur qu'ils ont suscitée en moi : l'exode, les avions qui nous mitraillaient en piqué, l'occupation, la disparition de familles juives amies, les bombardements sur Saint-Étienne, Firminy, La Ricamarie, et les ambulances qui arrivaient à l'hôpital à côté de chez nous en déversant leurs blessés et leurs morts (une tête coupée, un jour, sur un trottoir...), les restrictions... Ailleurs et autrefois étaient nécessairement meilleurs. Il y avait aussi cependant les beaux jours des vacances d'été en milieu paysan dans le Livradois : mais c'était déjà le dépaysement, l'ailleurs et le hors-du-temps. D'une certaine façon, le choix de l'anthropologie venait conforter ce goût, très profondément ancré sans doute pour les raisons que je viens d'évoquer. Mais après les années de terrain qui s'étagèrent entre 1957 et 1980, et les recherches sur la parenté et l'alliance (sujets abstraits et hors du temps peut-il sembler, ce qui est faux), est venu le temps d'autres questionnements, celui que j'ai appelé du titre d'un séminaire que j'ai tenu pendant plusieurs années au Collège de France, le temps de l'anthropologue dans la Cité. Qu'est-ce à dire ?

Pas plus que mes collègues, je n'ai la prétention ni la naïveté de croire que l'anthropologie sert directement à changer les mentalités et à infléchir le cours des choses, malgré le rôle d'« experts » que les spécialistes en sciences humaines et sociales sont parfois amenés à tenir, mais on peut au moins affirmer plusieurs choses. Tout d'abord, il est plus facile de lutter politiquement et avec des outils mieux adaptés, lorsqu'on a compris le fonctionnement des esprits, des lois et des institutions, ainsi que les ressorts profonds de nos comportements d'êtres sociaux. C'est ce que cherche à révéler l'anthropologie. Deuxièmement, au-delà du but premier de la recherche qui est la connaissance, l'accroissement et l'approfondissement des connaissances, au-delà aussi du plaisir profond que cette compréhension des choses apporte au chercheur, il convient de faire partager et ce plaisir, et les découvertes, et les leçons qu'il est possible d'en tirer dans l'ordinaire des choses, au plus grand nombre, que ces auditeurs potentiels soient des politiques ou soient simplement avides de pouvoir dépasser leurs certitudes et leurs limites. C'est la raison pour laquelle nous publions pour être lus, et aussi pour laquelle il n'est pas tout à fait inutile d'accepter d'être consulté en tant qu'expert. Mais en troisième lieu, et plus profondément encore, il me semble essentiel que l'anthropologue paie de sa personne, qu'il participe à la vie de la Cité, tant par sa réflexion que par ses actions, et mobilise son énergie et son savoir dans des domaines nouveaux d'action et de recherche qu'il lui faut baliser. Dans le séminaire dont j'ai parlé, des chercheurs sont venus s'exprimer et débattre sur les migrations, les politiques de la ville, la prostitution, le néocolonialisme, l'accès aux connaissances, les mouvements d'indépendance, ceux de protection des groupes fragiles, la diffusion des grandes pandémies nouvelles, etc. Il s'agissait alors simplement de réfléchir en commun. Mais on peut aussi s'impliquer et mettre la main à la pâte. J'ai tenté de le faire en acceptant des tâches dans des organismes ou comités *ad hoc* institutionnels, comme le Conseil sur le développement des sciences humaines et sociales ou le comité chargé de proposer la réforme du Muséum national d'histoire naturelle. De façon plus motivante encore, j'ai investi, je crois, beaucoup d'énergie dans des conseils nationaux et plus particulièrement au Conseil national du sida que j'ai présidé de sa création en 1989 à 1995. On trouvera des échos de ces activités et des débats qu'elles ont suscités dans les chapitres 4 et 5 de ce livre.

Ce sont là des entreprises dignes d'intérêt pour tous les anthropologues et où ils peuvent faire s'infléchir des manières de voir et de penser. Elles apportent en plus de grandes satisfactions. L'une d'entre elles, dont j'ai souligné à plusieurs reprises qu'elle était l'une de mes plus grandes satisfactions morales, c'est d'avoir pu contribuer fortement à l'édiction d'une mesure qui, en faisant passer la médecine pénitentiaire du ministère de l'Intérieur à celui de la Santé, a établi du même coup le droit à la confidentialité et au secret médical pour tous les détenus des prisons françaises, droits fondamentaux dont ils étaient privés. Auparavant, selon le vieil adage « Le corps du prisonnier appartient au souverain », il y avait une totale perméabilité entre l'administration et l'infirmerie. Les dossiers n'étaient pas sous clé et étaient consultables par la direction ; le personnel pénitentiaire assistait aux entretiens entre médecin et patient et jouait même souvent les rôles d'infirmier et de secrétaire médical ; les diagnostics et les traitements étaient connus de tous... Il s'ensuivait, surtout dans le cas des personnes séropositives ou atteintes du sida, une exclusion supplémentaire au sein de la prison, une sorte de double peine : pas de travail possible, surtout en cuisine ou pour la distribution des repas, une vaisselle séparée, pas d'activités collectives sportives, une mise à l'index. Les choses ont changé depuis en prison, grâce à cette mesure, grâce aux progrès spectaculaires obtenus par les tri- ou quadrithérapies en termes de longévité sinon de guérison, grâce aussi aux changements de représentation qui s'en sont suivis en ce qui concerne les causes et les vecteurs de la contamination.

On trouvera un écho des débats de l'époque, c'est-à-dire des années 1990, dans un chapitre. C'est d'ailleurs un des intérêts secondaires de l'ouvrage que de fournir, pour certains sujets, une lecture historique de notre passé récent, soulignant les différences visibles en moins de deux décennies. Cet avantage a son léger revers : les chiffres ont changé entre la date de l'entretien et aujourd'hui. On peut mesurer les progrès accomplis cependant. Ainsi les chiffres de la contamination de l'enfant par la mère ont-ils considérablement chuté en Europe depuis les années 1990 alors qu'ils se maintiennent élevés en Afrique.

Toutes les questions possibles ne m'ont pas été posées, c'est évident. Il y a ainsi de grandes béances mais qui seront sans doute agréables au lecteur. C'est en effet le domaine le plus pointu de la recherche anthropologique, sur les théories de la parenté et de l'alliance, sujets auxquels j'ai consacré au moins vingt-cinq ans de ma vie, qui a été le plus ignoré par mes questionneurs. C'est aussi le plus ingrat à suivre. En cela on peut dire qu'ils étaient d'avance gagnés par l'idée du rôle que peut jouer l'anthropologue dans la Cité, donc sensibles au premier degré aux domaines où ce rôle est le plus visible : le rapport des genres masculin et féminin, le changement en cours des formes de la vie sexuelle, parentale, conjugale, familiale, les problèmes de la « gouvernance » (terme dont je récuse l'usage, on verra pourquoi), l'avenir de la recherche, les rapports entre communautés, les difficultés de la jeunesse, la constitution de l'identité et de l'altérité par le regard, etc. On ne s'étonnera pas que ce soient certains de ces sujets-là qui ont été privilégiés.

Je note également un phénomène relativement nouveau – disons qu'il date d'une dizaine ou d'une quinzaine d'années : le goût pour l'histoire de la vie, le parcours du chercheur. Naturellement, les chercheurs en sciences sociales se servent d'histoires de vie comme outil méthodologique. Mais il ne transparaissait généralement rien de la leur dans leurs écrits. Est-ce un effet de la « pipolisation » ? Voilà que maintenant on leur demande de s'expliquer. Qui êtes-vous ? Quelles sont vos racines ? Quels ont été vos rapports avec vos parents ? D'où venez-vous ? Pourquoi avez-vous choisi ce chemin ? J'ai été moi aussi sollicitée récemment sur ces questions et on trouvera donc, dans le premier chapitre, une sorte d'histoire de vie, tronquée certes, mais qui traite au moins du milieu familial, des grandes influences que j'ai subies, des grandes orientations. Claude Lévi-Strauss y tient naturellement une grande place et je suis amenée à me définir par rapport à lui.

Un entretien présente une certaine originalité de forme : les rôles y sont en effet inversés. C'est moi qui questionne François Hollande. J'ai gardé néanmoins ce texte car mes questions y sont longues et argumentées, et que les sujets traitées sont toujours à l'ordre du jour.

Un cahier d'illustrations est joint à ce volume. On y trouvera quelques copies de pages de notes, ou de fiches, afin que le lecteur ait juste une petite idée de la matérialité de ce qu'on appelle des « notes de terrain ». On y trouvera quelques photographies d'Afrique, quelques photographies familiales ou institutionnelles. Des témoignages en quelque sorte. Il s'agit là encore de rapprocher des imaginaires, de faire comprendre des milieux et des itinéraires (de la fenaison en Livradois en 1940 à l'assemblée des professeurs du Collège de France en 1990), de montrer le temps qui a passé et l'actualité pourtant de l'entreprise.

Bien que sensible au caractère incomplet de ces pages, dû à l'aspect aléatoire de leur constitution originelle, je me suis laissé prendre au jeu qui tenait à retracer le cours d'une pensée dont je crois pouvoir dire, en effet, qu'elle est toujours et encore en mouvement, sur la brèche. Je serais heureuse si le lecteur y était sensible.

Je remercie du fond du cœur Salvatore D'Onofrio, tout d'abord pour avoir eu l'idée de départ, ensuite pour avoir si grandement, si généreusement, si efficacement œuvré à sa réalisation, enfin pour avoir rédigé une très pertinente postface. Sans lui, et compte tenu d'une année difficile que je viens de vivre, l'ouvrage n'aurait pu être remis dans les délais. Je remercie aussi chaleureusement tous les collègues, journalistes, éditeurs, revues et ayants droit des textes partiellement reproduits, d'avoir accepté cette utilisation. Et plus encore, je remercie mon éditrice d'avoir accepté avec enthousiasme ce projet inhabituel et je l'assure de ma véritable affection.

Janvier 2009

Chapitre premier

Un parcours remémoré

Au commencement était la terre

CAROLINE BROUÉ – *Vous êtes une femme plutôt discrète et réservée et, à ce titre, peu connue du grand public. Pourtant, vous avez travaillé sur des sujets qui touchent absolument tout le monde. La famille, l'inceste, la contraception, les rapports entre masculin et féminin, la violence, le corps. Et même la mécanique des liquides corporels, puisque vous avez travaillé sur le sang, le lait, le sperme, la salive, la sueur et j'en passe. Vous avez recensé ces réflexions dans une dizaine d'ouvrages. Vous êtes professeur honoraire au Collège de France, où vous étiez titulaire de la chaire d'Étude comparée des sociétés africaines. Vous avez également dirigé pendant seize ans le Laboratoire d'anthropologie sociale. Vous y avez succédé à Claude Lévi-Strauss en personne. Vous êtes aussi directrice d'études à l'École des hautes études en sciences sociales. Nous allons essayer de connaître un peu mieux la femme que vous êtes. Ce qui a fait de vous l'anthropologue que vous êtes devenue, ce qui vous a constituée et mue tout au long de votre vie. Françoise Héritier, est-ce qu'on peut dire qu'au commencement était la terre ? À la fois la terre de votre famille paysanne et la terre comme substance du monde ?*

La terre comme substance du monde, ce serait me donner des ambitions que je n'endosse pas. Mais la terre comme substrat familial et comme plaisir à vivre, oui, certainement. Parce que je suis d'une ascendance paysanne des deux côtés. Certes, je suis maintenant parisienne depuis de nombreuses années. Mais je représente la deuxième génération. Mes parents déjà étaient des fonctionnaires de l'État. En revanche, mes grands-parents et mes arrière-grands-parents des deux lignées étaient des paysans. Plus précisément, en ce qui concerne la branche paternelle de ma famille, ce sont des Auvergnats du Livradois, c'est-à-dire d'un « pays », comme on dit, un pays particulier du département du Puy-de-Dôme, en face des monts du Forez, et de l'autre côté d'une vallée où se trouve la ville la plus connue, Ambert, capitale du Livradois. Ambert est connue à cause d'un roman et de sa mairie ronde, forme peu courante pour les mairies des villes et des villages de France. Mes grands-parents, mes arrière-grands-parents étaient originaires de cette région, habitant dans des villages aux noms auvergnats sonores et très beaux : La Chapelle-Agnon, Bertignat, Vertolaye, Saint-Amand-Roche-Savine, Grandval, l'Imberdis. Ce sont des noms qui ont bercé mon enfance. Quant à ma mère, elle était bourguignonne, mais du sud de la Bourgogne. Pas la grande Bourgogne dijonnaise, celle du Charolais, où on élève les fameux grands bœufs blancs. Une région qui se situe dans un triangle dont les villes principales, à cheval sur deux départements, sont Roanne, Digoin et Paray-le-Monial. Paray-le-Monial est connue pour son église romane, extraordinaire. C'est l'une des plus fameuses de cette région de Saône-et-Loire, avec celle d'Anzy-le-Duc. Or il se trouve que je suis une enfant de la Seconde Guerre mondiale. Je suis née en 1933, mes parents vivaient alors à Saint-Étienne. Les restrictions alimentaires étaient assez sévères. Et pendant toute une période allant de 1939 à 1945 – et même au-delà –, mes parents nous envoyaient toujours, ma sœur, mon frère et moi, pour de longues vacances d'été dans cette famille auvergnate du Livradois. Parce que là, on faisait le pain à la ferme, des grandes tourtes de pain. Il y avait du beurre, il y avait du fromage, il y avait du lard. Et régulièrement, on nous pesait… J'ai gardé un souvenir précis de ces moments ; pour peser les veaux, on se servait de balances dont j'ai oublié le nom : l'animal est suspendu par des sangles à une barre pourvue d'un crochet maintenu à une poutre et munie d'un contrepoids. On nous asseyait sur les sangles tout comme les veaux et on nous pesait pour voir si nous avions pris du poids durant l'été. Ce qui était bien sûr le cas.

C. B. – *Donc, ce sont plutôt de bons souvenirs…*

Ce sont d'excellents souvenirs, d'autant que j'étais une petite fille au début et une jeune adolescente à la fin de la guerre, extrêmement désireuse d'apprendre les techniques. Or l'Auvergne était encore un endroit de France où les grandes techniques modernes n'étaient pas entrées. Il n'y avait pas de moissonneuse-batteuse, par exemple. Tout se faisait manuellement. On battait les gerbes au fléau : deux hommes marchent l'un en face de l'autre sur des gerbes étalées et ouvertes au sol – donc l'un va à reculons –, et quelqu'un doit tourner ou étaler les gerbes derrière eux ; c'était mon travail. Je conduisais les bœufs, je savais leur mettre le joug, je gardais les vaches, je participais aux fenaisons… J'ai souvenir d'avoir été une fois attaquée par un taureau : ce fut une de mes grandes peurs d'enfance. Je vous assure que dans ces cas-là, on détale à la vitesse maximale.

J'ai donc appris toute une série de choses qui étaient à ma portée. On ne me demandait pas de réaliser des exploits. Peut-être qu'à l'heure actuelle, on considérerait comme excessif de demander à une petite fille de moins de 10 ans, venant de la ville, de garder les vaches, de traire les chèvres, d'apporter leur pitance aux cochons, de « panser » les bêtes – cela veut dire les nourrir. Moi, je trouvais cela naturel, et j'y prenais un immense plaisir. Je me sentais utile, j'existais. J'ai appris à reconnaître un certain nombre de plantes que je cueillais, que je faisais sécher et qui servaient à faire des infusions. Comme la mauve, par exemple, et aussi de toutes petites violettes minuscules, qui servaient je ne sais plus à quoi, mais que je cueillais religieusement. J'y ai découvert très tôt la sexualité animale, car mon grand-oncle avait un taureau reproducteur, auquel on amenait des vaches pour les saillir après les avoir fait entrer dans un appareil de bois qu'on appelait le « travail ». Bref, j'ai appris lors de ces vacances là-bas énormément de choses – dont, effectivement, ce goût pour le langage de la terre et des saisons.

Mais j'ai découvert d'autres aspects de la vie également, parce que j'y recevais sans le savoir une éducation qui portait aussi sur des formes de convivialité particulières. C'est la première fois de ma vie que j'ai remarqué un système de répartition des tâches, et surtout des attitudes, entre hommes et femmes.

Une de mes cousines par alliance – elle avait épousé un cousin germain de mon père – était à 20 ans la bonne à tout faire, sous la houlette de sa belle-mère surtout, mais aussi de son mari. Elle ne s'asseyait pas pour manger : elle servait les hommes à table. Son mari était assis au haut bout de la table, devant la fenêtre ; puis ses fils, puis les différents valets ; quant à sa belle-mère, elle pouvait s'asseoir un peu. C'était une vieille dame très imposante, que je jugeais méchante et qui faisait peur à plus d'un. Moi, étrangère adoptée provisoirement, j'étais à table aussi, au petit bout, comme les jeunes garçons. Tout le monde était à table, sauf cette cousine. Elle servait tout le monde, puis elle mangeait debout ce qui restait. Il fallait apprendre les préséances. L'idée de me mettre au haut bout de la table ne me serait jamais venue. J'avais vite compris que c'était la place réservée au chef de famille. Il y avait une espèce d'intériorisation d'un certain nombre de modèles de comportements autour du rapport entre les hommes et les femmes, le masculin et le féminin, auxquels vous avez fait allusion dès le début de cet entretien. Ils ressortaient effectivement, et j'y ai été confrontée très vite à l'intérieur même d'une famille paysanne des années 1940. Ce n'était peut-être pas comme cela partout en France. L'Auvergne faisait partie de ces régions un peu déshéritées, à cause de son isolement routier, de son relief, de ses terres granitiques qui portent des cultures de pays froids – du seigle, des pommes de terre, de l'avoine, de l'orge et peu de froment. Elle était pauvre. Mais cela n'expliquait pas à mes yeux la rigidité de ces usages.

Comme le fait aussi qu'à l'église, les hommes se mettaient d'un côté, et les femmes de l'autre : on ne pouvait pas se mélanger. Ce sont des choses que j'ai apprises et intériorisées à cette époque, dans ces circonstances bien précises.

C. B. – *Diriez-vous que votre éducation a déterminé vos engagements futurs et vos thèmes de recherche ?*

C'est-à-dire que les étonnements que j'ai pu ressentir et le fait d'avoir vu ces choses m'ont permis de mieux comprendre par la suite des observations que j'ai été amenée à faire dans des terrains différents. Je n'étais pas encore ethnologue, vous vous en doutez, mais j'avais déjà cette curiosité, cette envie de comprendre le pourquoi des choses, d'aller au-delà des apparences, qui est la marque de notre métier.

C. B. – *Et cette sensibilité...*

Et cette sensibilité. Mais il y a d'autres apprentissages qui me sont restés également, ce sont des apprentissages manuels : tricoter, broder, coudre, « rapetasser », comme on disait. Il fallait souvent faire des rapetassages de chaussettes, de pantalons ou de chemises. Et d'autres travaux plus curieux. Les femmes, là-bas, et également les hommes l'hiver venu, pendant les longues soirées où il n'y a pas grand-chose à faire, fabriquaient des chapelets pour de petites entreprises artisanales qui répartissaient les commandes et fournissaient le fil d'argent, les perles et les diverses croix, et les médailles. Il s'en faisait une grande consommation dans l'Église catholique. Ces chapelets étaient donc fabriqués dans cette région d'Auvergne, et ils continuent d'ailleurs à y être fabriqués grâce au savoir-faire des gens et aussi parce que c'est, je crois, l'un des rares objets qui ne peut pas être fabriqué autrement que de façon artisanale. En effet, entre chaque perle, il faut découper un fil, passer une perle, tordre le fil pour faire une boucle, ensuite insérer l'extrémité d'un fil nouveau, le tordre, ajouter une perle, couper le fil, refaire une boucle... Bref, un travail minutieux et compliqué à faire avec des pinces spéciales... Les femmes partaient garder les vaches avec tout leur attirail : le rouleau de fil – un fil d'argent ou un fil métallique quelconque – et leurs perles. Elles avaient des commandes à honorer et étaient payées « à la grosse », c'est-à-dire par douze douzaines. Apprendre à manier cette pince coupante est un véritable savoir-faire. Moi aussi, j'avais appris à faire ces chapelets, et je les faisais très habilement ; j'en ai réalisé pas mal au cours de toute cette période auvergnate, ainsi que d'autres travaux manuels, réservés aux femmes. L'industrie du chapelet a peu à peu périclité, malgré les commandes venant des pays d'Amérique du Sud et d'Afrique, et celles-ci pas toujours pour des raisons très catholiques, mais plutôt pour des cultes de possession... Et voici ma petite histoire drôle : il s'était accumulé chez ces Auvergnates un tel savoir-faire, jugé typiquement féminin – puisque c'était un travail précis et minutieux –, que lorsqu'on a eu besoin de faire appel à de telles compétences pour d'autres objets, c'est à elles qu'on s'est adressé ! Il s'agit en l'occurrence d'Yves Saint Laurent, grand couturier et également grand parfumeur. Quand il a lancé le parfum *Opium,* dont vous vous souvenez sûrement, il l'a conditionné, les premières années, dans de très beaux flacons dont le bouchon était muni d'un ornement réalisé avec toute une série de cabochons constitués de perles de jais et de piécettes d'or, qui se terminait par un gland de soie noire, et qu'il fallait monter comme on montait un chapelet. Ce fut donc ma cousine Marie Friteyre de l'Espinasse – qui est morte maintenant, et à qui je rends ainsi hommage parce que je l'aimais bien – qui fut chargée, parce qu'elle était l'une des meilleures ouvrières dans l'ordre du chapelet, de fabriquer ces ornements pour les bouchons d'*Opium* ! À cette époque, je possédais une maison que j'avais achetée en Auvergne, à Bertignat ; j'allais rendre visite de temps en temps à cette cousine devenue veuve, et comme j'avais gardé la main, j'ai réappris l'art du chapelet et j'ai réalisé des ornements pour Yves Saint Laurent. Ce qui fait qu'il doit y avoir, de par le monde, un certain nombre de personnes qui, si elles ont gardé cette jolie bouteille, ont des ornements qui ont été fabriqués par moi. C'est assez drôle, n'est-ce pas !

Le premier homme de ma vie

OLIVIA BENHAMOU – *De quel père Françoise Héritier pouvait-elle être la fille ? Cette grande intellectuelle qui a consacré sa vie à explorer à travers le monde les fondements de nos croyances les plus absolues. Quelle image gardez-vous de votre père ?*

Il était beau, grand, brun, les cheveux coiffés en arrière, un peu ondulés et avec un beau regard : des yeux foncés… mais quand il est mort, son regard s'était éclairci, ses yeux paraissaient vert clair alors qu'en réalité, ils étaient noisette. Je me souviens surtout de ses très belles mains, grandes. J'en ai un peu hérité. Les siennes étaient massives, mais contrairement à beaucoup d'hommes, il avait un très bel ovale d'ongle. Il avait aussi de longs bras, il nous enlaçait volontiers, et plus tard aussi ses petits-enfants. Il manifestait son affection, contrairement à ma mère. Il avait un côté qui aurait pu passer pour de la sensiblerie parfois, les larmes lui montaient facilement aux yeux, s'il entendait une chanson un peu émouvante. Il était fleur bleue, ce qui pouvait contraster avec son côté autoritaire. Parce qu'il était aussi très autoritaire. Il n'y avait pas vraiment de discussion possible, parce qu'il ne fallait pas « répondre ». C'était de l'insolence. Mais je l'adorais.

O. B. – *Comment se manifestait cette autorité ?*

Il était autoritaire, sans brutalité, parce qu'il avait une forte conscience d'être le chef de famille. Il ne s'occupait pas tellement de notre travail en classe parce que cela marchait assez bien pour nous trois. Il était surtout vigilant à un certain dressage social : il ne fallait pas parler quand les adultes parlaient, il fallait demander la permission pour prendre la parole, ne pas mettre les coudes sur la table, rentrer à l'heure dite… Il veillait à ce que l'on sache se comporter.

Lui-même avait reçu une éducation assez dure, ma grand-mère paternelle étant une femme que l'on avait tendance à craindre. Elle avait un caractère de cochon, elle aurait fait se battre des montagnes. Elle a élevé seule ses trois garçons – son mari est mort des suites d'une blessure de la guerre de 1914 – et n'avait de bonheur (semble-t-il, mais je parle un peu ironiquement de ce que mon père racontait de son passé) que lorsqu'elle les dressait les uns contre les autres.

Mon père étant doué pour les études, elle l'a mis en pension chez les frères Ignorantins, à Paray-le-Monial puis à Moulins. Estimant qu'au pensionnat, il avait le gîte et le couvert et que cela était bien suffisant, elle ne lui donnait jamais un sou. Les jours de congé, il ne rentrait pas chez lui et restait seul sans un centime, sans pouvoir s'acheter ne serait-ce qu'un soda. Toute son enfance, il a souffert à la fois de ce manque affectif et de ce manque d'argent : il se sentait dévalorisé par rapport à ses copains qui avaient des familles beaucoup plus riches et huppées, et qui, eux, avaient de l'argent à dépenser, sortaient le week-end... Bien qu'il ait eu l'avantage sur ses frères de pouvoir faire des études, et qu'il ait été le seul de la petite ville de Marcigny à avoir son bac, il a beaucoup souffert.

O. B. – *Quel impact l'enfance malheureuse de votre père a-t-il eu sur l'éducation qu'il vous a donnée ?*

Nous étions un foyer modeste, où mes deux parents travaillaient, avec trois enfants et deux grands-mères à charge (l'une qui vivait avec nous toute l'année, l'autre qui venait passer tout l'hiver). Malgré cela, mon père a toujours veillé à ce que nous ayons, tous les trois, de l'argent de poche. C'était une opération solennelle qui avait lieu à chaque début de mois : on nous réunissait dans l'entrée, ma mère et mon père arrivaient avec trois enveloppes contenant la même somme pour chacun. Mon père y tenait parce qu'il n'y avait pas eu droit.

Il nous a transmis des idées morales comme la politesse, le respect dû aux autres, le courage, le respect du travail, le refus de tout apitoiement sur soi-même, la bonne écoute... Il considérait que tout travail méritait reconnaissance, qu'il fallait toujours remercier ses ancêtres de vous avoir fait ce que vous êtes, mais qu'on ne devait sa réussite qu'à soi-même.

Ses valeurs profondes étaient la justice et l'égalité absolue : il était hors de question que, chez lui, les filles n'aient pas autant le droit d'étudier que les garçons. Ma sœur et moi avons eu le même accès aux études, à la nourriture, à l'argent que notre frère. Mais cela ne signifiait pas pour autant qu'il considérait que la liberté qui était accordée aux garçons pouvait être accordée aux filles. Ainsi, lorsque mon frère avait en vacances le droit d'aller se balader seul avec ses copains, ma sœur et moi restions à la maison pour tricoter. Mais je crois que c'étaient plutôt mes grands-mères qui imposaient leur façon de voir. Il y souscrivait, mais il aimait bien nous accompagner aux « bals de plancher », à la campagne.

O. B. – *Quelle profession exerçaient vos parents ?*

Mon père a d'abord travaillé pour le PLM (Compagnie du chemin de fer Paris-Lyon-Méditerranée), puis à la SNCF (à partir de 1938), et ma mère était une fonctionnaire des PTT ; elle a toujours travaillé, c'est donc ma grand-mère maternelle qui s'est occupée de nous. Elle avait perdu son mari à la guerre de 1914 et s'était retrouvée veuve avant l'âge de 25 ans. Elle était alors retournée vivre chez ses parents et quand sa fille (ma mère) s'est mariée, elle l'a suivie : c'est elle qui venait nous chercher à l'école, faisait les courses, entretenait la maison. Je le dis, mais il ne faut en tirer aucune conclusion hâtive, je voyais davantage ma mère comme une grande sœur que comme une mère. Cela ne l'empêchait pas d'avoir son autorité, car elle savait dire non quand il le fallait, mais au quotidien, c'était avec ma grand-mère que nous avions des rapports suivis. Les câlins, c'était aussi avec elle et beaucoup avec mon père qui était un homme très sensible. C'était sur ses genoux que j'allais, enfant, le soir après dîner, mon frère sur ceux de ma mère, ma sœur aînée sur ceux de notre grand-mère. Mais ma sœur et moi alternions.

De l'enfance à l'après-guerre

OLIVIA BENHAMOU – *Vous êtes née en 1933, quelle enfance avez-vous eue ?*

Une enfance qui aurait pu être insouciante, s'il n'y avait eu la guerre. Mais nos parents nous protégeaient beaucoup, ma grande sœur, mon petit frère et moi. J'ai gardé des souvenirs très vivaces de l'exode en mai-juin 1940, des avions qui nous mitraillaient sur la route en piqué, de mon père qui n'était pas là, et de cette longue marche avec ma mère et ma grand-mère maternelle. Quand les avions venaient, on s'égaillait dans les champs, exactement comme dans le film *Jeux interdits*, avec les bombes qui éclatent de tous côtés. J'ai connu cela.

Au quotidien, il y avait des restrictions bien sûr, nous avions du mal à trouver de la nourriture... Nous n'avions ni sucre, ni chocolat, ni bonbons, ni gâteaux, mais nous n'en étions pas privés. Personnellement, la guerre m'est tombée dessus quand j'avais 6 ans, et elle a duré cinq ans, donc, je ne percevais pas les privations comme telles : pour moi, c'était la vie normale. Je ne me souvenais pas d'une particulière opulence antérieure. À la maison, on écoutait la radio anglaise, et mes parents veillaient à ce qu'on n'en parle pas à l'extérieur. L'autre chose importante, c'était qu'il ne fallait pas fraterniser avec les Allemands. Je m'en souviens particulièrement bien, parce que c'est l'une des rares fois où je me suis fait gronder par mon père. Nous étions à Montargis, de retour de l'exode, un officier allemand m'avait arrêtée dans la rue où j'allais à l'école. Il m'a parlé en français, c'était peut-être un homme cultivé : en tout cas, pas nécessairement un SS. Bref, il m'a dit des choses gentilles : que je ressemblais à sa fille, ou à sa petite-fille, il m'a demandé comment je m'appelais. Et je lui ai répondu. Pour finir, il m'a donné un morceau de sucre, mais pas un carré, un gros morceau de pain de sucre. De retour à la maison, j'ai raconté l'affaire et mon père a jeté le pain de sucre. Pourtant Dieu sait qu'il n'y en avait pas énormément ! Il m'a dit : « Les Allemands sont nos ennemis, il ne faut pas leur parler, si tu en vois, tu changes de trottoir ! » Cet épisode m'a brutalement fait ressentir le fait que véritablement, l'ennemi était là et qu'il ne fallait pas pactiser avec lui, à n'importe quel niveau. J'avais 7 ans. C'était pourtant contraire à toutes les obligations de politesse et de bienséance qu'il nous avait inculquées : qu'il fallait dire « bonjour », « merci », que si l'on nous parlait, il fallait répondre gentiment. Cela impliquait soudain deux codes de conduite différents. Et c'était nouveau pour moi.

O. B. – *Qu'avez-vous compris à ce moment-là de ce qui se passait ?*

Je me souviens de la famille Gorkin. Ils étaient nos voisins lorsque nous habitions à côté de Montargis, à Courtenay. Je ne savais pas qu'ils étaient juifs, ça ne voulait rien dire pour moi. Ils avaient une fille de 18 ans – j'en avais entre 7 et 10 –, elle était très belle et me paraissait totalement inaccessible. Et puis il y avait Henri, un garçon de mon âge : nous avions fait un trou dans le feuillage de la haie qui séparait nos deux jardins, et nous passions d'un jardin à l'autre pour nous amuser. Un jour, les gendarmes français sont venus les chercher sur ordre de l'armée allemande et ils ont disparu comme cela. On ne les a plus jamais revus. Mes parents étaient absolument effondrés, je voyais bien qu'ils en parlaient entre eux mais pas devant nous. On leur demandait pourtant : « Pourquoi on les a emmenés, pourquoi ils ne reviennent pas ? » À l'époque, ils ne voulaient pas nous le dire. Je ne sais pas si c'est bien ou mal. Mais c'était comme ça. Mes parents nous protégeaient, ils ne nous parlaient pas de cela de façon directe : le nazisme, je l'ai découvert bien après. Je ne sais même pas d'ailleurs s'ils étaient tellement au courant eux-mêmes. S'ils savaient quelque chose, c'était au sujet de la Résistance, surtout en Auvergne, mais dans quelle mesure ils y participaient ?... C'étaient des choses dont on ne parlait pas, une atmosphère que je retrouve dans des films qui traitent de cette époque, comme *Le Père tranquille*, parce qu'on ne disait rien pour éviter des étourderies d'enfants qui auraient risqué de parler de quelque chose qui devait être tu.

O. B. – *À l'adolescence, vos relations avec votre père ont-elles changé ?*

Lorsque j'ai eu 13 ans, nous sommes venus vivre à Paris, je suis allée au lycée Racine à partir de la classe de troisième, puis au lycée Fénelon, après le baccalauréat, dans les classes préparatoires aux grandes écoles. Les souvenirs que j'ai de mon père à cette époque sont très ponctuels : nous prenions le métro ensemble le matin, à la station Villiers. Lui allait rue Traversière où il y avait des bureaux de la SNCF et moi au lycée Fénelon, on se séparait à Réaumur-Sébastopol ou à Strasbourg-Saint-Denis, je ne sais plus. Nous étions plutôt du genre silencieux dans la famille, et pendant le trajet, nous n'avions pas nécessairement de conversation. De temps en temps, je retrouvais des amies et mon père était là, il ne disait rien, il nous écoutait, je l'embrassais en partant. C'était juste une présence chaleureuse.

O. B. – *Vous étiez donc très proche de lui, dans une sorte de complicité ?*

Je le présente peut-être comme quelqu'un d'un peu trop doux. C'était un homme volontaire dont le souci était la réussite de ses enfants, quelle qu'elle soit. Et il entendait bien régenter sa maison. Pendant toutes mes années d'enfance jusqu'à la majorité, il était hors de question de prendre ses vacances autrement qu'en famille, ce qui signifiait suivre les désirs de mon père qui adorait la montagne. Nous partions donc en voiture, une vieille Fiat, dont il avait aménagé le toit pour pouvoir emporter plein de choses, et nous campions dans la nature : les Alpes françaises et suisses, tous les cols, je les connais par cœur. Cela ne nous déplaisait pas, mais nous aurions aimé, de temps en temps, aller ailleurs. À la mer, par exemple. Mais il n'en était pas question.

Ce fut quand même une enfance et une adolescence un peu rigoureuses. Mon frère avait le droit de sortir avec ses camarades, mais nous, ma sœur et moi, n'en avions pas le droit, parce que les filles ne sortaient pas toutes seules. Ou bien, si on allait faire du vélo en vacances, il fallait que ma grand-mère vienne avec nous : elle l'a fait, jusqu'au jour où elle est tombée et s'est cassé une côte.

Mais je ne ressentais pas cela comme l'impossibilité de rencontrer des garçons, car nous allions aussi dans des bals : un parquet avec une tente par-dessus, un orchestre, l'accordéon, la batterie et voilà ! Sur les côtés, il y avait une petite mezzanine avec des tables où les parents s'installaient pour voir ce qui se passait sur la piste de danse. Nous avions des danseurs attitrés, qui étaient des garçons du pays (en Saône-et-Loire), approuvés par nos parents. Tout cela était très officiel, ça n'allait donc pas très loin.

Il fallait composer avec les décisions de mon père. De temps à autre, pour certaines bricoles, on arrivait à les contourner. Par exemple, il ne voulait pas du téléphone, en nous expliquant avec beaucoup de hauteur qu'il détestait « être sonné ». Comme mon frère, ma sœur, ma mère et moi voulions le téléphone, nous avons commencé à mettre en avant, de façon anodine, tous les inconvénients qu'il y avait à ne pas l'avoir. Ce n'était pas pratique, il fallait trouver une poste, quand on était malade il fallait sortir pour appeler un médecin, bref... sans jamais revendiquer, juste en regrettant ou en faisant mousser pour lui des situations qui le concernaient : « Si tu avais le téléphone, tu pourrais faire ça. » Un jour, il a dit : « Je crois qu'il nous faut le téléphone », et nous avons eu le téléphone. Il fallait seulement changer de tactique et lui donner l'impression que c'était lui qui en avait eu l'idée. Finalement mon père, c'était un ogre pour rire, mais il tenait à ce que son autorité soit reconnue.

Sinon, je ne l'ai jamais vu agir de façon déplaisante ni méchante avec personne. Avec ma mère, ils ont eu comme tout le monde des petits accrochages : nous le savions parce que pendant deux jours, ils ne se parlaient plus, c'était : « Dis à ton père que... », ou : « Va dire à ta mère que... » On se mettait en quatre pour les rabibocher, mais ce n'était pas bien difficile.

O. B. – *Ne vous êtes-vous jamais opposée à votre père ?*

Si, mais plus à ma famille entière que véritablement à lui. Du moins, il n'a jamais cherché le « clash », peut-être qu'il a délégué cela à ma mère. Nous étions petitement logés, je finissais ma licence d'histoire, je préparais l'agrégation. Ma sœur et moi partagions le même lit, nous n'avions pas tellement d'intimité pour travailler. Elle faisait des études dentaires, elle aimait la radio, elle l'allumait quand je voulais travailler... Alors j'ai voulu quitter la maison pour prendre une chambre en ville car je voulais être autonome. Je ne voulais pas nécessairement mener une vie déchaînée, seulement une vie à moi. Je ne serais d'ailleurs pas partie si on m'avait concédé la possibilité d'utiliser la chambre de bonne que nous avions au dernier étage. Mais même cela, mes parents ne le voulaient pas. Plus tard, j'ai revu cette chambre, elle était minuscule... et pourtant, j'aurais été vraiment heureuse de pouvoir y travailler. Mais pour mes parents, les filles devaient être sous la surveillance continuelle des parents, sinon elles risquaient de perdre leur réputation, de se laisser détourner du droit chemin... Ils se rendaient tout de même compte qu'il y avait des nécessités dues à mon travail universitaire, que je devais aller à la bibliothèque pour étudier et y rester le soir. Elle fermait à 22 heures, je devais être chez moi au plus tard à 22 h 30, il n'était pas question d'aller boire un verre avec des amis.

Alors, j'en ai eu assez. J'étais majeure, de la majorité à 21 ans. Mes parents se sont opposés à mon départ, mais je suis partie malgré eux. Cette rupture a été très brusque, je ne les ai pas vus pendant dix jours avant d'apprendre par un ami qu'ils étaient très inquiets. Je suis allée voir ma mère, nous nous sommes parlé d'un peu loin et je lui ai dit que je ne reviendrai pas, mais que je les tiendrai au courant. Cela a été une année un peu difficile, et puis les choses se sont calmées. Mon père ne s'en est pas mêlé. Sans doute était-il trop ébranlé dans ses émotions et ses convictions par cet événement inouï.

O. B. – *Vos parents vous ont-ils aidée matériellement, à ce moment-là ?*

Non. Pour pouvoir vivre, je travaillais dans une maison d'études de marché : je faisais des enquêtes à domicile sur des sujets divers. Je me souviens d'une enquête pour laquelle j'étais partie en province ; c'était l'époque où on lançait le Butagaz alors que tout le monde avait des cuisinières à bois ou à charbon. Je me souviens avoir remarqué que les femmes que j'interrogeais disaient « ma cuisinière » et « le Butagaz ». Ce fut la base de toute l'argumentation publicitaire : arriver à ce que les femmes disent : « Mon Butagaz. » Ce n'était pas facile pour moi de faire du porte-à-porte, de rentrer chez les gens, de leur faire commenter des photos, passer des tests de Rorschach car j'étais très timide. J'ai été aussi un peu guide touristique dans Paris et Versailles. Tout cela pour me payer une chambre de bonne, rue Gay-Lussac. J'ai renoué avec mes parents au bout d'un an, mais tout de suite après, je suis partie sur le terrain en 1957.

O. B. – *Alors, est-ce parce que la jeune Françoise fut contrainte pendant de longues après-midi de rester tricoter à la maison avec sa sœur tandis que son frère cadet était autorisé, lui, à sortir batifoler, que Mme Héritier est devenue ce qu'elle est ?*

À la fin des années 1950, je suis partie pour ma première mission en Afrique et je me suis mariée là-bas avec Michel Izard, qui était l'anthropologue de la mission, en Haute-Volta. Mais mes parents ne m'en ont pas voulu. À leurs yeux, il était préférable de nous marier là-bas. Car, à l'évidence, ensemble pendant un an sur le terrain, nous aurions fortement risqué de mettre la charrue avant les bœufs… Pour dire la vérité, mes parents ne m'ont pas manqué à mon mariage. C'était un mariage non conventionnel, cela me plaisait ainsi, je n'avais pas envie de me marier comme ma sœur, à l'église…

J'ai été aidée à me libérer partiellement des conventions de l'époque par mon entourage étudiant. Toute seule, je n'aurais pas pu. J'aurais du mal à restituer exactement le sentiment de révolte qui était le mien à l'époque. Je considère avoir eu d'excellents parents, mais les conventions sociales et religieuses pesaient très lourd. Pour eux, qui étaient des provinciaux montés à Paris, la norme était essentielle : ils avaient la crainte du regard des autres, de ce que pouvaient dire les voisins. Par-dessus tout, il fallait être convenable. C'est cela qui m'a été insupportable. Je l'ai réalisé lorsque j'ai accédé à la culture à l'université. Une culture politique, musicale, littéraire, cinématographique, qui m'avait manqué dans ma famille.

O. B. – *Que s'est-il passé de déterminant pour vous à cette époque ?*

Le western et le jazz ont été des illuminations pour moi. Dans mon entourage, le marxisme suscitait des discussions enflammées et, bien que je n'y aie pas adhéré, tout cela m'encourageait à un esprit de révolte. À cette époque, je fréquentais *Le Tournon*, un café qui existe toujours et qui a gardé ses fresques représentant le jardin du Luxembourg. C'était un repaire pour les amateurs de jazz et de littérature américaine : j'y ai rencontré un certain nombre d'Américains proscrits parce qu'ils fuyaient le maccarthysme : Chester Himes, Richard Wright, toute une série de grands auteurs noirs américains. Des musiciens aussi, dont Slim, un homme immense et délicat qui m'appelait Petite Princesse. Il y avait aussi une femme extraordinairement belle qui faisait des bijoux avec des petits galets et du fil d'argent, et une autre qui travaillait le cuir…

C'était une période d'agitation intellectuelle, artistique, amicale, il y avait un brassage de gens qui avaient des opinions très tranchées, qui expliquaient pourquoi ils ne voulaient pas de la politique américaine, ce que c'était que vivre dans l'inégalité raciale. Tout cela avait prise sur moi. Ma conscience politique est vraiment née à ce moment-là.

O. B. – *Vos parents ont-ils compris votre métier et vos activités ?*

Ils n'ont vraiment compris que le jour où ils sont venus à ma Leçon inaugurale au Collège de France et que Claude Lévi-Strauss leur a dit des choses gentilles sur mon compte. Et aussi le jour où j'ai reçu la Légion d'honneur. Mon père était vraiment fier. Il ne m'a jamais dit : « C'est d'autant mieux que tu es une fille. » Mais je ne peux m'empêcher de penser qu'il aurait peut-être préféré que ce soit mon frère qui l'ait. Lorsque, tout à coup, alors que jusque-là il ne s'était absolument pas rendu compte de ce que je faisais, il a perçu une forme d'admiration ou de déférence autour de moi, il a été vraiment fier. Plus que ma mère. Lui manifestait sa joie et montrait son enthousiasme pour le travail que j'avais dû réaliser.

Je pense que ma mère préférait mon frère et qu'en général, elle comprenait mieux les choses palpables : ma sœur était chirurgien-dentiste, c'est utile. Mon frère était ingénieur des Mines et il a fini dans le pétrole, cela, c'est du concret. Mais moi, ce que je faisais au juste, elle avait du mal à se le représenter. Elle me disait : « J'ai la tête dure, je ne comprends pas très bien ce que tu fais. » Ils voyaient bien qu'il y avait une réussite intellectuelle et sociale, mais je crois que des deux, mon père était celui qui avait le plus conscience de ce que cela représentait comme travail. D'ailleurs, c'était toujours lui qui m'écrivait lorsque j'étais sur le terrain. Je leur envoyais de longues lettres. En réponse, il me parlait de la famille, mais pas de ce que je leur racontais, sauf pour me donner des conseils du genre : « Ne bois pas d'eau sale. » Je n'ai jamais eu d'entretien intellectuel avec eux. Et j'en ai toujours été frustrée.

Pourtant, ma mère avait une très grande vivacité d'esprit, elle comprenait au quart de tour. Mon père était certainement plus lent, plus réfléchi. Mais leurs limites tenaient au fait qu'ils n'étaient pas imaginatifs ni l'un ni l'autre. En dehors de ce qu'ils connaissaient, il n'y avait pas vraiment d'ouverture possible. Ils n'ont jamais essayé de comprendre exactement le métier qui était le mien. Je leur ai donné tous mes livres, ils les gardaient très précieusement, mais ils ne les ont jamais ouverts.

O. B. – *Pourtant, vous échangiez beaucoup, y compris dans l'enfance ?*

Oui, mon père a été très présent pour ses enfants, et il racontait volontiers des souvenirs, notamment de ses vacances auvergnates. Mais il n'a jamais parlé politique et il n'était pas un intellectuel. Il avait une bibliothèque très réduite, constituée d'auteurs qui maintenant passent pour carrément ringards : Henry Bordeaux, Romain Rolland, Paul Bourget, Hervé Bazin… Il nous arrivait d'y piocher des livres interdits aux demoiselles bien-pensantes, notamment ceux de Victor Margueritte, qui écrivait sur les jeunes filles délurées, qui fumaient, sortaient de leur carcan, avaient des amants. Avec ma sœur, nous les subtilisions et les lisions sous les draps avec une lampe électrique.

Mes toutes premières lectures, c'étaient *Âmes vaillantes*, *La Semaine de Suzette*, et *Les Veillées des chaumières*, revue à laquelle était abonnée ma grand-mère. Je les lisais avidement à l'âge de 10 ans. Ce journal publiait un roman-feuilleton, et des rubriques diverses, des reportages, des récits de voyages très bien-pensants et aussi une chronique de Berthe Bernage, qui donnait des conseils aux jeunes filles, aux jeunes mamans… Rien que d'y penser, j'en frémis. Ma grand-mère maternelle, cette jeune paysanne veuve de guerre à 25 ans, qui était incroyablement romanesque et fleur bleue, adorait cela et la littérature à l'eau de rose : Delly, Magali, Max Du Veuzit… J'ai donc eu une formation très éclectique, entre les romans dits « modernes » de mon père et les romans à l'eau de rose de ma grand-mère.

« Il me parlait... »
La rencontre avec Lévi-Strauss

CAROLINE BROUÉ – *Alors, la petite fille puis l'adolescente Françoise Héritier faisait des chapelets, savait manier les outils de la terre ; mais la grande jeune femme que vous avez été par la suite a choisi d'étudier l'histoire-géographie, avant de changer complètement d'orientation en découvrant l'ethnologie, grâce à un séminaire de Claude Lévi-Strauss auquel vous avez assisté.*

J'ai effectivement fait des études d'histoire et de géographie. Quand j'y repense, je suis persuadée que c'était pour des raisons semblables à celles qui m'ont amenée à l'ethnologie ensuite. J'étais alors plus tentée par les ailleurs et les autrefois que par le monde contemporain. Peut-être à cause des horreurs de la guerre qui m'avaient frappée prématurément. Mais, en tout cas, ce qui se passait dans notre monde ne m'intéressait pas vraiment. En revanche, j'étais passionnée par ce qui se passait dans les mondes anciens : le monde grec, le monde égyptien... À dire vrai, c'est l'Égypte surtout qui m'intéressait. J'avais vraiment envie de m'y consacrer. Et la géographie, c'était aussi pour les mêmes raisons. La géographie, ce n'est pas nécessairement la géographie de la France. Pourquoi histoire *et* géographie ? En fait, je me serais bien contentée de faire de l'histoire ; mais à l'époque, quand j'ai commencé mes études, il existait une discrimination assez surprenante – qui surprendra sûrement les lecteurs d'aujourd'hui : c'est qu'on considérait que la géographie toute seule était trop difficile pour les esprits féminins. Et donc il existait, pour les garçons, une licence d'histoire et une licence de géographie séparées, auxquelles les filles n'accédaient pas. Pour elles, les deux disciplines étaient groupées. On considérait somme toute qu'elles apprenaient certes des rudiments de géographie, mais qu'elles n'étaient pas capables d'aller au cœur des choses.

C. B. – *On est dans les années 1950 ?*

On est dans les années 1950, 1949-1950. Donc, vous voyez, ça fait plus d'un demi-siècle, mais une discrimination sexuée considérait que la géographie était trop difficile pour les filles ! En fait, ce fut pour moi un hasard heureux. Cela m'a plutôt rendu service par la suite, d'avoir fait un peu de géographie. Bref, j'étudiais l'histoire parce que je préférais les ailleurs et les autrefois. Et avec l'idée que si j'avais de la chance, je pourrais peut-être devenir égyptologue.

C. B. – *Comment vous êtes-vous retrouvée dans un séminaire de Claude Lévi-Strauss sur… « La chasse rituelle aux aigles chez les Hidatsa » ?*

Quand on était à la Sorbonne – la seule université parisienne – et que l'on fréquentait la bibliothèque, on se liait nécessairement avec des camarades d'autres disciplines. Je m'étais donc relativement introduite dans un groupe d'étudiants en philosophie qui devaient, eux, quand ils préparaient l'agrégation, avoir fait un certificat de sciences : chimie, physique, mathématiques ou autre. Ils choisissaient généralement le certificat d'ethnologie qui se présentait en deux catégories : ethnologie-sciences, où l'on faisait beaucoup de préhistoire, de paléontologie, de mesures aussi, et des statistiques. L'autre s'appelait ethnologie-lettres. Les étudiants en philo choisissaient ethnologie-sciences pour obtenir ce certificat de sciences qui les autorisait à passer l'agrégation de philosophie. Et dans les discussions que j'avais avec eux, ils me parlaient de l'intérêt qu'ils portaient à cet enseignement. Or, en ces temps, j'ignorais même que la discipline d'ethnologie existât. Elle n'existait d'ailleurs pas officiellement : elle était enseignée au musée de l'Homme, avec à la clé l'obtention d'un certificat. Mais il n'y avait pas encore de licence en sciences sociales. Donc, je découvre l'enthousiasme de mes camarades, notamment à l'égard des cours que professait, à la cinquième section (sciences religieuses) de l'École pratique des hautes études, Claude Lévi-Strauss. Je suis donc allée l'écouter et me suis inscrite pour faire, moi aussi, le certificat d'ethnologie, mais côté lettres. J'ai assisté régulièrement aux séminaires de Claude Lévi-Strauss dont on m'avait dit un bien si grand que je voulais vraiment l'entendre de mes propres oreilles.

Inutile de vous dire que cela a été pour moi la révélation de ma vie. Parce que c'était extrêmement dépaysant. Il me parlait de choses dont... (Je dis « il *me* parlait » ; je n'étais pas seule évidemment, mais c'est comme cela que je le recevais.) Il me parlait de choses dont je n'avais jamais eu la moindre idée... Et puis, sa façon de parler, d'expliquer était tellement intéressante, que j'ai suivi tous ses séminaires par la suite. Il faut bien vous mettre en tête que je parle des années 1950 ; les sciences sociales n'avaient pas encore eu l'essor qu'elles ont connu par la suite. Il n'existait pas d'enseignement de sciences sociales à proprement parler... Et j'en ignorais tout, comme la plupart de mes camarades.

Ce fut la révélation de ma vie, parce que j'ai découvert là des choses qui étaient complètement étrangères à mon champ de perception et d'investigation d'alors.

Mais cette première année n'était pas consacrée à « la chasse aux aigles chez les Hidatsa » ! C'était un phénomène tout aussi curieux auquel il avait consacré une année – le titre même de l'enseignement, je ne me le rappelle plus : je crois que cela devait s'appeler « le *vasu* fidjien » ou « le *vasu* à Fidji ». Le *vasu* est un terme local, qu'on ne peut traduire que par une périphrase du type : le privilège qu'a le neveu utérin sur les biens de son oncle maternel. Ainsi, un homme qui est le fils de la sœur d'un autre homme a des droits sur le frère de sa mère. Il a le droit de le plaisanter, de le bousculer, de le chahuter, mais il a également le droit de prendre chez lui ce qu'il veut. Évidemment, la décence l'oblige à ne pas se servir à outrance. Mais enfin, il peut prendre un plat cuisiné, il peut prendre un poulet, un petit cochon, un objet qui lui plaît, un couteau, etc. Et même, dans certaines tribus, il a le droit de lutiner son ou ses épouses, et, après la mort de son oncle, de les épouser. Ce privilège-là, Lévi-Strauss l'avait d'abord étudié aux Fidji ; ensuite il en a élargi le champ parce qu'en réalité, ce droit existe dans bien d'autres régions du monde. Vous vous doutez aisément de l'étonnement ressenti par une petite Occidentale parisienne – encore maintenant d'ailleurs, si vous preniez une jeune étudiante en langues étrangères appliquées par exemple, et que vous lui parliez du privilège du neveu utérin sur l'oncle maternel, elle ouvrirait des yeux grands comme des soucoupes ! Bref, c'était tout à fait désorientant. L'année suivante, son sujet était effectivement « la chasse aux aigles chez les Hidatsa », une population indienne d'Amérique du Nord où, pour parvenir à l'état d'homme accompli et reconnu comme tel, les jeunes hommes doivent subir une série d'épreuves, dont l'une consiste à revenir d'une chasse à l'aigle sur la montagne sans avoir tué l'oiseau. Il faut simplement pouvoir prélever sur l'aigle vivant des plumes que le chasseur arborera par la suite dans sa coiffure ou qui figureront dans les paquets de chasse, sortes d'autels religieux sur lesquels on accomplit des sacrifices pour la chasse. Il s'agit d'une technique particulière, parce qu'il faut attraper les aigles par les pattes après s'être camouflé ; et comme un aigle possède des serres redoutables et un bec acéré, on n'en revient pas sans dommages ! Il y a eu bien d'autres sujets de cours par la suite, mais ce sont ceux-là qui ont attiré mon attention.

MURIEL ROUYER – *Vous avez obtenu ce certificat ?*

Oui, je l'ai eu. Je l'avais fait comme ça, pour le plaisir, car ma voie semblait toute tracée, et puis il se trouve qu'au bout de cette deuxième année d'enseignement (la première devait être l'année où je préparais mon diplôme en histoire, la deuxième, j'étais agrégative), Claude Lévi-Strauss a fait une proposition qui lui venait d'un de ses collègues philosophes de l'université de Bordeaux, Roger Daval.

Celui-ci avait monté un institut de sciences humaines appliquées et il proposait ses services à l'État pour des recherches qui pouvaient être conduites par de jeunes chercheurs ou des étudiants. Il avait une proposition émanant du gouvernement général de l'Afrique-Occidentale française (A-OF). C'était encore le temps des colonies. Il s'agissait d'un projet hydraulique. Le gouvernement général de l'A-OF projetait de construire un barrage sur une rivière – le Sourou, un affluent de la Volta – qui a une particularité géographique intéressante : elle est à la fois affluent et défluent, c'est-à-dire qu'elle coule dans les deux sens, en fonction des pluies et de la période de l'année. En construisant un barrage au bon endroit, on pouvait réguler l'inondation et prévoir des cultures rizicoles dans cette vallée, où les gens faisaient un peu de riz sauvage mais sans avoir la maîtrise de l'eau ; pour le reste, ils vivaient avec les produits de base, le mil et le sorgho, que l'on trouve dans toute cette région de la Haute-Volta.

Avant d'établir ce barrage, ils jugeaient nécessaire de réaliser une étude, car c'était une région fort peu peuplée, pour des raisons historiques et écologiques – il y avait le paludisme et sans doute aussi beaucoup de tsé-tsé. Il s'agissait donc d'abord d'assainir mais, surtout, de savoir si l'on pouvait faire venir de jeunes colons d'une région centrale de la Haute-Volta, le pays mossi, qui était très peuplé. Le projet consistait à y conduire une étude pour analyser les conditions de départ de ces jeunes gens (les vieux les laisseraient-ils partir ?) et dans la vallée elle-même, pour savoir quelles étaient les conditions d'accueil que leur réserverait la population locale. Ils avaient donc besoin d'un ethnologue et d'un géographe (j'insiste sur *un*...). Roger Daval demande à Lévi-Strauss s'il n'avait pas, dans son entourage et parmi les gens qui suivaient son enseignement, ces oiseaux rares qui seraient susceptibles de partir sur le terrain. Lévi-Strauss a pensé à deux personnes : un collègue, Michel Izard – que j'ai épousé par la suite, sur le terrain – qui était un des jeunes philosophes dont j'avais fait la connaissance et qui m'avaient entraînée à leur suite à faire de l'ethnologie ; et, comme il s'avère que j'avais déjà ma licence d'histoire et de géographie, Claude Lévi-Strauss a pensé à moi pour prendre le poste de géographe. Il a donc transmis nos noms et nos dossiers – qui étaient vides, à l'époque – à Roger Daval, qui les a trouvés tout à fait acceptables et les a transmis au service de l'hydraulique de l'A-OF, lequel a accepté l'ethnologue qui était un homme, mais m'a refusée, parce que j'étais une femme.

M. R. – *Cela commençait donc très fort...*

Oui, avec l'idée que c'était trop dur pour un individu de sexe féminin : le climat, les conditions de vie, enfin bref, on estimait que je n'allais pas résister à une année de terrain. J'ai été évidemment très dépitée. Mais j'ai maintenu ma candidature et j'ai suivi une formation auprès d'un ingénieur-géographe de l'Institut géographique national, pour apprendre à faire des choses techniques, dont je savais que j'aurais besoin de les connaître si j'étais acceptée et que je n'avais pas apprises à l'université. Comme, par exemple, faire des relevés topographiques à la planchette en utilisant la triangulation. J'ai fait cela avec Jean Hurault qui a eu la bonté de m'instruire.

Et j'ai bien fait, car c'était urgent : ils avaient besoin de former leur équipe et il n'y a pas eu de candidat masculin. Ils m'ont donc acceptée, à défaut d'un homme, et c'est comme cela que je suis partie pour la première fois sur le terrain. Grâce au hasard et à l'obstination... Ce sont peut-être ces deux traits que je pourrais prendre pour caractériser ma « carrière » – je dis carrière car c'est le mot qu'on utilise généralement, enfin il s'agit plutôt d'une trajectoire...

MICHÈLE FIÉLOUX, CLAIRE MESTRE ET MARIE ROSE MORO – *Donc la question d'être femme et chercheuse s'est posée immédiatement ?*

Voyez-vous, à l'époque – cela fait cinquante ans –, je n'étais pas révoltée par le sort fait aux femmes, pour la bonne raison qu'on pensait de la même manière dans ma famille : on était devant des évidences. Ce qui m'a choquée, c'est qu'on ne tienne pas compte du fait que j'avais les capacités nécessaires. Et puis je me suis dit que les « Blancs » qui partaient en Afrique au début de la colonisation portaient certes un casque colonial pour se protéger du soleil, mais ils n'en mouraient quand même pas ! Donc j'ai tenu bon devant l'argument de la fragilité. Je n'ai pas été révoltée comme on le serait maintenant devant une discrimination fondée sur une vision essentialiste de la fragilité féminine. Ma première révolte féministe s'est passée dix ou quinze ans plus tard, lorsque j'étais au CNRS, dans le même laboratoire que mon mari. Celui-ci avait demandé une mission pour aller en Haute-Volta et j'en avais demandé une autre (on devait passer ensemble deux mois sur le terrain et ensuite se relayer à cause de notre fille) et cette demande m'a été refusée par le directeur des Sciences de l'homme et de la société du CNRS avec une belle lettre adressée à Claude Lévi-Strauss, expliquant qu'il ne voyait pas pourquoi le CNRS irait payer le voyage de Mme Izard pour qu'elle aille retrouver son mari sur le terrain !

M. F., C. M. ET M. R. M. – *Comment aviez-vous réagi ?*

J'ai été très en colère, parce que je demandais une mission pour mon propre travail ; d'ailleurs, mon mari travaillait en pays mossi et moi en pays samo, mais d'emblée le CNRS avait vu une intention d'utiliser les moyens de l'État pour financer des retrouvailles affectives… Bien sûr, on s'efforçait de calculer au mieux les calendriers, mais c'était tout. Des expériences de ce genre, j'en ai eu, ce sont des griffures sur l'épiderme et sur le cœur. Mais ce n'est pas ce qui m'a fait m'intéresser aux questions du masculin et du féminin.

VINCENT DE GAULEJAC – *Votre parcours…*

La plupart des événements qui se sont produits et qui ont conduit à des bifurcations dans ma vie me sont littéralement tombés dessus : ils m'ont été proposés et, si je puis dire, j'ai su les accepter et je m'y suis tenue. L'une des leçons que je donne souvent aux jeunes étudiants qui travaillent avec moi ou qui viennent me voir, c'est justement cela : savoir reconnaître les propositions quand elles vous arrivent, savoir les prendre et s'y tenir. Cela m'a été utile. Bien des gens tergiversent pour de bonnes raisons : cela suppose un changement d'habitudes ou d'abandonner l'objectif que l'on s'était choisi. Eh bien oui ! Peut-être faut-il de temps en temps faire cela pour accéder à des connaissances nouvelles. Je ne me suis pas posé la question de savoir ce qui allait se passer, j'y suis allée.

Au cœur de l'Afrique

MURIEL ROUYER – *Vous vous retrouvez donc en Afrique pour ce premier projet...*

Oui, nous nous retrouvons en Afrique, Michel Izard et moi, au pays mossi et dans la vallée du Sourou. Nous avons rendu nos rapports, qui ont été très bien acceptés, mais, pour des raisons diverses, le projet lui-même ne s'est pas fait. C'était sans lien avec nos travaux, mais peut-être en raison du coût de l'opération... Peut-être aussi sentait-on que l'indépendance approchait, je ne sais pas trop, mais enfin le projet ne s'est pas réalisé.

M. R. – *En quelle année se trouvait-on alors ?*

En 1957... Oui, c'est cela. Et cela a duré un an. Je faisais mon travail de géographe, mais nous avions pris le parti de travailler à deux, ce qui a été beaucoup plus profitable, notamment pour le relevé de terroirs et le travail de triangulation, mais également pour les enquêtes ethnologiques. Travailler à deux est plus commode, pour poser des questions, prendre des notes, travailler avec l'interprète...

Donc j'ai fait aussi du travail ethnologique et Michel Izard du travail géographique. Ce qui m'a confortée dans mon goût pour l'ethnologie. Ce qui est important pour la suite, c'est que pour passer du pays mossi à la vallée du Sourou, on traversait le pays samo.

C'était un changement de paysage radical, sur des distances assez courtes, disons 200 à 300 km maximum. Le pays mossi est situé sur un plateau latéritique avec une brousse dégradée, beaucoup de latérite donc, et des villages invisibles de loin ; il s'agissait d'entités administratives traditionnelles où chacun des quartiers-lignages était loin des autres ; c'était un habitat dispersé, avec des cases rondes, encerclées de murs... Des cases rondes, un habitat circulaire, isolé, et cette brousse terriblement dégradée. Et puis on arrivait en pays pana, dans la vallée du Sourou, où se trouvait un peu de forêt en bord de rivière et là, une brousse dense et un habitat groupé, compact, des villages faits de maisons rectangulaires. Entre les deux, au pays samo, on passait également d'un type d'habitat à un autre. C'était là aussi des villages compacts, avec des maisons rectangulaires à toits plats. Ces villages étaient divisés en deux moitiés, très apparentes, avec une partie centrale affectée de façon visible à des activités collectives ludiques ou à des marchés et des assemblées et, autour de ces villages ouvrant de grands espaces aérés au sein d'une brousse dense où le regard se perdait, il y avait ce qu'on appelle un parc à *balanzans*... C'est un arbre aux propriétés étonnantes, dont le nom botanique est *Faidherbia albida*. Il est anthropique : il pousse au voisinage des habitations, car ses graines ne peuvent germer que si elles sont passées par le transit intestinal des chèvres. C'était le seul arbre qui existait dans un rayon de 2 à 3 km autour du village. Cet arbre a de plus une autre propriété, il perd ses feuilles à l'envers des autres espèces, pendant la saison des pluies. Et comme il garde ses feuilles en saison sèche, il permet la stabulation des troupeaux. Il y avait donc une convivialité entre les Samo et les Peul, lesquels sont des éleveurs nomades et qui venaient à la saison sèche stabuler sous ces arbres, tandis que leurs animaux fumaient la terre et permettaient ainsi de cultiver des champs permanents. C'était un échange de services entre agriculteurs et éleveurs. Nous nous sommes arrêtés là à plusieurs reprises et, en parlant un peu avec les gens, je me suis rendu compte qu'ils avaient, visiblement, un système social original et que c'était l'endroit où je souhaitais venir travailler. Cette première mission m'a donc permis de rencontrer une population et de prendre contact avec elle, avec l'idée que je reviendrais y travailler si la chance m'en était donnée, plutôt que sur les Mossi, population déjà assez connue, ou chez les Pana et les Marka, populations de la vallée, intéressantes, mais qui ne me paraissaient pas avoir cette espèce de vigueur et d'originalité sociale que me semblaient avoir les Samo, au moins de par les quelques sondages que j'ai pu faire cette année-là.

M. R. – *Cette partie de l'Afrique devient votre terrain de prédilection, vous y retournerez plusieurs fois... On peut donc dire que c'est votre terrain. Que vous a-t-il appris et en quoi ce terrain est-il constitutif, s'il l'est, de vos travaux ?*

Il l'est tout d'abord pour une raison qui est commune à tous les ethnologues : c'est qu'il est très difficile de se dire ethnologue ou anthropologue sans avoir eu cette expérience du contact prolongé avec une population. On peut faire des choses très intelligentes sur documents. Mais il est important d'avoir été en contact avec la vie réelle des gens, de saisir la manière dont ils pensent et fonctionnent, qui est différente de la nôtre... Ou, parfois, semblable à la nôtre – on peut alors faire l'ethnologie de sa propre culture, mais avec le « regard éloigné » dont parle Lévi-Strauss. Il faut déjà se donner la peine de prendre cette posture particulière qui est celle de l'observateur intégré, pour qui tout devient mystérieux : il ne tient rien pour acquis et il n'y a rien qui ne doive être compris et expliqué, mis en relation avec d'autres faits.

M. R. – *Vous parliez leur langue et quelle est-elle ?*

Je l'ai apprise sur le terrain car elle n'est pas enseignée. C'est le samo. J'ai mis un certain temps à la comprendre. C'est une langue très difficile, car c'est une langue à tons et, parfois, le même mot syllabique peut prendre des significations différentes selon le ton. On isole six tons différents. Les erreurs de ma part entraînaient des quiproquos assez drôles. Je travaillais au début avec un interprète que j'ai toujours gardé par la suite. Il s'appelait Goulé Zo. Je le salue au passage, car c'était un homme exquis. C'était un ancien combattant qui avait fait l'Indochine et un peu l'Algérie. C'était surtout un griot : il connaissait les noms d'éloge des familles et tous les patronymes de la région et, par ailleurs, il participait aux funérailles – comme tous les griots – et il avait circulé dans tout le pays. Il était très introduit et, comme c'était un homme drôle, sympathique, enjoué, bon enfant, il avait des amis partout, c'était un très bon introducteur. Il y avait un avantage à continuer à travailler avec lui, alors même que je parlais la langue. Sa présence me donnait le temps d'écrire mais surtout, pendant qu'il traduisait, il se passait des choses utiles pour ma compréhension.

M. R. – *Je vous demandais si ce terrain avait été constitutif pour vous. Que vous en reste-t-il ?*

L'amour du terrain et l'amour des gens. Cela peut paraître banal, mais parfois un terrain se passe mal. Je n'ai pas eu de problème d'acceptation et j'ai été accueillie par une population ouverte et chaleureuse. Cela tient peut-être aussi à un hasard, sur lequel je n'avais pas compté, mais qui a bien tourné. Lorsqu'un étranger arrive, blanc, femme de surcroît, période coloniale ou pas, cela perturbe toujours un peu. On pense qu'il ou elle est mandaté(e) par l'administration pour contrôler et vérifier si les bases d'imposition sont bonnes… C'est une inquiétude universelle. Mais, plus profondément, l'inquiétude la plus sérieuse porte sur la question de savoir si la venue d'un étranger est une bonne ou une mauvaise chose. La méthode pour répondre à cette question est d'obtenir la réponse de la Terre après un sacrifice sur son autel. Sans que je le sache, des sacrifices ont été accomplis pour savoir si ma présence était bénéfique. Et le hasard a voulu que mes poulets soient toujours bien tombés…

M. R. – *Vous avez donc pu poursuivre vos recherches…*

J'ai été bien accueillie. J'aurais sans doute pu continuer mes recherches si la réponse de la Terre avait été négative car ils n'auraient pas pu m'empêcher de venir, mais ils auraient pu me fermer leur porte. J'ai su beaucoup plus tard que j'avais eu cette chance. Mais je tiens à le dire, j'ai instauré des rapports durables et forts avec les gens. C'est très important. Il y avait une confiance réciproque et une affection qui tenaient peut-être aussi à une expérience intime du prochain, dont je ne sais si elle m'est uniquement personnelle : je me suis toujours sentie en sécurité et, pour ainsi dire, chez moi là-bas.

J'ai toujours vu les gens à la fois comme proches de moi et différents de moi, mais identifiés – à travers des traits, des gestes, des attitudes, des expressions, une façon de parler – à des proches. Pour me faire mieux comprendre, il m'arrive parfois de rencontrer des gens qui ressemblent physiquement à d'autres que je connais ou qui ont le même prénom, et mes rapports avec eux dépendent du rapport que j'ai avec le premier. Je m'interroge là-dessus, car cela a parfois été important dans l'établissement d'une certaine confiance ou de la liberté de ton que j'ai pu avoir avec certaines personnes. Et cela renvoyait certes à ma volonté, au plaisir de rencontrer des personnes nouvelles, mais aussi à cette façon de tisser des liens ténus à mon monde d'origine.

Une deuxième chose m'est apparue très vite sur le terrain : aussi étranger au fonctionnement de ma propre société que pouvait être le fonctionnement de cette société-là, il m'était familier et j'en comprenais les ressorts, et ce, à mon avis, pour deux raisons. Tout d'abord, parce que le mode de raisonnement est le même que le nôtre. On peut dire cela de toutes les sociétés : les conclusions tirées de l'examen des données du réel sont différentes selon les sociétés, mais les formes élémentaires du raisonnement logique, à partir d'une interrogation, sont de même nature. Une forme d'universalisme s'est donc imposée à moi. La deuxième raison tient aux représentations liées au corps : leur système de représentation aboutissait à des conclusions très proches de notre science, sans qu'ils le sachent eux-mêmes et, faut-il le dire, sans que nous nous en doutions non plus.

Ils ont notamment un système de représentation du sang très sophistiqué, en rapport avec leur système social ; leur type de raisonnement, universel, les amène à des conclusions très proches de celles découvertes par la science occidentale. Si bien que l'on peut dire que la structure est déjà dans les choses. C'est ce genre de leçons que le terrain m'a appris.

Un maître dans une école de liberté

MURIEL ROUYER – *Justement, à propos de structures et, pour en revenir à vos débuts au séminaire de Claude Lévi-Strauss, on dit souvent que vous êtes une de ses disciples. Pourriez-vous revenir sur votre rencontre avec lui ?*

Claude Lévi-Strauss, c'est un maître… Un grand… Le plus grand que je connaisse. J'ai développé avec lui des rapports d'admiration et de déférence, qui étaient ceux de la jeune étudiante que j'ai été et que je suis toujours un peu aujourd'hui. Mais enfin j'ai vieilli, j'ai perdu de ma naïveté première, pris de l'assurance. Pas complètement, mais j'ai peut-être moins cette candeur que j'avais, laquelle n'expliquait pas l'admiration, mais la révérence qui peut paraître surprenante maintenant car ce sentiment semble passé de mode aujourd'hui. C'était vraiment quelqu'un que j'abordais avec un tremblement intérieur et l'impression que je parlais véritablement à un demi-dieu. Il y avait de plus la marque royale du Collège de France… qui a par la suite perdu son lustre pour moi, puisque j'y suis entrée… J'ai toujours eu énormément de respect pour lui mais, avec le temps, j'ai développé à son endroit des sentiments de plus grande proximité et d'affection que je crois réciproques, et il me semble que nous avons mutuellement une certaine connivence.

M. R. – *Vous vous êtes inscrite dans la lignée de ses travaux, et vous les avez complétés… Êtes-vous structuraliste ?*

Oui. Je suis structuraliste. Et non différentialiste ni culturaliste. Il faut expliquer ce que j'entends par là. Les différences sont essentielles et les cultures autonomes, sans quoi il n'y aurait pas de possibilité de recherche d'invariants universels. La différence est la condition première de la recherche de structures universelles. Ce que je récuse, dans la pensée qui malheureusement me semble aujourd'hui dominante, c'est l'impossibilité proclamée de comparer entre elles des cultures considérées comme des blocs autonomes, incomparables aux autres. Je pense exactement le contraire. La différence est toujours présente, mais des ensembles de phénomènes qui semblent radicalement différents relèvent cependant de mêmes structures de pensée. En ce sens, je suis structuraliste comme Lévi-Strauss l'a été. Il a mis en évidence des armatures logiques intellectuelles.

Cela ne veut pas dire qu'il niait les détails de la réalité… C'est au contraire un des plus fins connaisseurs de l'ethnobotanique ou de l'ethnozoologie quand il fait l'analyse des mythes de diverses sociétés de l'Amérique du Sud. Ce que j'ai fait, personnellement, c'est considérer que « la structure était déjà dans les choses » et qu'il fallait examiner comme tributaires d'une analyse structurale non pas seulement des faits sociaux considérables, tels que les systèmes de parenté ou les systèmes mythiques, mais aussi le corps lui-même, porteur de sens : il y a une contrainte dans les faits qui pousse à cette analyse structurale du réel. Et autre chose : pour Lévi-Strauss, le sens apparent des mythes n'a pas en soi d'intérêt ; ce qui est intéressant, c'est de mettre en évidence la structure interne de ces mythes qui, elle, est porteuse d'un sens structural caché, mais agissant. Je crois pour ma part que l'on peut faire une analyse structurale du sens apparent.

Mais disons que, pour moi, l'important, c'est le corps au sens large (les entités concrètes auxquelles nous sommes confrontés en tant qu'êtres pensants), en tant que support de sens et en tant que support de structures. Certains ont dit de façon un peu rapide que j'avais introduit le corps dans l'analyse structurale. J'accepte, à cela près que Lévi-Strauss ne déniait pas le corps : il ne lui donnait pas l'importance que je lui donne…

M. R. – *Pensez-vous que vous avez été amenée à mettre l'accent sur le corps dans vos travaux parce que vous êtes une femme ?*

Non. Honnêtement, je ne crois pas qu'hommes et femmes pensent différemment. La pensée est unique. Ce qui fait la différence observable dans diverses sociétés, c'est simplement que les femmes n'ont pas accès à l'éducation, elles sont spécialisées dans certains domaines où l'on privilégie l'intuition et non la connaissance ou l'analyse discursive. Mais à partir du moment où les formations sont les mêmes pour les deux sexes, le cerveau fonctionne de la même manière.

M. R. – *Pourriez-vous nous dire « comment c'était » de travailler avec lui au Collège de France et comment vous y avez pris sa suite ?*

J'aurai du mal à répondre à votre première question, « comment était-ce de travailler *avec* lui », car Claude Lévi-Strauss est une individualité qui n'a pas vraiment cherché à faire école… J'entends par là qu'il a créé une école de pensée, le structuralisme (un peu à son corps défendant, d'ailleurs) ; il a eu des étudiants, car il était professeur à l'École des hautes études et dirigeait des thèses, mais il n'a pas cherché à établir de façon dominatrice sa pensée sur les gens qui travaillaient avec lui. Il avait cette forme de haute conscience de la liberté individuelle qui consistait à accompagner de ses conseils et de sa générosité ceux qui voulaient travailler avec lui, mais sans jamais leur imposer un cadre d'esprit, des modalités d'action, une méthode enfin… Je pense qu'il ne l'a jamais fait avec quiconque et avec moi non plus. D'ailleurs, si j'avais à qualifier de façon précise l'influence qu'il a eue sur moi, indépendamment de son influence intellectuelle à travers ses enseignements et ses livres, le message dont je lui dois le plus de reconnaissance se trouve dans une lettre. J'avais dû lui écrire au sortir de ses enseignements – cela devait être pendant mon premier terrain chez les Samo. Je lui disais qu'il y avait là-bas des formes d'organisation dualiste évidentes, puisque chaque village était composé de deux moitiés :

moitié de la Terre, moitié de la Pluie. Et que cela ne prenait pas la tournure des organisations dualistes telles qu'il les avait décrites en Amérique. Et il m'avait répondu une lettre délicieuse et géniale, que je dois avoir gardée bien sûr, mais que je cite ici de mémoire… Il me disait qu'il ne fallait pas chercher à retrouver sur le terrain les linéaments tirés des enseignements et des cours mais qu'il fallait se laisser porter par lui, et que c'était le terrain lui-même qui commandait. Ce que nous observions, c'était sur *cela* que devait s'exercer notre sagacité et c'était seulement l'ouverture d'esprit comme méthode qui nous permettrait, peut-être, de trouver des clés de compréhension sans chercher à adapter de force les clés qui avaient servi à la compréhension d'autres sociétés. C'est un conseil que j'ai trouvé irréprochable. Certains l'auraient peut-être pris pour un abandon – débrouillez-vous, je n'ai pas de conseil à vous donner –, mais moi, j'ai trouvé là un conseil pédagogique fondamental : l'expérience d'autrui ne peut pas vous servir, c'est à vous de vous la faire. Chaque terrain est autonome, est une image en soi de ce que la sagacité humaine a pu concevoir comme forme sociale, et c'est à vous de vous y retrouver.

M. R. – *C'était donc un maître en liberté…*

Un maître dans une école de liberté… Pendant toutes les années où j'ai été chercheur à l'EHESS, au CNRS puis à nouveau à l'EHESS, et au Collège de France, où j'ai été élue en 1981…

Les Samo et la parenté

CAROLINE BROUÉ – *J'aimerais revenir sur les Samo. Pourquoi sont-ils si intéressants pour l'ethnologue que vous êtes devenue ?*

Ce sont des populations mandé qui sont venues vraisemblablement de l'Ouest aux XVe et XVIe siècles, et qui se sont installées là, à côté de populations autochtones – Pana, Marka… Ils ont en effet des particularités qui ont tout de suite retenu mon attention. Parce que, même si en 1957 nous ne faisions que traverser leur territoire en allant du pays mossi au pays pana, nous nous arrêtions souvent pour poser des questions. Ce n'était pas le but de notre travail cette année-là, mais c'était intéressant tout de même de contacter cette ethnie. En fonction de leurs réponses à des questions relativement banales, je me suis rendu compte qu'ils présentaient un certain nombre d'aspects tout à fait intéressants. Les traits que j'avais relevés chez eux touchaient à des questions que je ne connaissais pas, et que je ne savais pas trop comment manier. Je n'avais pas appris à le faire. Je reviens sur le fait que les ethnologues à cette période n'étaient pas préparés à la Faculté, de façon institutionnelle, pour pratiquer leur métier. On apprenait sur le tas. Néanmoins, j'avais vu des traits étonnants dans leur système de parenté. Pourquoi m'attacher à ces systèmes de parenté et ces systèmes d'alliance ? Parce qu'ils représentaient des thèmes importants pour Lévi-Strauss, centraux même, dirais-je, et que je continue, moi aussi, à penser que ce sont des thèmes essentiels pour la compréhension du fonctionnement d'une société. On appelle système de parenté le système formé par l'ensemble des termes qu'utilise un individu quelconque – *Ego*, le point de référence – pour désigner ses différents parents. Je dis bien « désigner » ; en effet, il y a deux types de systèmes d'appellation. Ici nous parlons de la désignation, non pas du système d'adresse. La désignation sert à parler de quelqu'un : « Mon père, mon oncle, ma tante, mon cousin, etc. » ; quand vous leur parlez, que vous vous adressez à eux, vous dites : « Tonton, Papa, Maman » ou vous les appelez par leur prénom. Le système de désignation est le plus important. Quant au système d'alliance, ce sont les règles qui régissent le choix du conjoint. On n'épouse pas n'importe qui.

Pourquoi étudie-t-on les systèmes de parenté et d'alliance ? Parce qu'ils représentent l'une des plus étonnantes inventions de l'esprit humain et qu'ils obéissent dans leur vérité limitée à des lois d'organisation mentale qui se retrouvent, exploitées de façon non uniforme, chez tous les groupes humains. Le matériau biologique ne fournit pas qu'une seule réponse possible. Il n'existe qu'un nombre limité de « modèles », ce que nous appelons des systèmes, chacun obéissant à un agencement particulier de ces lois. Ainsi, nous, Français, avons un système de parenté eskimo et les Samo ont un système de parenté omaha. L'alliance, quant à elle, c'est-à-dire les règles qu'on suit localement pour trouver un conjoint, s'adapte aux systèmes des nomenclatures de parenté et entraîne des jeux extrêmement subtils, que nous avons à décrypter, pour leur valeur en tant que témoignage de ce que l'esprit humain a envisagé toutes les combinaisons pensables des états de fait biologiques (génération, sexe, aînesse, etc.), et pour les relations qu'entretiennent les rapports de parenté et d'alliance avec les jeux du pouvoir, de la sorcellerie, de l'économie…

J'étais certainement prédisposée à m'intéresser à ces problématiques grâce aux travaux de Claude Lévi-Strauss sur les structures élémentaires de la parenté. Mais également pour d'autres raisons, anecdotiques, qui ont gardé un sens parce que je crois à ces façonnages qui viennent de l'enfance. Vous parliez de mon goût pour la terre, pour les cultures paysannes, etc. ; bien sûr, cela a joué aussi. Mais il y avait autre chose encore, qui vient de mes grands-mères, l'une auvergnate et l'autre bourguignonne… J'ai passé mes vacances d'adolescente avec elles ; ma sœur et moi, nous passions beaucoup de temps avec elles, dans la cour où elles recevaient leurs voisines l'après-midi. Là encore, selon les rapports entre hommes et femmes, garçons et filles, tels qu'ils existaient à cette époque, mon frère, lui, pouvait faire du vélo et jouer avec ses copains. Tandis que nous, les filles, nous passions nos après-midi à tricoter des pulls, des chaussettes et des gants pour l'hiver, assises sagement sur des tabourets aux pieds de nos grands-mères.

Mes grands-mères, qui ne s'aimaient pas, avaient trouvé un terrain d'entente neutre et anodin, mais extrêmement fructueux pour moi qui écoutais ! Elles discutaient sans cesse des rapports de parenté qui unissaient les gens qu'elles connaissaient. Elles ne disaient pas les rapports de parenté, mais elles en expliquaient les cheminements. Elles disaient par exemple : « La fille à la Martine qui a épousé le fils du boulanger de La Chenale, ils se sont rencontrés lors du mariage de son cousin, pas à la Martine, mais au boulanger de La Chenale, qui lui, avait épousé une cousine germaine de la fille à la Martine… » Vous voyez le genre : ce n'est rien d'autre que le mariage de deux cousins germains avec deux cousines germaines. Moi, j'enregistrais tout ça et j'essayais d'en tirer la leçon graphique, de me représenter mentalement les cheminements selon les différentes positions de cousinage. C'était extrêmement instructif, parce que cela me disposait à une gymnastique mentale qui est peut-être un des éléments qui, pour la plupart des gens, fait repoussoir à l'encontre des études sur la parenté. Supposez que je vous demande, à vous, par quel terme vous désignez le fils de la fille du frère de la mère de votre père, et je suis sûre qu'il vous faudra plus qu'un petit temps de réflexion pour répondre (alors qu'il ne s'agit que d'un cousin issu de germain) ! J'avais appris, grâce à cette éducation enfantine intense, à m'y repérer assez vite.

Il existe bien des travaux méthodologiques pour savoir comment on peut relever un système de parenté. Prenons deux autres difficultés : premièrement, si le type de cousin dont l'enquêteur veut savoir comment on l'appelle n'existe pas physiquement pour l'interlocuteur, il répondra : je n'en ai pas. Deuxièmement, dans notre énonciation française, nous partons de celui que nous appelons *Alter*, l'autre, par rapport à *Ego*, moi, ou individu de référence. *Alter* est, dans l'exemple ci-dessus, ce fils de la fille du frère de la mère de votre père à vous, *Ego,* par référence à qui s'organise la terminologie. Dans d'autres sociétés, la chaîne descriptive part d'*Ego* : mon père, sa mère, son frère, sa fille, son fils. Il faut donc une double gymnastique mentale pour que l'ethnologue passe de sa représentation, déjà difficile, à la leur. Et pour ses interlocuteurs, il leur faut aussi restituer mentalement une situation théorique, et surtout être capable de l'abstraire, c'est-à-dire de visualiser une situation et être capable de dire le terme de référence, même en l'absence d'une personne concrète, s'ils se représentent leurs propres relations généalogiques.

C. B. – *Ce que vous voulez dire, c'est que tout le monde n'est pas capable de faire cette gymnastique intellectuelle.*

Non. Tout le monde n'en est pas capable, et beaucoup de collègues n'aiment pas travailler sur ces sujets. À l'époque où je faisais ce genre de travail, il existait très peu d'études approfondies, je dirais même qu'il n'y avait pas du tout d'études approfondies concernant les terminologies de parenté dans des sociétés africaines.

Bien sûr, il y avait des relevés, mais qui ne comprenaient que la génération des parents, celle des grands-parents, la génération d'*Ego*, et la génération suivante. On n'allait pas plus loin. J'ai inventé une méthode en partant du principe que l'abstraction n'était pas l'apanage des Occidentaux et qu'il était certainement tout à fait possible de pallier cette difficulté concernant les représentations mentales en utilisant des artefacts. Je suis partie sur le terrain en ayant établi sur des cahiers un inventaire de toutes les situations de parenté consanguine et d'alliance possibles, pour *Ego* masculin et *Ego* féminin, et cela sur cinq générations. Ce qui représente un nombre de schémas considérable ! Et je prévoyais de poser les questions de façon systématique, les unes après les autres. Je me suis aperçue très vite que passé les liaisons premières – le père, la mère, les oncles… –, les interlocuteurs ne suivaient plus l'énonciation orale. J'ai donc inventé une méthode en utilisant des objets – des cauris, des cailloux, des allumettes. Les cauris sont de petits coquillages qui servaient de monnaie pour les occasions rituelles, mais aussi, à l'époque dont je vous parle, pour acheter des choses courantes. Ce sont de petits coquillages blancs qui ont une fente un peu dentelée, en dents de scie, et qui représentent traditionnellement, et aujourd'hui encore, le sexe féminin. Des cauris ont donc représenté les femmes ; un plus gros représentait *Ego*. Des cailloux aux tranchants assez nets représentaient les hommes, et un plus gros représentait *Ego*. Des allumettes ou des bouts de bois symbolisaient les différents types de relation : filiation, collatéralité, mariage. Je dressais des schémas sur le sol et je leur disais : « Vous êtes là. Ici, je place un cauri : c'est votre mère. Ici, c'est le père de votre mère, puis la sœur du père de votre mère. Elle a une fille qui a un fils. » Une fois que tout cela était disposé, je leur demandais comment ils appelaient les différents protagonistes. Et ce système a très bien fonctionné. Dès qu'il y a eu une représentation imagée, visuelle, cela a tellement bien marché que, très vite, j'ai cessé d'utiliser l'ordre logique qui était le mien, qui consistait à suivre l'accroissement par étapes de générations, avec les collatéralités, alors qu'eux-mêmes, suivant leur propre logique, et à partir d'un schéma que je leur avais constitué, en constituaient d'autres. Ce qui voulait dire qu'entre mon schéma et ceux qu'ils constituaient, ils avaient senti un rapport. C'était déjà un élément d'information important. Ils ne suivaient pas ma logique, ils suivaient la leur. Ce furent eux qui alors me fabriquèrent des schémas. Il me suffisait ensuite de les retrouver dans mon cahier et de les barrer. On a procédé de la sorte jusqu'à ce que toutes les possibilités aient été envisagées. Ce fut pour moi un apport considérable, parce que cela m'a permis aussi de voir en pratique comment les enfants apprennent à s'y reconnaître dans un système de parenté dont j'expliquerai plus tard pourquoi il est très difficile à comprendre et à se remémorer. J'ai compris ainsi comment ils apprenaient et mémorisaient leur terminologie de parenté. Ils doivent passer nécessairement par l'appellation que celui de leurs géniteurs, père ou mère, situé sur la chaîne donne au parent concerné (*Alter*) ; ils en déduisent l'appellation qu'ils doivent donner à cette personne. Par exemple : si le schéma représente *Ego*, son père, sa mère, le frère de cette mère qui a une fille, laquelle a un fils, *Ego* (mon interlocuteur) me dira : au-dessus de moi, il y a mon père. Mon père, le frère de sa mère, il l'appelle « mon oncle maternel ». S'il l'appelle « mon oncle maternel », moi, je dois l'appeler « grand-père ». Ensuite, la fille de son oncle maternel, mon père l'appelle « ma mère ». Et si mon père appelle cette femme « ma mère », moi, je dois l'appeler « grand-mère ». Un fils de cette « mère » pour mon père, comme mon père appelle sa mère « ma mère », il appelle ce fils « mon frère ». Et moi, je dois appeler ce frère de mon père « mon oncle paternel ». Vous voyez là la manière dont les enfants apprennent. C'est une déduction logique qui donne les bonnes appellations, conformément au système global. Les lecteurs ont déjà pris conscience, à travers ce petit exemple, d'un système terminologique de parenté qui ne correspond pas du tout au nôtre. On l'appelle « système omaha » parce qu'il a été décrit chez les Indiens omaha d'Amérique du Nord par des auteurs américains ; on n'en connaissait pas bien l'existence en Afrique. Or beaucoup de sociétés en Afrique le mettent en pratique.

C. B. – *Pourriez-vous nous dire en quoi il nous éclaire, nous, sur nos propres populations, sur notre propre civilisation ? Et en quoi ce que vous avez compris grâce aux Samo peut éclairer d'autres populations, y compris la nôtre ?*

Je ne pense pas que cela puisse éclairer directement notre système à nous, tout à fait différent, et qui est un système eskimo. Cela nous éclaire simplement sur le fait que les populations humaines, toutes les populations humaines, ont réfléchi sur les mêmes données biologiques mais ne les ont pas traitées de la même façon. On trouve au départ un trait très particulier à la base d'un système omaha – mais de plusieurs autres également – qui est la perception que les germains de même sexe sont identiques, alors que les germains de sexe différent sont différents. Ainsi, deux frères, c'est la même chose et deux sœurs aussi ; alors qu'un frère et une sœur sont radicalement différents. Nous avons là un système de clivage mental qui va conduire à des systèmes de parenté où, quand vous avez deux frères ou deux sœurs, nécessairement les enfants de ces frères et de ces sœurs s'appellent mutuellement frère et sœur. Alors que les enfants d'un frère et d'une sœur se désignent mutuellement par des termes différents. Cela induit généralement des systèmes d'alliance particuliers. Ainsi, dans des sociétés qui n'ont pas une terminologie omaha, mais qui fonctionnent avec cette même équivalence mentale des germains de même sexe, opposée à la différence des germains du sexe différent, comme c'est le cas dans les systèmes omaha, on ne peut pas épouser les cousins parallèles, c'est-à-dire ceux qui sont issus des germains de même sexe ; mais, au contraire, on doit épouser certains de ces cousins issus d'une paire de germains de sexe différent. Ainsi, de façon très classique, un homme doit parfois épouser la fille de son oncle maternel, et une fille, le fils de sa tante paternelle. Toute une série d'enchaînements s'ensuivent et nous montrent que toutes les sociétés humaines ont pensé le même matériau, que nous pouvons traduire sous la forme de lois. C'est là un des points centraux de l'anthropologie sociale, parce que c'est un domaine qui fonctionne avec des unités – que j'appellerai discrètes – qui sont universelles (génération, sexe, collatéralité, aînesse) qui nous permettent de découvrir des lois comme on en découvre dans le fonctionnement de la nature.

Un système d'alliance semi-complexe

MICHEL JUFFÉ – *Pendant toutes vos recherches, vous avez tenté d'associer les systèmes de parenté et les systèmes sociaux. Vous considérez que le système de parenté est une représentation fortement liée au système social dans son entier. Pourriez-vous en dire plus, à la fois sur le plan théorique et en pratique ?*

Honnêtement, on ne peut pas dire qu'à un système de parenté ou de filiation correspond un type de système politique ou social. En revanche, l'accord est profond entre les systèmes de parenté, le système de représentation mentale du corps et de son fonctionnement, et le système de représentation du corps social et du fonctionnement du cosmos.

VINCENT DE GAULEJAC – *Quel a été le point de départ de votre problématique intellectuelle ?*

Si je devais résumer ma problématique intellectuelle, je dirais qu'en partant de la parenté et de l'alliance, j'ai été amenée, presque par la force des choses et en suivant une progression totalement logique, à m'intéresser à l'anthropologie symbolique du corps, thème qui a été la base de mon enseignement pendant les dix-sept ans que j'ai passés au Collège de France. Dans la ligne directe de cette double problématique, parenté et anthropologie symbolique du corps, je me suis intéressée à l'inceste, et notamment à l'inceste du deuxième type, à la valence différentielle des sexes et donc au rapport masculin-féminin et, de là, à la violence. Cela a été mon cheminement, qui contient sa logique propre.

La parenté et l'alliance : il faut dire que j'ai été très aidée par le terrain et que j'ai eu une grande chance de tomber sur les Samo, qui étaient porteurs d'un système de parenté et d'alliance omaha. Pour ceux que cet itinéraire intéresserait, j'ai écrit, à la demande de la revue *L'Homme* qui faisait un numéro spécial sur les questions de parenté en l'année 2000, un article qui s'appelle « Articulations et substances[1] » qui explique ma progression intellectuelle sur ces sujets.

Je suis donc tombée sur un terrain où se trouvait ce type de système. Mais je ne connaissais pas grand-chose. J'avais suivi le certificat d'ethnologie au musée de l'Homme, mais le résultat n'était pas très brillant. Je n'y avais rien appris sur la parenté. J'ignorais tout de la théorie de la parenté. Je n'avais pas lu Lévi-Strauss. J'ignorais même que pouvaient exister des systèmes de parenté dont la structure aurait été différente de la nôtre. Je ne m'en étais pas encore rendu compte. Il ne m'était jamais venu à l'idée – comme c'est le cas pour tout membre de l'espèce humaine – qu'il pût y avoir d'autres manières de faire, en cette matière, que celle que je pratiquais, qu'il pût y avoir d'autres systèmes de parenté que le nôtre qui nous paraît logique, naturellement fondé et donc universel. Je savais, parce qu'on nous l'avait dit et qu'il y avait un certain nombre de manuels qui en traitaient, qu'il fallait collecter des terminologies de parenté. Cela s'apparentait, dans mon esprit, à la collecte d'un vocabulaire, comme on collecte un vocabulaire sur les parties du corps ou sur les techniques de chasse. Mais je ne pensais pas

1. F. Héritier, « Articulations et substances », *L'Homme*, 154-155, 2000, p. 21-38.

trouver des choses structurellement différentes de ce que je pratiquais naturellement.

Jusqu'alors, sur l'Afrique, il y avait des travaux ethnologiques plutôt centrés autour des objectifs des équipes Griaule. Marcel Griaule qui organisa dans les années 1930 les grandes expéditions Dakar-Djibouti, a laissé sur place, en pays dogon, des chercheurs de talent et réputés (Germaine Dieterlen, Deborah Lifchitz, Denise Paulme, André Schaeffner, Michel Leiris), qui s'intéressaient davantage à la pensée mythique qu'à la parenté, à l'exception de Denise Paulme. Si des chercheurs avaient recueilli ailleurs des terminologies de parenté, c'était toujours de manière assez sommaire, vraiment sans aller très loin.

Ainsi, les Samo de Haute-Volta (maintenant nommée Burkina Faso) ont un système de parenté et d'alliance qui peut paraître extrêmement curieux.

Dans toutes les sociétés, on s'imagine que nous dénommons nos parents d'une façon naturelle et biologique. Les termes de parenté utilisés nous paraissent logiques. Il serait biologiquement fondé, en raison des positions généalogiques observables, de dire que notre père est un *père*, que notre mère est une *mère*, que nous avons des *oncles* et des *tantes*, des *cousins*, des *neveux*, des *nièces*, des *enfants*, des *frères* et des *sœurs*, des *grands-parents*... Dans toutes les sociétés du monde, on pense que tout cela est inscrit dans la nature même des choses. Or il existe structurellement six grands types de systèmes de parenté. Ils sont désignés par le nom d'une population et ont été précisément décrits. Le nôtre ne s'appelle pas système *occidental*, mais système eskimo. On distingue également le système iroquois avec deux subdivisions autonomes : omaha et crow, le système hawaïen, et le système soudanais. Chacun d'entre eux correspond à une manière particulière de combiner des composants isolables.

Les systèmes de parenté consistent en appellations accompagnées de règles de filiation, d'alliance et peut-être aussi de résidence. Notre système eskimo a une règle de filiation dite bilatérale ou cognatique ou indifférenciée, c'est-à-dire que nous succédons et héritons de nos parents et grands-parents quelle que soit la ligne.

On peut aussi bien hériter d'un grand-père maternel que d'une grand-mère paternelle.

La combinatoire peut prendre en considération le sexe des parents à désigner, par exemple en prenant comme critère la latéralité, selon que l'on est du côté de la mère ou du côté du père. Ainsi, nous, Français, différencions le *père* (un homme) et la *mère* (une femme) pour des raisons de sexe et nous confondons sous la même terminologie sexuée les deux frères de chaque côté (frère de la mère et frère du père) que nous appelons *oncle* et les deux sœurs (sœur de la mère et sœur du père) que nous appelons *tante*.

D'autres traits discriminants entrent dans ces combinatoires. Toutes les sociétés relèvent d'un type de système de parenté. Tous fonctionnent à partir de données biologiques de base extrêmement simples : seuls deux sexes peuvent se rencontrer pour procréer ; les enfants seront soit des garçons, soit des filles ; les générations se succèdent et s'enchaînent ; par définition, les parents précèdent toujours leurs enfants ; l'espèce est prioritairement unipare, c'est-à-dire que chaque individu a une place qu'il occupe dans une série de frères et de sœurs (à l'exception des jumeaux). Les principaux traits seront le sexe du locuteur et/ou du parent à désigner, la génération, le caractère aîné ou cadet par rapport au locuteur et/ou au parent à désigner, etc.

Dans le système iroquois (avec les variantes crow et omaha), les germains de même sexe, c'est-à-dire en situation parallèle[1], sont comme de même nature et interchangeables. Ainsi, à la génération des parents, le père et son frère sont tous les deux appelés *père* par *Ego*, la mère et sa sœur sont toutes les deux appelées *mère*. En revanche, le frère de la mère et la sœur du père sont des parents croisés. Ils bénéficient d'une appellation particulière, qui veut exactement dire *oncle maternel* ou *tante paternelle*.

1. *Parallèle*, c'est-à-dire du même sexe que son consanguin. Deux frères sont en situation parallèle ; un frère et une sœur sont en situation croisée.

Dans le système soudanais, chacun des consanguins est désigné par un terme particulier : *père, mère, frère du père, sœur de la mère, sœur du père*...

Le système hawaïen utilise une seule et unique appellation en fonction du sexe, quel que soit le côté. La mère, les sœurs de la mère, les sœurs du père sont toutes appelées *mère*. Le père, les frères du père, les frères de la mère, sont tous appelés *père*. Tous les frères et sœurs d'*Ego*, mais également tous ses cousins germains, seront pour lui *frères* et *sœurs*.

Venons-en maintenant aux types crow et omaha des systèmes de parenté, qui sont associés à des règles de filiation respectivement matrilinéaire et patrilinéaire. Notre règle de filiation, nous l'avons dit, est cognatique ou indifférenciée. Elle permet d'hériter d'une personne quelle que soit la ligne (père ou mère). Mais d'autres systèmes de filiation sont unilinéaires, soit patrilinéaires[1], soit matrilinéaires[2], ou encore bilinéaires.

J'ai dit que les Samo présentaient un système de parenté particulièrement curieux : il s'agissait en fait d'une terminologie omaha. Dans un système patrilinéaire avec terminologie omaha, le frère du père est appelé *père*, la sœur de la mère est appelée *mère*, et tous leurs enfants sont appelés *frères* et *sœurs* par *Ego*. En revanche, le frère de la mère est appelé *grand-père* ou *oncle maternel* et engendre des enfants qu'*Ego* appelle *oncle* et *mère* selon leur sexe (il s'agit de cousins germains dans notre terminologie). Tous les enfants d'un homme appelé *oncle* sont appelés par *Ego oncle* et *mère*, et tous les

1. *Patrilinéaire*, c'est-à-dire que la filiation ne passe que de père en fils. Dans une généalogie ascendante, tout individu (proposant ou *Ego*) a deux parents, quatre grands-parents, huit arrière-grands-parents, etc., et on peut dessiner huit lignes menant de l'un de ces ancêtres à lui, ayant généalogiquement, sinon socialement, même valeur. Un système patrilinéaire ne reconnaît comme fondant la filiation et les droits que la ligne qui mène d'*Ego* à son père, au père de son père, au père de celui-ci et, de façon collatérale, que les individus issus (par les hommes) des frères de ces consanguins-là.

2. *Matrilinéaire*, c'est-à-dire que la filiation passe de mère en fille. Les systèmes crow sont matrilinéaires.

enfants d'une femme désignée comme *mère* sont appelés par *Ego frère* et *sœur*, selon le sexe. Si *Ego* est un homme, il appelle *enfant* (fils/fille) les enfants de ceux qu'il appelle *frère*, et il appelle *neveu/nièce* les enfants de celles qu'il appelle *sœur*. Si *Ego* est une femme, elle appelle *enfant* (fils/fille) les enfants de celles qu'elle appelle *sœur*, et d'un terme spécifique, dont nous n'avons pas l'équivalent, les enfants de ceux qu'elle appelle *frère*.

Le système est dit *oblique*, dans la mesure où il rehausse d'une ou plusieurs générations les consanguins croisés du côté maternel et rabaisse d'une ou plusieurs générations les consanguins croisés du côté paternel, selon la terminologie employée pour les désigner. Ainsi, chaque fois qu'un de vos *oncles maternels* ou qu'une de vos *mères* (dites *cousines* dans notre terminologie) enfante, ils engendrent des enfants qui seront vos *oncle* et *mère* d'une part, vos *frère* et *sœur* d'autre part. Les enfants de vos *frères* seront vos *enfants* ; les enfants de vos *sœurs* vos *neveu* et *nièce*. Ils sont *neveu* et *nièce* de la même manière que sont *neveu* et *nièce* les enfants de la sœur du père considérée comme une sœur. De même que les enfants de la sœur du grand-père, et tous les enfants des sœurs des mâles de son lignage sont pour *Ego* des *neveux* et des *nièces*, quelle que soit leur génération par rapport à lui.

Ce système fonctionne très bien. Il fut découvert au XVIIIe siècle par Lafitau qui décrivit les mœurs et coutumes des Omaha, mais sans avoir compris la règle qui présidait à l'élaboration de ce système terminologique de parenté. Pour lui, ces sauvages ne faisaient pas la distinction entre une petite fille de 3 ans et leur propre mère puisqu'ils les appellent toutes deux *mère*.

À côté des règles terminologiques, on observe des règles d'alliance particulières. Dans notre société, nous avons l'impression de choisir un conjoint comme bon nous semble. Cela est faux sociologiquement et ethnologiquement. Il apparaît, même si l'on n'en a pas conscience, que le choix du conjoint se fait majoritairement dans une sphère de choix d'homogamie, dictée par des raisons professionnelles, religieuses, ou par des raisons d'endogamie locale souvent doublée d'une endogamie parentale. On épouse en général quelqu'un avec qui, d'une manière ou d'une autre, on est déjà en relation.

La seule règle dans notre société est l'interdiction de l'inceste qui porte sur des degrés de parenté. À l'heure actuelle, on ne peut pas épouser sans dispense ecclésiastique ses cousins germains en droit canon mais, au XIIe siècle, l'interdiction de mariage portait sur tous les cousins jusqu'au quatorzième degré de parenté romain, c'est-à-dire au septième degré de parenté canon. Il fallait que sept générations se soient écoulées après un ancêtre commun pour que l'on puisse épouser un apparenté. Pierre Damien, un Père de l'Église de l'époque, justifiait ces prohibitions en affirmant que l'odeur de la parenté se transmet pendant sept générations, et qu'à l'expiration de ce délai, le « grappin de l'alliance » ramène au centre ceux qui s'écartent, c'est-à-dire que le mariage le meilleur est celui qui unit les cousins éloignés.

Le système d'alliance des Samo fonctionne également avec des prohibitions d'alliance, mais qui portent sur des groupes lignagers entiers. Le système de filiation est patrilinéaire, avec résidence patrivirilocale[1]. Cela signifie qu'un homme s'installe à côté de son père, et que les épouses s'installent auprès de leurs maris. Les groupes lignagers prennent forme dans la tête des gens, mais aussi concrètement sur le terrain. Les prohibitions portent sur des lignages entiers et non pas seulement sur les individus situés dans un degré de parenté rapproché. Un lignage représente entre 90 et 120 personnes.

Les prohibitions sont nombreuses. Un homme ne peut se marier dans son propre lignage, donc épouser quelqu'un appelé *sœur*, ni se marier dans le lignage de sa mère ou dans celui de ses deux grands-mères. S'il s'agit d'une société polygame, il ne lui sera pas possible

---

1. *Patrivirilocal*, c'est-à-dire qu'une femme réside auprès de son mari qui réside auprès de son père. Cela se traduit souvent sur le terrain par des ensembles strictement délimités. Notre système de résidence est dit *néolocal*, c'est-à-dire que les jeunes mariés n'ont pas l'obligation d'aller résider à côté du père ou de l'oncle maternel.

de se marier dans les lignages de ses précédentes épouses, donc d'aller prendre une épouse dans le lignage qui en a déjà donné une, ni dans le lignage de la mère de cette femme, ni dans celui des deux grands-mères de cette femme. Il ne lui sera pas non plus possible d'épouser une femme du même lignage qu'une épouse d'un de ses *frères* (frère au sens réel et globalement tous les cousins) ou d'un de ses *pères*. Il s'ensuit que, pendant deux générations, toutes les alliances faites dans une lignée ne peuvent être dupliquées.

Malgré les restrictions, il est tout à fait possible de se marier. Les interdits sont valables de façon symétrique et non réciproque. Par exemple, il n'est pas possible pour un homme de se marier dans un lignage où un *frère* a déjà pris une épouse. Réciproquement, il n'est pas possible pour une sœur de se marier là où une *sœur* a pris un époux, mais une sœur peut se marier là où un frère a pris une épouse. J'ai vérifié cette hypothèse et montré qu'à chaque mariage, des systèmes de « prêté-rendu » se mettent en place. La polygamie permet aussi des bouclages ou « prêtés-rendus ». Ainsi, s'il n'est pas possible de se marier dans le lignage de sa grand-mère, on le peut dans les lignages des autres épouses du grand-père.

Cela va contre un présupposé selon lequel les règles seraient valables réciproquement et symétriquement aussi bien pour les hommes que pour les femmes. Or la symétrie, dans ce cas, n'implique pas la réciprocité. J'ai pu montrer par le jeu de ces principes qu'il y avait une très forte endogamie[1] locale et une très forte endogamie dans la parenté éloignée.

Ce système d'alliance, qui peut paraître terriblement abstrait, est doublé par un système de représentation de la fabrique du corps humain, de la dotation de qualités diverses à un enfant.

Les Samo conçoivent neuf composantes de l'homme. Les deux premières sont le sang et le corps. Un enfant tient le sang de son père et le corps de sa mère. Le corps comprend les os et la moelle.

1. *Endogamie* : obligation pour un individu de se marier à l'intérieur de son groupe (contr. : *exogamie*).

Or l'enfant naît avec une dotation de sang insuffisante pour mener une vie adulte. Son sang va proliférer par la suite grâce à la moelle de ses os qui bénéficie de l'alimentation. Cette représentation correspond, on le voit, à la fonction hématopoïétique du sang. La moelle des os est rougeâtre, ce qui justifie le rapport entre le sang et la moelle. Un enfant fabrique du sang toute sa vie à partir de sa moelle osseuse qu'il tient de sa mère, qui elle-même tenait son sang de son propre père. Le sang est ainsi vu comme une superposition interclassée de cartes ou de plaques photographiques : le sang du père, puis le sang du grand-père maternel *via* la moelle osseuse de la mère, puis le sang du père de la mère du père, puis celui du père de la mère de la mère. Ensuite s'ajoutent de façon résiduelle les quatre souches sanguines des pères des quatre arrière-grands-mères. Cette série sanguine n'est pas totalement transmise aux enfants d'un individu. Une redistribution de cartes va se faire à chaque mariage car chacun des deux conjoints transmet seulement ses quatre premières souches ; les autres deviennent des traces résiduelles.

En somme, les Samo ont créé une sorte de modèle mendélien avec des souches dominantes : le sang du père et la moelle du grand-père maternel, puis deux souches récessives, puis quatre souches résiduelles. Les souches dominantes et les souches récessives sont transmises aux enfants en abandonnant les souches résiduelles qui restent à l'état de traces. Trois générations, impliquées par les interdits matrimoniaux sur des lignages, sont nécessaires pour que s'effacent les souches les plus anciennes. Ce n'est qu'après qu'il est possible de se marier avec des cousins sans souches dominantes ou récessives communes, mais avec des souches résiduelles semblables.

Il n'est bon ni de se marier dans l'identique ni de se marier dans le totalement différent. Il faut se marier dans ce qui est quelque peu familier, tel que des cousins ayant des souches résiduelles communes. Ainsi, un jeune homme dira qu'il épouse telle cousine car il a telle souche d'arrière-grands-parents commune. Tous les tests faits par ordinateur montrent que les choses fonctionnent ainsi. J'ai notamment travaillé sur des cohortes de jeunes hommes à marier. J'ai établi la liste de toutes les jeunes filles disponibles en supprimant les déjà promises, les trop âgées, les trop jeunes et celles concernées par les interdits matrimoniaux. Il restait alors une soixantaine de femmes disponibles pour un choix masculin. Il est apparu que l'on épouse toujours une cousine avec qui on était relié de deux ou trois manières différentes.

Ce phénomène montre que les Samo ont conscience de leur mode de fonctionnement. La subtilité intellectuelle de ces systèmes dément l'idée selon laquelle ce fonctionnement est inconscient. D'énormes débats anthropologiques ont eu lieu sur le vécu conscient ou inconscient du jeu des règles sociales. Beaucoup d'ethnologues plaident pour cette espèce de hasard qui fait que les choses apparaissent sans que personne en ait conscience. Ici, j'ai pu montrer qu'il n'en est rien. À l'occasion des grandes fêtes sacrées, les conseils villageois[1] permettent de discuter des alliances. Les négociations les plus vives concernent les comptes matrimoniaux. Chacun sait que le système permet l'échange régulier entre lignages. Ces conseils villageois montrent bien que les gens font les comptes concrètement et ont conscience de leur propre fonctionnement, même s'ils ne peuvent en faire la théorie.

Est particulièrement important le fait qu'existe un rapport étroit entre le fonctionnement de la règle sociale et un système global de représentation qui regroupe tout un ensemble de faits, procréation, gestation, transformation de la nourriture, plénitude d'un être humain...

1. Pendant les conseils villageois, se réunissent tous les doyens de lignage et les maîtres des grands autels – maître de la Pluie, maître de la Terre, etc. Les doyens de lignage s'expliquent et « règlent leurs comptes ».

MICHEL JUFFÉ – *Chez les Samo, les choses seraient-elles plus conscientes que dans notre société ?*

Non. La conscience est toujours celle des possibilités concrètes et pas de la théorie des systèmes. Cette conscience relative est également présente dans notre société. Les Parisiens ont l'impression de se marier de façon exogame par rapport à la parenté, mais avec des homogamies dues à la religion, au quartier ou à la profession.

Cela dit, dans les années 1950, Jean Sutter, grand généticien démographe, a étudié les demandes de dispenses faites aux autorités ecclésiastiques et au président de la République. On s'est aperçu avec stupeur que les demandes de dispenses venaient principalement des grandes villes, plus endogames donc que les villages.

Des systèmes de régularités d'alliance existent aussi dans notre société. Chez les Samo, le fonctionnement politique et social est fondé sur le lignage et les alliances matrimoniales. Nous n'avons pas les mêmes obligations de penser le lignage et sa survie, cependant le fonctionnement de notre système ne nous échappe pas totalement.

Ce qui me reste de l'Afrique

CAROLINE BROUÉ – *J'aimerais que vous nous disiez ce qui vous reste de l'Afrique. En tant qu'ethnologue et en tant que femme, que gardez-vous de ces expériences que vous avez vécues avec ces populations extrêmement différentes, et malgré tout peut-être proches, de nous ?*

Il y a à dire sur plusieurs niveaux... D'abord, les émotions... la première émotion est olfactive. C'est l'arrivée, la première arrivée, en début de nuit. La nuit tombe à 6 heures là-bas : nous sommes sous les tropiques. Nous sommes arrivés à la nuit tombée à Niamey. Premier stop en Afrique avant d'atterrir à Ouagadougou avec le petit avion de l'époque, une Caravelle. Sortir sur le tarmac et recevoir comme un choc la puissance de l'odeur de la terre africaine, poivrée, épicée, chaude, humide… Je ne sais pas comment le dire, mais c'est quelque chose de fabuleux. D'ailleurs, je crois que tous les gens qui mettent les pieds pour la première fois sur les terres africaines connaissent cette expérience. Pour moi, cela se produit toutes les fois que j'y vais : je reconnais cette odeur et elle me donne la chair de poule. C'est quelque chose d'extrêmement fort. On l'oublie ensuite, une fois qu'on s'y est habitué ; on n'y fait plus attention, mais c'est extrêmement fort.

Le deuxième, c'est le terrain ; une fois que vous êtes accepté, vous découvrez des gens qui sont tellement semblables à votre famille, à vos connaissances, à vos relations que vous vous retrouvez très vite en terrain connu. Bien entendu, il y a l'inconnu de cette culture que vous allez apprivoiser provisoirement. Mais pour les personnes, vous retrouvez chez elles des traits de caractère, elles évoquent des gens que vous connaissez dans votre pays. Je me souviens notamment, parce que cela m'émeut toujours autant lorsque j'y pense, d'une vieille dame dont la fille était morte en couches et qui m'a apporté le bébé, parce que ce bébé était condamné à mort, du fait de la mort de sa mère… Contrairement à ce que l'on croit, la solidarité entre femmes qui allaitent ne va pas jusque-là : elles refuseront de donner le sein à ce bébé parce que ce bébé est mortifère : il a tué sa mère. Les seules qui peuvent à la limite lui donner le sein, ce sont des sœurs de la mère décédée. Mais, dans le cas dont je vous parle, il n'y en avait pas. Et donc cette vieille dame est venue m'apporter le bébé. Elle s'est mise à genoux devant moi en me mettant le bébé dans les bras, et la seule chose que j'ai pu faire, c'est de la relever et de me précipiter en voiture à Ouagadougou pour y acheter des biberons, des tétines, du lait en poudre et tout l'attirail nécessaire. J'ai donc pris en charge le bébé qui restait avec sa grand-mère et qu'elle m'amenait à heures fixes. Ensuite, elle a appris elle-même à faire les biberons, et à les donner au petit. Mais cette femme qui était venue à moi, qui était âgée, qui s'était présentée dans cette posture de suppliante, avec les seins nus et juste un vieux pagne tout rapiécé autour des reins, pleine d'arthrite sans doute – la voir s'agenouiller, c'était… ah ! C'était affolant ! C'était ma grand-mère, vous comprenez ? Elle ressemblait à ma grand-mère maternelle, qui elle aussi avait une allure humble, était un peu voûtée, se sentait toujours un peu en trop... Elle ne s'est certes jamais mise à genoux devant moi, ma grand-mère ! Mais de voir cette vieille dame le faire, j'ai eu le sentiment... brutal, inadmissible, que c'était ma grand-mère qui s'agenouillait devant moi. Je ne pouvais pas le supporter. J'ai toujours eu à l'égard des gens que je fréquente un rapport pas nécessairement toujours affectif – mais il y a ceux que vous aimez bien et ceux que vous n'aimez pas, par définition. Il y avait certainement une familiarité qui tenait au fait que, dans la pratique, dans leurs usages corporels, dans leur façon de parler, de se tenir, ces gens m'évoquaient toujours des personnes que je pouvais avoir connues dans ma vie d'européenne. Et puis, un troisième point concerne l'Afrique, c'est la misère, la pauvreté... ne serait-ce que dans les régions de brousse que je connais, et la fragilité dans le malheur ordinaire...

C. B. – *Diriez-vous que le fait que vous ayez vécu beaucoup de temps avec ces populations et que vous avez éprouvé peut-être le sentiment d'une communauté affective, vous rend plus sensible aujourd'hui à ce que l'on pourrait qualifier d'indifférence de l'Occident vis-à-vis de la misère africaine ?*

Oui, j'y suis très sensible. Cela tient peut-être aux émotions ressenties, mais surtout à des raisons intellectuelles, politiques, objectives. Prenons l'exemple du sida et l'incroyable attitude politique à cet égard pendant des années : l'impossibilité de fait pour les Africains d'accéder financièrement aux traitements, justifiée par l'idée complaisamment répandue qu'ils ne sauraient pas se soumettre aux complexités de la prise des médicaments ; l'interdiction par l'Église catholique – mais aussi par les Églises protestantes et l'administration américaine – du port du préservatif, considéré comme favorisant la licence ; ou encore l'allaitement qui était récusé en Europe pour les mères séropositives, mais recommandé pour les Africaines, avec des arguments non justifiés et non éthiques (les mères ne sauraient pas préparer correctement les biberons, et les enfants courraient plus de risques de mourir de diarrhée que du sida)... À l'heure actuelle, ce sont plutôt les problèmes démographiques et ceux liés aux difficultés d'émigration qui me préoccupent. Il y a quand même une observation que je voudrais faire, bien qu'elle date de près de trente ans. C'est vrai que l'Afrique était d'une grande misère, d'une grande pauvreté à l'époque où j'y travaillais, que l'espérance de vie y était courte et que, d'après les calculs que j'ai pu faire, beaucoup d'enfants mouraient avant l'âge de 3 ans, qu'il y avait énormément à faire sur le plan sanitaire – l'eau rare, pas de routes... Mais, ce qui me frappait aussi, en dehors des périodes de crise alimentaire ou épidémique, c'était une espèce de bonheur de vivre. Vivre en pays samo, je ne l'ai jamais ressenti comme une relégation sur une île morose. C'étaient des gens qui éprouvaient une joie de vivre, apparente dans les jeux, les rires, les conversations, malgré leurs soucis quotidiens ; ils ne faisaient pas de comparaison avec notre situation en Europe, parce que naturellement ils n'avaient pas alors accès à la télévision ni aux autres moyens de communication. Cette simplicité joyeuse dans l'existence était tout à fait communicative.

Au retour du terrain

VINCENT DE GAULEJAC – *C'est intéressant de voir comment votre histoire de vie se mêle à vos choix théoriques. Pouvez-vous nous détailler les différentes étapes de votre carrière ?*

À mon retour du terrain, il n'était plus question de professorat d'histoire et de géographie. Il fallait vivre. Je suis entrée à l'Institut national démographique, auprès de deux personnes admirables, qui sont mortes toutes les deux. L'un était Sully Ledermann, l'autre Jean Sutter qui était vraiment quelqu'un de remarquable.

J'ai travaillé pendant une année avec eux comme vacataire sur des projets très précis. Pour Sully Ledermann, c'était la lutte contre l'alcoolisme. Le tout premier article que j'ai publié portait sur la baisse de l'alcoolisme en France en 1958 ! J'ai appris là un certain nombre de techniques et à me familiariser avec le tri mécanique sur fiches perforées, qui m'a aidée à réaliser avec l'aide de Jean Sutter un premier traitement sommaire de quelques données matrimoniales que j'avais recensées sur les Pana de la vallée du Sourou. J'étais chercheur contractuel au bureau d'analyses statistiques de l'Ined.

Je suivais toujours avec passion les séminaires de Claude Lévi-Strauss, pendant ces années 1959-1961. Ces années-là, il s'était rapproché de Jean-Claude Gardin, un archéologue qui travaillait surtout sur l'Afghanistan. Gardin cherchait de façon systématique à créer des langages artificiels, des codes permettant de coder et de trier rapidement des informations sur des corpus d'objets archéologiques, surtout des monnaies et des médailles. Ce n'était plus le tri mécanographique comme je l'avais vu faire, mais on utilisait une méthode assez étonnante de fiches perforées à multiples menues perforations (5 000) par lesquelles passaient des rayons d'une source lumineuse. On appelait le système « pick-a-boo ». Cette méthode était parfaite pour les corpus d'objets, les médailles, etc. Mais l'idée naissante chez Claude Lévi-Strauss et chez Jean-Claude Gardin – c'était l'objet du séminaire – était d'appliquer la même rigueur descriptive et cognitive à des écrits et non plus à des objets.

Il y eu ainsi une grande entreprise, dans les années 1959-1961, qui visait à la construction d'un langage formel, le Syntol, pour *Syntagmatic organization language*, sous la direction de Jean-Claude Gardin. Il s'agissait de langages documentaires pour traiter de la psychologie, de la sociologie et de l'ethnologie. En sociologie, il y avait Maurice Fiskus, pour la psychologie, Radmila Zygouris. Il y avait aussi Lucien Sebag. Nous étions logés au Pavillon de Flore. On travaillait tous ensemble sur une base commune, la syntaxe de cette organisation syntagmatique. Pendant ces deux années, je suis devenue chercheur contractuel au groupe d'études documentaires de l'École pratique des hautes études, 6e section, qui n'était pas encore devenue l'École des hautes études en sciences sociales.

C'est de là que date mon intérêt pour l'informatique et ses possibilités de traitement non seulement de textes documentaires, mais d'informations brutes. Le Syntol donnait la capacité, en découpant des textes et des ensembles de phrases significatives, de mener des recherches fines sur des thèmes et de retrouver des syntagmes qui mettaient en présence des associations de thèmes beaucoup plus fines qu'on ne le fait maintenant, en se contentant des titres. On en a rabattu depuis. La recherche documentaire, même informatisée, se fait sur titres avec quelques mots-clés. Tandis que là, il s'agissait d'analyse de contenu. M'est venue à l'esprit alors la possibilité d'adapter l'informatique à la recherche scientifique proprement dite et aux données, et non plus seulement à la recherche documentaire.

Les premiers ordinateurs étaient apparus, comme vous le savez, depuis peu dans le champ des sciences sociales.

Je suis entrée, très peu de temps après, en 1961, comme chef de travaux à l'École pratique des hautes études, 6e section. J'étais directrice du Centre d'analyse documentaire pour l'Afrique noire (Cadan), qui avait comme fonction d'expérimenter l'usage du Syntol sur la documentation relative à l'Afrique noire. Nous avons mené plusieurs expériences avant de nous rendre compte que cela coûtait horriblement cher et qu'il était plus simple et suffisamment efficace de se contenter des mots-clés et des titres. Nous étions logés dans le musée des Arts africains et océaniens à la porte Dorée. J'ai essayé de retourner en mission en Afrique. J'en ai fait une pendant cette période, chez les Samo. Mais c'était difficile du point de vue de l'École. On partait beaucoup plus difficilement que par le CNRS, ce qui explique que j'ai tout fait pour entrer au CNRS après cinq ans passés à la direction du Cadan.

Je suis entrée au CNRS en 1967 et y suis restée jusqu'en 1982. J'ai parcouru les échelons comme attachée, chargée, puis maître de recherches. Je suis entrée au Laboratoire d'anthropologie sociale qui était dirigé par Claude Lévi-Strauss. Cela a été pour moi la grande période des missions. J'ai passé à peu près six ans sur le terrain. Les gens chez qui j'ai travaillé sont essentiellement les Samo, mais aussi les Mossi, les Bobo et les Dogon... Pour dire la vérité, les enquêtes que j'ai menées chez les Dogon, les Bobo et les Mossi sur la parenté ne sont pas encore exploitées. On ne peut pas tout faire. C'était pour moi passionnant de les mener, peut-être qu'il y aura un moment où j'arriverai enfin à en tirer parti. C'est pendant cette période au CNRS que j'ai passé énormément de temps à exploiter les documents que j'avais rassemblés sur la parenté et l'alliance en pays samo, des données matrimoniales à partir d'enquêtes généalogiques, en mettant sur pied un logiciel pour le traitement informatique de ces données avec l'aide considérable d'un ingénieur en informatique, Mme Marion Selz. C'est un travail qui m'a pris énormément de temps, pour la collecte, la mise sur fiches, la création du logiciel, le passage en ordinateur, l'interprétation des résultats. Cela a pris des années. Mais les résultats m'ont valu la médaille d'argent du CNRS pour les sciences humaines, en 1978. J'en suis assez fière parce que s'il y a désormais une médaille d'argent par section, à l'époque il y en avait une seulement par département. J'ai donc reçu la médaille pour le département des sciences de l'homme et de la société. Ce n'était pas si mal que ça.

Cela dit, vous savez qu'au CNRS, on n'enseigne pas. Même si de temps en temps je faisais quelques séminaires et des conférences, notamment aux séminaires de Lévi-Strauss qui était le plus demandeur en participation, il arrivait fréquemment que l'on me demandât si je ne pouvais pas prendre des étudiants en thèse. Or je ne le pouvais pas, parce que j'étais seulement chercheur au CNRS et qu'il n'y avait pas alors d'habilitation à diriger des travaux. C'est à la suite d'un certain nombre de demandes que je me suis décidée à sauter le pas, ce que j'ai fait avec beaucoup d'inquiétude sur mes capacités à passer à l'enseignement.

J'ai un peu honte de le dire, car j'ai sauté le pas de la façon certainement la plus privilégiée qui soit : je suis devenue directeur d'études à l'École des hautes études en sciences sociales en 1978.

C'est un établissement qui pratique l'enseignement de la recherche auprès des doctorants. C'est là que j'ai fait mes premières armes comme enseignante. J'y ai appris à domestiquer ma parole, parce que ma timidité me poussait à dire les choses le plus vite possible. Je parlais non seulement comme une mitraillette, mais en bégayant un peu, en trébuchant sur les mots. J'ai appris à maîtriser ce genre de choses dans les séminaires de l'École. Je suis restée à l'École des hautes études jusqu'en 1999. Mais j'ai été élue en 1981 au Collège de France sur la proposition de Claude Lévi-Strauss qui devait partir à la retraite l'année suivante et qui a proposé la création d'une chaire d'Étude comparée des sociétés africaines sur laquelle j'ai été élue, ce qui m'a permis de prendre sa suite au Collège de France comme anthropologue et à la direction du Laboratoire d'anthropologie sociale.

J'ai pris une retraite anticipée en 1999 ; la retraite au Collège de France c'est à 70 ans, mais je l'ai prise avant d'avoir atteint cet âge pour diverses raisons personnelles et principalement le fait que j'ai été souvent malade. Mes activités exotiques ont eu, hélas, des contrecoups, sans doute à la suite d'une fièvre des montagnes rocheuses, qu'on appelle aussi typhus de brousse, qui n'a pas été décelée et soignée il y a plus de quarante ans. J'ai développé par la suite une maladie auto-immune qui m'a souvent menée à l'hôpital. Il y a eu une période où c'était tellement fort qu'il m'a semblé qu'il était plus raisonnable de prendre une retraite anticipée.

Il s'est alors passé ce qui se passe souvent dans ce genre de cas. Je pense plutôt à l'exemple des femmes qui ont recours à une fécondation *in vitro*. À partir du moment où elles ont décidé d'y avoir recours, il arrive qu'elles se retrouvent enceintes de façon naturelle. Moi, j'ai pensé qu'il valait mieux que je m'arrête parce que ça allait empirer. Et du jour où j'ai décidé d'arrêter, j'ai eu une rémission, qui ne durera pas éternellement, mais qui dure quand même depuis presque quatre ans. Voilà donc à peu près l'histoire de ma vie, à laquelle j'ajouterai le fait que cette évolution de carrière m'a entraînée dans un certain nombre d'activités connexes, dont certaines durent encore. Je désire en parler dans la mesure où cela a un rapport profond avec des intérêts et des orientations qui ont été les miens pendant le temps du Collège de France. J'ai dû accepter un certain nombre de tâches plus ou moins officielles, au Conseil de la francophonie, au Haut Conseil de la population et de la famille et surtout au Conseil national du sida.

La chaîne des concepts

MICHEL JUFFÉ – *Vous avez fait un pari phénoménal, celui de chercher à saisir l'ensemble de la symbolique du corps dans toute l'humanité. D'Aristote aux Esquimaux, vous êtes toujours restée historienne et géographe dans cette démarche.*

Et anthropologue surtout, même si mon goût pour le passé m'amène à regarder ce que l'on trouve dans des sociétés disparues. De plus en plus, je me suis posé des questions sur les articulations entre les institutions et le corps des représentations. Après cette expérience en pays samo, j'ai travaillé sur des enchaînements particuliers de concepts, que j'appelle des chaînes de concepts auto-associés. Ainsi, si nous nous mettons à parler de fécondité dans une conversation ordinaire, il est évident qu'il sera plus facile d'associer fécondité avec stérilité, féminité, gestation, procréation, plutôt qu'avec aéronautique, moteur ou parachute. Des associations se forment donc par contiguïté. Elles sont sémantiques, conceptuelles et syntaxiques.

J'ai essayé de voir si l'on trouvait des associations semblables dans toutes les sociétés en partant de la notion de fécondité. À partir d'exemples pris dans des sociétés particulières, je divise des chaînes de concepts associés en segments, et j'isole des concepts-carrefours qui vont être reliés à d'autres chaînes que celle que je suis en train de suivre. Ainsi, je choisis de suivre une chaîne en la privilégiant et en faisant des choix sur les bifurcations qu'il est possible de prendre.

Je travaille depuis dix ans sur une même et grande chaîne sinueuse où j'emprunte un chemin particulier toutes les fois que se présente une plaque tournante qui permettra de revenir par la suite éventuellement par un autre chemin et de montrer des bouclages potentiels. Il peut y avoir un moment où un concept permet de changer de registre, bien que généralement je m'efforce de rester dans le même registre.

Je fais en anthropologie à peu près la même chose que Pierre-Gilles de Gennes en physique. Il considère ses matériaux de travail comme des séries de petites couleuvres enfermées dans un bocal, les unes touchant certaines autres... Je décris aussi mon travail comme une série de nœuds et de rencontres de fils entrelacés à l'intérieur d'un même bocal. On peut passer d'un fil à l'autre, mais il faut malgré tout suivre certains parcours. Je m'efforce de suivre des parcours dans un même champ sémantique (le bocal), mais en prenant des exemples dans des sociétés différentes.

J'entends démontrer qu'il existe partout une même armature conceptuelle, bien que les contenus soient très différents. Je cherche à mettre à nu la logique d'articulation qui unit ces contenus apparemment différents. Je mets l'accent sur la syntaxe qui unit plutôt que sur la couleur qui différencie. Cette façon de faire est novatrice en ce qu'elle rend la comparaison possible entre le monde d'Aristote, celui des Samo, la pensée chinoise, etc. Il ne s'agit plus seulement de faire l'étude ethnologique de sociétés dissemblables ou de l'anthropologie comparée portant sur des corpus de faits. Lévi-Strauss, par exemple, travaillait sur des corpus mythiques régionaux américains, mais il ne prétendait pas que les structures qu'il découvrait pouvaient rendre compte également des mythes bantous, si tant est qu'ils existent.

Je postule que, dans toutes les sociétés, on trouve de mêmes chaînes de concepts associés, avec, chaque fois, des séries particulières de possibilités d'actualisation. Lorsque est actualisé tel possible dans telle série conceptuelle, cela empêche ou autorise d'autres associations d'advenir. C'est un changement complet de méthode et de regard.

M. J. – *Prenons un exemple précis pour illustrer votre propos. Vous comparez le jeûne pratiqué par certains bouddhistes et la « combustion spontanée » de femmes alcooliques au* XVIIe *siècle. Qu'y a-t-il de commun entre les deux ?*

Les chaînes correspondant à l'alimentation végétale offrent toute une série de possibilités. Aux deux extrêmes, on trouve d'un côté des végétaux inconsommables à l'état naturel (résines, gommes, odeurs) et de l'autre côté les végétaux distillés qui produisent de l'alcool. D'une part, la nature fournit du thym, des résines, des fleurs avec des parfums, d'autre part, on fabrique l'alcool à partir de différents produits naturels ou artificiels. Le classement du végétal selon différentes catégories se retrouve dans toutes les sociétés.

Il existait, chez les bouddhistes, au Ve siècle après Jésus-Christ, une ascèse pour parvenir à l'état de bienheureux. Elle consistait à se priver progressivement de nourriture. Les jeunes enfants étaient privés de nourriture carnée, puis progressivement l'ascèse concernait les légumineuses, puis les « sept céréales », supprimant peu à peu toutes les nourritures végétales.

Après un certain nombre d'années marquées par ces étapes à franchir, l'individu ne se nourrissait plus que d'écorces, de gommes, de résines, de thym, de fleurs qui étaient censés le transformer en une jarre pleine d'encens. Son corps devenait alors un réceptacle d'huile parfumée. L'homme, enfin prêt, se destinait à la crémation de son vivant pour devenir bienheureux et sauver le monde.

On construisait dans la montagne un immense bûcher. La foule venait en masse pour contempler ces hommes, généralement âgés d'une trentaine d'années, s'installer dans la position du lotus et exhaler tous les parfums de la terre en brûlant. Seuls les bras, les jambes et la tête étaient censés brûler. On retrouvait le tronc, tel un vase dispensateur de richesses.

Au XVIIe siècle français, des cas de combustion dite spontanée furent décrits et repris dans les siècles suivants en médecine légiste. On trouve encore des photographies de victimes de ce phénomène dans les années 1950. Il existe une énorme littérature philosophique, moraliste, juridique sur ce sujet, en France mais aussi en Hollande, en Grande-Bretagne, en Allemagne et aux États-Unis. Le scénario type est le suivant : on trouvait à l'intérieur d'une pièce fermée à clé une femme morte brûlée. La pièce était totalement noircie d'une suie malodorante et les meubles étaient intacts. Les corps étaient brûlés de telle manière que seuls étaient conservés les bras, les jambes et la tête.

Ces femmes étaient des alcooliques. Tous les textes moralisateurs du XVIIe siècle décrivirent des femmes de mauvaise vie avec le feu dans le bas-ventre et nourries d'alcool.

On sait maintenant que ces femmes alcooliques étaient souvent grasses, et que le feu peut s'entretenir en combustion lente dans un corps gras. Ce n'était certes pas des combustions spontanées ! Une chandelle, une chaufferette faisaient prendre le feu aux vêtements d'une femme morte ou endormie. Cela se passait en hiver dans des pays froids, souvent dans des pièces fermées de l'intérieur, toujours la nuit. Les femmes asphyxiées brûlaient ensuite lentement de l'intérieur.

Ces deux histoires ont une même chaîne associative, mais aux termes inversés. Dans un cas les nourritures les plus « naturelles » (gomme, résine, thym), dans l'autre cas les nourritures les plus transformées (alcool). Dans un cas des jeunes hommes, dans l'autre des vieilles femmes. Dans un cas l'été, dans l'autre l'hiver. Dans un cas le jour, dans l'autre la nuit. Dans un cas la combustion est publique, dans l'autre elle est clandestine. Dans un cas les membres brûlent et le corps reste intact, dans l'autre cas c'est l'inverse.

RUTH SCHEPS – *J'imagine que vous pourriez donner encore bien d'autres exemples de telles associations d'idées (que vous appelez des chaînes conceptuelles), car leur mise en évidence paraît centrale dans votre démarche qui s'inspire du structuralisme lévistraussien.*

Mon entreprise est en effet structuraliste, mais mon matérialisme diffère de celui de Lévi-Strauss par l'approche corporelle que je viens de décrire : il est évident pour moi que le fonctionnement cérébral est le même dans toutes les sociétés et chez tous les hommes, c'est-à-dire que nul ne peut penser sans se référer à certaines associations. On dit généralement – et ce sont les arguments du culturalisme – que les sociétés et les cultures sont incomparables les unes aux autres parce que les traits qu'elles présentent sont tous originaux (chacun des traits peut être retrouvé dans une autre société, mais l'ensemble complet de cette association-là est unique). Lorsqu'on dit cela, on traite en fait de « choix » effectués dans une catégorie de la culture, c'est-à-dire de contenus induits par toutes sortes de contraintes qui déterminent les possibles sous lesquels cette catégorie peut s'exprimer.

Prenons l'interdit qui porte sur les relations du gendre et de la belle-mère. Je donne cet exemple, car c'est vraiment un classique de l'anthropologie (c'est par là que Tylor a commencé à la fin du XIXe siècle) : si la résidence est matri-uxori-locale (c'est-à-dire si l'homme doit vivre à proximité de la mère de sa femme), il serait très gênant qu'il ne puisse jamais la regarder dans la vie courante ; alors que s'il vit dans une société patri-viri-locale (où la femme va vivre chez son mari qui vit avec son père), le mari ayant moins de chances de rencontrer sa belle-mère, il peut y avoir des interdits plus forts à ce sujet. Ensuite, il y a toute une série de modalités : il peut simplement ne pas la regarder en face, ne pas s'asseoir à côté d'elle, ne pas manger à côté d'elle, éviter de la croiser sur le chemin (ou, le cas échéant, se précipiter dans le fossé en lui tournant le dos), la saluer à croupetons ou la tête sur le sol ; il peut aussi n'avoir aucun de ces comportements, avec cependant toujours un certain nombre de marques de respect, car dans aucun lieu il n'est véritablement permis de plaisanter sa belle-mère de manière sexuelle (même chez nous, où l'on peut faire des plaisanteries grivoises sur sa belle-mère, il serait tout de même mal vu de la plaisanter sexuellement directement). Il y a donc toute une gradation de comportements dont chacun représente une face particulière du comportement général qu'on appelle l'« interdit de la belle-mère ». Mais chaque société sélectionne ce qu'elle fait, compte tenu de certaines impulsions et contraintes nées de l'environnement et de l'existence d'autres règles en permettant le bon ajustement de toutes. Le cadre dans lequel tout cela s'inscrit est ainsi moins celui des différentes occurrences à l'intérieur d'une même rubrique, que celui des associations nécessaires entre rubriques. Ce que je tente de démontrer est en effet que, dans un champ comme celui de l'anthropologie symbolique du corps, quand on part d'un concept, il induit dans l'esprit humain par association sémantique, structurelle, syntaxique ou autre, des rapports immédiats avec d'autres concepts, mais que ces associations sont différemment distribuées selon les sociétés.

R. S. – *De plus, votre recherche ne se limite pas à une seule population.*

Je vous répondrai que tout ethnologue acquiert sa formation aussi à travers les expériences des autres telles qu'ils les ont écrites, ce qui suppose de maîtriser une documentation assez importante. Dans mon cas, je veux montrer que ces associations existent partout et que les réponses contradictoires qui sont faites dans des cultures différentes obéissent en fait aux mêmes grammaires (aux mêmes commandements, si je puis dire). Je suis donc obligée de les chercher dans des sociétés extrêmement différentes les unes des autres.

Je suis partie de la fécondité, mais cela m'a amenée très vite à parler des enfants, de la monstruosité (il y a des enfants monstrueux), donc aussi bien des théories d'Aristote sur la question que de la façon dont on traite ces enfants dans des sociétés anciennes ou des sociétés dites primitives ; cela m'a amenée à parler aussi des rapports avec l'animal, allaitement ou rapports sexuels mythiques. Les rapports d'allaitement ne sont pas uniquement mythiques : sont fantasmatiques et mythiques les allaitements d'enfants humains par des mères animales, décrits dans l'Antiquité et dans certaines régions indiennes d'Amérique du Nord ; en revanche, sont parfaitement réels les allaitements par des femmes de bébés animaux, qu'il s'agisse des oursons des Aïnous, des porcs de Mélanésie ou des chiens dingos d'Australie, et de bien d'autres encore.

R. S. – *Vous vous êtes également intéressée aux rapports entre les humains et les végétaux, notamment en relation avec la nourriture.*

J'ai en effet été amenée à traiter de l'alimentation en tant que base de la création des humeurs du corps et de leur circulation. Les biologistes nous ont appris que nous sommes faits essentiellement d'eau, mais, au-delà de ce constat, le terme « humeurs du corps » désigne tous les liquides qui nous irriguent et qui peuvent s'épancher, comme le sang, le sperme, le lait, l'urine, la sueur, les larmes, mais aussi d'autres matières moins courantes telles que le pus, le chyle, etc. Dans une version très courante, de l'alimentation dérive le sang et du sang découlent le sperme et le lait, par des mécanismes de « cuisson » du sang à des degrés différents chez l'homme et chez la femme. On trouve cette conception aussi bien dans la pensée d'Aristote que chez les Samo du Burkina Faso : étant plus chaud que la femme, l'homme « cuit » le sang davantage, produisant ainsi une liqueur dense et éthérée (le sperme), tandis que la femme ne fabrique que du lait, qui est de même nature, mais moins dense et moins éthéré que le sperme.

R. S. – *Puis-je ouvrir une petite parenthèse et vous demander si les Samo connaissaient la fonction du sperme comme nécessaire à la procréation ?*

Oui, bien sûr. D'ailleurs je ne pense pas, quoi qu'on en ait dit, qu'il y ait jamais eu une société n'ayant pas fait le lien entre rapport sexuel, sperme et procréation. Tous les cas où l'on a parlé de vierges mères (nous en connaissons une version bien classique !) étaient liés à des contextes bien particuliers : l'absence de contact charnel pouvait notamment justifier des naissances bâtardes dans certaines sociétés, naissances que l'on attribuait publiquement à l'esprit d'un ancêtre ou à un esprit vagabond de la nature. C'était parfois bien pratique…

R. S. – *Fermons la parenthèse et revenons à cette chaîne associative sang-sperme-lait, qui semble être une des plus répandues.*

En fait, l'apparition de certaines chaînes de pensée identiques dans diverses régions du monde de manière totalement autonome paraît même répondre à une sorte de nécessité… Je vais reprendre un exemple lié à cette idée que le sperme et le lait sont de même nature, mais avec des degrés de coction différents, le tout provenant de l'alimentation.

Dans de nombreuses sociétés, le bébé est soumis pendant très longtemps à l'alimentation au lait maternel. Or on a trouvé dans des tablettes akkadiennes (entre le IXe et le VIIe siècle avant J.-C.) – décryptées et analysées par René Labat[1] – la description d'une affection particulière du bébé due à la mauvaise odeur : le bébé est fiévreux, repousse le sein, a des mucosités contenant du sang, est constipé ou bien diarrhéique, et souffre par ailleurs d'autres maux tels que les fontanelles très chaudes et par lesquelles suinte du sang. René Labat pense que ce terme de « mauvaise odeur » renvoie à certains miasmes présents dans l'environnement, par exemple provenant de marais. Or nous retrouvons exactement la même expression de « mauvaise odeur » chez les Samo du Burkina Faso qui, eux, me l'ont expliquée selon leur tradition orale : on dit que, lorsqu'un bébé a la fièvre et repousse le sein – notamment si c'est un garçon particulièrement agité –, c'est soit que sa mère a de nouveau ses règles (c'est possible alors même qu'elle continue d'allaiter), soit qu'elle a couché avec un homme (son mari, dit-on généralement), ce qui est interdit pendant les deux ans que dure l'allaitement chez les Samo. C'est pareil dans des sociétés indiennes du Mexique et c'est pareil chez nous : on trouve des textes très intéressants chez Ambroise Paré, de même que chez des hygiénis-

1. R. Labat, *Traité akkadien de diagnostics et pronostics médicaux. I. Transcription et traduction*, Paris, Académie internationale d'histoire des sciences, Leiden, Brill, 1959.

tes du XIXe siècle, sur le choix de la nourrice, dont certains évoquent la mauvaise odeur, et d'autres mentionnent les critères devant présider à son choix, parmi lesquels figure l'interdiction des rapports sexuels, censés détruire la qualité du lait. L'espace intérieur féminin est ainsi conçu de manière très générale comme étant doté de cheminements permettant de passer de la matrice au sein. On trouve d'ailleurs chez les Grecs cette même idée que le sperme très chaud peut contaminer le lait moins chaud, le liquéfier et lui conférer une mauvaise odeur… En conséquence, ils faisaient des fumigations par le vagin dont ils pensaient qu'elles pouvaient irriguer l'organisme féminin jusqu'au cerveau ! Voilà donc une des chaînes associatives que l'on retrouve à peu près partout, avec des conséquences plus ou moins fortes, mais le thème de la mauvaise odeur et de ses conséquences sur l'enfant est récurrent ; l'expression même est intéressante, car elle dit bien que certains comportements sont censés faire du mal à l'enfant… Le sang et le sperme sont incompatibles avec le lait.

Chapitre 2

La valence différentielle des sexes

L'identique et le différent

NICOLE ÉCHARD – *Quelle est l'origine de l'intérêt pour la distinction sociale des sexes que vous avez manifesté à un certain moment de votre parcours scientifique ?*

Comme c'est souvent le cas, cet intérêt est à la fois fondé sur l'expérience de terrain et sur des rencontres occasionnelles. Il y a quelques années, au moment où l'on a commencé à s'intéresser aux nouvelles techniques de procréation, j'ai été contactée par des médecins et des juristes pour donner un point de vue anthropologique sur la question des incidences sociales potentielles de ces nouvelles techniques et pour apporter quelques informations sur la façon dont les phénomènes vitaux de la procréation, de la gestation, de la constitution de l'enfant, etc., et les phénomènes sociaux liés au droit de filiation étaient représentés et traités dans les sociétés dites « traditionnelles[1] ». Par ce biais, on abordait nécessairement les questions du

1. *Cf.* F. Héritier : « Don et utilisation de sperme et d'ovocytes. Mères de substitution. Un point de vue fondé sur l'anthropologie sociale », *in* H. Nyssen (éd.), *Génétique,*

rapport aux sexes. Antérieurement, les promoteurs de l'*Enciclopedia Einaudi* m'avaient demandé de prendre en charge l'ensemble des questions tournant autour de la parenté et le paquet de concepts que j'avais à traiter comportait l'opposition « masculin/féminin[1] ». Enfin, je peux aussi citer, comme occasion incitatrice, ma participation au Haut Conseil de la population et de la famille, où l'une des questions fondamentales posées par le président de la République portait sur les incidences sociales à venir des procréations médicalement assistées, ainsi que d'autres techniques (diagnostic anténatal, carte génétique, etc.) sur la population de l'année 2020. Par définition, par le travail accompli par ce groupe de réflexion, on abordait aussi la question du rapport des sexes. C'est là la toile de fond de mes rencontres occasionnelles avec le sujet. Par ailleurs, il y a le travail mené sur le terrain, axé sur les systèmes semi-complexes d'alliance. En liaison avec ce point central – car il y a une corrélation entre les règles prohibitives et les conceptions relatives au sang, à sa transmission et à sa fabrication –, j'ai travaillé sur les représentations et la symbolique du corps et j'ai donc là aussi nécessairement rencontré sur ma route les questions du rapport des sexes. Cela dit, c'était toujours par le biais des systèmes de représentation du corps, et les divers travaux que j'ai publiés tournent autour de la reproduction, de l'inscription corporelle, des composantes de la personne, des humeurs, etc.[2]. L'anthropologie dite des sexes n'est donc pas mon sujet d'étude.

Procréation et Droit, Arles, Actes Sud, 1985, p. 237-253 ; « La cuisse de Jupiter. Réflexions sur les nouveaux modes de procréation », *L'Homme*, 94, 1985, p. 5-22.

1. *Cf.* F. Héritier : « Maschile/Femminile », *Enciclopedia* VIII, *Labirinto-Memoria*, Turin, Einaudi, 1979, p. 797-812 ; « Le sang du guerrier et le sang des femmes », *Les Cahiers du GRIF*, 29, Paris, Tierce, 1984-1985, p. 7-21.

2. *Cf.* F. Héritier : « Fécondité et stérilité. La traduction de ces notions dans le champ idéologique au stade préscientifique », *in* E. Sullerot (éd.), *Le Fait féminin*, Paris, Fayard (Centre Royaumont pour une Science de l'Homme), 1978, p. 388-396 ; *L'Exercice de la parenté*, Paris, Le Seuil-Gallimard (coll. « Hautes Études »), 1981 ; « Stérilité, aridité, sécheresse. Quelques invariants de la pensée symbolique », *in* M. Augé et C. Herzlich (éds), *Le Sens du mal*, Paris, Éd. des Archives

CATHERINE QUIMINAL – *Mais n'avez-vous pas l'impression d'intervenir aussi dans le débat actuel sur les rapports sociaux de sexe ?*

Il serait présomptueux de ma part de croire que nos travaux influencent les législateurs et les décideurs en la matière, et même qu'ils soient compris et entendus dans les médias. Cependant, des anthropologues sont désormais consultés et présents dans des instances régionales ou nationales qui ont à s'occuper par exemple de questions de bioéthique ou de questions où interviennent les rapports sociaux de sexe (Martine Segalen et moi-même participons aux travaux du Haut Conseil de la population et de la famille), ce qui permet de faire entendre un message le plus souvent considéré par nos partenaires comme inhabituel, parfois incongru. Au moins est-il prononcé ; de là à prétendre qu'il est entendu, il y a un pas. Mais l'important est sans doute qu'on observe une plus grande disponibilité de la part des corps constitués à nous considérer comme des partenaires, et aussi que les anthropologues font plus d'efforts que par le passé pour se faire entendre publiquement.

NICOLE ÉCHARD – *Les rapports hommes-femmes reviennent sans cesse dans les interrogations des différentes instances que vous avez citées.*

Toujours, oui. Comme j'essaie de le dire, nous sommes confrontés à une double difficulté : il s'agit toujours de problèmes sociaux concrets et urgents (les procréations médicalement assistées, le double travail féminin, la place des femmes immigrées, les conséquences de l'allongement de la vie, surtout féminine, sur le régime

---

contemporaines, 1984, p. 123-154 ; « Sur l'inceste, entretien », *Cahiers du LASA*, 3, p. 27-61 ; « La mauvaise odeur l'a saisi », *Le Genre humain*, 1987, p. 7-17 ; « Les logiques du social. Systématiques de parenté et représentations symboliques », *in Sens et place des connaissances dans la société*, Paris, Éd. du CNRS, 1987, p. 123-169 ; « Résumé des cours », *Annuaire du Collège de France*, 1986 : 531-550 ; 1987 : 527-542 ; 1988 : 427-450 ; 1989 : 445-469 ; 1990 : 419-421.

aites, etc.) d'une part, où le politique a besoin de conseils et d'orientations, mais essentiellement d'ordre pragmatique d'autre part. L'approche anthropologique, qui vise à faire comprendre la logique des situations, ne les intéresse que si elle peut déboucher sur des prises de position concrètes, ou cautionner d'une certaine façon des décisions d'ordre éthique ou technique. Il y a une forme de surdité sélective que nous connaissons bien. Ainsi il m'a fallu longtemps au Haut Conseil de la population et de la famille pour faire entendre des choses élémentaires, par exemple que les nouveaux modes de procréation n'auraient pas d'influence sur le système de filiation, qu'on ne pouvait pas inventer, sauf par le clonage ou en instaurant la république platonicienne, de nouveaux modes de filiation, et qu'il était donc inutile de légiférer en ce sens. Nos écrits circulent relativement en vase clos. Il nous faut poursuivre cet effort d'information pour atténuer, autant que faire se peut, cette surdité sélective dont je viens de parler et accéder à un niveau de communication qui nous permette d'être entendus pleinement par la puissance publique. Il faut franchir de hauts barrages pour faire comprendre que ce dont nous parlons ne réfère pas à des Autres totalement exotiques, étrangers à nous-mêmes, à des mentalités archaïques, à des modes de vie disparus, ni même à des survivances, mais à nous-mêmes, à notre propre société, à nos propres réactions, comportements et représentations.

N. É. – *En somme, vous vous êtes intéressée à l'anthropologie des sexes dans le cadre de ce mouvement de demande.*

D'une certaine façon, oui. Une anthropologie dite des sexes n'a jamais été pour moi un objet d'études en soi, comme c'est le cas pour certains de mes collègues. Je n'en ai jamais fait, presque volontairement d'ailleurs, mon domaine de recherches.

N. É. – *Presque volontairement ?*

Oui, dans la mesure où je récuse le fractionnement de la discipline anthropologique en secteurs autonomes : anthropologie de la santé, du politique, du religieux, etc. Le regard, la méthode sont les mêmes. Bien sûr, les chercheurs se spécialisent sur des ethnies, des régions, des problématiques. Mais la discipline est une, et la découper en catégories autonomes me paraît même être une opération mutilante et exclusive du reste.

CATHERINE QUIMINAL – *En même temps, elle pose une question fondamentale.*

Certes. Je ne dirai pas le contraire, puisque, pour moi, c'est l'observation de la différence sexuée qui est au fondement de toute pensée, aussi bien traditionnelle que scientifique. La réflexion des hommes, dès l'émergence de la pensée, n'a pu porter que sur ce qui lui était donné à observer de plus proche : le corps et le milieu dans lequel il est plongé. Le corps humain, lieu d'observation de constantes (place des organes, fonctions élémentaires, etc.) présente un trait remarquable, et certainement scandaleux, qui est la différence sexuée et le rôle différent des sexes dans la reproduction. Il m'est apparu qu'il s'agit là du butoir ultime de la pensée, sur lequel est fondée une opposition conceptuelle essentielle : celle qui oppose l'identique au différent, un de ces *thémata* archaïques que l'on retrouve dans toute pensée scientifique, ancienne comme moderne, et dans tous les systèmes de représentation. Support majeur des systèmes idéologiques, le rapport identique/différent est à la base des systèmes qui opposent deux à deux des valeurs abstraites ou concrètes (chaud/froid, sec/humide, haut/bas, inférieur/supérieur, clair/sombre, etc.), valeurs contrastées que l'on retrouve dans les grilles de classement du masculin et du féminin. Le discours aristotélicien oppose le masculin et le féminin comme respectivement chaud et froid, animé et inerte, souffle et matière, etc. Mais si nous prenons des exemples de discours médicaux plus récents, de médecins hygiénistes des XVIIIe et XIXe siècles par exemple, mais aussi du nôtre, nous pouvons montrer la permanence, formulée ou implicite, de ces systèmes catégoriels d'opposition. Dans l'édition de 1958 de l'*Encyclopaedia Universalis*, à l'article « Fécondation », la rencontre entre l'ovule et le spermatozoïde, dont le mécanisme reste toujours inexpliqué, est présentée par des biologistes comme la rencontre d'une matière inerte, végétative, qui a besoin d'être animée, avec un principe actif, une énergie qui apporte la vie. Je vois là non une survivance d'une connaissance philosophique dont nous aurions hérité, mais la manifestation spontanée d'une grille d'interprétation, valable aussi bien dans le discours scientifique que dans le discours naturel qui englobe les genres, les sexes, et même on le voit les gamètes dans ce système d'oppositions qui trouve son origine, de façon circulaire, dans l'observation primale de la différence irréductible des sexes.

NICOLE ÉCHARD – *Vous vous êtes exprimée en termes de catégories et on comprend bien pourquoi d'après ce que vous venez de dire. Néanmoins, comment vous situeriez-vous par rapport à une analyse en termes de classes de sexe ou en termes de genre ?*

J'en suis en effet restée à ce niveau très général d'analyse des rapports de sexe au travers des systèmes de représentation, sans m'impliquer dans le débat conceptuel autour des catégories de sexe ou de genre. La construction sociale du genre, néanmoins, est un sujet qui m'intéresse, sous deux aspects : comme artefact fondé sur la répartition sexuelle des tâches, laquelle, avec la prohibition de l'inceste (et l'obligation exogamique) et l'instauration d'une forme reconnue d'union, constitue l'un des trois piliers de la famille et de la société, selon Lévi-Strauss[1] ; comme artefact résultant d'une série de manipulations symboliques et concrètes pour des individus, cette deuxième construction s'ajoutant à la pre-

1. C. Lévi-Strauss, « La famille », *Annales de l'université d'Abidjan*, série F, t. III, 1971, p. 5-29.

mière. Certaines sociétés, néoguinéennes ou inuit, présentent des situations exemplaires de ce point de vue. Chez les Inuit, notamment, l'identité et le genre ne sont pas fonction du sexe anatomique, mais du genre de l'âme-nom réincarnée. Néanmoins, l'individu doit s'inscrire dans les activités et aptitudes qui sont celles de son sexe apparent (tâches et reproduction) le moment venu, même si son identité et son genre seront toujours fonction de son âme-nom[1].

Comme vous le voyez, j'évoque ces questions sous un éclairage anthropologique général, à partir des travaux d'autrui. Je me suis appuyée à plusieurs reprises explicitement sur ces travaux pour essayer de faire comprendre à des auditoires différents (médecins, juristes, psychiatres, etc.) que les catégories de genre, les représentations de la personne sexuée, la répartition des tâches, telles que nous les connaissons dans les sociétés occidentales, ne sont pas des phénomènes à valeur universelle qui prendraient leur source dans une nature biologique commune, mais bien des constructions culturelles.

CATHERINE QUIMINAL – *Ce sont des phénomènes que vous renvoyez quand même à la nature ?*

Bien sûr, mais on ne parle pas là exactement de la même chose. Dans la perspective naïve de l'illusion naturaliste, il y aurait une transcription universelle et unique, sous une forme canonique qui légitime le rapport des sexes, de faits considérés comme d'ordre naturel parce qu'ils sont les mêmes pour tout le monde. En réalité, les caractères observés dans le monde naturel sont décomposés, atomisés en unités conceptuelles et recomposés dans des associations syntagmatiques qui varient selon les sociétés. Il n'y a pas un paradigme unique. Ces associations variées de traits, si nous en

1. B. Saladin d'Anglure, « Iqallijuq ou les réminiscences d'une Âme-nom inuit », *Études Inuit*, 1 (1), 1977, p. 33-63.

pouvions dresser des listes exhaustives, nous permettraient de décrire tout le paysage de la diversité culturelle. Mais ce n'est pas la question. Il reste que je pense effectivement, qu'aussi bien pour la construction des systèmes de parenté (terminologie, filiation, alliance), que pour les représentations du genre, de la personne, de la procréation, etc., tout part du corps, d'unités conceptuelles inscrites dans le corps, dans le biologique et le physiologique, observables, reconnaissables, identifiables en tous temps et en tous lieux ; ces unités sont ajustées et recomposées selon diverses formules logiques possibles, mais possibles aussi parce que pensables, selon les cultures. Je reconnais donc une inscription nécessaire dans le biologique, mais sans qu'il y ait traduction unique et universelle de ces données élémentaires. On peut ainsi démontrer aisément, dans le domaine de la filiation, que sont prises en considération des données brutes de caractère extrêmement simple : l'existence de deux sexes anatomiquement différents et qui doivent se réunir pour engendrer des rejetons de l'un et l'autre sexe, un ordre des générations qui ne peut être renversé, une succession dans l'ordre des naissances et donc l'existence de lignes collatérales. À partir de ces données élémentaires, les combinaisons logiques qu'il est possible de faire entre des positions sexuées parentales et des positions sexuées d'enfants sont au nombre de six seulement. Deux ne sont pratiquement pas réalisées et il ne peut pas y en avoir d'autres. Mais il ne peut pas y en avoir moins non plus, car un agencement unique n'a pu s'emparer de tous les esprits : toutes les possibilités logiques, puis plausibles et réalisables, ont été explorées. La décomposition en atomes des relations diverses de germanité et de collatéralité entraîne aussi des possibilités logiques d'appariement des divers traits élémentaires qui aboutissent aux systèmes-type terminologiques, en nombre fini, nonobstant les variations observables. Je me considère donc comme matérialiste : je pars véritablement du biologique, aussi bien pour expliquer comment se sont mises en place des institutions sociales que des systèmes de représentation et de pensée, mais en posant, en pétition de principe, que ce donné biologique universel, réduit à ses composantes essentielles, irréductibles, ne peut pas avoir une seule et unique traduction et que toutes les combinaisons logiquement possibles, dans les deux sens du terme (mathématique, pensable), ont été explorées et réalisées par les hommes en société.

C. Q. – *Mais il y aurait un lieu où il y n'existerait qu'une seule traduction lorsque ces rapports sont inégalitaires...*

Dans *L'Exercice de la parenté*[1], j'ai en effet dit qu'aux trois « piliers » dont j'ai parlé ci-dessus, il fallait ajouter la « valence différentielle des sexes », qui est aussi un artefact et non un fait de nature. Cela dit, son poids varie. Mais même chez les Iroquois, chez qui les matrones, femmes d'âge vraisemblablement ménopausées, disposaient de considérables pouvoirs, cela n'allait pas jusqu'au pouvoir féminin ni même jusqu'à l'égalité dans les processus de décision.

Quand je me suis intéressée particulièrement à la logique inscrite au cœur même des terminologies de parenté, il m'est alors apparu que dans les systèmes matrilinéaires crow, qui devraient représenter la figure inverse, en miroir, des systèmes patrilinéaires omaha où le rapport frère/sœur s'analyse comme un rapport « père »/« fille », la logique de l'appellation inverse, ou le rapport sœur/frère devrait se traduire en un rapport « mère »/« fils », ne va jamais jusqu'au bout. À un niveau générationnel donné, les rapports réels d'aînesse interviennent et font changer la logique interne des appellations. Même si les systèmes crow postulent dans leur essence une « dominance » du féminin sur le masculin au cœur de la relation centrale de germanité, toutes les conséquences n'en sont pas tirées, même dans le seul registre de la dénomination. Je ne parle pas bien entendu du fonctionnement global des sociétés. Dans les systèmes omaha, les conséquences de cette « dominance » toute conceptuelle du masculin sur le féminin dans

1. F. Héritier, *L'Exercice de la parenté*, *op. cit.*

le rapport de germanité tire implacablement et imperturbablement ses conséquences jusqu'au bout.

Cherchant d'où pouvait provenir cette « valence différentielle des sexes », quels seraient les phénomènes premiers pris en considération pour expliquer son universelle présence, j'en suis arrivée à la conclusion hypothétique qu'il s'agit moins d'un handicap du côté féminin (fragilité, moindre poids, moindre taille, handicap des grossesses et de l'allaitement) que de l'expression d'une volonté de contrôle de la reproduction de la part de ceux qui ne disposent pas de ce pouvoir si particulier.

Il s'agit là de données triviales certes, mais il me semble qu'on ne peut faire l'économie, quand on parle des catégories de sexe, de toutes les représentations touchant à la procréation, à la formation de l'embryon, aux apports respectifs des géniteurs, et donc aux représentations des humeurs du corps : sang, sperme, lait, salive, lymphe, graisse, etc., car on observe d'étroites articulations entre ces représentations et les données plus abstraites de la parenté et de l'alliance notamment. Ce sont des données d'observation, soumises à trituration intellectuelle, si elles ne sont pas réductibles à un cœur élémentaire non sécable en dehors de leur caractère fluide, épanchable, et projetable hors du corps. On sait qu'Aristote explique la faiblesse inhérente à la constitution féminine par son humidité et sa froideur, dues aux pertes de substance sanguine que les femmes subissent régulièrement sans pouvoir s'y opposer ni freiner le cours des choses. Les hommes ne perdent leur sang que volontairement, si l'on peut dire : dans des occasions qu'ils ont recherchées, comme la chasse, la guerre, la compétition. La perte de substance ne touche donc pas les individus de la même manière. La perte de substance spermatique est aussi contrôlable, et bien des systèmes sociaux et idéologiques préconisent et organisent ce contrôle. Bref, il se pourrait que ce soit dans cette inégalité-là, maîtrisable *versus* non maîtrisable, voulu *versus* subi, que se trouve la matrice de la valence différentielle des sexes, qui serait donc elle aussi inscrite dans le corps, dans le fonctionnement physiologique ou, plus exactement, qui procéderait de l'observation de ce fonctionnement physiologique. Cette hypothèse peut être creusée, bien qu'apparemment tautologique : les sexes anatomiquement et physiologiquement différents sont un donné naturel, de leur observation découlent des notions abstraites dont le prototype est l'opposition identique/différent sur laquelle se moulent les autres oppositions conceptuelles dont nous nous servons dans nos discours de tous ordres, ainsi que les classements hiérarchiques que la pensée opère et qui, eux, sont de valeur.

Est-ce un invariant, une catégorie universelle ? Un certain nombre de nos collègues féministes, ou qui travaillent sur l'anthropologie des sexes, contestent l'idée et cherchent à démontrer qu'il y aurait ou qu'il y aurait eu des sociétés où la valence différentielle des sexes n'existerait pas, ou fonctionnerait au rebours. Mais la démonstration reste assez illusoire. Cependant, dire exactement pourquoi la valence différentielle des sexes semble s'être imposée de façon universelle, tout comme la prohibition de l'inceste, me paraît ressortir aux mêmes nécessités : il s'agit à la fois de donner un sens à la réalité observée (pourquoi les choses sont comme elles sont ? pourquoi les hommes n'enfantent-ils pas ?) et de construire le social et les règles lui permettant de fonctionner. À côté des trois pieds ou des trois piliers qu'étaient pour Lévi-Strauss la prohibition de l'inceste, la répartition sexuelle des tâches et une forme reconnue d'union sexuelle, j'en ajouterai volontiers un quatrième, si évident qu'il ne se voyait pas, mais absolument indispensable pour expliquer le fonctionnement des trois autres qui, eux aussi, ne tiennent compte que du rapport du masculin et du féminin. Ce quatrième pied ou, si l'on préfère, la corde qui lie entre eux les trois piliers du tripode social, c'est la valence différentielle des sexes. Ce pourrait être désespérant, mais cela ne l'est pas vraiment.

NICOLE ÉCHARD – *Quelque part, dans votre analyse, les acteurs sociaux disparaissent.*

Je me place, c'est vrai, à un niveau très abstrait et très général. Bien sûr, il y a des analyses fines et précises à faire des évolutions actuelles et du rôle des acteurs sociaux. Mais, des temps primitifs jusqu'à nos jours, il s'est toujours agi d'acteurs sociaux, même si nous avons du mal à décrypter leurs rôles et les effets de ces rôles sur les représentations fondamentales des catégories ancrées dans le corps. Ce qui frappe, malgré les agencements divers, ce sont les constantes. Si le rôle des acteurs sociaux à l'heure actuelle est extrêmement important, si l'on voit se produire des mutations profondes, soit d'origine technique (les biotechnologies), soit par l'évolution des mœurs (les changements dans la famille, dans l'exercice de la sexualité, etc.), il ne me semble pas cependant que l'on en soit venu au temps où le rapport sexué serait nécessairement et universellement conçu comme un rapport égal (intellectuellement et pratiquement), et il me paraît difficile d'y parvenir rapidement, compte tenu de la liaison étroite qui existe, à mes yeux, entre les quatre piliers fondateurs de toute société. Tout s'aménage et les inégalités s'amenuisent peut-être de nos jours, mais régression asymptotique ne veut pas dire disparition. Même si les femmes accèdent de plus en plus aux tâches masculines, il y a toujours plus loin, plus avant, un domaine réservé au masculin, dans le club très sélect du politique, du religieux, des responsabilités entrepreneuriales, etc. Il ne s'agit pas, bien évidemment, de compétences particulières inscrites dans la constitution physique de l'un et l'autre sexe. Chez les Ona de la Terre de Feu, c'étaient les femmes qui plongeaient dans les eaux froides pour aller chasser les mammifères marins, activité dure et dangereuse s'il en est. L'inscription dans le biologique n'est donc pas à chercher de ce côté, mais dans des données certes de nature biologique, mais si fondamentales qu'on en perd de vue leur nature de fait biologique. Ce sont elles qui sont à l'origine des catégories cognitives : opérations de classement, opposition, qualification, hiérarchisation, grilles où le masculin et le féminin se trouvent enfermés. Ces catégories cognitives, quel que soit leur contenu dans chaque culture, sont extrêmement durables, puisqu'elles sont transmissibles, inculquées très tôt par l'éducation et l'environnement culturel, et relayées par tous les messages et signaux explicites et implicites du quotidien.

N. É. – *Quant au développement de l'anthropologie des sexes, quel intérêt y voyez-vous ? Il y a un pessimisme dans ce que vous dites. Or l'une des fonctions de l'anthropologie des sexes est bien d'éclairer les problèmes de la domination masculine.*

C'est un travail plus que légitime et nécessaire. Il n'y a aucun doute à ce sujet. Quant à croire que la connaissance anthropologique de mécanismes complexes puisse influer sur les décideurs politiques ou autres, je ne le pense pas, d'autant que ce sont des situations qui ne changent pas par décret. Bien sûr, il y a le rôle essentiel des « acteurs sociaux », hommes et femmes : on peut donc espérer aller vers une égalité de plus en plus grande, si c'est bien la tendance observable actuellement. Leur rôle n'est donc pas négligeable, loin de là, et l'évolution positive des sociétés occidentales est à mettre à leur crédit. Mais je doute cependant qu'on arrive jamais à une égalité idyllique, dans la mesure où une société ne pourrait être construite autrement que sur cet ensemble d'armatures étroitement soudées les unes aux autres que sont la prohibition de l'inceste, la séparation sexuelle des tâches, une forme légale ou reconnue d'union stable et, je l'ajoute, la valence différentielle des sexes.

Si l'on admet l'existence de cette construction, bien que non démontrable, mais dotée d'une puissante probabilité, puisque cette ossature conceptuelle trouve sa source dans les données immuables que les hommes observent de toute éternité, leur corps et leur environnement, alors oui, il y aurait un certain pessimisme dans mes propos : je ne vois pas où se trouve le levier qui permettrait de faire sauter ces associations, si ce n'est le droit reconnu à la contraception par les femmes. Mais faire éclater l'ensemble soudé de ces armatures n'est pas pour demain.

Les acquis des femmes sont bien fragiles

MARIE REBEYROLLE – *Les femmes sont-elles par « nature » peu attirées par le pouvoir ?*

Je ne pense pas que ce soit un trait naturel du « féminin » par rapport au « masculin », et je ne suis pas sûre que les femmes soient par nature humbles, même si celles de ma génération ont été éduquées à l'être. Il était certes entendu que nous devions être maîtresses de nos destins et capables de nous en sortir seules, compte tenu du contexte historique passé et des conditions de vie de l'époque, mais le mariage et la procréation restaient les critères déterminants de notre épanouissement. C'est une tout autre problématique que celle consistant à dire que garçons et filles sont des êtres égaux, à qui l'on doit donner les mêmes chances dans la vie, quel que soit ensuite leur parcours individuel. Le résultat est que les femmes élevées dans cet état d'esprit, mais qui ont trouvé du plaisir dans leur travail, ressentent souvent une immense culpabilité et un sentiment d'illégitimité parce qu'elles n'ont pas fait ce qu'on attendait d'elles. En découle aussi l'idée que les hommes ont plus de légitimité à accéder aux postes de pouvoir ou aux postes intellectuels dominants.

M. R. – *Le désir des femmes de réussir professionnellement est-il encore empreint de culpabilité ?*

Nous vivons actuellement dans un mode mixte d'éducation des filles, dans lequel le souci individuel de réalisation n'empêche pas la reprise en main par la « réalité ». La pression sociale du rapport du masculin et du féminin est toujours présente, même si aujourd'hui on élève les garçons et les filles de manière plus égalitaire, aussi bien dans les familles que dans les institutions scolaires, ne serait-ce que parce qu'ils partagent les mêmes bancs d'école. Il est évident qu'il est plus facile de véhiculer une pensée totalement hiérarchisée quand la mixité n'existe pas, mais des frictions avec les modèles familiaux demeurent néanmoins. L'idéologie « évidente » de la prééminence du masculin sur le féminin freine l'épanouissement et la liberté des femmes, même si parallèlement on les autorise aujourd'hui à se réaliser professionnellement et intellectuellement, et non pas simplement à avoir un métier qui leur permettra de subvenir à leurs besoins. Il ne faut donc pas crier victoire, d'autant plus que nous vivons actuellement une période de récession et que la place des femmes dans le monde du travail peut, dans un tel contexte, être remise en cause. D'ailleurs, certains discours prônant le retour de la femme au foyer réapparaissent.

M. R. – *Quelle définition donnez-vous du masculin et du féminin ?*

Le « masculin » et le « féminin » relèvent d'une construction mentale et sociale établie à partir de l'observation de données anatomico-physiologiques inévitables. Un jugement, admis une fois pour toutes, considère qu'il existe des qualités et des défauts typiquement féminins ou masculins. Les tempéraments, les performances, les capacités sont également connotés de façon masculine ou féminine. On peut dire qu'un homme a des côtés féminins ou qu'une femme a des côtés masculins, mais en le disant, on vise toujours quelque chose de très précis.

Je ne dis pas qu'il n'existe aucune différence entre les hommes et les femmes, car au seul son d'une voix, par exemple, chacun peut dire s'il s'agit d'un homme ou d'une femme. Mais cela tient à un jeu hormonal qui ne signifie pas que, par définition, toutes les femmes sont douces et tous les hommes agressifs. De la même façon, il est impossible de ne pas admettre les différences anatomiques ou physiologiques. En revanche, il est difficilement admissible, à mon sens, de tirer de ces différences un ensemble de compétences, de tempéraments, de capacités, de qualités et de défauts sexuellement typés et surtout hiérarchisés. C'est cette construction conceptuelle et sociale, que j'ai cherché à analyser dans *Masculin/Féminin*[1].

JULIE CHUPIN – *Dans cet ouvrage* Masculin/Féminin, *vous dites des hommes qu'ils « manifestent une volonté d'appropriation de la fécondité des femmes, un désir de contrôler leur pouvoir exclusif de donner la vie ».*

C'est la pierre de touche de la domination masculine. Elle découle de la valence différentielle des sexes.

Aucun moyen n'existe de changer la donne : il y a deux sexes. Cette opposition, fondée sur l'anatomie et la physiologie observables, est la base des oppositions binaires et toujours hiérarchisées que nous connaissons, qu'elles soient concrètes ou abstraites, dans les discours savants ou populaires : le haut et le bas, le plein et le vide, le chaud et le froid, le sec et l'humide, l'actif et le passif, le juste et l'injuste, le dehors et le dedans, l'un et le multiple, etc. On observe par ailleurs qu'il y a une affectation des valeurs du masculin et du féminin à chacun des deux pôles de ces catégories opposables, au moins pour celles qui sont d'usage courant. La valeur associée à la catégorie marquée du signe masculin est de plus invariablement supérieure à celle associée à la catégorie du féminin. Pourquoi ? La réponse est par hypothèse à trouver à partir des mêmes prémisses d'observation. On observe que les femmes font les enfants des deux sexes. Mais alors, comment se fait-il que l'identique puisse produire du différent ? À quoi servent les hommes ? Et si les femmes sont seules fécondes, cela a pour corollaire que la stérilité est entièrement de leur fait. Si une femme n'a pas d'enfant, c'est que quelque chose en elle le refuse. Il faut donc les y contraindre. Des systèmes conceptuels de pensée qui donnent la

1. F. Héritier, *Masculin/Féminin. La pensée de la différence*, Paris, Odile Jacob, 1996.

part la plus belle à l'homme dans la procréation sous-tendent les systèmes sociaux où ce sont des hommes qui échangent entre eux des femmes, entendues comme fécondité en puissance. La domination masculine s'exerce *a priori* sur des femmes en âge de procréer ou sur de petites filles dont on attend tout dans l'avenir. Il ne s'agit pas de la pure expression du désir sexuel, dont je ne nie certes pas l'importance, mais du simple fait observé dans maintes sociétés que les femmes inféconds, ménopausées ou veuves privées de support mâle, changent de statut. Pour ces femmes, c'est souvent la déréliction.

MARIE REBEYROLLE – *C'est comme ça que vous expliquez la construction d'une hiérarchie entre le « masculin » et le « féminin » ?*

La première opération, à laquelle tout être humain est contraint pour donner du sens au monde dans lequel il vit, est la classification des données observables selon des principes de similitude, à laquelle vient s'ajouter la nécessité de hiérarchiser, qui tient au fait que l'équilibre parfait n'existe pas.

J'ai cherché à comprendre pourquoi toutes les catégories intellectuelles qui nous servent à penser sont connotées positivement et négativement, affectées du signe du féminin et du masculin, et hiérarchisées ; pourquoi ces catégories ne sont jamais égales, et pourquoi le positif est toujours du côté du masculin et le négatif du féminin. Par exemple dans les systèmes de pensée hérités du monde grec, romain et judaïque, le chaud est du côté du masculin, le froid du féminin, le sec est masculin, l'humide est féminin, le rugueux est masculin, le lisse est féminin, le dur est masculin, le doux est féminin, etc.

Cette recherche m'a conduite à repérer ce que je viens d'évoquer : une sorte de renversement de la pensée à partir d'un point fondamental lié au fait que les femmes enfantent les deux sexes et pas seulement des filles. Expliquer cela fait partie des interrogations qui se sont posées aux humains depuis le début de l'humanité. L'idéal social mythique présente en Afrique, par exemple, des collectivités autonomes sexuées dans lesquelles chaque sexe menait la même vie, avec les mêmes capacités, et dans lesquelles les hommes enfantaient des garçons et les femmes des filles. En ce sens, la communauté de genre importait plus que la communauté consanguine de famille. L'entre-soi dans la consanguinité et non dans le même genre a été considéré, dans la plupart des mythologies, comme résultant d'une faute originelle, les hommes et les femmes n'ayant pas obéi au désir divin de maintenir la séparation des sexes. Le résultat en est la vie commune, la consanguinité et la dépossession des hommes de leur pouvoir de faire les garçons. Les femmes, seules fécondes, vont enfanter dans la douleur des garçons et des filles, et vont dès lors être considérées comme uniques responsables de la stérilité. La survie de la société va dépendre de leur bon vouloir et du fait qu'elles acceptent de procréer.

Beaucoup de systèmes de pensée, chez les Navajo par exemple, pensent que la féminité est hostile à la procréation, et que la procréation doit lui être imposée par les hommes. Le rôle des hommes est d'apporter la forme humaine, l'ordre social, la vie et l'esprit sur une matière qui autrement ne serait que pure prolifération anarchique. Cette vision a une portée universelle. Elle revient à dire qu'il n'y a d'intérêt à contrôler les femmes sur le plan social et culturel que parce qu'elles sont fécondes, et donc uniquement pendant leur période de fécondité. La mainmise sur les femmes commence ainsi dès la puberté et s'arrête à la ménopause, moment à partir duquel le statut des femmes change presque partout. Cette mainmise, pour être efficace, impose en tout premier la privation pour les femmes de la liberté d'user de leur propre corps comme elles l'entendent.

M. R. – *Dans notre société actuelle, pourriez-vous donner un exemple de changement de statut des femmes à la ménopause ?*

Une minorité de femmes considère que la ménopause est un soulagement et qu'elles ne perdent rien de leur séduction ou de leur capacité d'action. Mais la plupart d'entre elles continuent de véhiculer l'idée que la ménopause leur fait perdre l'essentiel de ce qui faisait leur féminité. D'ailleurs, pour les hommes, une femme ménopausée n'a généralement plus de valeur sur le plan de la séduction, car elle n'a plus ce pouvoir de faire des enfants. La ménopause met les femmes hors du désir et hors du regard. Cependant, les « matrones », qui sont des femmes ménopausées, sont des femmes détentrices de pouvoir, autorisées à prendre la parole et à décider d'un certain nombre de choses. En ce sens, elles acquièrent une liberté de comportement, par exemple en Afrique, qu'elles n'avaient pas lorsqu'elles étaient en âge de procréer.

OLIVIER MONGIN, MARC-OLIVIER PADIS, ALEXANDRA PIZOIRD ET IRÈNE THÉRY – *Le fait que, dans la plupart des cultures connues, la femme accède, après la ménopause, à certains pouvoirs et à certains privilèges va-t-il également dans le sens d'une domination dans le lieu même de la fécondité et non simplement dans le caractère sexué ?*

Oui. Le statut des femmes change radicalement à la ménopause dans pratiquement toutes les sociétés. C'est moins visible dans les nôtres où, grâce à l'utilisation d'hormones et au souci de l'apparence, nous parvenons à masquer cette période charnière. Mais, avec la ménopause, le statut féminin change cependant de façon cruciale. Les inquiétudes des femmes tiennent alors au sentiment de perte d'une partie de leur identité et de leurs caractéristiques féminines. Car dans une situation où l'image de la femme est valorisée en tant qu'objet de fécondité et objet sexuel, la ménopause se vit comme une perte irrémédiable.

Dans la plupart des sociétés, ce passage se traduit de manière moins sommaire que dans nos sociétés occidentales où la ménopause est d'abord un sujet de moquerie. Il se fait de façon orchestrée. Deux grands types de traitement social peuvent être décrits dans les sociétés, ou être présents simultanément dans la même. La femme ménopausée peut être victime d'un rejet social dans la déréliction. Si elle est vieille, pauvre, n'a plus de mari et pas de fils pour la protéger, elle devient la sorcière d'où provient tout le mal.

Mais si elle est mariée, riche, douée d'une certaine habileté dans bien des domaines, si elle a eu un bon père, elle acquiert un statut particulier lui permettant d'accomplir des actes réservés aux hommes : elle peut, chez les Piegan par exemple, boire de l'alcool, jurer, organiser des fêtes, offrir des sacrifices ou encore uriner debout. Ces femmes sont appelées les « femmes à cœur d'homme » dans les sociétés indiennes, mais ce sont aussi les matrones iroquoises ou, plus près de nous, les matrones bretonnes. Mais il y a bien des variantes de ces deux attitudes extrêmes.

D'autres questions se posent à l'égard de la fécondité et face à son rapport au temps. Dans toutes les sociétés humaines, il n'est pas aisé d'admettre que plusieurs générations puissent donner la vie de manière concomitante, et donc que les parents continuent de procréer quand les enfants ont déjà commencé. Dans nos sociétés occidentales, cette pratique est admise d'autant plus facilement que les différentes générations ne vivent pas sous le même toit. Dans le cas contraire, cela pose un problème, même chez nous. Le fait qu'un couple de parents puisse procréer après 40 ans alors que certains de leurs enfants mettent déjà au monde leurs propres enfants n'est pas véritablement bien perçu. On peut penser qu'il s'agit d'une loi sociale selon laquelle les générations ne peuvent pas se chevaucher, s'entremêler. Cette loi peut même s'accompagner d'usages stricts, comme cela était le cas en Chine classique ou dans certaines sociétés africaines, par exemple. En Chine, les parents cessent d'avoir des rapports sexuels au mariage du fils aîné. Ce passage s'effectue de façon officielle et solennelle puisque le couple parental abandonne la chambre commune et se sépare définitivement dès le mariage du fils ou la naissance de son premier enfant. Les deux parents se retirent de la charge procréative et, d'une certaine façon, passent le flambeau de la procréation à leurs enfants. Dans ce cas, on le voit, la sortie de la période féconde n'est pas connotée individuellement pour les femmes de façon marquée, car elle est escamotée par l'obligation faite aux deux membres du couple de se conformer à un devoir social, celui de laisser à la génération qui suit la prérogative de la procréation et de la continuation de la lignée.

ANNE CHEMIN – *Pour vous, la domination masculine a été donc la règle dans toutes les sociétés humaines. Est-ce à dire qu'il n'y a jamais eu, dans l'histoire de l'humanité, de sociétés matriarcales ?*

Une société matriarcale, c'est un système politique qui consiste à confier aux femmes l'ensemble des pouvoirs, qu'ils soient politique, religieux ou économique. L'idée qu'il y a eu, dans l'histoire de l'humanité, des sociétés matriarcales est très répandue : certains auteurs ont ainsi prétendu qu'à l'origine, lors de la montée en puissance de notre humanité, toutes les sociétés étaient matriarcales. Puisque les femmes faisaient les enfants, ce qui leur conférait un pouvoir presque magique, on leur avait attribué, affirmaient-ils, tous les autres pouvoirs.

Pourtant, on peut aujourd'hui affirmer qu'il n'y a jamais eu sur terre de sociétés matriarcales. Ce qui a existé, ce sont des cultes de fécondité, où l'on vénère la fertilité dans les femmes, et des sociétés matrilinéaires, qui inscrivent la filiation des enfants dans la lignée de leur mère. Mais dans les sociétés dotées de cultes de fécondité, les femmes ne détiennent pas le pouvoir et dans les sociétés matrilinéaires, ce sont les frères des mères qui exercent la domination sur le groupe familial et non le mari-père.

A. C. – *Que dire alors des mythes qui évoquent des sociétés dominées par les femmes, comme celui des Amazones ?*

Il existe, il est vrai, des mythes affirmant que, dans les temps anciens, les femmes détenaient le pouvoir. Mais ces mythes racontent aussi qu'elles savaient si mal s'en servir et qu'elles étaient si injustes que les hommes ont été obligés de se révolter, de massacrer et de prendre le pouvoir.

Il y avait ainsi chez les Indiens Ona de la Terre de Feu, aujourd'hui disparus, un mythe d'origine qui racontait qu'à l'aube de l'humanité, les femmes tenaient les hommes en servitude grâce aux rhombes, des instruments de musique en bois qui rugissent lorsqu'on les fait tournoyer au bout d'une corde. En entendant ces bruits dans les maisons des femmes, les malheureux hommes étaient terrorisés car ils pensaient que les femmes cohabitaient avec les esprits. Le mythe raconte qu'un jour un homme s'est aperçu de la supercherie et qu'avec ses pairs il a massacré toutes les femmes. Seules les petites filles ont été épargnées, afin d'être transformées en épouses domestiquées.

Les Amazones sont un mythe du même ordre. Il est fondé sur des faits réels – l'existence de combattantes féminines chez les « Barbares », comme il y en a eu chez les Gaulois –, mais il a débouché, chez les Grecs, sur l'idée qu'il existait des peuples de femmes guerrières qui asservissaient les hommes. Dans tous les cas, le mythe présente une image inversée du réel. Sa fonction est d'expliquer à tous les auditeurs la profonde injustice du système matriarcal et de fonder ainsi la légitimité du patriarcat.

Car le propre du mythe est d'expliquer pourquoi le monde fonctionne comme il le fait. Et la meilleure manière est de l'expliquer par le renversement d'un ordre antérieur mauvais, injuste et même maléfique. Le monde radicalement mauvais est celui, dans le temps du mythe, où les femmes avaient le pouvoir et dominaient les hommes.

Le modèle archaïque dominant

BLANDINE GROSJEAN – *Comment expliquez-vous la domination quasi universelle des hommes sur les femmes ?*

On a donné bien des explications pour justifier la domination masculine : la nature *sui generis* des femmes, leur fragilité due aux grossesses, la violence des hommes. À mes yeux, elle tient au fait que les hommes ont dû s'approprier le corps des femmes parce qu'elles faisaient leurs fils. Remontons à des observations essentielles faites par l'humanité à ses débuts : il faut des rapports sexuels pour que les femmes mettent au monde des enfants (c'est une erreur de croire que des sociétés l'aient ignoré). Les femmes font des enfants des deux sexes. Dans l'ignorance des gamètes, ovules, spermatozoïdes, ce privilège exorbitant est incompréhensible et aiguise la curiosité : pourquoi les femmes ont-elles la capacité de faire, dans leur corps, aussi bien leur semblable, des filles, que du différent, des garçons ? Comme je l'ai déjà dit, c'est l'incapacité des hommes à reproduire directement leur semblable qui est à la base des dépossessions dont ont été victimes les femmes.

B. G. – *Cela aurait pu conduire à vénérer les femmes plutôt qu'à les asservir…*

À côté des mythes, des systèmes de pensée se sont développés sous diverses formes. Une trame essentielle est celle-ci : si les femmes fabriquent des corps différents, elles ne peuvent le faire d'elles-mêmes. « Cela » est mis dans leur corps par l'homme ou par des esprits ancestraux. Pourquoi naissent alors des filles ? Cela peut être l'influence d'esprits féminins, certes, mais aussi parce que le rapport sexuel peut être perçu comme une lutte entre des instances et des substances. Selon que l'une ou l'autre domine vient une fille ou un garçon. Pour Aristote, qui présente un modèle très achevé, la femme ne fournit que de la matière, qui prolifère de manière monstrueuse si elle n'est pas dominée par le pneuma contenu dans le sperme. La première monstruosité est déjà la naissance d'une fille quand la puissance générique masculine fait défaut. À cette aune – l'obligation de passer par le corps des femmes pour faire les fils – et compte tenu du temps que prend le processus, l'idée s'est imposée aux hommes qu'il fallait s'approprier les femmes reproductrices de leurs semblables. Les femmes sont ainsi des ressources nécessaires. Pour montrer l'actualité de cette façon de voir, je cite souvent Ali Belhadj, responsable du FIS algérien, qui écrivait : « La musulmane est faite pour donner des fils aux hommes musulmans. »

B. G. – *Cela n'explique pas pourquoi le masculin ou le fils est considéré comme supérieur au féminin ou à la fille.*

Si, dans la mesure où toute mise en dépendance s'accompagne nécessairement de dénigrement. Sans parler des jugements de valeur dans lesquels le dénigrement s'exprime, on peut voir déjà cette hiérarchie se manifester dans le cadre des structures de la parenté. J'ai mis en évidence une équation, dans mes recherches sur la parenté, telle que dans divers systèmes-type de parenté, le rapport masculin-féminin est construit sur le même modèle que le rapport parent-enfant, aîné-cadet, la sœur étant parfois, dans l'appellation même, cadette ou fille pour son frère.

B. G. – *Vous contestez que la domination masculine soit liée à des réalités biologiques. Pourquoi ?*

Beaucoup de gens pensent que les différences entre les hommes et les femmes sont inscrites dans l'ordre naturel. Ils invoquent notamment la supériorité physique de l'homme – l'élément le plus visible de cet ordre naturel –, mais aussi l'enfantement, qui est considéré à la fois comme un pouvoir et une faiblesse. Certains chercheurs ont même tenté d'expliquer les origines de l'inégalité entre les hommes et les femmes par la structure cérébrale. Ils ne l'ont évidemment pas prouvée puisque les cerveaux des deux sexes fonctionnent exactement de la même manière, en tant que matière neurologique. Ce qui diffère, c'est l'apprentissage pour s'en servir.

En fait, les hommes et les femmes ont les mêmes capacités, tant physiques qu'intellectuelles. Bien des gens imaginent aussi que la domination masculine repose sur le fait qu'au Paléolithique, avant l'invention de l'agriculture et de l'élevage, les hommes, qui étaient chargés de la chasse, nourrissaient mieux le groupe que les femmes, qui étaient chargées de la cueillette. En réalité, l'observation des peuples qui vivent aujourd'hui encore de la chasse et de la cueillette – il en existe une petite trentaine dans le monde, notamment au Canada, en Australie et en Afrique – prouve exactement le contraire. Les calculs qui ont été faits par des ethnologues chez les Bochiman du Kalahari, au Botswana, ou chez les Pygmées ou encore les Hadza montrent que les femmes nourrissent le groupe à 80 % !

L'explication est simple : la chasse est une activité aléatoire alors que la cueillette de baies, de tubercules ou de fruits et la mise à mort non sanglante, grâce à des bâtons, de petits animaux comme les tortues, les rongeurs ou les serpents est plus régulière. Ces études montrent également que, contrairement aux idées reçues, les femmes parcourent un nombre de kilomètres parfois plus élevé que les hommes (alors qu'elles sont souvent encombrées d'enfants) et qu'elles ont un sens de l'orientation tout à fait semblable au leur.

B. G. – *Pourquoi alors les femmes sont-elles toujours écartées de la pratique de la chasse puisque leurs capacités physiques sont identiques à celles des hommes ?*

Si les femmes ont été interdites de chasse dans un grand nombre de sociétés de chasseurs-collecteurs, c'est pour des raisons symboliques. Les membres des sociétés ont tous observé que les femmes avaient des cycles menstruels et qu'elles cessaient de perdre leur sang lorsqu'elles attendaient un enfant ou lorsqu'elles allaitaient (en règle générale). On a donc tiré la conclusion que le sang pouvait se transformer en substance – le corps de l'enfant – ou en lait. Et on a pensé aussi – dès les origines – que si les femmes faisaient couler le sang des bêtes à la chasse, elles auraient, par un effet de symétrie imaginaire entre le cosmos et le corps humain, des hémorragies permanentes. Le sang des animaux ferait en quelque sorte couler celui des femmes, par une sorte de « sympathie », au sens philosophique, avec la nature, ce qui, à la longue, les rendrait stériles. Hémorragies permanentes ou aménorrhées permanentes, cela dépend, qui entraînent dans tous les cas la stérilité.

C'est ainsi pour des raisons culturelles symboliques que les femmes n'ont pas eu le droit de faire couler le sang des bêtes, et donc de chasser : il s'agissait de préserver avant tout leur fertilité. Cette idée d'une incompatibilité entre les femmes et la mise à mort des animaux n'a d'ailleurs pas totalement disparu de notre monde : dans mon enfance, lorsqu'il fallait tuer un lapin, mes grands-mères appelaient toujours mon père et aujourd'hui encore, dans les abattoirs, le coup fatal porté aux bêtes est toujours donné par un homme, alors même qu'il s'agit d'un choc électrique suivi d'un égorgement, qui ne demandent pas une force particulière.

B. G. – *Ne reste-t-il pas, au-delà de ces croyances, des différences de stature entre les hommes et les femmes ?*

Priscille Touraine, une jeune anthropologue qui a fait sa thèse avec moi, a étudié la différence de taille entre les hommes et les femmes, et les explications qui en ont été données au cours des derniers siècles par les savants, les biologistes et les généticiens. Son travail démontre que, au fil des millénaires, la taille des femmes n'a cessé de diminuer, alors que celle des hommes progressait en raison d'une pression sélective puissante. Ce dimorphisme sexuel a une explication très simple : l'alimentation des hommes et des femmes n'était pas la même.

L'alimentation différentielle est en effet fondée elle aussi sur des systèmes de croyances qui considèrent que l'homme a plus besoin de protéines animales que la femme. Au cours de l'histoire, les femmes ont été préférentiellement nourries de céréales, de bouillies et de nourritures blanches et émollientes qui allaient de pair, pensait-on, avec leur nature faible et fragile. Il arrivait même, comme en Inde, que les femmes soient particulièrement sous-alimentées en période de grands besoins – grossesse ou allaitement. La viande, la graisse et les sels minéraux étaient, eux, réservés prioritairement aux hommes. Lorsque ces déficits s'accumulent pendant des millénaires, ils entraînent des adaptations physiques, des déformations corporelles et des différences de taille qui finissent par être considérées comme naturelles alors qu'elles sont culturellement acquises.

Aujourd'hui, en France, ces différences dans l'alimentation ont disparu, mais elles ne sont pas si anciennes que cela. Quand j'allais dans ma famille paysanne, en Auvergne, pendant la Seconde Guerre mondiale, les femmes restaient debout pendant le repas, elles servaient à table et mangeaient ensuite les restes laissés par les hommes. Dans les sociétés contemporaines égalitaires, ces différences corporelles ont bien sûr tendance à s'amenuiser.

B. G. – *Ce travail de déconstruction achevé, que reste-t-il des différences de « nature » entre les hommes et les femmes ?*

Il n'en reste plus qu'une : l'enfantement, cette asymétrie biologique qui fait que ce sont les femmes qui mettent au monde les bébés ! Pour le reste, les hommes et les femmes ont les mêmes capacités cérébrales, physiques, mentales, intellectuelles ou morales.

NICOLAS JOURNET – *Néanmoins, dans vos ouvrages, vous développez l'idée que la sexualité est un terrain où continue de s'exprimer, même dans les sociétés modernes, ce schéma qu'on peut juger archaïque. Mais dans quel contexte ?*

Celui de la manière dont les hommes légitiment leurs comportements sexuels. Traditionnellement, le fait de s'approprier le corps des femmes pour avoir des descendants se double de l'appropriation sexuelle des femmes et de leur réclusion dans la sphère domestique. Il y a deux manières d'accomplir cela. De manière policée, lorsque des filles ou des sœurs sont cédées en mariage à un autre homme, à charge de revanche éventuellement. Les hommes s'interdisent de convoiter ces femmes-là parce qu'elles sont destinées à un autre homme, sous la protection duquel elles sont placées. Le respect qu'on leur porte est entièrement lié au fait qu'elles sont placées sous la protection de leur père, de leurs frères, puis de leur mari. Il s'ensuit que toute femme qui n'est pas protégée peut être prise comme objet de jouissance sexuelle, sans égard pour ses propres souhaits. Ces deux façons de traiter les femmes sont anciennes : on les trouve soigneusement distinguées chez les anciens Grecs qui d'un côté épousent des citoyennes de souche pour en avoir des enfants et de l'autre jouissent sexuellement de servantes, de concubines ou de prostituées. Tout cela était socialement admis. Le droit des hommes à pouvoir disposer du corps des femmes est très rarement mis en question dans les lois et la morale des sociétés anciennes. L'est-il vraiment aujourd'hui ? Dans la loi, sans doute. On constate cependant, dans les cas de viols commis en réunion par des jeunes, comme la presse le rapporte actuellement, que ce sont presque toujours des jeunes filles qui sont sans protecteur familial efficace ni partenaire attitré autre que le séducteur commis pour les rabattre, qui sont prises comme victimes. Chez les jeunes qui agissent de cette façon, il semble évident que la seule limite au désir masculin est la présence d'un autre homme qui s'y opposerait : dans cette affaire, les femmes ne comptent pas.

N. J. – *En quoi la prostitution relèverait-elle du même schéma de pensée ?*

Le paiement de l'acte sexuel est un fait très ancien, mais néanmoins historiquement daté. En Europe, on peut y voir une transformation d'une vieille coutume, présente dans le droit germanique, qui est la compensation du « dol » causé à autrui. Aujourd'hui on appellerait cela, en droit civil, des « dommages et intérêts ». Ce genre d'indemnisation a pour conséquence d'éteindre toute revendication, toute nouvelle plainte. Dans les sociétés anciennes, le meurtre et le vol pouvaient être compensés de cette manière : c'est ce qu'on appelle le prix du sang. Le rapt et le viol faisaient partie de ces atteintes que l'on pouvait compenser en payant les ayants droit sur la femme : le père, le frère, l'époux. La prostitution est un raccourci de ce principe : en payant la femme directement, on éteint toute plainte de sa part pour le passé et on légitime les actes à venir. Ce n'est pas une transaction commerciale comme une autre : à l'origine, c'est l'indemnisation d'un viol. D'une certaine manière, c'est un progrès : le paiement du rapport sexuel remplace le viol brutal. Mais cela n'efface pas le caractère attentatoire de l'acte lui-même.

Or la prostitution est toujours florissante dans les sociétés modernes et ses conditions n'ont guère changé. Les clients sont presque toujours des hommes, les victimes sont presque toujours des femmes. On s'interroge aujourd'hui : faut-il l'autoriser, y mettre des limites, l'interdire ? Faut-il sanctionner les acteurs, et quels acteurs : les clients, les prostitué(e)s, ceux qui les exploitent ? Mais on ne réfléchit pas beaucoup, au fond, à ce qu'est la prostitution. Son essence même reste la mise à disposition de corps (féminins à 99 %) pour la simple satisfaction du désir masculin. Sans séduction, sans désir féminin, ce n'est pas un rapport sexuel librement consenti. Il y a là un privilège exorbitant du sexe masculin, qu'on ne remet pas en question à cause de trois idées : que le désir masculin est par nature irrépressible, qu'il doit trouver des corps pour s'assouvir, et que cela est légitime. C'est pourquoi la prostitution, dans l'opinion publique, reste un mal nécessaire. Cette croyance n'est rien d'autre qu'une survivance du modèle archaïque de domination masculine. Tant que l'on fonctionne selon ce modèle, on ne peut politiquement que tolérer l'existence de la prostitution, car la demande suscite l'offre, tout en essayant de l'endiguer ou de la cacher, parce qu'on sait bien dans le fond qu'elle est injuste. Tant que l'opinion n'aura pas admis que la prostitution est fondamentalement contraire à l'égalité des sexes devant le droit des personnes, pénaliser conduira à la clandestinité de l'acte. C'est pourquoi, par exemple, je pense que pénaliser le client n'est pas une priorité. Dans l'état actuel des choses, cela ne serait pas compris. La prostitution pose un problème de droit naturel, d'éthique : à partir de quel principe de droit les hommes peuvent-ils s'approprier des corps de femmes ? Il faut d'abord apporter une réponse philosophique et éthique à cette question. Que les idées changent, et c'est seulement après que l'on pourra sanctionner de manière socialement comprise.

FRANÇOIS DE SINGLY – *Sous tous les cieux, les femmes paraissent secouer leur joug. Peut-on pour autant parler d'une crise de la domination masculine ?*

Je pense qu'il faut se garder d'extrapoler à l'échelle mondiale les mutations que connaît l'Occident. Si l'on observe des changements dans les sociétés urbanisées, où l'on vit au contact de la mondialisation, peu de choses ont encore vraiment bougé ailleurs.

Qui plus est, nous observons de sérieux retours de bâton dans les sociétés occidentales elles-mêmes. Aux États-Unis, une proposition en cours de discussion au Sénat[1] prévoit de restreindre le droit à l'avortement. En France, les nouvelles lois sur la famille imaginent une forme de rémunération pour les femmes au foyer ! Ces retours en arrière n'ont rien d'anodin et nous rappellent à quel point ce que j'appelle le modèle archaïque dominant – cette vision universelle qui valorise le masculin et dévalorise le féminin – continue de régir le rapport des sexes, malgré une évolution certaine des comportements et de la loi.

En tout lieu, ce sont les hommes qui ont échangé entre eux leurs filles et leurs sœurs, et non les femmes qui ont échangé entre elles leurs fils et leurs frères. Pour qu'il en aille ainsi, il fallait que les hommes s'en sentent le droit. Ce droit leur a été conféré par l'invention de systèmes de pensée qui font des femmes des inférieures, les évincent des tâches considérées comme nobles et les emprisonnent dans les travaux domestiques liés à la reproduction. C'est ce système de valeurs qui constitue le modèle archaïque dominant de la domination masculine. Et c'est ce système de valeurs que les femmes ont commencé à ébranler.

Le bastion de la privation de liberté a disparu : les Françaises ont le droit de choisir leur époux, et de décider si et quand elles veulent un enfant. Avec la contraception, les femmes ont conquis le droit de disposer d'elles-mêmes. C'est d'autant plus important

1. La discussion a eu lieu en 2003.

que l'usage du corps des femmes est la pierre de touche de la domination masculine. Le bastion de la privation d'accès au savoir est lui aussi tombé dans nos sociétés. En revanche, le troisième bastion, celui de l'accès aux responsabilités, est à peine entaillé ; le plafond de verre existe toujours.

Dans les 5 000 premières entreprises françaises, les femmes ne représentent que 7 % des cadres dirigeants. Les employeurs ont encore intérêt à recruter, surtout aux postes de responsabilité, des hommes que le modèle dominant ne contraint pas à rentrer chaque jour à la même heure pour s'occuper de la maison et des enfants. Qui plus est, sous couvert de rencontrer leur désir de maternité en leur donnant plus de temps libre, on recrute massivement les femmes pour des postes à temps partiel, en contrat à durée déterminée, très mal payés, avec des horaires impossibles.

F. S. – *Cela veut dire qu'en profondeur rien n'a vraiment changé ?*

Cela veut dire qu'il ne faut pas sous-estimer la persistance des modèles ancestraux. Aujourd'hui encore, la réussite professionnelle ne suffit pas à faire exister une femme dans le regard des hommes. Il lui faut aussi être jeune, attirante, féconde. Après la ménopause, son statut change radicalement. Les femmes ont alors souvent le sentiment de perdre l'essentiel de leur identité féminine. Les femmes continuent d'exister au moins en tant que mères si elles n'ont pas pu exister en tant qu'individus par leur réussite professionnelle. Et étant donné les préjugés qui règnent dans l'entreprise à l'égard des mères de famille, nombreuses sont encore les femmes qui décident de ne pas perdre sur tous les plans et de faire de leur rôle de mère la source principale de leur réalisation personnelle. Nous vivons une période de transition ; il ne s'est passé que trente-cinq ans depuis que le droit à la contraception a été accordé aux femmes : ce n'est rien. Verrouiller le secteur domestique et maternel, en excluant de cet univers un conjoint qui ne demande pas mieux, reste pour certaines femmes un choix rationnel.

F. S. – *Comment les hommes vivent-ils cette mutation ? Ont-ils perdu la « fière conscience de leur virilité féconde », comme le craignait l'un d'eux au moment de l'adoption des lois sur la contraception ?*

Les psychanalystes expliquent à quel point les hommes sont déboussolés, ne comprennent plus ce que les femmes veulent. Je crois en effet, fondamentalement, que cette redéfinition du rapport masculin-féminin est difficile pour tout le monde. Et comme les hommes sont ceux qui ont le plus à perdre en apparence, ils peuvent se sentir déconcertés… Mais est-ce un mal ?

OLIVIER MONGIN, MARC-OLIVIER PADIS, ALEXANDRA PIZOIRD ET IRÈNE THÉRY – *Pensez-vous que l'accès à la contraception va se généraliser, de sorte que l'humanité dans son ensemble sera concernée par le phénomène d'émancipation féminine observé dans les pays occidentaux ?*

Dans certaines sociétés, qui sont assez loin des sources modernes d'information, les femmes continuent de faire tous les enfants que la « nature » leur donne. Dès la puberté, elles sont données en mariage. Commence alors le cycle grossesse-allaitement-nouvelle grossesse. Ces femmes ne voient pratiquement jamais couler leur sang entre puberté et ménopause. Ce régime devient de plus en plus exceptionnel et peu de sociétés sont encore aujourd'hui coupées totalement des sources d'information. Ainsi, des infirmières et des sages-femmes itinérantes de Médecins du monde, qui parcourent le Sahara pour faire bénéficier les femmes touareg d'une protection maternelle et infantile, rapportent que ces femmes leur réclament la pilule. Elles ne veulent pas du préservatif : elles ne peuvent pas l'utiliser car leurs maris veulent des enfants et refusent la contraception. Elles savent que les femmes des pays développés peuvent prendre un contraceptif oral et que cela peut se faire à l'insu du mari. C'est cela qu'elles revendiquent. Mais il est impossible de leur fournir ce contraceptif, faute de moyens et de suivi médical adapté.

Bien entendu, les systèmes de représentation ne peuvent pas changer brutalement. Pour une femme maghrébine ou africaine, la gloire et la validité de son existence, c'est toujours d'avoir des enfants et surtout des garçons. L'idée du primat du garçon sur la fille, dans la mise au monde des enfants, est toujours vivace. Mais, tout en continuant à vouloir des enfants, les femmes maghrébines et africaines en veulent moins, elles ne veulent plus subir et avoir à élever tous les enfants que le rapport conjugal leur donnerait si elles n'avaient pas les moyens d'y remédier.

La contraception n'est pas encore à l'ordre du jour dans les pays du Maghreb. Et pourtant, la natalité est en train de chuter. Bien sûr, le taux de fécondité s'élève encore à 2,3 ou 2,5 mais la baisse est considérable par rapport au taux des années 1970-1975. De même, on constate une forte chute dans les pays très chrétiens tels que l'Espagne et l'Italie. De façon apparemment paradoxale, les pays qui favorisent le travail féminin, comme le Danemark ou la France, sont ceux qui ont le taux de fécondité européen le plus élevé. Les femmes veulent toujours avoir des enfants, mais quand elles le souhaitent et en fonction de leurs impératifs de réalisation individuelle. Elles veulent gérer leur temps pour à la fois avoir des enfants et se réaliser comme les hommes se réalisent. Au contraire, dans les pays qui ne favorisent pas le travail féminin, comme l'Italie, ou ceux qui même le pénalisent sur le plan fiscal, comme l'Allemagne, on observe une chute du taux de fécondité. Ce n'est pas parce que les femmes doivent rester à la maison qu'elles font plus d'enfants. L'accès des femmes à des tâches bien rémunérées ainsi qu'à des professions reconnues ne va pas de pair avec une diminution obligée de la fécondité, bien au contraire.

Nous vivons une période de transition démographique majeure. J'épouserais volontiers les hypothèses énoncées par le démographe américain Max Singer[1] qui, loin de souscrire aux hypothèses catastrophiques d'un accroissement démesuré de la population mondiale durant le XXIe siècle dû à la fécondité incontrôlée des pays

---

1. M. Singer, « Vers un monde moins peuplé que les États-Unis », *La Recherche*, 327, 2000.

pauvres, pense qu'avec l'extension des techniques contraceptives, le développement de l'éducation des femmes, le recul de la mortalité infantile et la montée en puissance de la notion de bien-être, nous pouvons au contraire être confrontés à une diminution de la population mondiale. Il y faudra du temps, mais l'évolution va dans le sens de l'émancipation féminine, d'autant que les intérêts économiques mondiaux vont dans le même sens. Amartya Sen constate de la même manière que l'accès des femmes à l'éducation s'accompagne en Inde de l'amélioration de l'hygiène et d'une diminution à la fois de la fécondité et de la mortalité infantile.

O. M., M.-O. P., A. P. ET I. T. – *Comment expliquer le fait que brutalement, au XXe siècle, un instrument d'émancipation aussi puissant ait été accordé aux femmes ?*

À mon sens, cet instrument d'émancipation a été accordé aux femmes pratiquement par erreur. Certes, les gouvernements de l'époque étaient mus par des intentions tout à fait généreuses, mais ils n'ont pas perçu les conséquences qu'une telle décision pouvait avoir. Si la contraception s'est appliquée exclusivement sur le corps des femmes, alors même que des recherches ont été menées pour mettre au point une contraception masculine, cela tient aux représentations collectives que j'ai décrites plus haut : les hommes, comme la plupart des femmes d'ailleurs, considèrent que tout ce qui touche à la fécondité, à la stérilité, à la procréation, est affaire de femmes. Au départ, personne n'a pensé vraiment que les femmes se serviraient de la contraception comme d'un instrument d'autonomie ; en tout cas, ce n'est pas l'argument qui a été développé même si cela a été perçu négativement par les opposants à la loi. Dans l'esprit des parlementaires, l'accès à la contraception était d'abord un moyen de réguler les naissances, pas un levier pour accéder à l'autonomie et à la liberté.

O. M., M.-O. P., A. P. ET I. T. – *Comment se fait-il que les progrès scientifiques n'aient pas encore remis en cause ce système de représentation, lequel*

est justement né d'une absence d'informations précises concernant les mécanismes de reproduction humaine ?

Le problème réside dans le fait que, alors même que les sociétés et la connaissance scientifique évoluent, il y a une discordance entre le temps de l'apparition des nouvelles connaissances et celui de la transposition de ces nouvelles connaissances dans un nouveau registre de représentations globales. À l'heure actuelle, nos sociétés les plus évoluées sont encore marquées par la survivance du type de pensée archaïque.

Les sociétés ne changeront pas véritablement du jour au lendemain de système de représentation avec l'acquisition par toute la population des connaissances scientifiques modernes. Nous voyons bien qu'en Occident, plusieurs systèmes de représentation coexistent. Notre société est sans cesse bombardée par des informations de type scientifique et pourtant l'irrationnel connaît un grand succès. Ainsi, les systèmes de croyances traditionnelles coexistent fort bien avec des systèmes d'interprétation scientifique des choses. Selon moi, un fonctionnement social exclusivement fondé sur des arguments scientifiques n'est pas pensable, d'autant que la science elle-même est mouvante et progresse.

La valence différentielle des sexes est un système d'idées en acte. La violence vient se greffer sur cette réalité, mais tout ne peut pas s'expliquer par elle. Nous ne vivons pas la guerre des sexes, mais le fait que les deux sexes sont victimes d'un système de représentation vieux de bien des millénaires. Il est donc important que les deux sexes travaillent ensemble à changer ce système. L'oppression et la dévalorisation du féminin ne sont pas nécessairement un gain pour le masculin. Ainsi, lorsque les positions des sexes ne seront plus conçues en termes de supériorité et d'infériorité, l'homme gagnera des interlocuteurs : il parlera avec les femmes d'égal à égal. D'autre part, les hommes n'auront plus honte de leur part dite féminine où s'expriment, selon la norme socialement convenue, les émotions ou les affects. Et il n'est pas évident que l'égalité des personnes supprime entre elles le désir et l'amour.

O. M., M.-O. P., A. P. ET I. T. – *Il y a, sur la question de la maîtrise du vivant, bien des changements qui dépassent les seules techniques contraceptives. Vous qui participez au Comité consultatif national d'éthique sur les sciences de la vie, en quoi, selon vous, les nouvelles technologies de la reproduction vont modifier, dans les années à venir, le rapport masculin/féminin ?*

Je ne pense pas que les nouvelles technologies de la reproduction puissent avoir une importance particulière sur le rapport des sexes. La technique palliant la stérilité masculine fait de plus en plus appel à l'*Intra cytoplasmic spermatozoïd insemination* (ICSI) plutôt qu'à l'insémination artificielle avec donneur : on peut même prélever des spermatides de l'homme stérile, c'est-à-dire l'état antérieur des spermatozoïdes, et les introduire par injection au cœur de l'ovule pour obtenir un embryon. En ce qui concerne la stérilité féminine, la méthode reste la fécondation *in vitro* (FIV). Elle est généralement réalisée avec le sperme du mari et un ovule de donneuse. Je ne vois pas en quoi ces méthodes palliant la stérilité masculine ou féminine puissent influer en elles-mêmes sur le rapport des sexes.

Toutefois, il y a dans le rapport qu'entretient la société à ces méthodes de reproduction médicalement assistée l'idée très forte que la stérilité masculine comme l'impuissance sont des atteintes à la virilité. Ainsi, le professeur Georges David, qui est à l'initiative des Cecos (Centres d'étude et de conservation des œufs et du sperme humains) dans les années 1970, fait remarquer qu'il n'y a jamais eu de reportage dans la presse qui traite d'un couple ayant eu recours à l'insémination artificielle avec donneur (IAD) ou qui présente des enfants nés de cette technique. À l'inverse, les premières-nées par fécondation *in vitro* et transfert d'embryon (Fivete), Louisa Brown en Angleterre (1978) et Amandine en France (1982), ainsi que leurs parents ont été surmédiatisés. La raison de ce décalage est très simple. La stérilité que la FIV permet de pallier est d'origine féminine ; il n'est pas choquant d'en parler. En revanche, la stérilité masculine palliée par l'IAD est très mal acceptée et très mal vécue par les hommes et par leur famille. Le recours au donneur doit rester secret. Toutes les formes de stérilité ont toujours été considérées, comme je l'ai dit plus haut, dans les représentations collectives, comme étant purement d'origine féminine, comme procédant du mauvais vouloir de la féminité. En parler est normal, alors qu'il est attentatoire à la virilité de dévoiler aussi naturellement l'identité d'hommes stériles. Rappelons-nous le mot du parlementaire sur la « fière conscience de leur virilité féconde » qu'auraient les hommes.

O. M., M.-O. P., A. P. ET I. T. – *Le clonage n'apparaît-il pas pourtant comme une technique capable de changer le rapport masculin/féminin ?*

Certes, le clonage reproductif intensif pourrait être un facteur de changement. Mais il est interdit dans toutes les sociétés, y compris aux États-Unis où la recherche est prohibée dans les établissements publics, mais pas dans les établissements privés. Personne ne s'est pourtant encore risqué à le faire de façon privée, même si un gynécologue italien connu annonce son intention de le faire. La raison invoquée pour interdire le clonage reproductif est son caractère jugé attentatoire à la dignité humaine. Mais en quoi la reproduction par clonage est-elle attentatoire à la dignité humaine ? Pour ma part, je pense que les gouvernements sont dans leur droit en interdisant le clonage reproductif, mais pour une tout autre raison. Le clonage est attentatoire, non pas à la dignité humaine, mais à la constitution du social par la reconnaissance de l'altérité.

L'individu en société connaît deux grands plaisirs : le plaisir de l'entre-soi dans la consanguinité et la territorialité, c'est-à-dire le plaisir d'être auprès de ses proches et familiers, et le plaisir de l'entre-soi de genre, c'est-à-dire le plaisir d'être entre hommes ou entre femmes. Le plaisir de l'entre-soi de la consanguinité a été très rapidement inhibé par l'interdit de l'inceste. « Closes sur elles-mêmes », disait Lévi-Strauss, il fallait que les unités consanguines s'ouvrent pour que la société s'installe. L'interdiction des rapports sexuels avec les proches consanguins oblige les individus à aller chercher leur conjoint dans d'autres unités consanguines. La société résulte de la création de multiples alliances entre des unités consanguines qui éclatent.

En revanche, le social tolère très bien les entre-soi de genre tant que les rapports d'alliance matrimoniale favorisent les rapports sociaux économiques, politiques et militaires, ou ne leur nuisent pas. Mais si l'entre-soi de genre parvenait à réaliser le mythe des origines, à savoir la reproduction des garçons par les hommes et des filles par les femmes, la société deviendrait non viable. Le recours à l'autre sexe ne serait plus apparemment nécessaire pour se reproduire, ce qui entraînerait la perte du lien social par la rencontre sexuelle de l'homme et de la femme appartenant à des groupes différents de consanguinité.

C'est pour parer à cette dérive que les gouvernements ont interdit le clonage reproductif, même si la véritable raison n'en a pas été perçue. S'il était autorisé, le clonage reproductif pourrait donc modifier les rapports entre les sexes. Mais je doute qu'il le soit jamais pour une autre raison que je vais développer.

Par le clonage reproductif, le mâle pourrait se reproduire à l'identique. Mais il ne pourrait pas le faire seul : il a besoin d'ovules et d'utérus. On imagine qu'il pourrait passer par des utérus de truies ou de vaches, mais l'ovule utilisé doit être humain. Le clonage reproductif masculin impliquerait donc une énorme demande d'organismes féminins pour fournir des ovules et des utérus. Ce serait une mise en sujétion commerciale dramatique pour le genre féminin. S'il n'est plus nécessaire de passer par l'amour, le désir et les relations sexuelles pour procréer, cela signifie que les femmes seraient véritablement réduites au rôle de productrices d'ovules pour permettre aux hommes de se reproduire à l'identique. Le corps féminin serait alors complètement instrumentalisé et soumis à la réalisation du fantasme masculin.

À l'inverse, le sexe féminin pourrait se reproduire à l'identique par le clonage sans avoir aucunement recours au sexe masculin. Il suffirait aux femmes de ponctionner un ovule, de l'énucléer, de remplacer le noyau par une cellule somatique prélevée sur leur organisme et de réimplanter le tout dans leur propre utérus.

Le danger est plutôt de ce côté-là. C'est la raison pour laquelle je considère personnellement que le clonage reproductif comme méthode normale, nouvelle, de reproduction ne sera jamais possible. Bien sûr, le danger existe de la mise en sujétion des femmes, par la violence masculine, en ce qui concerne le clonage reproductif des hommes. Mais c'est surtout le fait qu'il ne serait plus du tout nécessaire de conserver des exemplaires masculins pour perpétuer l'espèce humaine si le clonage reproductif féminin devenait la règle. Il suffirait de conserver quelques paillettes de semence congelée pour renouveler de temps en temps l'espèce, mais le genre masculin pourrait disparaître. Ce serait alors le triomphe absolu du privilège exorbitant de la féminité, dont l'histoire des hommes montre qu'ils ont toujours voulu la dominer et s'en servir. Mais cela est impensable pour cette même raison.

FRANÇOIS EWALD – *Qu'est-ce que les découvertes récentes en matière de biologie et de médecine de la reproduction apportent de nouveau ?*

À mon sens, pas grand-chose. La nouveauté en ce domaine ne pourrait vraiment provenir que de découvertes qui rendraient possible de se passer de la reproduction bisexuée. Ce qui ne suppose pas seulement, à l'échelle de la société tout entière, la possibilité technique de reproduire l'être humain par clonage, mais que cette possibilité devenue la seule souhaitable soit relayée par le pouvoir central qui interdirait absolument tout autre mode de reproduction. Une société, inimaginable me semble-t-il, où il ne serait possible de se reproduire que par clonage serait caractérisée par un nouveau mode de filiation : du même au même. Une autre possibilité est d'imaginer un système social qui déciderait arbitrairement que les enfants n'appartiendraient à personne et ne seraient inscrits dans aucune ligne de filiation : qu'ils seraient ceux de la puissance publique exclusivement.

F. E. – *La nouveauté ne se situe-t-elle pas précisément au niveau de l'imaginaire, ces utopies engendrées par les nouvelles techniques de reproduction ?*

Mais cette nouveauté n'est pas si nouvelle que cela. On nous présente toute une série de solutions possibles d'engendrer différemment pour répondre au problème de la stérilité. Il n'y en a pas une qui n'ait son équivalent dans des institutions de ces sociétés qu'on appelle primitives : dons de sperme, mères porteuses, dons d'enfants, engendrement *post-mortem*...

F. E. – *Peut-être la différence entre les institutions des sociétés primitives et nous-mêmes ne se situe-t-elle pas au niveau du résultat (vaincre la stérilité), mais au niveau de la réflexion, du calcul, de la spéculation ?*

Les institutions des sociétés dites primitives dont je parle ne sont pas en effet des réponses mûrement réfléchies au problème spécifique que pose la stérilité de certains de leurs membres. Elles s'inscrivent dans des contextes plus larges qui tiennent aux représentations du masculin et du féminin, de l'enfant, de l'identité de la personne. Dans certains cas, la légitimation de ces institutions se trouve dans des registres qui ne sont pas au premier chef le souci de pallier la stérilité. Chez les Samo du Burkina Faso par exemple, les hommes ne prennent auprès d'eux leurs épouses légitimes qu'après qu'elles ont eu, entre leur puberté et le moment où elles leur sont remises, un amant reconnu publiquement comme tel. Les épouses rejoignent leur mari avec un enfant qu'elles ont eu de cet amant. Mais ce sera l'enfant du mari légitime. De même, comme c'est ici le mariage qui fonde la filiation, patrilinéaire, tous les enfants qu'elle pourra mettre au monde par la suite, fussent-ils adultérins, seront ceux de son mari légitime. L'institution de l'amant prénuptial ne correspond pas à ce qu'on a pu dire, au souci de vérifier la fécondité de l'épouse : la jeune femme est remise à son mari au bout de quelques années même si elle n'a pas eu d'enfant, si elle est stérile. Cela tient sans doute à ce que le premier-né d'une femme est considéré comme le sont les prémices. Cet enfant, né d'un père qui s'efface et qui appartient socialement à un autre lignage que celui de son géniteur, n'est le fait de personne : il est considéré comme la « part de la terre ». Il est consacré en quelque sorte. En raison de ce statut particulier, il a des caractéristiques qui le rendent différent des autres : il est considéré comme ayant une plus grande lourdeur d'esprit que les autres, mais aussi une plus grande longévité, s'il survit à l'enfance. Il est doué de clairvoyance.

Sans doute une telle institution (dont je parle au présent ethnographique, même si les choses ont changé de nos jours, mais qui était encore observable dans les années 1970) relève-t-elle d'un souci religieux. Il n'en reste pas moins que cela fait que les hommes stériles ne sont pas reconnus comme tels : ils ont toujours des enfants que leur donnent leurs épouses, grâce à des donneurs de sperme par insémination naturelle pourrait-on dire (leur rôle se réduit à cela, en effet). On ne trouve pas trace d'une réflexion qui aurait pour objet de compenser la stérilité masculine (elle n'est d'ailleurs pas reconnue), mais l'institution a cet effet. Dans d'autres sociétés, il existe des institutions où l'usage du donneur est fait de façon plus consciente. Il est des cas, en revanche, où l'on recherche systématiquement un certain effet, c'est l'engendrement *post-mortem*, comme chez les Nuer d'Afrique de l'Est lorsqu'un homme meurt sans avoir eu d'enfant et ne peut donc accéder au statut d'ancêtre. On choisit expressément de lui fournir des enfants, dans le langage social du mariage et de la filiation. Un de ses consanguins agnatiques, un frère ou un neveu, va prendre le bétail de cet homme et, avec ce bétail, qui est la propriété du mort, payer la compensation matrimoniale qui fonde le mariage légitime et la filiation et se procurer une femme qui sera l'épouse du mort. Il procréera des enfants au nom de cet homme.

F. E. – *Est-ce qu'on ne pourrait pas dire que dans les sociétés dites primitives ces pratiques de procréation sont très socialisées, alors que chez nous, elles témoignent d'un grand individualisme, d'une volonté de marge et d'anomie ?*

Elles se veulent en marge et anomiques, mais elles revendiquent aussi la légitimité. Ce qui me frappe, c'est la revendication de l'enfant comme objet à soi. Dans les sociétés dites primitives, procréer est un devoir, un devoir que l'on doit à ceux qui vous ont donné une vie qu'il faut transmettre à moins de la condamner à disparaître. C'est la seule manière d'accéder au statut d'ancêtre et la seule manière d'être adulte socialement. Chez nous, procréer est un droit qui porte sur un désir de réalisation ou de possession, un désir d'objet, délié de la volonté de ne pas rompre une chaîne d'engendrement.

F. E. – *Ces questions sécrètent actuellement une grande volonté normative. Que pourrait donc faire le législateur ?*

Il faut peut-être, comme le disait Lévi-Strauss, laisser l'imagination créatrice de nouveaux rapports sociaux fonctionner librement. On peut imaginer bien des formules – des couples homosexuels ayant un enfant par un biais ou par un autre, des femmes ménopausées se faisant implanter un embryon... Nous sommes dans des sociétés qui peuvent se permettre le luxe de laisser l'imagination se débrider. En dehors de préoccupations morales, qui ne sont pas celles du droit, je ne vois pas de raison pour que le législateur impose ce qu'il faut ou ne faut pas faire. Sauf peut-être sur un point. À mon sens, il conviendrait de revenir sur certaines dispositions de la loi du 3 janvier 1972.

Lorsque la filiation de l'enfant a été voulue et acceptée par la volonté ou l'acte social qui signe la volonté (je pense notamment à l'acceptation du don d'ovocytes ou d'embryons, à l'insémination artificielle avec donneur, à la reconnaissance par un individu dans le cadre du mariage ou non d'un enfant qui n'est pas le sien), il ne devrait pas être possible de revenir sur de tels actes de volonté parce que la volonté a entre-temps changé. Cela induit en effet des conséquences qui concernent un tiers, l'enfant, privé de son identité et de sa filiation par le refus de celui ou de celle qui la lui a donnée. Voilà le rôle du législateur : protéger le droit des autres. Il est étonnant que la loi permette, dans des limites temporelles certes, de donner satisfaction aux souhaits d'une personne qui change avec le temps de motivation, de désir, de besoin. Lorsqu'il y a eu un contrat qui fonde un droit de l'enfant, il ne devrait pas être possible de revenir sur cette parole.

Toute paternité et toute maternité sont des conventions sociales. Elles passent par des critères que le groupe se donne et qui ne doivent pas être contradictoires entre eux. Ce qui est premier, c'est la convention sociale ; l'ordre individuel lui est plié. On peut imaginer qu'on utilise des techniques sophistiquées de procréation, mais il y a une barrière à mettre à partir du moment où la convention sociale a joué et a inscrit la filiation. Il ne doit pas être possible de désavouer ce tiers qui est l'enfant en lui portant un préjudice social considérable. C'est du moins la conclusion que l'on peut tirer de l'examen anthropologique des sociétés.

Femmes et pouvoir

MARIE REBEYROLLE – *Est-il possible de faire bouger la hiérarchie entre le « masculin » et le « féminin » ?*

Le système de catégories dualistes, fondé sur l'observation de la différence sexuée, ne peut être supprimé, sauf à séparer la reproduction humaine de l'acte sexué en privilégiant l'un des deux sexes. Mais nous n'en sommes pas là, et même dans ce cas, il faudrait des siècles pour que cela change. Cela dit, certaines choses peuvent évoluer, notamment le principe « positif » placé du côté du masculin, et le principe « négatif » placé du côté du féminin. La conscience, la connaissance et la raison peuvent entrer en conflit avec l'implicite et même l'emporter sur celui-ci, à condition qu'il soit débusqué, ce que j'ai cherché à faire dans mes travaux. Rien n'interdit qu'un acte de raison bouscule la hiérarchie masculin/positif et féminin/négatif, c'est-à-dire que le positif puisse être situé du côté du féminin. Il ne s'agit pas de prôner une inversion totale, un matriarcat, mais simplement d'admettre qu'il puisse y avoir en fonction des circonstances un changement dans l'ordre des valeurs, et qu'au sein du déséquilibre, un équilibre au moins partiel puisse être établi entre les valeurs accordées au principe sexué.

D'autant qu'un certain nombre de ces données prennent appui sur la question de la fécondité, qui ne changera pas, mais dont on sait maintenant qu'elle n'est pas l'apanage exclusif des femmes ni celui des hommes : il y faut la rencontre des deux gamètes. Quelque chose a changé grâce à la connaissance scientifique qui investit progressivement d'autres domaines de connaissance. C'est de la rencontre entre la volonté de raison et les changements issus de la connaissance scientifique que nous pouvons espérer faire bouger les choses, à la condition que cela ne reste pas limité à une sphère intellectuelle. Il ne faut pas croire que les acquis des sociétés occidentales sont définitifs, car le mode traditionnel de pensée, parce qu'il sert d'étai à un pouvoir efficace et effectif du masculin, fait que ceux qui détiennent ce dernier n'ont pas envie de le perdre. Je ne dis pas que les hommes sont les ennemis des femmes, mais obtenir d'eux la volonté altruiste de partager le pouvoir suppose des éducations qui se feraient dès l'enfance. Les hommes du pouvoir politique vont d'instinct au point central, qui est le contrôle de la reproduction. Le bât blesse dès le moment ou les femmes ont accès au contrôle de leur propre reproduction (contraception, avortement, libre choix). Les différents mouvements contre l'avortement et la contraception ne sont rien d'autre que cette volonté de contrôle, toujours la même, à l'endroit central de la reproduction. Pour ne pas parler de ce qui se passe ailleurs qu'en Occident.

M. R. – *Comment se construit le rapport des femmes au pouvoir ?*

Quand j'entends dire qu'il existe un type de pouvoir spécifiquement féminin, que les femmes s'intéressent davantage à la bonne régulation de la vie publique, qu'elles cherchent plutôt la paix que la guerre, qu'elles sont bonnes gestionnaires et veulent gérer l'État comme elles gèrent le domestique, etc., je ne peux m'empêcher de sourire, car cela est en fait le résultat de ce que l'on attend des femmes en tant que porteuses d'une « féminité » essentielle qui n'est qu'une construction intellectuelle appuyée fortement sur des systèmes éducatifs *ad hoc*. Partout et d'entrée de jeu, on établit une répartition sexuelle des tâches et tout est une question d'apprentissage. Des interdits pèsent sur les femmes, notamment celui de faire couler le sang. C'est une impossibilité de culture et non pas de nature. Des dressages culturels et sociétaux, qui varient selon les sociétés, sont faits dès l'enfance sur ce qu'il est possible de faire, ce qui est convenable du côté des garçons et du côté des filles, et sur la façon de se comporter. Lorsqu'on dit que les femmes sont plus douces, c'est parce qu'on leur a appris à cultiver la douceur. Il n'est pas dit que les femmes soient moins violentes intérieurement que les hommes, dans leurs sentiments et dans leurs passions.

Les femmes peuvent très bien exercer le pouvoir de la même manière que les hommes, de même que les hommes pourraient exercer le pouvoir de la manière dont on pense que les femmes l'exerceraient. Il n'y a pas un pouvoir masculin et un pouvoir féminin, mais *du* pouvoir, qui est exercé de la même manière par les hommes ou par les femmes, dans la mesure où on laisse les femmes y avoir accès au même titre que les hommes. Tant que ce n'est pas le cas, il se produit ce que vous savez, à savoir des hommes qui mènent la vie dure aux femmes, parce que l'idée même de travailler sous les ordres d'une femme est une diminution insupportable de leur masculinité. Le pouvoir est une notion qui n'a pas de sexe, qui est neutre. Qu'ensuite il soit sexué, à cause de la dominance sociale qui fait que le pouvoir est détenu par des hommes, conduit à qualifier le pouvoir de masculin, mais c'est un abus de langage qui signifie seulement qu'il est détenu par des hommes.

M. R. – *Cette connotation « masculine » du pouvoir n'oblige-t-elle pas les femmes à se poser la question de leur rapport au masculin et à leur propre féminité ?*

Absolument, mais il n'empêche que le concept lui-même est neutre dans l'absolu. C'est parce que l'usage courant implique que ce sont les hommes qui possèdent le pouvoir que celui-ci revêt les attributs de la masculinité. Le pouvoir étant l'apanage des hommes, il est investi de tout l'apparat du « masculin » en tant que représentation « essentialiste » de la virilité. Si vous lui en demandez la description, un homme vous décrira une femme qui a du pouvoir (et non de l'attrait) comme grande, massive, plus très jeune, en tailleur, portant des chaussures plates, pas fardée, énergique, ayant une voix forte… Il vous décrit en fait un homme habillé avec des vêtements féminins. Une femme qui a du pouvoir entre dans un moule. L'*executive woman*, telle qu'elle a été représentée dans la presse féminine à une époque, était une jolie femme mince, entre 30 et 40 ans, fardée mais sans que cela se voie, les cheveux courts, portant un tailleur élégant… La femme de pouvoir ne porte pas de robe à fleurs ou de bijoux fantaisie. L'image physique que les gens se font de la femme de pouvoir n'est pas celle d'une féminité exubérante. En revanche, un homme de pouvoir n'a pas besoin d'être caractérisé de façon extérieure. Mais une virilité puissamment affirmée ne lui nuit pas.

M. R. – *Les femmes qui occupent des postes de pouvoir sont-elles donc contraintes d'endosser les attributs de la masculinité ?*

Revêtir les oripeaux du pouvoir n'est peut-être pas la meilleure voie. L'erreur consiste justement à vouloir absolument entrer dans les canons de représentation d'un féminin acceptable par les hommes dans les sphères du pouvoir. Il faut admettre la différence, et celle-ci passe aussi par l'apparence, et même il faudra, progressivement, l'imposer. Connaissez-vous un « masculin » qui ne soit pas acceptable par les hommes, en dehors, pour un certain nombre d'entre eux, de la variante homosexuelle de la masculinité ou de la crainte d'être considérés comme des « femmelettes » ? Dans un monde culturel donné, toutes les façons de présenter la masculinité sont bonnes aux yeux des hommes aussi bien que des femmes. Il n'existe pas de catégories dans le modèle du masculin, à l'inverse du féminin. Ces catégories dans le modèle du féminin sont marquées de façon évidente dans les sociétés de religion révélée : la femme est la « mère » ou la « putain » et, entrant dans l'une de ces deux catégories, elle est donc soit une femme qui n'est pas consommable sexuellement (la mère, la sœur, la sainte, l'aïeule, etc.), soit une femme qui l'est. Le vêtement, la voix, le comportement vont de pair et permettent de classer immédiatement les femmes dans l'une de ces deux grandes catégories, alors que la catégorie masculine est un tout en soi, et qu'on ne classifie pas les hommes en « père » ou en « gigolo ».

M. R. – *Quelles sont les évolutions possibles, puisqu'il semblerait que l'on soit sur du temps long ?*

Nous sommes effectivement sur du temps très long, mais des évolutions sont possibles, encore qu'il serait bon qu'elles se fassent à l'échelle de l'humanité et pas seulement dans nos régions occidentales protégées. Il ne faut pas se leurrer, les évolutions sont difficiles à réaliser car elles imposent de prendre conscience et d'enseigner immédiatement aux enfants, dès leur naissance, de nouveaux rapports entre les sexes. Cela prend évidemment du temps, et il n'est pas simple de créer des mentalités différentes qui donnent une plus juste place et une plus grande reconnaissance aux femmes. Je ne parle même pas pour l'instant d'arriver à une égalité totale, mais uniquement de construire des voies qui soient sans retour possible. Ma crainte est qu'il puisse y avoir des retours en arrière, à la faveur de circonstances particulières, telles que l'aggravation du chômage par exemple.

La découverte des gamètes

BLANDINE GROSJEAN – *Le rôle des gamètes masculins et féminins est connu depuis le* XVIIIe *siècle. Pourquoi l'Occident a-t-il mis tant de temps à accéder à l'idée de l'égalité, au moins théorique, entre l'homme et la femme ?*

À mes yeux, l'accès des femmes à la contraception est le levier leur permettant d'accéder à l'égalité, dans une différence reconnue. Elle donne en effet aux femmes le droit de disposer d'elles-mêmes, ce qui constitue la personne au sens juridique du terme. Cela ne veut pas dire que les autres acquis sont secondaires, mais, sans celui-ci, les autres ont du mal à s'imposer vraiment dans les représentations mentales. Il est très difficile à la majorité des hommes de renoncer à une manière de penser qui s'accompagne quotidiennement d'énormes privilèges. Bien sûr, la découverte des gamètes au XVIIIe siècle et la connaissance de leur rôle conjoint dans la procréation sont essentielles pour modifier en profondeur tous les systèmes locaux de pensée au monde qui sont fondés sur le modèle précédent. Mais il faut beaucoup de temps ; pour que les choses puissent être réalisables, y compris par la loi, il faut qu'elles soient devenues pensables par l'esprit. Rien qu'en France, il serait ridicule de prétendre que tous pensent que les femmes sont fondamentalement les égales des hommes. Quand les choses deviennent pensables, c'est-à-dire acceptables, de façon majoritaire, elles peuvent se réaliser : on l'a vu pour le Pacs, pour la parité politique. L'homoparentalité, apparemment, n'est pas encore totalement pensable dans notre société pour être réalisable en termes de loi, ça viendra, mais ça ne l'est pas encore.

B. G. – *Les procréations médicalement assistées, l'homoparentalité ou la famille recomposée ne sont certes pas majoritaires aujourd'hui, mais elles modifient tout de même notre système de parenté. Est-ce que l'anthropologie peut être d'une utilité quelconque pour comprendre ces évolutions ?*

Il est toujours bon de réfléchir sur les marges, mais il ne faut pas non plus se faire d'illusions sur l'innovation. Certaines techniques sont nouvelles, certes, mais pas toutes. Ainsi l'insémination artificielle s'effectuait-elle dès le XVIIIe siècle. Et tout n'est pas technique ou scientifique. En matière de procréation, pour répondre à des problèmes de stérilité ou d'autres, toutes les formules possibles ont déjà été inventées par des sociétés, qui ont répondu de façon institutionnelle au problème, c'est-à-dire sans l'appareil technique bien sûr. On voit ainsi naître des enfants dans un couple de femmes dont l'une (stérile) est le mari-père qui appointe un serviteur pour le service du lit et la procréation d'enfants. Le droit de cette femme reconnue socialement comme mari et père est fondé sur le paiement d'une compensation matrimoniale qui légalise l'union et la filiation des enfants. La filiation est dès lors découplée du biologique. On peut ainsi voir des hommes morts avoir des enfants à leur nom et une descendance légitime, toujours par le biais de la reconnaissance légale (la compensation) d'un lien d'alliance entre deux groupes. Le prêt d'utérus se pratiquait à Rome, dans un autre contexte évidemment : c'est un mari qui disposait alors du corps de sa femme pour l'offrir à un ami dont l'épouse était stérile. Nous n'avons pas la prérogative des problèmes ni même des solutions : nous leur avons donné un habillage technique ou scientifique.

B. G. – *Prenons un exemple. Si une femme donne ses ovocytes pour qu'ils soient fécondés* in vitro *et transplantés dans l'utérus d'une autre femme, qui est la mère ? Celle qui a donné ses ovocytes ou celle qui a porté l'enfant ?*

Pour moi, dans ce cas, la mère est celle qui a porté et accouché et, dans l'esprit populaire, c'est bien le cas, me semble-t-il. Dans l'insémination artificielle avec donneur (qui tend à disparaître), il n'y a pas cette dissociation entre gamète et ventre porteur de l'embryon, mais le père est bien, dans l'esprit des gens, celui qui aime et élève l'enfant. Or nous vivons actuellement, à mon déplaisir, dans un monde où tout un discours tend à prouver que la seule vérité qui compte est biologique. On culpabilise les gens pour qui la vérité est fondée sur l'amour, la présence, les soins au quotidien, le fait de constituer vaille que vaille une famille. On culpabilise aussi l'adoption, on dit de la mère adoptive qu'elle n'est pas la vraie mère de l'enfant, la vraie mère c'est l'autre (la mère biologique), car comme dans le cas de la donneuse d'ovocytes, c'est là qu'est inscrit le patrimoine génétique de l'enfant. C'est vrai, mais sur quoi se fonde-t-on pour prétendre que la vérité essentielle est là ? Que tout enfant est dans son patrimoine génétique ? Dans toutes les sociétés, le rôle du père et de la mère est un rôle socialement déterminé. Dans bien des endroits au moins, les enfants ne sont pas nécessairement ceux que l'on a engendrés et mis au monde, mais ceux qui vous sont confiés pour être élevés. Parfois, ils vous sont en effet confiés par la nature, mais ce n'est pas toujours le cas. En Océanie, par exemple, on donne à d'autres certains de ses enfants et on en reçoit d'eux. La curiosité des enfants sur leur origine est légitime, mais d'une autre nature que cette glorification de la vérité génétique. C'est là peut-être le mauvais côté et la dérive possible du primat accordé à ce que l'on croit être des vérités scientifiques absolues.

Entre biologie et représentation

ÉVELYNE SULLEROT – *En vous lisant, je pense à tous ces contes de fées écrits pour les filles au* XVIIe *siècle. Ils sont peuplés de bêtes féroces ou de dragons effrayants : en réalité, ce sont des princes prisonniers de cette enveloppe épouvantable. La princesse, qui n'est que beauté et douceur, parvient à leur rendre leur forme première. Mais dans un cas,* Le Mouton *de la comtesse d'Aulnoye, le prince avait été changé en mouton, doux et bénin. Celui-là ne retrouve pas sa condition de prince, et périt écrasé sous les roues du carrosse de la princesse. La femme participe-t-elle toujours du pôle infériorisé ? On peut d'abord se demander si ces systèmes, ces langa-*

ges binaires, ces cosmogonies dont vous parlez ont été inventés par des hommes.

Comme Germaine Tillion, je pense que nul ne le sait, et sans doute les cosmogonies sont-elles une création collective. Il n'est en tout cas pas exclu que les femmes y aient participé. Une revendication féministe consiste à dire qu'autrefois les femmes avaient le pouvoir, qu'elles l'ont perdu et doivent le reprendre. C'est un des *a priori* féministes, tout à fait faux du point de vue de l'anthropologie, comme aussi celui qui consiste à dire qu'il y a une culture masculine et une culture féminine : dans toutes les cultures, il y a des oppresseurs et des opprimés, un sexe fort et un sexe faible, mais les deux sexes participent de la même idéologie. Je veux dire que la représentation que les femmes ont du monde est la même que celle que les hommes en ont.

É. S. – *C'est une affirmation qui me paraît très contestable, mais qui nous entraînerait extrêmement loin. En revanche, comment n'être pas comme vous frappée de l'étrange résurgence du mythe du matriarcat primitif ? De nos jours, des fractions importantes de l'opinion féminine cultivée, écrivains, journalistes, étudiantes, etc., y croient dur comme fer et c'est être parjure, traître que d'en douter, ou de seulement suggérer qu'il s'agit sans doute de légendes construites* a posteriori, *comme pour justifier le patriarcat du reste : « Il y a très, très, très longtemps, les femmes avaient le pouvoir ; maintenant, ce sont les hommes, chacun son tour ? » Pour ce que je sais des origines de nos civilisations européennes, un tel passé matriarcal n'a jamais existé, même si des sociétés matrilinéaires ont vécu en Europe et laissé des traces.*

L'opinion généralement admise maintenant est que le matriarcat est un mythe. Les sociétés matriarcales n'ont jamais existé. La plupart du temps les auteurs qui en parlent font une confusion entre « matriarcal » et « matrilinéaire ». Le fait est qu'il existe encore des sociétés dites primitives où la filiation est matrilinéaire, c'est-à-dire que l'appartenance à un groupe, la transmission du nom, des biens, passent par les femmes. Mais cela ne signifie nullement que le pouvoir soit aux mains des femmes, ce que signifie matriarcat.

La possession de la terre, la transmission des biens, les pouvoirs politiques (pouvoirs villageois ou pouvoirs politiques plus larges) appartiennent aux hommes. Au lieu que ce soit, comme dans une société patrilinéaire, les pères qui transmettent les biens et les pouvoirs aux fils, ce sont les frères de la mère, les oncles maternels, qui les transmettent aux neveux. Quant aux pouvoirs des Amazones, des femmes guerrières du passé, ils ont été démesurément gonflés. Il y a eu effectivement, çà et là, des femmes guerrières. Il est vrai que dans certaines sociétés amérindiennes des femmes accompagnaient les hommes à la chasse et à la guerre. Elles ne les dirigeaient pas. Elles accompagnaient les hommes. Comme du reste en Gaule les jeunes filles, les jeunes concubines ; une femme mariée avait des enfants et restait au foyer ; mais, parmi les jeunes filles pubères non encore mariées, certaines vivaient en concubinage avec des chefs, par exemple, et avaient le droit de participer aux chasses et aux opérations guerrières, tant qu'elles n'étaient pas entrées dans le statut normal de la femme mariée. Cela ne signifie pas pour autant que la civilisation gauloise ait été un matriarcat !

De même que n'étaient pas matriarcales les sociétés mycéniennes parce qu'elles révéraient des déesses mères. Pourtant le dieu principal était toujours une déesse, la Terre. Des cultes étaient rendus à la fécondité, à la fertilité, par le truchement de cette déesse mère. Zeus est arrivé par la suite seulement ; mais tout ceci demeure au niveau de la légende.

Dans les sociétés africaines non historiques – je veux dire par là qui n'ont pas de traditions écrites de leurs origines –, presque tous les rites sont des rites de fécondité ou qui ont quelque chose à voir avec la fécondité – du moins si l'on n'entend pas « fécondité » dans le seul sens de reproduction humaine. Faire venir la pluie est un rite de fécondité. Mais je n'irai pas jusqu'à dire qu'il y a des divinités féminines. Dans toutes les sociétés africaines que je connais, le culte des ancêtres est un culte des ancêtres féminines dans les sociétés matrilinéaires, et des ancêtres masculins dans les sociétés patrilinéaires, encore que dans les unes comme dans les autres, les ancêtres de l'autre sexe aient aussi un statut ancestral. Mais je ne connais pas de cas où les divinités soient exclusivement féminines.

Dans les peuples que je connais, les légendes sur l'origine évoquent une époque où les sexes étaient séparés complètement, il n'y avait donc ni patriarcat ni matriarcat. Le problème du rapport des sexes est bien le grand problème de l'humanité dont tout part. Une représentation archaïsante et mystique des origines parle un langage idéologique, bien sûr, et non réaliste. Or elle parle de la séparation des sexes à l'origine. On rencontre ce mythe dans une grande partie de l'Afrique de l'Ouest. À l'origine, donc, pas de communisme primitif, mais la séparation géographique des sexes. Un dieu supérieur leur interdisait de se voir. Il avait répandu sur le sol, entre les hommes et les femmes, un grand tapis de feuilles sèches, en sorte qu'il leur était impossible de se rejoindre sans faire du bruit et signaler au dieu les infractions à la règle. Mais les hommes avaient si envie d'aller voir les femmes qu'ils ont rampé sur le sol en jetant de l'eau devant eux pour humecter les feuilles et les empêcher de faire du bruit. Un jour, bien sûr, ils se sont fait surprendre par un dieu courroucé qui a décidé qu'ils allaient vivre désormais ensemble avec tous les inconvénients que cela supposait. Ce qui est regrettable, c'est qu'il y ait deux sexes : le monde aurait été bien plus facile à organiser avec un seul. On retrouve cette idée dans les systèmes d'appellation et même les systèmes matrimoniaux. Dans les appellations de parenté des Dogon, par exemple, existent à nos yeux des anomalies qui n'en sont pas pour eux : il existe un terme pour désigner le « mari », certaines femmes peuvent être appelées « mari » par d'autres femmes en raison de situations particulières de parenté. Dans ce cas, le système d'appellation essaie de gommer la différence des sexes pour ne retenir que la situation de parenté. De fait, parenté et mariage ne peuvent aboutir qu'à des relations d'inversion entre les sexes et non de symétrie. Si un homme doit épouser sa cousine matrilatérale, c'est-à-dire la fille du frère de sa mère, pour une femme, qu'est-ce que cela veut dire ? Non pas qu'elle épouse son cousin croisé matrilatéral, mais son cousin croisé patrilatéral, le fils de la sœur de son père. Il y a ainsi toujours une inversion fondamentale entre les sexes. Du point de vue des acteurs la femme agit toujours à l'envers de l'homme. C'est le scandale primaire : dans aucune société on ne parvient à faire en sorte qu'hommes et femmes agissent de façon parfaitement symétrique (sauf s'ils s'épousent entre enfants de germains de même sexe, et encore). L'important, c'est de bien reconnaître qu'au début est la binarité, que tout sera distribué en deux et affecté à un sexe ou à l'autre selon deux pôles qui seront aménagés en opposés.

La physiologie féminine va entrer dans ce système. Chez les Samo, la femme qui a ses règles est dangereuse, car elle perd sa chaleur, elle est en processus de refroidissement en perdant son sang. Si une femme qui a ses règles passe près du lieu où les hommes fabriquent le poison, elle le fera rater car elle va attirer à elle la chaleur. Dans nos campagnes françaises, nous avons connu à la fois l'inverse et la même chose : la femme qui a ses règles est chaude, elle a l'haleine forte, elle est considérée aussi comme dangereuse pour les émulsions et les liaisons qui ont besoin de fraîcheur pour se faire, on dit qu'elle fait tourner la mayonnaise, la saumure, rancir le beurre et le lard.

É. S. – *Dans cette distribution en deux pôles, je voudrais souligner deux ou trois choses qui introduisent du désordre dans cet ordre apparent. Par exemple, il y a pouvoir offensif et défensif chez l'homme du fait de sa force musculaire ; il y a pouvoir de reproduction, de fécondité pour la femme. Mais l'utilisation de ses muscles, de sa force, de son agressivité même paraît, je dis bien « paraît » seulement par prudence, être soumise à la volonté de l'homme ; tandis que son pouvoir biologique de fécondité, la femme n'a pas pu, elle ne peut toujours pas, dans les sociétés que vous étudiez, l'utiliser selon sa volonté. Songez aussi à la puberté : garçons et filles traversent tous deux des périodes de maturation pubertaire plus ou moins longues durant lesquelles ils acquièrent des caractères sexuels secondaires, une certaine révélation du plaisir. En sus, la fille connaîtra l'arrivée des règles, qui semble ne rien avoir à faire avec le plaisir et apparaît comme imposée. Sa vie, d'autre part, sera comme découpée en périodes distinctes par ses avatars physiologiques : pubère, puis féconde,*

puis ménopausée. Cette discontinuité lui ouvre des statuts différents, qui rompent le système.

C'est exact. Chez les Samo, la femme ménopausée change de nature, elle a alors un autre rôle. Elle est chaude parce qu'elle ne perd plus son sang. Elle ne doit donc plus avoir de rapports sexuels car son mari lui apporterait de la chaleur qu'elle ne perdrait plus avec ses règles, elle accumulerait alors chaud sur chaud et deviendrait une sorcière. Aussi est-ce prohibé. Mais la femme ménopausée qui n'a plus de rapports avec son mari – celui-ci a de jeunes épouses – devient une espèce de sage, de conseillère. Elle peut participer au conseil des anciens, elle devient en somme un homme, comme la femme stérile. Cette discontinuité de statut rejoint l'observation qui a été faite par les biologistes : l'homme peut fabriquer des spermatozoïdes toute sa vie, tandis que la femme connaît une période de ponte de ses ovules qui ensuite cessera, avant le terme de sa vie.

Il n'y a pas parallélisme, c'est certain. Et, en effet, surtout du fait de la nature du pouvoir féminin, sa fécondité, qui est aussi sa faiblesse. Pouvoir que les hommes aimeraient bien avoir comme toutes les conduites de couvade, etc., le montrent bien, mais qui signe aussi la faiblesse parce qu'il immobilise, qu'il est subi. Par exemple, chez les Nuer, peuplade importante d'Afrique orientale, un certain nombre de femmes sont considérées comme des hommes : ce sont des femmes stériles. Le système des Nuer est très patriarcal. La famille chez eux, c'est seulement les hommes, les filles ne comptent même pas comme membres de la famille puisqu'elles iront se marier ailleurs et que leurs enfants n'appartiendront pas à la famille. Mais si une fille se marie et n'a pas d'enfants, au bout de quelques années, elle revient dans sa famille d'origine, avec un statut d'homme. Elle sera appelée « oncle » par ses neveux et nièces. Elle recevra une part du bétail, aura peu à peu un troupeau et paiera alors la compensation nécessaire pour se procurer une épouse. Ses femmes l'appelleront « mon mari ». Elle engage un géniteur qui sera aussi son domestique : un étranger ou un esclave.

Ses femmes auront des enfants qui l'appelleront, elle, « père ». L'homme géniteur demeurera toujours son domestique et celui de « ses » enfants, elle le paie, un peu, le nourrit. Quand les enfants qu'il a engendrés se marieront, elle donnera à ce géniteur une vache, le prix de l'engendrement. Ce genre d'exemple illustre que tout tourne non tellement autour du sexe qu'autour de la fonction de fécondité. Lorsque la femme n'a pas le pouvoir de fécondité, elle franchit parfois la ligne ; elle est versée de l'autre côté et peut posséder des vaches et avoir un pouvoir politique, comme l'homme, comme c'est le cas chez les Nuer.

On voit bien qu'à partir des mêmes données du réel qu'ils observent, les humains construisent des ensembles de représentations qui se traduisent en règles sociales et en systèmes de valeurs. Mais ceux-ci comme celles-là ne sont pas la traduction immédiate d'un donné biologique.

É. S. – *Dans tous ces exemples, il apparaît bien que la « nature » de la femme et le statut que lui ouvre cette « nature » sont moins stables que la « nature » masculine. Cela dépend en fait de la période de sa vie, de sa fécondité ou de sa stérilité. Ses « définitions » semblent quand même être à ce point contingentes qu'elles semblent bien avoir été non pas forgées par elle-même, mais par l'homme ; en tout cas, il apparaît comme le modèle à partir duquel les rôles, statuts, attributs et qualificatifs féminins vont être définis, appartenant à l'autre pôle, ou bien revenant vers le pôle masculin ou s'en approchant. En vous écoutant, on ressent deux impressions contradictoires : la première est que tout cela est culture, systèmes de symboles, etc. La seconde est que c'est fortement ancré dans le corps, enraciné dans le biologique. Peut-être cette contradiction n'en est-elle pas une si l'on considère l'homme comme un être « naturellement culturel ». Mais revenons à l'aspect culturel de tous ces systèmes binaires d'explication du monde par les sexes, et des sexes par le monde. Je crois comme vous que c'est « de là que tout part », comme vous l'avez dit, en tout cas la culture. Mais quel étrange chemin va suivre cette culture structurée sur deux pôles inversés, opposés, pour aboutir à l'idéologie moderne de la semblance de l'homme et de la femme ! Il semble aujourd'hui très osé de tenter de faire le point sur des différences entre hommes et femmes, car l'idéologie nouvelle est qu'il n'y a pas de différen-*

ces entre hommes et femmes, sauf celles qu'a introduites la culture, pour des raisons mauvaises, pour permettre la domination d'un sexe sur l'autre. J'ai toujours pensé également que la femme était une « autre semblable », beaucoup plus « semblable » qu'« autre ». Encore qu'il me semble ridicule de nier ses spécificités. Mais lors du colloque sur Le Fait *féminin*[1]*, nous avons mesuré à quel point pour certains de nos participants l'idéologie de la non-différence essentielle était importante : collecter des faits réintroduisant les différences leur semblait illégitime et même « mal », collecter des fais ruinant les différences et exaltant les ressemblances semblait « bien ». En conséquence, il semble bien que c'est par la culture, par une exaltation de la culture que nous soyons passés des systèmes très « binaires » à idéologie très « sexiste », à la conception actuelle de la similitude de l'homme et de la femme. Alors pourquoi en vouloir tellement à la culture, qui nous aurait déviés, déroutés, empoisonnés de sexisme, alors qu'au contraire il m'apparaît que c'est la culture seule qui nous permet de nous désincarner, de quitter les corps ? De quitter le pays fourchu de la binarité permanente pour le pays d'une fraternité qui s'efforce de gommer les différences.*

Vous dites que, pour certains, tout ce qui souligne une différence est mauvais, tout ce qui rapproche est bon ; certainement, mais c'est un jugement de valeur ; or, en l'occurrence, il ne s'agit pas de porter de jugement de valeur. Il faut faire œuvre de scientifique et observer. Je suis moi aussi féministe et prête à militer pour certaines choses qui me tiennent à cœur, mais je veux essayer de voir comment s'est constitué ce corps culturel de représentations qui nous vient de si loin et qui est profondément ancré dans les corps. Il n'y a pas de contradiction pour moi entre cette origine et la notion même de culture, entendue comme le fruit de la réflexion humaine sur des données cosmologiques et biophysiologiques qui constituent des « butoirs de la pensée ».

É. S. – *Que pensez-vous qu'il adviendra des systèmes d'explication des sexes, de la fécondité, etc., que vous nous avez décrits quand les peuples qui*

1. É. Sullerot (éd.), *Le Fait féminin*, préf. de A. Lwoff, Paris, Fayard, 1978.

les ont élaborés apprendront par la science que plusieurs de leurs représentations ne sont pas exactes ?

Un système de représentation idéologique n'a pas besoin d'être fondé sur des connaissances exactes (et d'ailleurs nos connaissances scientifiques se perfectionnent, changent et même parfois se trouvent invalidées par de nouvelles découvertes). C'est affaire de croyance et de représentation ; chacune des populations qui élaborent pareil système entend rendre compte de tout, pas seulement de la nature et du rapport des sexes, mais aussi des phénomènes de pouvoir, de l'ensemble de la société. Pour eux, c'est une représentation non pas scientifique (il n'y aurait pas de mot, en samo, pour dire scientifique), mais concrète, réelle et fondée sur l'expérience (sinon l'expérimentation). Un système fondé sur des observations dont il a été conçu une interprétation. Bien sûr, il y a passage du réel au symbolique, mais pour eux, par rapport au partage du masculin et du féminin qu'ils élaborent, ils ont la même attitude, pensent-ils, d'observateurs impartiaux et objectifs que des scientifiques. C'est leur réalité, aussi réelle que la nôtre. Et notre façon d'organiser le réel et de vivre cette organisation n'est pas fondamentalement différente de la leur, alors même que nous savons, intellectuellement, que la grille archaïque d'interprétation est erronée.

L'univers des adolescents

ANNE TERRIER – *On a donc vu que la domination masculine est universelle et que, malgré les progrès que constituent les techniques de procréation médicalement assistée, la parité ou les nouvelles règles de transmission du nom de famille, elle existe encore dans notre société moderne. Le machisme dont font preuve actuellement les adolescents et même les très jeunes garçons, et qui est tel que la mixité à l'école est devenue un problème, est-il une accentuation de cette domination ?*

Le machisme est un des aspects de la domination masculine, pouvoir absolu de l'homme qui contrôle la vie économique, politique, religieuse, sociale, matrimoniale, etc. Cette domination est universelle. En revanche, les comportements ostensiblement machistes – qui sont des comportements particuliers de dénigrement, de mépris, de marques ostentatoires de supériorité – n'existent pas dans toutes les sociétés.

Le fait que des comportements machistes outranciers s'observent maintenant chez nos enfants et nos adolescents est une réactualisation du machisme ordinaire, et même une re-création du modèle de domination avec des éléments particuliers propres à la sexualité adolescente. Les jeunes sont des éponges qui intériorisent les modèles qu'on leur présente. Or on constate depuis plusieurs années une accentuation – par la télévision, les affiches publicitaires, la bande dessinée ou encore les mangas japonais – de l'image négative de la femme, présentée comme un corps-objet appartenant à l'homme.

A. T. – *La contraception n'a donc pas changé les mentalités ?*

La contraception va les changer. La contraception est une vraie révolution, puisqu'elle donne aux femmes la possibilité de décider de leur fécondité. Mais nous vivons depuis des dizaines de milliers d'années avec le modèle de la domination masculine, qui est de surcroît universel ; il ne peut pas disparaître en un laps de temps aussi court que trois décennies. L'amorce s'est faite dans notre société, mais pas encore dans le monde entier. La révolution du Néolithique, qui a permis à l'homme de cultiver la terre et de domestiquer l'animal, s'est faite en deux ou trois millénaires. Ce n'est donc pas à l'échelle de quelques générations que les effets de la contraception sur les comportements se feront sentir. Il est même vraisemblable que, pendant un certain temps, nous entrions dans une période de résistance de la part des hommes. En perdant leur rôle de dominants, ils sont amenés à faire des sacrifices au profit d'avantages dont ils n'ont pas encore pris conscience. Il faut donc s'attendre à des mesures de rétorsion.

A. T. – *Lesquelles ?*

Récemment[1], dans un concours de la fonction publique destiné à pourvoir des postes de juge, 80 % de femmes ont été reçues. Le ministère de la Justice a estimé que cette proportion était inquiétante, car les justiciables risquaient de contester l'impartialité d'un tribunal composé majoritairement de femmes. S'est-on jamais posé la même question devant un tribunal majoritairement composé d'hommes ? Il y a même plus grave : lors d'un autre concours lancé par le ministère de la Justice, là encore 80 % de femmes ont été admissibles à l'écrit. Après l'oral, alors que quatorze postes étaient à pourvoir, sept femmes et sept hommes ont été admis. Devant l'étonnement des candidates, le ministère a expliqué qu'il avait fallu rétablir la parité !

C'est aussi cette résistance masculine que traduit le ton actuel de publicités dans lesquelles les femmes ne sont que des corps destinés à la satisfaction sexuelle et visuelle des hommes. Et bien entendu, les jeunes garçons voient cela et intériorisent ces images du rapport des sexes. D'où, en partie, la précocité des comportements machistes évoqués précédemment.

A. T. – *Ces comportements ne sont-ils pas accentués dans certains milieux, comme le laisse supposer la marche des jeunes filles des cités scandant « Ni putes ni soumises » ?*

Le machisme, de même que le viol collectif, n'existe pas que dans les cités ; il existe dans les milieux bourgeois et existait aussi dans les campagnes au XIXe siècle comme comportement quasiment normal, et même antérieurement, si l'on se rapporte aux travaux de Jean-Louis Flandrin, par exemple. Dans le slogan « Ni putes ni soumises », on renvoie aux fondements mêmes de la domination masculine. En effet, les hommes ont besoin de s'approprier les

1. L'entretien a été publié en avril 2003.

femmes pour avoir des fils, car les femmes peuvent se reproduire à l'identique, mais les hommes ne le peuvent pas. De la réflexion de cette situation étonnante ont découlé à la fois une dépossession conceptuelle (ce sont les ancêtres ou les hommes qui procréent dans un lieu fertile) et la nécessité sociale de la répartition des femmes entre les hommes et du contrôle des épouses. Les hommes ont donc un droit de propriété sur le corps de celles-ci, qui doivent leur être soumises. D'un autre côté, des femmes qui ne seraient pas « protégées », c'est-à-dire contrôlées par leur père, leurs frères ou leur mari, sont censées appartenir à tous. Leur corps est bon à prendre. Dans ce système archaïque de pensée, qu'on voit encore fonctionner en Occident, une femme n'a donc le choix qu'entre être soumise ou prostituée, choix que certaines jeunes filles refusent explicitement.

A. T. – *Ce qui aboutit parfois à des situations dramatiques, notamment lorsque ces jeunes filles fuguent pour ne pas avoir à épouser un homme choisi par leurs parents.*

Bien entendu. Mais cet usage – l'absence de libre choix du futur conjoint – n'est rien d'autre que le modèle traditionnel, qui d'ailleurs était aussi le nôtre il n'y a pas si longtemps encore, à peine un siècle ou deux. Il a été conservé par exemple en Inde ou dans le monde arabe, avec cette particularité que l'islam en a fait un droit divin du père sur sa progéniture. Il faudra donc du temps pour qu'il disparaisse.

Par ailleurs, ce modèle se traduit par la dichotomie que font les garçons et contre laquelle les filles protestent, à savoir qu'il n'existerait que deux sortes de femmes : celles dont ils profitent et celles qu'ils épouseront. Celle-ci doit rester vierge jusqu'au mariage, et il n'est pas nécessaire d'en être amoureux puisqu'elle leur sera de toute façon soumise, en obéissance à la loi du père. Ils estiment donc normal d'épouser la fille que leurs parents choisissent pour eux. Tandis que les jeunes filles, surtout si elles ont fait des études et qu'elles aspirent à une vie professionnelle, sont en révolte contre ce modèle. Les garçons, eux, ont tout intérêt à perpétuer ce modèle qui valorise aussi bien leur réussite sociale que familiale.

A. T. – *Qu'est-ce que l'adolescence au regard de l'anthropologie ? La notion d'adolescence existe-t-elle dans toutes les cultures ?*

Autrefois – à l'époque de Louis XIV par exemple –, l'adolescence n'existait pas : les enfants passaient directement du statut d'enfant à celui d'adulte. On les mariait très tôt, et on leur confiait très tôt des responsabilités : à 15 ans, un garçon pouvait être colonel de régiment. C'était la même chose dans les sociétés traditionnelles africaines : il n'y avait pas de reconnaissance d'une période particulière dite adolescence.

La raison en est que l'adolescence est une période où les différentes maturités de l'être humain ne sont pas acquises au même moment. On devient adulte lorsqu'on a acquis sa maturité sexuelle, sa maturité affective et sa maturité intellectuelle (on peut y ajouter la sociale, c'est-à-dire l'entrée socialement reconnue dans la vie active). Or la maturité sexuelle, c'est-à-dire la puberté qui au début du XXe siècle survenait en moyenne en Occident entre 15 et 18 ans pour les filles, a lieu de plus en plus tôt du fait d'une alimentation beaucoup plus riche, notamment en protéines. Alors qu'autrefois les maturités affective et intellectuelle étaient atteintes presque en même temps que la maturité sexuelle, il y a actuellement un décalage entre ces trois maturités. C'est ce décalage que l'on nomme adolescence. D'ailleurs dans les sociétés où ce décalage n'existe pas encore, il n'existe pas non plus de mot équivalent à celui d'adolescence.

Néanmoins on reconnaît parfois un état intermédiaire entre l'enfance et le mariage. Dans certaines sociétés africaines où les filles sont promises en mariage dès leur naissance à un homme d'au moins quinze ans leur aîné, elles sont, à la puberté, autorisées par l'usage – nous l'avons vu plus haut – à avoir, durant deux ou trois ans, des relations sexuelles avec un jeune homme de leur âge. C'est un « amant prénuptial », qu'elles peuvent choisir elles-mêmes. De ce jeune homme, elles auront un enfant ; à ce moment, on les mariera avec celui qui leur est promis depuis toujours et qui deviendra officiellement le père de l'enfant. Les raisons de cet usage sont d'ordre religieux ; néanmoins, cette période permet l'assouvissement affectif et peut-être aussi sexuel de la jeune femme, qui aura ensuite une vie différente. C'est peut-être une façon de compenser la dureté du destin féminin.

Dans d'autres sociétés d'Afrique de l'Est, les garçons ont le droit d'avoir des rapports sexuels, mais inachevés, avec les filles. Et dans certaines tribus indiennes, filles et garçons vivent dans des « maisons des jeunes » dès l'âge de 4 ans. Arrivés à la puberté, ils doivent accepter d'avoir des relations sexuelles avec tous les autres jeunes de la « maison », sauf avec leur fiancé(e) et leurs frères et sœurs. Ils font ainsi l'apprentissage de la sexualité, et lorsqu'ils quittent la « maison des jeunes » pour se marier, c'est une vie relationnelle et sexuelle beaucoup plus calme qui les attend.

Par ces usages, ces sociétés préparent leurs jeunes à la vie adulte, sexuelle et conjugale, supprimant ainsi une partie des troubles de l'adolescence, d'autant que la période de décalage n'existait pratiquement pas.

A. T. – *Certains adolescents tyrannisent, parfois même physiquement, les adultes et principalement leurs parents. L'enfant-roi existe-t-il dans toutes les cultures ?*

Il y en a maintenant en Chine, du fait que la politique de l'enfant unique conduit les parents à tout centrer sur leur enfant, ce à quoi il convient d'ajouter que c'est surtout vrai si cet enfant est un garçon. L'enfant-roi est un fils-roi. Mais dans les sociétés africaines, tous les enfants sont rois, de sorte qu'aucun d'eux n'est privilégié par rapport aux autres. Les tout-petits sont élevés de la façon la plus tendre qui soit, et il y a toujours aux côtés de la mère, une sœur, une tante, des jeunes frères, ou même le père qui s'occupe d'eux. Les enfants sont un don : on leur porte une attention constante, ils dorment avec leur mère jusqu'à un âge tardif, ils sont en permanence portés par elle, au plus près de son corps. Ensuite, ils vivent un moment très difficile lors du sevrage et de la séparation, mais ils ont eu le temps de se construire une personnalité confiante. Certes, il existe des enfants tyranniques envers leurs pairs, mais pas envers les adultes. Du moins, je n'en ai pas rencontré, sur mon propre terrain. Il est bien possible que les choses soient différentes dans un contexte urbain.

A. T. – *Ces sociétés qui n'ont pas de problèmes avec leurs adolescents n'ont donc probablement pas besoin de ce que nous appelons le « soutien à la parentalité ». Comment devient-on parents dans ces sociétés ? Quelles sont les formes de l'apprentissage de la parentalité ?*

Pour les filles, la question ne se pose pas car elles sont rodées dès leur enfance à leur futur rôle maternel : très tôt, elles prennent en charge leurs frères et sœurs plus jeunes, elles les portent dans le dos comme leur mère, qu'elles déchargent réellement de sa tâche. Ainsi, elles acquièrent et intériorisent très vite les comportements maternels attendus d'elles. Les garçons, eux aussi, gardent leurs petits frères et sœurs jusqu'à 7 ou 8 ans, âge où ils rejoignent définitivement le monde des hommes. Il y a alors rupture complète avec le monde des femmes. Les hommes deviennent pères du fait de la fierté que leur confère ce statut ; car dans les sociétés africaines traditionnelles, pour être véritablement un homme il faut être un père. Être marié ne suffit pas : il faut avoir des enfants, surtout des fils, d'où l'importance de la paternité.

A. T. – *À l'heure actuelle, on ne cesse de dire que notre société est de plus en plus violente. Est-ce votre avis ?*

Non, je ne le pense pas. Notre société n'est pas plus violente qu'au XIXe siècle, par exemple ; il faut avoir une vision plus large des faits de société. Mais il existe des formes nouvelles de violence qui apparaissent à travers la publicité ou le cinéma, et il existe des situations d'ensemble qui engendrent la violence. Par exemple le chômage, l'illettrisme, le racisme, la misère, le manque de considération, etc. C'est contre ces situations qu'il faut prendre des mesures pour faire régresser la violence.

A. T. – *Dans ce cas, pourquoi portons-nous ce regard sur notre société ? Pourquoi croyons-nous qu'elle est de plus en plus violente ?*

Parce que nous vivons dans un monde où il est préférable de se faire peur plutôt que de se rassurer, de parler de ce qui va mal plutôt que de ce qui va bien, de rechercher le sensationnel, le « scoop ». C'est une tendance naturelle de l'être humain que d'être attiré par le malheur des autres, par le sang, etc. Et parce que nous avons oublié le passé et son cortège de malheurs.

A. T. – *Existe-t-il des sociétés totalement non violentes et d'autres qui seraient particulièrement violentes ?*

Ni les unes ni les autres n'existent réellement. Dans les sociétés de chasseurs-collecteurs qui ne connaissent ni l'élevage ni l'agriculture et vivent de chasse, de pêche et de cueillette, les groupes sont principalement nomades et constitués d'un petit nombre de personnes. Du fait qu'il n'y a pas de propriété privée et que ces sociétés fonctionnent selon des règles très codées de partage de la nourriture, les sources de conflits sont assez réduites. Il subsiste bien sûr des conflits liés au caractère des personnes ou d'ordre sexuel. Mais ceux-ci sont tout de suite pris en charge par des tiers. En effet, le règlement des conflits obéit à des règles extrêmement précises dans lesquelles il y a toujours intervention d'un tiers, qui joue en quelque sorte le rôle de juge. Tout est fait pour que les conflits n'aillent pas jusqu'à l'explosion, même s'ils y vont parfois, bien sûr.

Dans d'autres sociétés, l'intervention du médiateur se fait de façon systématique et institutionnalisée, voire sophistiquée. Ainsi dans les sociétés dites segmentaires à lignages, dans lesquels les groupes se constituent selon la filiation – patrilinéaire ou matrilinéaire –, au sein de villages autonomes, partagés en moitiés de village, puis en quartiers appartenant à chacune des moitiés, il existe des règles très précises pour résoudre les conflits. En cas de conflit entre deux personnes d'un même lignage, c'est une personne d'un autre lignage qui est désignée comme médiateur. Dans un conflit entre deux lignages différents d'une même moitié de village, le médiateur appartient à un troisième lignage de la même moitié. Dans un conflit entre deux moitiés du même village, le médiateur appartient à un village voisin. Et ainsi de suite. De ce fait, les personnes ne sont jamais livrées à elles-mêmes, quelle que soit la nature ou l'origine du conflit. Par ailleurs, les sanctions (en général des amendes) sont infligées, même de façon inégale, aux deux protagonistes : il n'y a jamais un outrageur et un outragé, un agresseur et un agressé, car le conflit lui-même a lésé un bien public supérieur au bien individuel, qui est la paix de la collectivité. Les deux parties sont mises à l'amende.

Il y a donc toujours, dans ces sociétés sans chefferie faites de communautés villageoises autonomes, un système de médiation auquel se référer ; ainsi les conflits ne dégénèrent pas, il y a des limites instituées à la violence. Mais dans les sociétés dirigées par un État, quel qu'il soit, ces limites locales n'existent pas institutionnellement. La violence d'État se traduit par la guerre, l'esclavage, etc.

A. T. – *Cela signifie-t-il que les violences familiales sont liées à la violence sociale ?*

Non, pas du tout. Les violences familiales, qui sont le plus souvent des violences faites aux femmes et aux enfants, sont liées à l'exercice de la domination masculine, qui est double : domination de l'homme sur la femme, et domination du père sur ses enfants. Dans les sociétés africaines, les maltraitances envers les petits enfants sont très rares car les enfants sont un bien précieux. Certes, un enfant qui, en grandissant, chercherait à se soustraire à l'autorité paternelle peut subir des châtiments corporels. Mais il ne s'agit pas de maltraitances au sens de violences systématiques et répétées. Celles-ci existent peut-être, mais je n'en ai jamais eu connaissance dans les sociétés africaines traditionnelles rurales où j'ai travaillé.

En revanche, les abus sexuels de la part d'hommes de la famille – oncles, cousins, plutôt que pères ou beaux-pères – existent. C'est vrai aussi des instituteurs. On le sait d'autant plus que l'épidémie de sida a, en Afrique, multiplié le nombre d'abus sexuels par des hommes ayant autorité sur des fillettes ; car, selon les représentations de la transmission du mal, un homme pourrait se débarrasser du virus en ayant une relation avec une fille vierge et donc généralement impubère. Celles qu'on a « sous la main », si je puis dire, en sont les premières victimes.

Dissoudre la hiérarchie

JEAN-PAUL PICHARD – *En quoi est-il important de comprendre l'origine, l'étiologie de l'inégalité ? Démontrer qu'elle n'a aucun fondement « naturel » (organique, biologique) et qu'elle relève d'une construction culturelle symbolique et universelle, « antérieure » même aux universaux (et à statut équivalent) énoncés par la théorie structurale de Claude Lévi-Strauss ? Autrement dit, est-ce que vos travaux dans ce domaine anthropologique et la mise au jour de cette origine se sont inscrits d'emblée dans la perspective d'une recherche des moyens d'accéder à l'égalité – par ce que vous appelez des « leviers » dans la continuité des luttes pour l'égalité des sexes ?*

Il me semble qu'il est nécessaire de connaître et de comprendre les ressorts et le fonctionnement d'une situation si on a l'intention de la faire bouger. Mais au départ[1], je cherchais surtout à expliciter le fonctionnement de cette pensée de la différence, qui se transforme en actions fondées sur la hiérarchie. Je ne m'inscrivais pas d'emblée dans la « perspective d'une recherche des moyens d'accéder à l'égalité », me contentant de l'analyse intellectuelle et laissant

1. Dans *Masculin/Féminin*, *op. cit.*

aux décideurs politiques le soin de s'inspirer de ce travail pour en tirer essentiellement des orientations politiques. C'est par la suite que m'est venu à l'esprit, outre la réponse et la solution à deux « insatisfactions », que je connaissais l'identité du levier principal permettant à terme une diminution de l'inégalité et la dissolution de la hiérarchie (c'est-à-dire le droit à la contraception accordé aux femmes en Occident, qui leur confère le statut de personne autonome dont les hommes, eux, disposent en naissant) et, partant de là, qu'il était nécessaire de le faire savoir et de montrer quels sont les grands blocages qui sont toujours là, y compris dans nos sociétés occidentales. L'enjeu global est situé, dans mes travaux sur le rapport des sexes, à l'échelle du monde, ce qui tempère, évidemment, l'optimisme sur la durée du processus.

J.-P. P. – *« Parvenir à l'égalité ne suppose pas de le faire pour une victoire à l'arraché dans une "guerre" menée contre le genre masculin », écrivez-vous en appelant à une « révolution copernicienne*[1] *». Soit. Est-ce en ce sens que vous dites que le combat pour l'égalité des sexes n'est pas un combat « féministe » ni « féminin » ?*

Oui. Ce ne peut être uniquement un combat de femmes mené contre les hommes en général, du genre féminin contre le genre masculin. C'est plutôt de coopération qu'il s'agit dans la grande entreprise éducative nécessaire qui doit conduire à la « révolution copernicienne » que serait le changement global d'un système de représentation d'origine archaïque, dévalorisant le féminin pour contrôler la production, par les femmes, des fils des hommes. Cette révolution ne peut se faire en un jour. Elle demandera le cumul d'informations transmises aux enfants sur le rôle exact et égal des deux sexes dans la procréation, et d'attitudes valorisées du rapport entre les sexes, le tout transmis par l'école, le milieu familial et progressivement la rue, relayé et argumenté de génération en

---

1. *Masculin/Féminin II. Dissoudre la hiérarchie*, Paris, Odile Jacob, 2002 (rééd. 2007, Odile Jacob, coll. « Bibliothèque »), p. 314.

génération. Cela va requérir une vigilance constante (des femmes surtout) et la coopération sans cesse accrue des hommes à qui on demande certes beaucoup. Renoncer à des privilèges tranquillement acceptés et assumés n'est pas facile. Mais ces derniers doivent pouvoir espérer beaucoup de ce changement : dans des relations de couple désormais fondées sur un jeu de séduction d'égal à égal, dans leurs relations avec leurs enfants, par la protection des droits paternels par exemple, ou l'évasion de la toute-puissance intime et domestique de la mère… Hommes et femmes sont impliqués également et également bénéficiaires. C'est donc toute une pédagogie qui est à construire, dont le premier pas, nécessaire, doit viser d'abord à convaincre les jeunes gens des deux sexes (les éducateurs de demain), persuadés qu'ils sont que le problème est maintenant réglé grâce à la contraception et à la parité politique, que tout est à faire en réalité en ce domaine, à commencer par l'action sur eux-mêmes parce qu'ils transportent avec eux et en eux, sans le savoir, profondément inscrit, le modèle archaïque qu'il faut abattre. Sans cette conscience intime et partagée par les deux sexes, au moins par une minorité d'entre eux au début, on ne peut concevoir d'avancer. Il faut leur faire comprendre notamment qu'accepter le principe que la prostitution est un métier comme les autres, c'est admettre que le corps des femmes appartient de droit aux hommes pour leur jouissance et qu'elles ne bénéficient donc pas réellement du statut de personne que leur confère le droit à la contraception, puisque la prostitution est essentiellement un trafic juteux entre les mains d'hommes. Il est évident que ce processus éducatif prendra d'autant plus de temps qu'il ne sera pas relayé volontairement et en toute conscience par les pouvoirs publics.

J.-P. P. – *On dirait que* Dissoudre la hiérarchie *a été écrit sur le coup d'un remords, d'insatisfactions, parce que la mise au jour des fondements de la dévalorisation et de l'assujettissement des femmes semblait remiser dans un désespoir radical toute tentative ou possibilité de réaliser l'égalité des sexes. Un continent inaccessible à l'égalité, au plein exercice des droits humains et qui est la différenciation sexuelle et la procréation (quelque*

chose comme une espèce de fatalité tragique intangible, propre à la condition humaine).
Mettre au jour les racines de la « valence différentielle », c'était ipso facto *ruiner toute tentative de « révolution » (fût-elle copernicienne), donc de capacité de transformer le réel (la mainmise sur la sexualité et la fécondité des femmes n'apparaissait dès lors pas moins fondatrice de toute société humaine que, disons, la prohibition de l'inceste). En ce sens, la conclusion de* Dissoudre la hiérarchie *offre des perspectives de changement « du tréfonds des esprits », quoique très lente. Quels objectifs ou actions éducatifs suggérez-vous ?*
Et en ce qui concerne ce « bastion » de la sphère domestique, pensez-vous que la transformation actuelle du modèle familial traditionnel contribue à la fois à l'émancipation des femmes et à une réelle parité ou mixité ? Quel « nouvel ordre » familial irait, selon vous, dans le sens de l'égalité ?

Pas un remords, deux insatisfactions. En premier lieu, n'avoir alors pas vu que le ressort profond de la hiérarchie tapie dans la valence différentielle des sexes et dans les catégories binaires qui servent à l'être humain à penser, toutes marquées du sceau inégal du masculin et du féminin (fort/faible, rugueux/lisse, violent/doux, transcendant/immanent, etc.) était situé dans le fait que les hommes ne pouvaient produire directement leurs semblables et qu'il leur fallait s'approprier durablement des corps féminins pour cela. Ensuite, avoir pu laisser croire à cette « fatalité tragique » dont vous parlez, dont il serait impossible de sortir, alors que le droit à la contraception est le levier placé au bon endroit. Pourquoi ? Si l'on admet mon hypothèse (appuyée sur des récits mythiques) que l'asservissement des femmes trouve son origine dans leur aptitude féconde à faire les fils, alors leur donner la maîtrise de leur propre fécondité, c'est leur rendre le statut de personne autonome qui leur a été confisqué à l'aube de l'histoire. Bien sûr, la valence différentielle des sexes (c'est-à-dire non pas la différence objectivement appréhendée, mais une valeur hiérarchique accordée en tout point au masculin) fut aussi fondatrice, sinon plus, de la société humaine que la prohibition de l'inceste. Mais alors que cette dernière fonde la société sur la reconnaissance d'une égalité entre des hommes-partenaires qui échangent entre eux des femmes, la valence différentielle la fonde sur une inégalité entre les sexes. On peut changer les fondements du social. Si la prohibition de l'inceste perdure en ce sens qu'il faut que deux familles d'origine s'unissent au travers de deux de leurs membres pour en fonder une troisième, les tractations proprement masculines pour échanger des femmes n'existent plus que dans un certain nombre de sociétés traditionnelles. La connaissance scientifique du fonctionnement de la procréation (qui a commencé à la fin du XVIIIe siècle pour culminer au XXe) fait savoir que la part génétique de l'homme et de la femme est égale dans la constitution d'un nouvel enfant et le fruit du hasard des recombinaisons de gènes. Si l'on admet, là aussi, que le système archaïque de pensée dont nous avons hérité et qui fonctionne toujours, même chez nous, relayé par nos discours et nos comportements même les plus innocents en apparence (par exemple, le message sur la petite « graine » du père qui pousse dans le ventre de la mère, ce qui réduit l'apport essentiel au principe masculin), est basé sur une analyse, conduite par nos ancêtres, elle-même fondée sur des faits observables à l'aide des seuls sens, on peut concevoir qu'un changement global de paradigme est possible sur de nouvelles données, à condition d'en avoir la volonté (y compris et surtout politique) et la persévérance au très long cours. La transformation partielle actuelle du modèle familial, qui voit cohabiter la famille conjugale, la famille monoparentale et les familles dites recomposées a sans doute à voir avec l'émancipation des femmes, mais sous l'angle très particulier à la fois de la libération sexuelle et de l'introduction du sentiment amoureux comme fondement de l'institution du mariage, ce qui légitime la rupture du lien quand l'amour-passion a disparu. Plus profondément, devant le nombre important de familles monoparentales centrées sur une femme, il m'apparaît que ce double acquis joue essentiellement au détriment des femmes qui se retrouvent seules à assumer la responsabilité familiale. Pour ce qui est de la contribution de ce changement du modèle familial à la mixité sur le plan domestique, je serai encore plus réservée. Les quelques études sur la mixité dans le domestique ne signalent pas de différence notable dans les comportements des hommes, époux et pères, selon qu'ils se situent dans une famille conjugale ordinaire, sans divorce ou séparation, ou dans une famille recomposée (alors qu'ils assurent les tâches quand ils sont le centre d'une famille monoparentale). Le nouvel « ordre familial » qui irait dans le sens de l'égalité n'est pas fondé sur une forme particulière de famille et il admet fort bien qu'un couple vive selon la répartition traditionnelle des tâches si c'est le choix des deux partenaires et qu'il ne se traduit pas par l'infériorisation statutaire de celui ou celle qui reste au foyer ni par sa pénalisation en cas de rupture. Pour l'essentiel, il postule que l'un et l'autre ont droit à l'épanouissement qu'apporte le contact avec le monde extérieur par le travail, et réciproquement que l'un et l'autre ont le droit de s'appuyer sur leur foyer et le devoir de contribuer au bien-être de l'autre par un partage réglé et conscient des tâches.

J.-P. P. – *Comment se fait-il que la pensée sociale d'une différence hiérarchisée persiste dans une société comme la nôtre, où la sexualité est assez nettement séparée de la reproduction/procréation ?*

La réponse est relativement abrupte. Pour changer des mentalités, des représentations, il faut du temps (des générations). On peut citer un certain nombre de faits, comme celui-ci, dont l'effet n'est pas visible sur l'abolition de la hiérarchie dans la différence. Par ailleurs, dire (ce qui est vrai) que, dans notre société, la sexualité est désormais séparée de la procréation, c'est reconnaître un des effets seulement du droit à la contraception accordé aux femmes. À mes yeux, ce droit leur confère le statut de personne humaine qui dirige et contrôle ses propres choix. Accessoirement, la contraception comme fait technique a certes pour effet de séparer sexualité et procréation, mais c'est d'un point de vue masculin surtout que l'usage de moyens contraceptifs par les femmes est vu comme une promesse d'accès pour eux à plus de jouissance auprès de davantage de partenaires sans encourir de responsabilités, ou comme une menace si les femmes usent de cet accès facilité. Ce qui montre que, si le droit à la contraception est bien le levier de l'émancipation féminine, celle-ci ne peut être atteinte que progressivement par le changement lent des représentations. Pour l'instant, la représentation masculine dominante de la chose est toujours inscrite dans le modèle archaïque dominant, qui veut un accès le plus libre possible à toutes les femmes potentiellement accessibles.

J.-P. P. – *Si le coup de force par lequel s'établit la domination masculine sur la fécondité est ce pouvoir des femmes d'engendrer du « même » et de l'« autre » (du féminin et du masculin), tout tourne autour d'un fantasme d'appropriation ou encore de refus de l'altérité. Sur ce point capital, vous soulignez l'importance décisive du droit à la contraception comme un « levier essentiel » et ce qu'il implique en « amont » et ce qui en découle… au-delà de quoi (droit loin, très loin d'être reconnu/acquis universellement), quelle(s) autre(s) solution(s) ? Quelle est votre réflexion sur la perspective d'une « médicalisation » de la procréation comme substitut de l'acte sexuel ?*

Le coup de force initial est celui qui aboutit à la répartition entre eux de femmes par des hommes (je te donne ma sœur comme épouse si tu me donnes la tienne), accompagnée de l'appropriation socialement complète de ces corps de femmes, pour enfanter des fils aux hommes. Et les femmes ainsi appropriées sont de fait privées de liberté de choix (c'est toujours vrai dans les nombreuses sociétés où les femmes sont encore données par leur père ou leurs frères), mais aussi, pour assurer l'emprise maritale, assujetties au domestique, privées de l'accès au savoir et à toute position externe d'autorité. Le droit à la contraception exerce donc sa pression, nous l'avons dit, au bon endroit. Il est très loin d'être acquis universellement, mais il commence à être revendiqué par des femmes très éloignées géographiquement et socialement des lieux qui ont vu naître ce droit. Cette revendication est attestée dans des terres d'islam ou dans des pays africains défavorisés où les femmes réclament la pilule (et non le préservatif dont l'usage réclame l'assentiment, toujours refusé, du mari), ce qui montre qu'elles ont conscience de ses effets libérateurs. Les procréations médicalement assistées ne changent pas radicalement la donne du rapport entre les sexes, car elles peuvent très bien être exercées en accord avec le cadre mental traditionnel (si elles sont acceptées sur le plan religieux). Un élément de preuve de cette assertion est la quasi-disparition de l'IAD (insémination artificielle avec donneur) qui palliait les effets de la stérilité masculine, remplacée par l'ICSI, une insémination hors du corps sur l'ovule avec des précurseurs des spermatozoïdes du conjoint. Ce qui révèle, au même titre que le silence médiatique sur l'identité des protagonistes de l'IAD alors que la publicité était faite en ses débuts sur les succès de la Fivete (où la stérilité est féminine), que la stérilité masculine est toujours vécue comme une atteinte à la virilité et que ce qui importe pour un homme est d'être assuré d'avoir un enfant, *a fortiori* un fils, de son sang, alors qu'importe moins l'identité de la mère biologique. Toutes les femmes sont, de ce point de vue, interchangeables.

J.-P. P. – *Les agents de « blocage » sont nombreux, non seulement dans l'imaginaire (la « souveraineté » du désir masculin, son « évidente » libre satisfaction, les représentations infériorisantes du corps-sexualité féminine : sa « marchandisation » pornographique, etc.), mais encore dans ce que vous appelez des « discours actuels » qui s'articulent, dans une représentation perverse d'un supposé « droit à la différence », sur des revendications identitaires d'appartenances « culturelles » ou communautaires, voire religieuses ou coutumières. La société semble aller dans le sens de ce relativisme culturel. Cette tendance va-t-elle, selon vous, non seulement à l'encontre du principe de l'universelle et égale dignité humaine, mais encore, et par là même, comme le plus redoutable obstacle à la « dissolution de la hiérarchie » (ou la dé-hiérarchisation de la différence sexuelle) ? Autrement formulée, cette question : que faire face à ces « cultures », religions, qui « valorisent » la sujétion des femmes, voire la violence, l'exclusion sociale faite aux femmes ?*

Les grands agents de blocage à l'œuvre universellement résident dans l'usage à volonté du corps des femmes (maternités forcées, prostitution, violences ; l'usage également dans la publicité : voilé ou dénudé, ce corps appartient toujours aux hommes), et dans leur astreinte aux tâches domestiques. Dans les sociétés occidentales notamment, qui avancent en ce domaine, les hommes éprouvent de grandes difficultés, on le conçoit, à renoncer à des privilèges dont l'origine est extrêmement archaïque. Le relativisme culturel présente la toile de fond de ces usages considérés comme normaux du corps et du travail des femmes, du sentiment de supériorité masculine et du refus des hommes d'abandonner la position dominante, non pas seulement en acceptant un « partage des tâches », mais en adoptant une idée plus équilibrée des apports et des rapports des deux sexes.

C'est effectivement le plus redoutable obstacle à la « déhiérarchisation de la différence sexuée », parce que l'argument du droit à la différence culturelle (et/ou religieuse) est celui qui est avancé aussi bien par les représentants de « communautés » au sein du monde occidental que par des États. Sur un plan général, l'argument du droit à la différence s'appuie sur la notion de culture, sans la définir, et surtout sur l'idée d'un coup de force de type colonialiste de la pensée occidentale sur les autres cultures du monde, en voulant leur imposer la reconnaissance des droits de l'homme, et très particulièrement leur extension aux femmes. Or, sur ce point précis, il convient de noter deux choses. Tout d'abord, l'Occident continue de pratiquer en la majorité des comportements et des idées de ses membres, y compris au plus haut niveau politique, le modèle archaïque de la domination masculine qu'on estime fondée en nature. L'extension des droits humains aux femmes y est le fruit d'une reconnaissance récente dans l'histoire de l'humanité et abstraite, mais elle sert de fondement à des mesures politiques dont les effets finissent par se faire sentir dans la vie ordinaire et concrète. De ce point de vue, c'est un gain de la raison et un approfondissement de l'idée de démocratie. Il s'agit donc moins d'imposer à d'autres le système de pensée propre et congénital à une « culture » que de faire honneur à toutes en supposant qu'elles disposent des mêmes capacités à faire progresser la raison. D'autre part, l'argument relativiste culturel pourrait être considéré comme devant être examiné avec soin si, chaque fois qu'il est opposé, il renvoyait à une forme culturelle particulière, nettement identifiable et reconnaissable entre toutes les autres. Or il ne s'agit pas en fait de formes totalement différenciées et autonomes, mais du même refus massif et indifférencié, conformément au modèle archaïque universel, de reconnaître aux femmes la dignité du statut de personne à part entière, ce qui est à la base des droits de l'humain, et ce faisant de leur conférer une réelle indépendance. C'est pour ces deux raisons que l'argument culturel ne peut être considéré comme valide et qu'il doit être fermement combattu, ce qui n'est pas le cas sur le plan politique où les instances internationales continuent de l'accepter dans le domaine du droit des femmes. Que faire ? Là encore, l'action ne peut avoir lieu que dans le cadre d'une éducation militante constante, ce qui implique déjà la conscience et l'adhésion des gouvernements occidentaux, en même temps que celle d'individus particuliers qui exercent au premier chef leur vigilance sur eux-mêmes, leurs paroles, leurs actes même réflexes, leurs idées, et sur leur entourage.

J.-P. P. – *Vous rappelez ce constat terrible (citant Amnesty International) : les violences et abus sexistes tuent davantage de femmes et de fillettes que tout autre type de violation des droits de la personne humaine et (citant* Le Monde*) : la moitié des femmes tuées depuis dix ans à Paris l'ont été par leur conjoint. Dans le même ordre d'insupportable réalité, on peut, semble-t-il, constater que les violences contre les femmes, les filles – agressions verbales, physiques, exigence de soumission aux pires viols collectifs (le « phénomène » des « tournantes ») – se développent notoirement au sein de la population jeune (adolescente). Comment analysez-vous l'émergence – et ses causes ou responsabilités – de comportements aussi gravement régressifs ? Faut-il en passer par un processus social de « réactivation des interdits », autant par la répression-pénalisation que par la prévention ?*

Les viols collectifs commis par de jeunes adolescents représentent à mes yeux un grave symptôme de régression qu'il convient d'analyser et de comprendre pour mieux le redresser. Ils s'exercent délibérément sur une proie choisie, préparée de longue date par un émissaire de la bande chargé de la séduire et de la conduire à un lieu fixé. Ce n'est pas le fait du hasard d'une rencontre. Cette préméditation de la violence correspond à la fixation de deux idées. Tout d'abord, une dissociation absolue de l'image des femmes selon deux pôles : respectée, protégée par les mâles de sa famille et épousable *versus* bafouée, sans protection sérieuse et appartenant à tous. En deuxième lieu, l'idée que le sentiment amoureux est inutile dans l'un et l'autre cas où seule la possession (certes à des titres différents) importe, et surtout, comme conséquence directe du reste, l'idée que le viol est un moyen d'accès normal à la sexualité. Les pères dissociaient leur plaisir entre la conjugalité et les unions extraconjugales, y compris l'usage des prostituées. Pour les fils, la dissociation est plus radicale encore entre corps protégés et corps sans défense, ouverts à tous. Il s'agit donc là d'une réappropriation par les adolescents du modèle dominant archaïque (où les femmes sont là pour faire des fils ou pour assurer le plaisir mâle), d'autant plus dangereuse qu'elle est exacerbée par une emprise institutionnelle : c'est une sorte de grand rituel pour le groupe qui l'accomplit, dont les garçons tirent du prestige (« comme s'ils avaient gagné la Coupe du Monde », dit une jeune fille, spectatrice). Cette re-création sous d'autres formes du modèle archaïque a de multiples causes. Il serait vain d'y voir exclusivement le fruit de la misère et de la frustration sexuelle : les viols collectifs n'ont pas seulement lieu sur fond de misère et il est prématuré de parler de frustration pour des adolescents dont certains ont à peine 13 ou 14 ans. Il s'agit d'actions de groupe où s'exhibent la force et le plaisir de la domination sauvage du fort sur le faible. Ce serait une erreur également d'y voir exclusivement le fruit d'une emprise islamique. Même si cette religion ne fait pas la part belle aux femmes, elle ne prévoit pas le viol comme mode d'accès normal à la sexualité. Il faut vraisemblablement y voir l'effet combiné d'une approche dévoyée du corps des femmes mais présentée comme normale (dans la publicité, la BD, à la télévision, etc.), accompagnée de l'expression forte du droit de l'individu, explicitement revendiqué, de se conduire comme il veut en refusant toutes contraintes, à commencer par celle de la loi qu'il n'est plus question d'intérioriser, expression qui n'a nullement été contrariée pendant les dernières décennies. La répression de ces viols collectifs s'impose, ne serait-ce que pour empêcher leur extension. Elle s'impose parce qu'elle permet d'essayer de faire comprendre, aux auteurs comme à leurs familiers, la gravité de ces actes. Cette gravité n'est pas perçue dans la mesure où, toujours sous l'effet du modèle archaïque de représentation, les filles sont jugées responsables et coupables de ce qui leur est arrivé, les garçons étant considérés comme les victimes d'une entreprise de séduction. Faire comprendre cette gravité implique, là encore, une éducation en profondeur, dès l'enfance, sur l'altérité, la reconnaissance du droit des autres, opposé aux siens propres, et la reconnaissance du droit des femmes à disposer d'elles-mêmes comme les garçons le font naturellement. De ce point de vue, cela suppose en effet une réactualisation de la notion d'interdit et du respect de la loi commune pour vivre en société.

J.-P. P. – *La laïcité, comme principe d'État et comme droit fondamental de l'Homme, reconnu et proclamé, vous semble-t-elle un facteur déterminant, un « levier » pour éradiquer toute discrimination sexiste ?*

La laïcité s'exprime dans un autre domaine – celui des croyances religieuses et de l'exercice d'une religion, dont l'État garantit, de manière également distanciée, le bon fonctionnement – que celui de la parité. Mais si ce n'est pas *le* levier pour « éradiquer la discrimination sexiste », c'est, pour rester dans la même métaphore, certainement un point d'appui, parce qu'en son principe de neutralité, la laïcité est nécessairement hostile au développement de tout fondamentalisme.

La parité

MICHÈLE FIÉLOUX, CLAIRE MESTRE, MARIE ROSE MORO – *Tout cela ne fait quand même pas disparaître « le modèle archaïque dominant »...*

Non, ce modèle est toujours là puisqu'il est dans les têtes et le problème, c'est de le faire sortir des têtes. C'est pour cette raison que j'insiste tellement pour en faire prendre conscience parce que pour la plupart des gens, il ne fait pas l'ombre d'un doute que les femmes sont, d'une part, mineures, cadettes, enfantines et que, d'autre part, le législateur a fait tout ce qui était en son pouvoir et de son devoir pour « donner plus de droits » aux femmes. Donner plus de droits, remédier à des injustices criantes, ne veut pas dire souscrire en son cœur à l'égalité des sexes.

M. F., C. M., M. R. M. – *Justement, vous êtes toujours si vigilante par rapport à cette question...*

Oui. Par exemple dans l'article « Fécondation » de l'*Encyclopaedia Universalis,* que j'ai déjà évoqué, il est très bien dit qu'on ne connaît pas encore exactement le mécanisme de la fécondation. L'auteur ajoute que l'on sait seulement qu'il existe un ovule, gros, immobile, passif, qui attend l'arrivée du spermatozoïde, fin et mobile, qui va le pénétrer ; ce qui est vrai, mais l'ovule n'est pas si passif que cela, il fait son travail, il descend de l'ovaire par les trompes de Fallope. Il y avait déjà, dans la façon dont ce mécanisme était expliqué, une représentation du rapport actif/passif qui sous-entendait les types d'attitude dans les rapports sexuels et dans la vie quotidienne. Tout était en filigrane dans la forme et l'activité de l'ovule et du spermatozoïde. Un autre exemple très récent paraîtra très surprenant car on pourrait croire qu'il exprime le contraire de ce que je viens de dire, mais ce n'est pas le cas. Il s'agit d'un article d'Éric Le Boucher paru dans le journal *Le Monde*, dans la nouvelle rubrique « Écofrictions », et qui est intitulé « Les femmes sont meilleures que les hommes ». Qu'est-ce que cela voulait dire ? L'auteur part de l'expérience du microcrédit au Bangladesh ou ailleurs, montrant que lorsqu'on prête aux femmes une petite somme pour monter une affaire, une ferme, etc., non seulement leurs enfants en profitent sur le plan de la santé et de l'éducation, mais en plus elles investissent collectivement, notamment en Inde, pour ouvrir une route, creuser un puits, aider à monter un dispensaire et pour cela, elles mettent en commun leurs ressources. Il écrit qu'en revanche, les hommes qui bénéficient d'un prêt vont le dilapider en dépenses de prestige. La conclusion de notre auteur croyant bien faire et faire plaisir aux femmes est celle-ci : les femmes sont *par nature* meilleures que les hommes ; elles ne sont pas égoïstes, elles pensent au bien-être de leurs enfants en premier, alors que les hommes font des dépenses d'alcool, de mobylettes, de voitures... En fait, il ne s'agit pas de « nature », mais tout simplement de « culture ». Il se trouve que dans les sociétés où l'on pratique le microcrédit, un homme existe par le prestige et donc quand il emprunte de l'argent, il va faire des dépenses de prestige parce que c'est ce qui lui donne son statut, alors que le rôle des femmes a toujours été de veiller au bien-être de la famille et donc elles continuent ; elles ne sont pas meilleures, ce sont des rôles sociaux qui leur sont imposés et les hommes ne sont pas pires pour autant.

On a assisté *in vivo* à quelque chose d'assez remarquable avec le phénomène Ségolène Royal : un retournement comme une crêpe d'une situation où il faisait bon se moquer des femmes politiques ; les concurrents, d'ailleurs, avaient commencé par cela avec des petites phrases du type « qui va garder les enfants ? », « ce n'est pas un concours de beauté ». Puis ils se sont rendu compte que ce discours leur était nuisible et qu'il pouvait se retourner contre eux. Ils ont donc cessé de le tenir et l'ont transféré sur le plan de la compétence. On est en train de vivre une petite révolution par petits bouts. C'est ce que j'appelle l'impact de ce qui est devenu *émotionnellement* concevable par le public. Pour qu'il y ait des grandes innovations sociales, il faut déjà que les choses soient possibles dans le ciel des idées, puis qu'elles deviennent pensables et enfin, émotionnellement admissibles.

M. F., C. M., M. R. M. – *Mais que pensez-vous des lois qui forceraient un peu les choses ?*

Les lois qui ont tendance à forcer ? Il y en a eu une à la suite de la révision du Code civil. Dans les années 1980, le doyen Carbonnier a été à la tête d'un groupe de juristes chargés de le réviser. À cette époque fut autorisé notamment le mariage d'un homme avec la sœur de l'épouse dont il a divorcé et dans le même temps le mariage d'une femme avec le frère du mari dont elle a divorcé, alors qu'auparavant ces mariages étaient interdits, les mariages après veuvage étant permis depuis 1918 seulement. Très bien. Mais en plus, le doyen Carbonnier a fait un nettoyage du Code civil en introduisant, en avance sur son temps (parce qu'à l'époque ce n'était pas du tout une revendication), la reconnaissance parmi les moyens de légitimation de l'enfant d'un quatrième moyen en plus des trois autres déjà admis. Nous avions trois manières de légitimer l'enfant dans le droit français. Le premier, c'est par le mariage. Le deuxième, c'est la volonté – surtout pour les hommes –, quand ils peuvent dire : « Je reconnais cet enfant comme le mien. » Le troisième, c'est la possession d'état, à savoir une situation publiquement reconnue. À ces trois critères classiques de reconnaissance de la filiation, le doyen Carbonnier a ajouté celui de la vérité biologique. Ce qui est grave, c'est qu'il l'a rendu opposable aux trois autres. Cela a mis en route toute une série de processus donnant une porte de sortie dans tous les cas de divorce difficile où ont pu être récusés les autres types de légitimité et récusé l'enfant dont on a pu faire la preuve par l'examen du sang qu'il n'était pas le fils de son père. Des limites ont été mises depuis à des excès notables. En même temps que se constituaient les familles recomposées, la société a accepté de mettre en première place le critère de vérité biologique dont la loi lui offrait l'usage, ce qui influe notoirement sur l'orientation individualiste qu'ont prise nos sociétés. Était-ce un bien que d'anticiper par la loi ?

M. F., C. M., M. R. M. – *On a biologisé les rapports de filiation ?*

Oui, et c'est pour moi un drame, car si la filiation est biologiquement fondée, elle n'est pas que cela ; la filiation est d'abord une reconnaissance sociale et donc la biologiser revient à lui ôter définitivement son caractère social. Je trouve dramatique qu'à l'heure actuelle les individus se soient approprié cette volonté juridique de vouloir biologiser parce que c'est leur intérêt : on a fait passer l'intérêt de l'individu adulte avant celui de l'enfant en enlevant aux rapports de filiation leur caractère fort de lien social. Un certain retournement est en train de se faire dans les juridictions. De nombreux juges veulent remettre à l'ordre du jour le critère de possession d'état pour récuser des demandes tardives d'invalidation de l'enfant sur la base de la biologie.

M. F., C. M., M. R. M. – *Que pensez-vous des questions de parité hommes/femmes sur les listes électorales ?*

Au départ, j'étais plutôt opposée à l'idée des quotas en raison de la crainte que j'avais que les femmes élues le seraient non pas parce qu'elles sont compétentes, mais parce qu'elles sont là au titre des quotas. Comme toute préférence fondée sur l'ethnie (la race, comme on dit aux États-Unis), les compétences fondées sur le sexe sont des sortes d'invalidation des capacités de la personne. Donc je n'étais pas vraiment pour, d'autant que comme toutes lois transitoires, si elles ne s'accompagnent pas d'un changement dans les mentalités, tout peut recommencer après échéance comme avant. Mais il est possible qu'on doive en passer par là pour faire avancer les choses. J'en doute – vous savez comme moi que cela n'a pas fait beaucoup bouger les positions jusqu'à présent parce que la plupart des partis préfèrent payer de lourdes amendes plutôt que d'accepter que des femmes figurent en première place sur les listes électorales et souvent quand elles sont en première position, c'est dans des cas difficiles où l'on sait que ce sont les adversaires qui vont gagner. Au Sénat, on a vu se faire des choses absolument scandaleuses. Lorsqu'il y avait deux hommes appartenant au même parti qui devaient sortir en même temps, on savait que si l'un des deux, à cause de l'alternance, se présentait en troisième position, il ne serait pas réélu automatiquement. Se sont créés de nouveaux partis juste le temps des élections pour permettre aux deux sortants d'être en tête de liste et donc réélus. Cela revient à dire que toutes les manières de détourner la loi ont été utilisées. On sait bien, en revanche, que les femmes se retrouvent en masse dans les conseils municipaux des communes. Cela dit, il n'y a pas beaucoup de femmes maires et la plupart du temps les tâches qui leur sont imparties sont encore celles qui sont considérées comme féminines – l'école, l'hygiène, le social, la santé, etc. –, rarement les finances, les rapports avec le conseil général ou les domaines de ce genre.

Il y a encore beaucoup à faire parce que c'est dans les têtes que cela se passe et changer ce qu'il y a dans les têtes est véritablement la tâche la plus difficile. Cette domestication de l'esprit remonte à la toute petite enfance. Je vais faire allusion à quelque chose que j'ai vu faire en pays samo. Certes, il ne s'agit pas de la France ni de l'Europe, mais c'est la recherche de pensées ou de comportements universels qui m'importe. Les femmes socialisent leurs bébés des deux sexes : lorsqu'elles portent leurs bébés dans le dos, elles leur parlent, elles chantonnent. Une interaction existe aussi bien avec les garçons qu'avec les filles. Mais lorsqu'un bébé pleure, si c'est un garçon, sa mère lui donne immédiatement le sein, tandis que si c'est une fille et que la mère est occupée, elle finira d'abord ce qu'elle est en train de faire, ou si le bébé est confié à une grande sœur, la mère ne va pas se déranger immédiatement pour aller lui donner le sein alors qu'elle le ferait si c'était un garçon. J'ai demandé pourquoi l'on faisait cette différence et la réponse a toujours été la même : les garçons sont dotés d'un « cœur rouge » et les grosses colères qui en découlent les mettent en danger de mort ; il faut donc les satisfaire sur-le-champ, alors qu'il faut apprendre aux filles la patience parce qu'elles auront à la vivre toute leur vie. À cet effet, il ne faut pas leur donner satisfaction tout de suite. On crée ainsi une « race » d'hommes qui, par définition, tendent à vouloir que tous leurs désirs soient immédiatement comblés, y compris leurs désirs sexuels, et qui trouvent cela naturel. On crée symétriquement une « race » de femmes domestiquées, silencieuses et se contentant de peu, acceptant de surcroît le privilège masculin.

M. F., C. M., M. R. M. – *Lors d'un colloque récent sur « Guerre et paix entre les sexes », Julia Kristeva soulignait qu'une coexistence possible entre les sexes « s'élabore essentiellement sur la reconnaissance et le respect de la bisexualité psychique de chacun, féminin et masculin de l'homme, masculin et féminin de la femme ». Le couple moderne qui dure, disait-elle, est un « ménage à quatre ». Qu'en pensez-vous ?*

En dehors de la drôlerie de la phrase, j'ai tendance à penser qu'on ne peut pas dire qu'il y a du féminin dans le masculin et du masculin dans le féminin parce que c'est ériger dans les deux cas des entités caractéristiques, des « tempéraments » fondés biologiquement, dictés par la nature, où l'on doit nécessairement distinguer ce qui est féminin de ce qui est masculin. Nous le faisons socialement parce que, dès le départ, il y a eu dans l'esprit des humains cette opposition troublante et fondatrice de nos catégories mentales entre le même et le différent ; elle a servi de base aux catégories qui nous servent à penser et qui sont toujours marquées du sceau du masculin et du féminin, et toujours hiérarchisées. C'est ma manière de concevoir le scénario originel du modèle archaïque dominant, mais, naturellement, les catégories – ou plutôt le sens qui leur est donné – varient dans certaines limites selon les sociétés (sans affecter l'orientation globale du modèle). On pourra dire dans telles sociétés que le chaud est masculin et le froid est féminin, idée légitimée par le fait que les femmes perdent leur sang, ce qui les rend plus froides que les hommes ; mais on pourrait aussi bien dire le contraire, à savoir que les femmes sont chaudes et que les hommes savent modérer leurs ardeurs, avec comme légitimation un jugement moral sur la lubricité inhérente aux femmes. On peut donc dire que les femmes sont chaudes et elles sont d'ailleurs ainsi qualifiées dans des sociétés qui les considèrent par ailleurs comme étant de nature froide, mais à différents moments de leur vie. Elles sont chaudes avant la puberté et après la ménopause. On voit bien qu'il s'agit là de constructions sociales et intellectuelles. On s'en rend compte aisément quand on prend certains doublets particuliers appariés de façon opposée dans certaines civilisations. Je prends ainsi l'exemple de l'actif/passif, que je trouve tout à fait remarquable. Dans notre société, actif est masculin et passif est féminin ; c'est vrai sexuellement, c'est vrai selon la psychanalyse. L'activité masculine signe l'emprise des hommes sur les choses, les techniques, le monde de la nature. Et l'actif est supérieur au passif. En Inde ou en Chine, au contraire, le passif est masculin et l'actif est féminin. L'homme doit être capable de se « maîtriser » et notamment de retenir l'éjaculation. Être un homme, c'est pouvoir se maîtriser grâce à la passivité et conserver au maximum une semence qui est comptée. Le passif est dans ces conditions supérieur à l'actif ; les femmes sont présentées comme actives, brouillonnes, entreprenantes, mais de façon déréglée. On voit bien qu'il n'y a pas une définition naturelle et universelle de chaque catégorie. Ce qui compte, c'est le fait que, selon les cultures, elles se trouvent placées du côté du masculin ou du féminin. La hiérarchie est introduite à l'intérieur de chaque doublet et c'est toujours le masculin qui est considéré comme supérieur, qui l'emporte.

Il n'y a donc pas, à mes yeux, de masculin typiquement défini par la nature ni de féminin non plus, tandis que la réflexion de Julia Kristeva implique de reconnaître que quelque chose peut être défini comme masculin et comme féminin dans l'absolu. Il existerait une essence du masculin ou du féminin : c'est, me semble-t-il, la position psychanalytique, alors que, pour moi, cette opposition essentialiste greffée sur le sexe apparent est définie par la culture.

Le mariage homosexuel

EMMANUEL GIANNESINI – *La question du mariage homosexuel est désormais inscrite à l'agenda politique à droite comme à gauche. En juin*[1]*, Nicolas Sarkozy proposait à Luc Ferry, président délégué du Conseil d'analyse de la société, de « réfléchir à l'opportunité ou non d'ouvrir aux couples homosexuels le mariage civil [...] ainsi qu'à la possibilité de se voir autorisé le recours à l'adoption ». Quelle est votre opinion ?*

Tout ce qui est en logique et/ou en théorie possible peut devenir, par l'expression des idées ou l'initiative des actes, pensable par la collectivité avant d'être émotionnellement concevable, puis légalement réalisable. S'il existe des normes traditionnelles, il n'existe pas de normes naturelles au sens où, dictées par un impératif absolu (ici biologique), elles excluraient d'emblée toute autre possibilité logique : c'est ce que l'on prétend du mariage ; il serait une norme naturelle. À l'origine, il est tout autre chose : la concrétisation d'un accord d'échange et de paix régi par des lois entre deux groupes humains. D'autres possibilités d'unions pour fonder la paix ont été envisagées : échange d'enfants entre familles, otages... L'union homosexuelle en fait partie, même si elle a été évincée en raison de sa non-rentabilité en descendance qui raccourcissait le temps assuré de la paix. D'un point de vue anthropologique, le mariage homosexuel n'est donc ni une rupture, ni l'affranchissement individuel de normes pensées comme naturelles, ni un contresens par rapport aux exigences fondamentales de la société : la cohabitation paisible et fructueuse avec les autres. Ce serait plutôt la concrétisation sous des formes plus radicales de possibilités déjà explorées qui n'ont pu aller jusqu'à la légalisation. C'est donc seulement en apparence une nouveauté, bien qu'aucune société n'ait reconnu les unions homosexuelles masculines comme des

1. Nous sommes en 2001.

unions stables et que seules certaines aient reconnu des unions féminines. Il semble que cette évolution nous amène aussi à la reconnaissance légale de l'homoparentalité. Dans un couple homosexuel, l'un des membres peut être mère ou père biologique et l'autre obtenir le droit à une adoption simple : on arrive alors par des contorsions du droit à trouver des solutions. Restent exclus de tout droit les couples homosexuels dont aucun n'a pu procréer. Il serait plus sage et moins injuste de donner à tous les couples les mêmes droits en matière de parentalité, en explicitant les divers moyens autorisés pour avoir des enfants. S'agissant de l'engendrement, même si le droit français s'oriente de plus en plus vers une définition biologique de la filiation, celle-ci est d'abord et avant tout l'expression d'une reconnaissance sociale. Et la parentalité, si elle n'est pas liée à la filiation biologiquement fondée, l'est à la volonté, critère auquel il faudrait donner toute sa place. Nous ne devons pas avoir peur de l'innovation sociale, expression du génie humain. Ces reconfigurations plus généreuses que les anciennes sauront s'accommoder de nos problèmes de modèle parental et même de notre inconscient.

Chapitre 3

Incestes et substances

Les butoirs de la pensée

PHILIPPE GIRARD – *Après de grandes œuvres, de multiples travaux, le problème de l'inceste et de sa prohibition est-il encore un sujet de préoccupation majeure des anthropologues ?*

Je ne dirais pas que c'est un sujet de préoccupation des anthropologues, si par majeur on entend un sujet de préoccupation dominant à l'heure actuelle. Il est vrai que tout ce qui touche à la parenté, et on peut ranger la prohibition de l'inceste comme l'un des fondamentaux de l'étude de la parenté et de l'alliance, ne constitue pas un sujet qui intéresse la grande majorité des anthropologues. Il y aurait plutôt une tendance actuellement à s'intéresser à une anthropologie du politique, une anthropologie de l'économique, à une anthropologie de la maladie, etc. Mais cela reste un des points centraux de la théorie anthropologique ; on y accède maintenant par tout ce qui touche à l'anthropologie symbolique et aux systèmes de représentation. C'est par ce biais que je suis venue à m'intéresser à la prohibition de l'inceste, en la prenant à partir du point de départ posé par Lévi-Strauss sur la nécessité de l'échange. Il m'est venu à l'esprit qu'il était possible d'envisager la prohibition de l'inceste, moins comme la nécessité de l'échange, que comme répondant à un souci de cohérence dans des systèmes de représentations de type beaucoup plus global qui procèdent de l'idée qu'il n'y a pas solution de continuité entre les mondes du biologique, du cosmos (notamment de la météorologie) et du social. Partant de l'observation du donné qui est fourni immédiatement à la conscience, le corps d'une part, et le monde qui nous entoure d'autre part, s'élaborent des ensembles cohérents de représentation où la prohibition de l'inceste trouve sa place.

P. G. – *Dans un texte que vous avez écrit il y a quelques années, sur la symbolique, vous vous efforciez de rapporter des contenus de représentations concernant l'inceste, les sanctions, les rituels des ensembles de représentations plus vastes ou de registres différents. Avez-vous poursuivi dans cette voie ?*

Je continue de travailler sur ces questions. Il y a quelques années, dans cet article, j'avais pris la prohibition de l'inceste comme point central ; maintenant je retrouve la prohibition de l'inceste dans les constructions globales de systèmes de représentation du corps dans son ensemble, principalement ce que j'appelle la circulation des fluides, fluides vitaux à l'intérieur du corps et fluides extérieurs du monde météorologique – la pluie notamment.

P. G. – *Ce que vous dites sur le chaud et le froid ?*

Oui, cela nous ramène à une question fondamentale : les principes de constitution des corps de représentation. J'en suis venue par l'analyse anthropologique, j'insiste là-dessus, de corpus de représentations, de croyances, de pratiques, de rituels, etc., propres à des sociétés diverses (africaines, asiatiques, américaines, océaniennes, etc.), à la conclusion qu'ils fonctionnent tous d'une manière qui correspond à un modèle qui ne peut pas ne pas être celui-là. La raison en est que les hommes ont toujours réfléchi sur ce qui leur était donné à voir, et ce qui leur est donné à voir, c'est toujours le corps et le monde, et que cette observation conduit à des questions qui sont des invariants. Pour prendre un exemple dans le domaine de la parenté, j'ai montré que les types de systèmes de parenté dérivent d'une combinatoire à partir de faits élémentaires qui ne sont pas contournables, pas sécables, pas dissociables dans des éléments plus fins et qui constituent des butoirs de la pensée. Ce sont les suivants : il y a deux sexes, et ces deux sexes doivent s'apparier pour se reproduire. Une deuxième constante est que les parents viennent toujours avant les enfants : les générations s'enchaînent dans un ordre qui ne peut pas être renversé. Une troisième constante est que, sauf accidents de la nature, qui ne sont jamais traités comme des choses innocentes, la reproduction ne se fait qu'un par un. Il peut y avoir des jumeaux, des triplés, mais c'est l'exception ; un individu a une place particulière dans sa génération qui suit celle de ses parents. Il occupe une place unique. Il s'ensuit des rapports d'aînés et de cadets, en fonction de la place des individus ; il y a des lignes parallèles de descendance qui dérivent de la position des individus. Il s'agit là de données biologiques incontournables, à partir de quoi le travail de la pensée a été de voir quelles étaient les combinaisons qu'on pouvait faire avec ces faits. La classification des systèmes de parenté à partir des appellations que l'on donne aux individus de la génération au-dessus de la sienne (le père, la mère, les frères et sœurs du père et de la mère), ou aux individus de sa propre génération (moi-même avec mes frères et sœurs, et mes cousins issus des frères et sœurs de mes parents) fait apparaître six grands types structuraux qui correspondent à cinq possibilités logiques dont l'une est diversifiée en trois types (ce sont les systèmes de type iroquois, crow et omaha), et dont la dernière n'a donné naissance à aucun système de par le monde[1]. Les possibilités logiques sont celles des appariements ou des disjonctions terminologiques qu'il est possible de faire, si l'on considère par exemple la génération des parents du locuteur (c'est-à-dire *Ego*), entre des individus (père, mère, oncles, tantes dans notre propre système) définis par leur sexe, les rapports de germanité entre eux et les rapports de parentalité ou de

1. *Cf.* F. Héritier, *L'Exercice de la parenté*, *op. cit.*, p. 18-20 et p. 39-43.

consanguinité collatérale qu'ils entretiennent avec *Ego*. Un type de système terminologique de parenté forme un monde clos et cohérent. De la même manière, si l'on considère les types de système de filiation, ils dérivent de toutes les possibilités offertes par la combinatoire qu'il est logiquement possible de faire sur quatre positions centrales : des hommes et des femmes, qui occupent des positions de parents ou d'enfants, figure centrale qui peut être étendue aux grands-parents. On ne peut pas en obtenir d'autres parce qu'ils s'appuient sur des butoirs de la pensée, qui sont des faits biologiques incontournables. À partir de ces butoirs de la pensée se constituent des modèles de type aristotélicien, en tout cas qui ont été mis en forme par les penseurs grecs, qui ont été repris en compte par des épistémologues. Je pense notamment aux travaux de Kuhn ou de Holton qui mettent en évidence le fait que la pensée scientifique se développe à partir d'une ontologie sous-jacente de ce que Holton[1] appelle des « *thémata* archaïques ». Il les appelle archaïques pour deux raisons. La première, c'est qu'ils sont présents dans l'homme dès sa petite enfance ; la seconde, c'est qu'ils sont également présents, dit-il, aux aubes de l'histoire. De ces *thémata* archaïques il dresse un inventaire, incomplet sans doute, d'une soixantaine. Ce sont des couples d'oppositions : on ne peut penser les choses qu'en termes de continu/discontinu, identique/différent, fini/infini, etc.

Eh bien, je retrouve exactement la même chose dans l'analyse des systèmes de représentation. Ils fonctionnent à partir de grands *thémata* archaïques qui sont les mêmes pour toute l'humanité, établis à partir d'observations élémentaires non sécables qui relèvent de l'ordre du biologique ou de l'ordre du monde naturel. Des « orientations » sont prises, qui mettent en premier tel ou tel de ces *thémata* archaïques. Je peux montrer par exemple, en ce qui concerne la prohibition de l'inceste et tous les systèmes de représentation des fluides du corps, qu'ils sont bâtis sur l'un des *thémata* archaïques que Holton met en évidence dans la pensée scientifique

1. G. Holton, *L'Invention scientifique. Thémata et interprétation*, Paris, PUF, 1982.

(et que je mets en évidence dans cette pensée rationnelle, car c'est une pensée rationnelle, des autres) : il s'agit des catégories de l'identique et du différent. En tant que *thémata* archaïque, c'est-à-dire conception abstraite, cette opposition s'inscrit très exactement dans un donné élémentaire biologique incontournable qui est la différence des sexes. La différence des sexes est le fondement inscrit dans le corps. C'est le donné élémentaire incontournable, duquel est abstrait un principe qui est l'opposition de l'identique et du différent, à partir de quoi s'élaborent toute une série de choses, et qui explique la cohérence et le fonctionnement des systèmes de représentation.

L'inceste du deuxième type

PHILIPPE GIRARD – *Sur cette question, précisément, ce qui m'a arrêté, c'est ce que vous mettez en évidence, à partir de travaux d'observation, chez les Samo aussi, à propos de ce que vous appelez l'inceste homosexuel, l'inceste du deuxième type.*

L'inceste du deuxième type, je ne dirai pas que c'est une découverte que j'ai faite toute seule parce qu'il avait été subodoré par Pierre Étienne chez les Baoulé et on en trouve trace dans des interrogations adventices : ainsi Margaret Mead avait écrit, dans un article sur l'inceste, qu'il était surprenant qu'on en parle toujours (c'est à cause, disait-elle, de la règle du mariage) comme hétérosexuel. On ne s'est jamais posé la question de savoir s'il existait un inceste homosexuel ; c'est vrai que regardant du côté de travaux de psychiatres, de médecins – je pense notamment à Maitsch –, il m'est apparu que l'on connaît des cas cliniques d'inceste homosexuel dans notre société : des enfants cliniquement perturbés dont on apprend par la suite qu'ils ont été victimes de relations homosexuelles incestueuses (père/fils, mère/fille, grand-père/petit-fils, etc.). On en parle désormais de plus en plus. Mais ce n'est pas là toute la question.

P. G. – *Il y a peut-être eu là une des difficultés de dialogue entre la psychanalyse et l'anthropologie. Dans la perspective psychanalytique, l'inceste, pour le garçon comme pour la fille, c'est jouir du corps de la mère, même s'il y a des médiations complexes. Ce qui m'intéresse, lorsque vous prenez l'exemple de l'inceste homosexuel, c'est que cela se passe le plus souvent par corps interposé.*

L'inceste homosexuel direct, je ne dis pas qu'il n'existe pas ; il existe et il y a même un certain nombre de sociétés qui le préconisent sous une forme et pour des raisons particulières. On pourra revenir là-dessus. Mais la démonstration que je veux faire, c'est de montrer qu'on en reconnaît socialement, parfois, des formes indirectes repérables au travers des dénominations qui sont données à un certain type de rapports sexuels interdits ou prohibés. Il est arrivé fréquemment que des anthropologues s'étonnent qu'on utilise le même terme dans des sociétés autres pour désigner ce qui relève pour nous de l'inceste et pour décrire des situations qui pour nous n'en sont pas, par exemple l'adultère avec la femme d'un consanguin. On donnait à cette particularité des explications plutôt ethnocentrées : ils ne font pas la différence, ils n'ont pas l'aptitude à la faire. Je pars d'un autre principe : si la langue fait l'amalgame, c'est que ces gens mettent sous le même mot, qui signifie inceste, des choses qui nous paraissent différentes ; il faudrait peut-être chercher ce qu'il y a de commun à leurs yeux. Le faire m'a amenée à voir qu'il y avait deux types d'inceste : un inceste de premier type sur lequel personne ne se pose de questions, qui est le rapport sexuel direct, sans médiation, entre deux personnes de sexe différent qui sont dans un rapport de parenté interdit : père/fille, mère/fils, frère/sœur, etc. Interdit qu'on trouve dans toutes les sociétés, y compris dans celles où l'on a pu dire que cela n'existait pas. Il peut y avoir en effet des situations d'inversion dans des sociétés particulières, auquel cas l'inceste consanguin est réservé à des individus particuliers : les souverains comme les pharaons ou les souverains inca. Ce sont des incestes permis avec une certaine catégorie de parents, en général les demi-sœurs agnatiques. Le souverain a le droit de faire ce qui est interdit aux autres et, ce faisant, il fonde la loi générale qui vaut pour le commun des mortels.

Mais il m'est apparu qu'il existait une seconde variété d'inceste qui est, elle, la mise en rapport de deux consanguins *de même sexe* qui partagent le même partenaire sexuel : c'est entre eux qu'existe l'inceste. Ce concept explique qu'un certain nombre de situations que nous classions, nous ethnologues, dans la catégorie des adultères soient considérées dans diverses sociétés comme incestueuses et rangées dans cette catégorie : coucher avec la femme du frère, celle du père, coucher avec une mère et sa fille, ou avec deux sœurs simultanément ou de façon diachronique. La prohibition de l'inceste du deuxième type existe aussi chez nous ; cela paraît toujours surprenant quand je le dis, et pourtant c'est la réalité. Elle est recouverte par la notion d'affinité : les relations avec certains affins sont considérées comme incestueuses et on explique cela en disant que par le mariage les affins sont mis dans la position de consanguins : parce qu'elle a épousé mon frère, ma belle-sœur est ma sœur, ou par mon mariage, la sœur de ma femme est ma sœur ; en fait, c'est une explication de même type que la vertu dormitive de l'opium. Pourquoi ces relations sont-elles interdites ? Cela relève de la même structure fondamentale de la pensée qui est véritablement ancrée dans le corps, et qui reconnaît là que deux substances identiques, celles d'une mère et de sa fille, ou de deux sœurs, sont mises en rapport l'une avec l'autre par le truchement du même partenaire ; ou que deux frères, ou un père et son fils, sont mis en rapport, se rencontrent dans la même matrice ; ils se touchent par leurs humeurs sexuelles déposées dans la même matrice. C'est une idée qui est nôtre aussi. La loi française, pour ne parler que de la loi, mais c'est vrai *a fortiori* pour le droit canon, a interdit le mariage d'un homme avec la veuve de son frère, ou avec la sœur de son épouse décédée (je me place du point de vue d'*Ego* masculin, mais on peut faire la même lecture du point de vue d'un *Ego* féminin qui voudrait épouser le frère de son mari ou l'époux de sa sœur) jusqu'en 1914. C'est en 1975 seulement que ces unions ont été rendues possibles après divorce. Le droit canon n'a autorisé le remariage entre beau-frère et belle-sœur, après veuvage exclusivement, qu'en 1983. Pour ce qui est de l'union entre des affins en ligne directe (épouser la veuve du père ou du fils, pour un homme par exemple), c'est au président de la République seulement qu'il revient, depuis 1938, de lever l'interdiction pour des raisons graves et seulement après le décès de la personne qui créait l'alliance, non en cas de divorce. C'est une certaine idée d'inceste du deuxième type qui se trouve ainsi en suspens, si je puis dire, dans notre propre système de représentation, même si elle n'a jamais été explicitée dans ses fondements biologiques. Fondements biologiques, physiologiques, charnels que l'on trouve explicités de façon très crue dans d'autres sociétés, dans des descriptions ethnographiques approfondies, fouillées, faites par de grands ethnographes du passé, qui ont noté des choses qui leur étaient dites par leurs interlocuteurs mais qui n'y ont pas porté intérêt. Mais la chose était dite. Et quand on relit les textes qui ont été publiés, on se dit : mais comment est-ce possible – c'était dit, là, clairement – qu'on n'y ait pas porté attention ? Une espèce de cécité. Ce qui est dit de façon très crue, c'est que deux frères ne peuvent pas avoir des rapports avec la même femme car ils se rencontrent dans la même matrice, c'est dit exactement comme cela ; deux sœurs ne peuvent pas avoir de rapports avec le même homme parce que la substance de chacune, leurs humeurs du corps, passent de l'une à l'autre par le pénis qui passe de l'une à l'autre. C'est un court-circuit de l'identité de substance. Ce court-circuit est interdit dans certaines sociétés, il peut être recherché dans d'autres. Ce qui compte, c'est que l'idée de cette rencontre de substances identiques n'est pas anodine, quelles que soient les réponses apportées par chaque société.

Je ne prétends pas que l'interdiction est un modèle général. On peut au contraire rechercher l'accumulation de l'identique. Certaines sociétés la prohibent, et on trouve là vraisemblablement une corrélation avec les structures semi-complexes de l'alliance ; d'autres structures mentales peuvent au contraire rechercher ce type de mise en rapport. En tout cas, on trouve dans les systèmes de représentation quelque chose qui signale l'existence d'une deuxième forme possible de l'inceste par une mise en contact de la substance charnelle de deux consanguins considérés comme identiques par leur identité de sexe. Et l'inceste est entre eux. Pas avec leur partenaire commun.

Des Nuer aux Nambikwara et à la Nouvelle-Guinée

PHILIPPE GIRARD – *Quand vous parlez des deux sœurs par exemple, à propos d'un rituel où l'on fend un mouton ou un cabri, vous dites : c'est la mise en contact d'humeurs identiques. Je me demande si dans le fond, cet apparent non-inceste puisque homosexuel par le biais de ces deux sœurs, n'allait pas au-delà, c'est-à-dire au dénominateur commun qui est la mère ?*

Oui. J'en parle, mais pas dans le cas des Baoulé décrit par Pierre Étienne où a lieu le rituel que vous évoquez, un rituel de séparation et de réunion des deux sœurs, où l'homme qui les a mises en contact n'a rien à voir ; elles seules sont concernées, ce qui montre bien que la relation incestueuse est entre elles. C'est par rapport à d'autres sociétés, les Nuer, je crois, où il est dit explicitement par des informateurs (Evans-Pritchard l'a noté mais il n'a pas fait le sort qui convenait à cela) que le rapport de deux frères avec une même femme est interdit car, d'une certaine manière, ils se conjoignent de trop près et cela met en cause la mère. C'est vrai surtout pour l'adultère avec une épouse du père, co-épouse de la mère, qui est un double inceste, du premier et du deuxième type. En effet, le fils est mis par là en rapport avec le père (deuxième type), mais comme le père a des rapports sexuels non seulement avec cette épouse qui couche avec son fils, mais aussi avec la mère de ce fils, il transporte à celle-ci quelque chose qui vient du fils : c'est un contact incestueux du premier type, mais avec des médiateurs, qui s'établit entre la mère et le fils. Une seule phrase, une incidente, citée par Evans-Pritchard, fait état de cette collusion ultime avec la mère, mais cela signifie cependant que, dans ces pensées soi-disant primitives, on touche à des problèmes extrêmement fondamentaux.

P. G. – *Et toutes les ruses que l'inceste utilise pour se masquer ? Vous donnez l'exemple d'un rituel d'aspersion de sang à Madagascar à propos d'une mère et d'une fille où il s'agit de les réunir, par ce rituel, dans leur rapport de parenté. En partageant le même homme, elles auraient été, comme parentes, séparées.*

Elles ont été conjointes par leurs rapports avec un même homme, ce qui a détruit, ce faisant, en les mettant sur le même plan de partenaires sexuelles, ce qui les faisait l'une, mère, et l'autre, fille. Cela dit, dans d'autres sociétés, on peut au contraire rechercher ou autoriser des rapports de ce type, soit d'homosexualité directe, soit d'homosexualité par la médiation d'un même partenaire. Par exemple Lévi-Strauss, à propos des Nambikwara, note là aussi de façon incidente, un fait intéressant. Chez les Nambikwara, on épouse la cousine croisée ; avant le mariage, les hommes ont la possibilité d'avoir des rapports sexuels, des jeux sexuels, avec leurs cousins croisés, c'est-à-dire avec les frères des femmes qu'ils peuvent épouser, leurs futurs beaux-frères ; mais ces mêmes jeux et rapports sexuels, homosexuels, sont totalement interdits avec les frères et aussi avec les cousins parallèles. Les rapports homosexuels entre cousins croisés cessent dès qu'*Ego* épouse sa cousine croisée ; on passe de l'homosexualité à l'hétérosexualité toujours dans le domaine croisé, jamais dans le domaine parallèle. Ce qui est mis en premier plan, c'est moins la différence de sexe que le rapport parallèle/croisé. Mais on opère une disjonction dans le temps des rapports homosexuels masculins entre cousins croisés, et des rapports hétérosexuels matrimoniaux avec la cousine croisée ; les deux ne peuvent avoir lieu en même temps. Là aussi les Nambikwara l'expliquaient fort clairement : à partir du moment où on a un rapport avec la sœur, si on continuait à l'avoir avec le frère, on réaliserait un inceste entre le frère et la sœur ; deux consanguins de sexe différent dont le rapprochement est interdit verraient leur substance commune mise en contact par l'intermédiaire d'un même partenaire. Ce qui est une variante de l'inceste du deuxième type – modèle où l'inceste est établi entre deux consanguins de même sexe. Le principe est le même, bien que la base des conjonctions possibles ou impossibles soit différemment fondée.

Nous trouvons dans les sociétés de Nouvelle-Guinée, des incestes homosexuels revendiqués comme servant à la fabrication du corps humain. Je m'explique : cela nous amène à parler de toute une génétique que j'appelle « sauvage ». L'idée la plus généralement répandue est qu'un enfant n'est pas fait par un simple rapport sexuel, mais par de nombreux rapports. Le sperme de l'homme est ce qui nourrit et façonne l'enfant dans le ventre de la mère. D'où l'obligation d'avoir des rapports sexuels pendant au moins un certain temps de la grossesse et le fait que les enfants posthumes ont un statut particulier. Un enfant qui n'a pu être nourri dans le sein de sa mère par le sperme pendant le temps nécessaire (je parle de celui dont le père serait mort très peu de temps après la conception) a un statut très particulier. Il est considéré comme fragile, inachevé parce qu'il n'a pas eu la nourriture qu'il lui fallait pour arriver à l'état humain. Dans certaines sociétés, cela va beaucoup plus loin. On trouve parfois l'idée que la conception se fait par la rencontre et par l'apport de deux semences, même si c'est l'homme qui, ensuite, nourrit et façonne l'embryon. Ailleurs la femme n'est qu'un réceptacle : il faut bien qu'il y ait initialement quelque chose qui prend forme, une coagulation qui se fait comme par la présure grâce au sperme qui fait se « prendre » des caillots de sang, mais ensuite la femme n'est en quelque sorte qu'un instrument : c'est un pot qu'on met au feu, c'est une marmite où on fait cuire l'enfant, c'est un vase où on dépose ses économies, c'est une pirogue pour passer d'une rive à une autre. Mais ce n'est pas elle l'élément premier, c'est l'homme. C'est le sperme de l'homme qui apporte la vie et qui est nourricier. Dans certaines sociétés, cela va même plus loin encore, puisqu'on y considère que l'enfant, le garçon tout au moins, n'est même pas terminé après sa naissance ; si on veut qu'il arrive à l'état d'homme muni de tout ce qui lui est nécessaire, il faut continuer à le nourrir de sperme jusqu'à un certain âge. Dans ces sociétés de Nouvelle-Guinée, auxquelles je faisais allusion, on va donc continuer à nourrir et à façonner ces corps de garçonnets jusqu'à ce qu'ils arrivent à la puberté en leur faisant ingérer du sperme, par fellation.

P. G. – *Par quelqu'un de particulier ?*

Généralement, c'est le mari de la sœur du père, c'est-à-dire un individu qui ne fait pas partie de la même lignée, mais qui a un rapport affin avec le lignage de l'enfant, ce qui implique qu'il y ait déjà un minimum de compatibilité entre les semences. Bouclons la boucle. C'est pour cela que je parle de la complexité et de la sophistication de ces systèmes de représentation, car il est bien évident que le mariage n'est pas quelque chose que l'on fait au hasard et, si vous regardez bien, nous revenons là à la prohibition de l'inceste. Il y a en fait deux pôles interdits : soit le trop proche, soit le trop lointain.

La manipulation des substances

PHILIPPE GIRARD – *Le trop lointain aussi ?*

Le trop lointain n'est jamais jugé bon. Cela mérite de s'y attarder un peu, parce que cela explique bien des réticences connues à épouser celui qui vous est carrément étranger : autre couleur, autre race, autre religion, autre monde. Le trop proche et le trop lointain sont les deux écueils, parce que les sangs sont par trop incompatibles. Dans l'entre-deux, la zone de moindre danger, il faut souvent cependant rendre les sangs d'une certaine manière compatibles entre eux. Dans bien des sociétés, au moment du mariage, on procède à des manipulations pour arriver à ce résultat pour les conjoints eux-mêmes, mais également pour leur entourage. On peut les rendre compatibles de différentes manières. Par absorption des plantes associées au lignage du conjoint par exemple, comme chez les Nyakyusa : chaque lignage possède une boisson qui est faite de macération de plantes dans l'eau. On va en donner à boire à l'épouse, car c'est elle qui est fragile dans ce rapport entre le fort et le chaud qui est masculin, et le froid et le faible qui est féminin. Ce faisant, par mithridatisation progressive, on l'approche du sang et du sperme de son mari en lui faisant ingérer progressivement ces plantes qui ont un rapport consubstantiel avec le lignage de son époux, et en lui donnant une alimentation particulière qui correspond à celle qui est donnée dans ce lignage. Il faut d'ailleurs comprendre de la sorte toute une série de prescriptions ou d'interdits touchant à l'alimentation et aux plantes, selon qu'elles sont associées ou non à des familles ou à des groupes. Certains rituels de mithridatisation sont encore plus sophistiqués. Par exemple chez les Hima, on frotte les cuisses de la jeune fille avant son mariage avec de l'urine de son futur mari qu'on fait pénétrer par osmose dans son corps.

P. G. – *Tout cela pour la rendre moins étrangère ?*

Oui, pour la rendre moins étrangère. Il y a donc toute une série de rituels, dont beaucoup ont un sens que nous ne débusquons pas encore, qui ont cette fonction de rapprocher les sangs, de les rendre compatibles, de faire en sorte que le rapprochement de ces sangs ne soit pas nuisible à l'entourage, comme aux époux eux-mêmes, et permette ainsi une procréation convenable. Il est vraisemblable que le fait de choisir le mari de la sœur du père est une manière de nourrir l'enfant avec une substance, qui n'est pas celle de son père et qui est différente, tout en étant déjà compatible puisqu'elle a été acceptable pour la sœur du père, qui participe des mêmes humeurs que le père dont il est le fils. Il y a donc toute une série d'éléments dans la prohibition de l'inceste qui sont compris non seulement à travers la loi de l'échange, mais à travers une problématique des fluides d'une part, de l'identique et du différent d'autre part.

Les conséquences de l'inceste

PHILIPPE GIRARD – *Concernant la prohibition de l'inceste, ce qui peut paraître un peu surprenant, c'est qu'il y a derrière toute une gamme de sanctions jusqu'à la moquerie ou au sentiment d'inconvenance : toute une palette de réactions lorsqu'il y a transgression. Par rapport à l'aura tragique qui entoure l'inceste, on peut être surpris de cette variété de réactions, de réponses sociales. Autrefois, il y a un siècle par exemple, ce qui venait sanctionner la transgression de l'interdit de l'inceste était-il déployé de façon multiforme ? Par rapport aux études anthropologiques classiques, l'inceste n'apparaît-il pas comme une notion beaucoup plus friable ? N'est-ce pas étonnant que l'on puisse trouver des rapports incestueux simplement inconvenants ou l'objet de moqueries ?*

Chaque société se fait sa propre échelle de l'horreur, établit sa propre gradation dans ce qui est permis ou ne l'est pas en raison des effets supposés du délit. Même dans la catégorie de la prohibition de l'inceste, il peut y avoir des différences : par exemple chez les Ashanti, la pire chose qui soit était moins la relation incestueuse que le viol en brousse d'une femme mariée. Un même terme désigne ce crime et l'inceste. Dans le viol en brousse d'une femme mariée, ce qui frappe les observateurs, c'est la notion de viol et de femme mariée. Moi, ce qui me frappe, c'est la notion de brousse. L'important n'est pas le viol d'une femme mariée, donc l'attentat à la propriété d'un homme ou à l'institution du mariage ou à la propriété du corps d'une femme par elle-même, parce que le viol d'une femme mariée au village n'est pas sanctionné, c'est le viol en brousse qui est sanctionné. Pourquoi en brousse ? Parce que cela renvoie à l'interdit fondamental qui est la copulation sur la terre car on ne peut pas, dans toute l'Afrique de l'Ouest, avoir des rapports sexuels sur la terre nue, en brousse. Cela empêche la pluie de tomber. La notion de viol en brousse d'une femme mariée comporte une série de circonstances aggravantes de l'interdit général de la copulation, et pas seulement pour les individus en cause. C'est un crime contre la collectivité, et c'est cela qui est sanctionné. L'inceste, quant à lui, se contente de frapper de stérilité les coupables eux-mêmes.

Pour les Samo, chez qui j'ai travaillé, l'inceste est bien une chose interdite. Il l'est sous ses deux formes, premier et deuxième types, parce qu'il entraîne un certain nombre de conséquences. Il faut toujours entendre la prohibition de l'inceste en fonction des conséquences de l'inceste ; ce n'est pas une faute, un péché, ce n'est jamais une faute morale ; il est sanctionné non comme tel, mais en raison des conséquences nuisibles qu'il est censé entraîner pour des individus et pour le groupe. Et j'entends par là des conséquences sociales, en ce sens qu'elles peuvent affecter la collectivité, et elles l'affectent, dans son devenir commun par la sécheresse ou les inondations, dans son économie, mais également dans le corps, par la stérilité qui s'ensuit. La sécheresse météorologique, ou au contraire les grandes inondations catastrophiques, sont des conséquences qui dépendent des lieux où l'on se trouve. Dans un monde désertique, la sécheresse est plus à craindre que les inondations : sous l'équateur, ce sont plutôt les inondations catastrophiques qui sont à craindre. Ce sont de grandes catastrophes météorologiques qui entraînent des pertes irréparables pour la collectivité, mais ça peut être aussi des inscriptions dans le corps, pas seulement pour les coupables, mais pour tout le monde : c'est la stérilité des animaux, des femmes, des plantes ; les graminées ne donnent plus de graines, les bêtes ne mettent plus bas, etc. Ce sont là les effets supposés de l'inceste qui sont condamnés et sanctionnés par l'expulsion des coupables ou leur mise à mort dans tous les cas où la société va jusque-là. Il y a des gradations dans l'horreur. Chez les Samo, l'inceste est interdit certes, mais il n'est pas l'acte le plus gros de conséquences. Si des gens sont accusés d'avoir commis l'inceste – c'est très rare qu'on le sache par connaissance publique, mais on le découvre grâce aux procédures divinatoires, quand on explore la causalité de quelque chose –, il nous arrive tel problème, pour quelles raisons avons-nous ça ?...

P. G. – *La peste ?*

La peste, oui. On va donc se livrer à des procédures divinatoires (où le non-dit va s'exprimer), on va trouver des causes, et ces causes sont soit des rapports sexuels en brousse, ou bien des incestes, ou bien des actes sexuels de même nature, et les individus doivent alors se plier à des rituels expiatoires qui dénouent ce qui a été fait, qui l'effacent. Mais le pire, pour un Samo, ce n'est pas l'inceste, dont les effets ne sont pas vraiment collectifs. Le pire, c'est la nécrophilie, non qu'il s'agisse d'un acte couramment effectué, mais d'une représentation collective particulière née d'interrogations sur la nature des rapports entre vivants et morts. Des sortes de parias sont considérés comme nécrophiles ; ils sont censés être issus d'un ancêtre mythique originel. Ce groupe de parias se recrute par filiation et par contact sexuel. Tous les enfants de quelqu'un considéré comme *zama* sont *zama* eux-mêmes, et leurs partenaires sexuels le deviennent par contagion et transmettent la marque à leur tour. On ne peut pas inhumer les corps des *zama*. Pourquoi ? Parce que tout délit sexuel est considéré comme une accumulation excessive de chaleur.

Revenons aux notions d'identique et de différent : ce sont des oppositions sur lesquelles se greffent des qualités : le chaud et le froid, le sec et l'humide, le droit et le gauche, le supérieur et l'inférieur, etc. Le chaud et le froid, le sec et l'humide ont une prévalence tout à fait remarquable dans un grand nombre de sociétés. Chez les Samo, ce sont effectivement ces qualités-là qui dominent. La terre est considérée comme chaude ; tous les délits sexuels sont des délits qui causent un excès de chaleur ; donc faire l'amour en brousse, c'est mettre du chaud sur du chaud (alors que le village, espace social, est frais), donc cela entraîne la sécheresse. De la même manière, mettre un corps de nécrophile, qui est considéré comme extrêmement chaud, en terre, c'est empêcher la pluie de tomber.

Ces individus ne sont pas mis en terre après leur mort, mais mis à pourrir dans des arbres, dans des lieux précis où on les transporte en grand charivari d'un village à un autre, c'est-à-dire en faisant le plus de bruit possible : on crie, on agite des sonnailles, on frappe sur des pierres et du métal, on fait tous les bruits possibles, on coupe les herbes en chemin. Je pense qu'il y a des choses très intéressantes à chercher du côté du silence et de l'immobilité et de leurs contraires, en les mettant en rapport avec les notions de chaud et froid. En tout cas, les ébranlements de l'air par la parole, les ébranlements de la terre par la course ne sont pas des choses innocentes. Pour revenir aux Samo, lorsqu'il y a eu la grande sécheresse, on l'a imputée au fait que des corps de *zama* auraient été mis en terre alors qu'on ne savait pas qu'ils l'étaient. Par divination, on a identifié ces corps, on les a sortis de la terre pour les mettre à pourrir dans les arbres ; leurs proches, conjoints et leurs enfants, sont devenus *ipso facto* des membres de ce groupe de parias.

Pour en revenir à votre question concernant l'éventail des réactions face à l'inceste, cela dépend donc des conséquences qui sont craintes et de la gradation dans l'horreur que se construit chaque groupe social.

P. G. – *Est-ce que vous avez repéré des contacts qui sont prohibés et qui seraient traités de la même façon que les rapports incestueux ?*

Il y en a de multiples sortes. Je montre par exemple, dans un article publié dans un ouvrage collectif intitulé *Le Sens du mal*[1], qu'il n'est pas possible de faire trois choses. Là aussi je me fonde sur l'analyse de corpus de faits recueillis dans des sociétés différentes. Sont considérées comme nocives et mauvaises trois possibilités : croiser les générations, croiser les genres, croiser les sangs. Nous

1. F. Héritier, « Stérilité, aridité, sécheresse. Quelques invariants de la pensée symbolique », *in* M. Augé et C. Herzlich (éds), *Le Sens du mal*, *op. cit.*, p. 123-154.

venons de parler, en gros, de la difficulté de croiser les sangs. Croiser les générations : c'est l'idée, qu'on trouve aussi chez nous sous une forme atténuée, qu'existe une capacité finie de reproduction et qu'elle est l'apanage d'une génération. Si une génération s'arroge le droit de se reproduire trop longtemps, c'est au détriment de celle qui la suit, et si celle qui la suit s'arroge le droit d'y venir trop tôt, c'est au détriment de celle qui la précède. Il y a une capacité finie qui est l'apanage d'une génération, mais elle doit accepter de s'en dessaisir quand le moment est venu. Une des manifestations atténuées de cette impossibilité par exemple, c'est que deux générations adjacentes ne puissent se reproduire sous le même toit. On peut admettre que cela soit possible sous des toits différents, mais pas sous le même. Ainsi, chez les Nyakyusa, une mère arrête de concevoir à partir du moment où son fils engendre – pas lorsque c'est sa fille car elle est mariée ailleurs. Sinon, bien des maux physiologiques s'ensuivent. Dans d'autres sociétés, les hommes cessent de procréer lorsque leur fils entre dans la classe d'âge qui est celle des hommes mariés aptes à procréer ; c'est le cas des systèmes à groupements générationnels d'âge qu'on trouve dans des sociétés d'Afrique de l'Est. Chez les Masai, par exemple, quand les fils passent par le rituel approprié dans la classe des hommes qui ont le droit de procréer, leurs pères franchissent symboliquement à plat ventre une haie d'épineux, ils passent de l'autre côté : ils ne concevront plus. On ne peut pas croiser impunément les générations.

On ne peut pas non plus faire ce que j'appelle « croiser les genres ». Ce sont les mises en contact avec le sacré par exemple, ou avec l'au-delà, avec les morts – même en rêve –, ou la mise en rapport avec des animaux : une série de mises en rapport, de mises en contact, délétères, sont interdites ou réprouvées dans un grand nombre de sociétés pour les effets nocifs qu'elles sont censées produire, parce qu'elles assèchent la fécondité ou parce qu'elles sont productrices de monstres, c'est-à-dire qu'elles donnent des produits où l'humanité ne se reconnaît plus parce qu'ils ne sont plus semblables aux pères et aux mères.

P. G. – *Ce qui est une des représentations courantes des conséquences de l'inceste en Europe.*

C'est effectivement un fantasme. Le fantasme, chez nous, c'est que l'inceste produit des monstres, mais c'est un fantasme de même nature que celui qui veut que l'inceste entraîne la stérilité ou la sécheresse.

Les systèmes de représentation

PHILIPPE GIRARD – *Ce que vous dites pour les autres sociétés, c'est qu'il y a un système précis de représentation qui accompagne l'inceste, les sanctions, la prohibition, la transgression, etc. Aujourd'hui, à votre avis, toutes ces représentations, en ce qui concerne l'inceste dans notre forme de société, autour de quoi tournent-elles ?*

Elles ont toujours tourné elles aussi autour d'une certaine représentation de la physiologie humaine ; l'ancrage dans le corps n'est pas spécifique aux sociétés exotiques. Le problème de la circulation des fluides est fondamental. C'est une représentation du corps qui n'est peut-être pas scientifique, au sens où nous entendons la science maintenant, la science rationnelle. Nous avons une définition de la science et de là, nous considérons les systèmes primitifs de pensée comme irrationnels. Cependant, ils sont fondés sur une même volonté d'appréhender du réel, mais avec des moyens intellectuels particuliers d'appréhension de ce réel. Néanmoins, c'est toujours d'un ancrage dans le corps qu'il s'agit et, de ce point de vue, les conceptions de l'inceste, qu'elles soient populaires, pour parler de celles qui ont cours chez nous, ou qu'elles soient savantes, sont toujours ancrées dans une certaine idée du physiologique et du biologique. Elles ne sont pas coupées de l'idée même du corps.

P. G. – *Sans parler de l'imagerie naïve, quelles sont les représentations qui, à l'heure actuelle, ont cours par exemple sur ce qui vient sanctionner cette transgression ? Croyez-vous qu'il y a là quelque chose de nouveau ?*

Cela a toujours un rapport au biologique. Ce qui me frappe surtout, c'est que les systèmes de représentation sont présents par prétérition, ils ne sont jamais formulés ; c'est de l'informulable. Le travail anthropologique consiste justement à essayer de les débusquer, à leur faire prendre corps, à faire prendre conscience de leur existence, mais ils sont par définition informulables par les acteurs eux-mêmes. C'est le savoir partagé. J'en prends un exemple dans mon cours de cette année[1]. Je confronte des représentations savantes sur des humeurs du corps, qu'il s'agisse de médecins hygiénistes du XIXe siècle, ou des représentations suméro-babyloniennes ; ces dernières sont présentées par des savants qui décryptent des textes en écriture cunéiforme, comme des constructions irrationnelles ou, en tout cas, dont la rationalité nous échappe. J'analysais un manuel médical du XIXe siècle, celui d'Antonin Bossu[2], et je me disais que si, dans mille ans, un anthropologue trouvait ce texte-là et pas grand-chose d'autre, il serait mis en présence d'un certain nombre de prescriptions qui lui paraîtraient bizarres, irrationnelles, immotivées, dont il ne comprendrait pas la logique. Parce qu'elles sont dites pour des lecteurs qui sans en comprendre eux-mêmes les fondements, sans expliciter, voient quand même le lien qui existe entre les données. Voilà de quoi il s'agit : l'auteur énumère les règles d'hygiène relatives à la femme nourrice ou à la femme menstruée ; lors de ses menstrues, il y a un certain nombre de choses qu'elle ne doit pas faire : elle ne doit pas marcher pieds nus sur le carreau, elle ne doit pas mettre les mains

1. L'entretien a été réalisé en 1985.
2. A. Bossu, *Anthropologie ou Étude des organes, fonctions, maladies de la femme, comprenant l'anatomie, la physiologie, l'hygiène, la pathologie et la thérapeutique*, Paris, Baillière, 1849.

ou les pieds dans l'eau, elle ne doit pas prendre de bain pendant le temps de ses règles, etc. J'ai connu cela dans mon enfance, ma grand-mère me disait la même chose. Qu'est-ce que cela veut dire ? Personne n'est capable de le décrypter et tout le monde accepte ces règles, le médecin hygiéniste le premier, comme allant de soi. Cela veut dire, selon la loi des équivalences ou des contraires qui s'attirent ou se repoussent, qu'une femme qui a ses règles et qui met ses mains dans l'eau froide ou prend un bain met de l'humide sur de l'humide ou du froid sur du froid, et que cela risque d'entraîner des hémorragies abondantes ou au contraire de refouler le sang dans le corps en causant l'aménorrhée. De la même manière, pour la femme nourrice, le médecin hygiéniste écrit qu'il serait préférable qu'elle n'ait pas de rapports avec son mari, ou si elle en a, que ce soit à des heures éloignées des tétées. Qu'est-ce que cela veut dire ? Là aussi, il ne donne pas la raison qui légitime ce conseil, que le lecteur reçoit aussi sans se poser de question. C'est une prescription qui va de soi. Ce n'est pas pour éviter une nouvelle conception, puisqu'on demande seulement que les rapports aient lieu loin des heures de tétées. C'est l'idée qu'on retrouve depuis Sumer et Babylone, jusqu'à nos jours, mais qu'on trouve aussi partout ailleurs, qu'il y a incompatibilité entre le sperme, le sang et le lait. Ce sont des substances qui sont répulsives l'une à l'autre. Le sang et le sperme, qui sont forts, donnent « mauvaise odeur » au lait. D'une femme qui a ses règles alors qu'elle allaite, on dit que l'enfant a des réactions de refus et de dégoût devant le lait de sa mère à ce moment... Il en est de même si elle a des rapports sexuels : c'est ce que nous dit sans le dire l'auteur de ce manuel.

P. G. – *Et c'est dangereux ?*

Cela peut l'être ; on pense que cela peut tarir le lait, bien sûr, mais surtout lui donner mauvaise odeur, mauvais goût, et que cela peut supprimer un certain nombre des qualités du lait, parce que le sang et le sperme sont incompatibles avec le lait. Dans l'argumentation implicite de Bossu, le sperme qui entre dans la femme à un moment qui est proche de celui où elle va donner le sein va donner au lait une odeur, un goût et des qualités particulières qui seront néfastes pour l'enfant. Cette incompatibilité peut fonctionner dans l'autre sens et conduire par exemple à l'impuissance. Quand une goutte de lait tombe sur le sexe d'un petit garçon, il est condamné à l'impuissance selon certains systèmes de représentation africains, notamment chez les Mossi. On voit bien, à travers ces exemples, que les systèmes de représentation ne fonctionnent que par prétérition. Il faut donc aller débusquer leur pertinence là où elle se trouve. À l'heure actuelle, pour répondre à la question posée précédemment, me frappe le fait que des représentations très anciennes, comme nous venons d'en voir, fonctionnent toujours chez nous par prétérition, à côté du discours technique et scientifique.

Prenons le cas de l'insémination artificielle avec donneur. Il apparaît de façon nette qu'un certain nombre de couples stériles qui viennent dans les Cecos pour obtenir une insémination artificielle avec donneur, viennent avec leur donneur : c'est souvent un frère du mari, un cousin germain du mari ou un ami très proche. Cela leur est refusé, car la règle du Cecos, c'est qu'on vient avec un donneur, non pas pour soi, mais pour les autres, afin d'alimenter la banque. La règle, c'est de donner à une femme un sperme qui n'est pas celui du donneur amené par le couple. Pourquoi ? Sous les légitimations actuelles de la règle de l'anonymat, il me semble que se profile autre chose, qui relève du refus de l'inceste, de cette catégorie d'inceste particulier qui est la rencontre de deux consanguins dans une même femme. Ce n'est pas dit. Cela n'a pas lieu de l'être.

P. G. – *Vous semblez dire que, même dans les lieux où se soutient le discours de la science, les représentations destituées par cette science même continuent implicitement à régir ce qui s'énonce.*

Elles continuent implicitement sinon à régir totalement, du moins à être présentes dans le discours et dans le choix des termes. Je prenais récemment sur ce point un exemple dans la littérature médicale récente, puisque c'est un article qui date de 1984 et qui fait état de la méconnaissance où nous sommes toujours des processus réels de la fécondation. On ne connaît toujours pas exactement la nature de ce qui se passe. En clair, on a reculé le seuil d'ignorance. Pendant longtemps, on a pensé que c'était le mélange de deux « eaux » ; on a découvert ensuite la spermatogenèse et l'existence des ovules. On a placé d'ailleurs de petits personnages, des homoncules tantôt dans les spermatozoïdes, tantôt dans les ovules ; il y a eu de grandes querelles là-dessus. Maintenant, on sait que la fécondation procède de la rencontre de deux gamètes, mais on ne sait toujours pas de quelle nature est ce déclenchement initial. Dans cet article, écrit par de grands spécialistes, se trouvait une analyse de la fécondation dont il était très facile de montrer que les termes utilisés pour décrire le rôle des gamètes renvoyaient au modèle archaïque du rapport des sexes : l'inertie fondamentale de la cellule féminine fait qu'elle est condamnée à mourir sans la « puissance activante », et la « vertu » séminale du gamète mâle. Le fait même d'utiliser ce langage renvoyait à un système de représentation extrêmement archaïque.

P. G. – *Je reviens à ce que vous disiez à propos de l'identique et du différent. N'y aurait-il pas des formes de société ou des modes de rapports sociaux qui seraient plus « incestueux » que d'autres ? Qui se prêteraient à ou encourageraient un excès d'identique ?*

C'est vrai, puisque des groupes pratiquent ce que d'autres interdisent, avec des argumentaires également ancrés dans le corps. Toute question posée comme un invariant par l'humanité entraîne des réponses que l'on peut situer sur un vecteur allant du moins au plus. Mais ce que nous ne pouvons pas dire, à l'heure actuelle, faute de travaux sur la question, c'est quels sont les types de sociétés dont l'ensemble de l'organisation permettrait de prédire le « choix » opéré entre préconisation et interdiction.

P. G. – *Dans* L'Exercice de la parenté[1], *vous citez Bossard : « Cupidon a des ailes mais il ne peut aller très loin. » Ne peut-on se demander s'il y a des sociétés qui admettent plus le différent, l'étranger et d'autres moins ? Par exemple, à l'heure actuelle, n'y a-t-il pas une tentation, dans nos sociétés, sinon d'inceste, du moins de se ramasser, de se concentrer autour de racines imaginaires ?*

On trouve à travers les mythologies, et je pense que ce sont des fantasmes universels, une espèce de vieux rêve parthénogénétique. À la limite, ce qui serait souhaité, c'est de pouvoir produire du même à partir de soi.

P. G. – *Des formes de sociétés plus narcissiques ?*

Je me demande si toutes les sociétés ne sont pas narcissiques de ce point de vue-là. Il est évident que si l'on considère les règles de mariage, et bien qu'il n'y ait pas de sociétés qui ne connaissent pas de prohibition au moins minimale en extension de l'inceste, on ne trouve pas de sociétés où on prenne comme figure principale valorisée le mariage avec l'étranger absolu. Ce mariage, même s'il apparaît souvent comme fondateur (en Afrique bantoue, ou dans les sociétés arabes, où le mariage valorisé est le mariage au plus près), est un mariage exceptionnel. Un étranger, glorieux d'une certaine manière, est capté et apporte une forme de prestige, mais le modèle ordinaire, partout, ce n'est pas le mariage avec lui. Cela dit, ce sont des catégorisations un peu rapides. Je ne peux pas dire qu'il y a des sociétés qui n'ont pas de vieux rêves parthénogéneti-

1. F. Héritier, *L'Exercice de la parenté*, *op. cit.*

ques, et je ne peux pas dire qu'il y a des sociétés qui considèrent comme le meilleur mariage, le mariage au plus loin. Cela est à vérifier, bien qu'improbable. Disons que le mariage est situé, avec des variations selon les sociétés, entre un trop près qui est toujours interdit, et un trop loin qui est toujours dénié.

Les armatures invariantes de la pensée

JACQUES ANDRÉ – *Vous avez succédé à Claude Lévi-Strauss au Collège de France en tant que titulaire de la chaire d'anthropologie sociale. On est frappé, à vous lire, à la fois par la filiation marquée avec Lévi-Strauss et par l'importance de l'écart entre vos conceptions et les siennes. D'un côté, il y a votre revendication d'universalisme, de structuralisme, votre souci de construire une théorie unitaire, elle-même organisée autour de la prohibition de l'inceste. De l'autre côté, il y a ce déplacement de l'inceste vers son « deuxième type », le retour du corps et des humeurs, et peut-être celui du privilège du sens sur la structure. Pourriez-vous préciser la part d'héritage et celle de l'innovation ou de la différence ?*

Effectivement, je cherche à établir une théorie unitaire qui englobe le sens, mais qui soit aussi structuraliste. Je ne renie pas mon héritage, tout en reconnaissant ma différence. Pourquoi cette théorie est-elle structuraliste ? Parce qu'elle engage des armatures invariantes de la pensée. Ce sont, au premier chef, les oppositions dualistes, celles dont se sert effectivement Lévi-Strauss. À cela près que je pose pour ma part la question de savoir d'où provient cette constante, quelle nécessité oblige à procéder par des catégories dualistes. On débouche alors sur l'autre armature invariante de la pensée : les interrogations universelles sur ce qu'est l'humain, qui sont les mêmes pour toute l'humanité et qui relèvent en effet de la quête du sens.

J. A. – *Vous ne vous posez donc pas simplement la question de la structure, mais aussi celle de l'origine...*

C'est bien celle de l'origine. Je ne veux pas dire que Lévi-Strauss considère comme négligeable la question de l'origine des catégories dualistes, mais il la résout par l'idée du câblage cérébral que partage toute l'humanité, et son formatage électrique par présence/absence. Pour ma part, je considère que le câblage cérébral – s'il nous oblige à formuler ce que nous avons à dire en usant des catégories dualistes dans tous les systèmes de pensée, dans toutes les langues, dans toutes les structures sociales – est aussi un effet d'une cause à découvrir et non un point de départ, une butée adossée au néant. Pour moi, tout procède de ces interrogations primordiales, universelles, que s'est posées l'être humain et dont je parlais plus haut. L'une d'entre elles est de comprendre pourquoi il y a deux sexes dans le monde animal observable. C'est une marque sur laquelle nul n'a de prise et qui traverse toutes les espèces ; une marque visible, cela va de soi, on s'interroge sur ce qui est visible, dans les espèces animales, et chez l'homme, dans l'espèce humaine ; quelles que soient les différences individuelles, une différence anatomique, physiologique parcourt toutes les espèces. La répartition sexuée est une constante. Je pense que c'est un point de réflexion fondamentale de l'humanité. À partir de là, une série de réponses vont être données. Mais, pour moi, la distinction sexuée, et d'autres distinctions sur lesquelles l'homme n'a pas non plus de prise – comme les alternances régulières du jour et de la nuit, tout aussi inaccessibles à la manipulation humaine, impliquant à la fois des ressemblances entre les jours, des ressemblances entre les nuits, et une différence fondamentale entre les uns et les autres –, ont servi de support à une catégorie mentale qui s'est extirpée d'elle-même de ces observations : celle de l'identique et du différent. Toutes nos catégories dualistes fonctionnent sur ce mode, elles opposent des choses identiques entre elles à d'autres choses identiques entre elles, mais les deux paquets sont fondamentalement différents l'un de l'autre.

J. A. – *Lorsque Freud s'interroge et se demande quelle est la première théorie sexuelle infantile, la première source pour la curiosité infantile, il hésite. Parfois il pense que c'est l'origine de la différence des sexes, mais de façon majoritaire, c'est plutôt la question : « D'où viennent les enfants ? » qui s'impose comme question première.*

C'est qu'en effet, il n'y a pas qu'une mais plusieurs questions dans le bloc des interrogations fondamentales de l'espèce humaine et, parmi elles, celle sur l'origine des enfants. Et c'est l'articulation de ces questions et des réponses apportées qui fait système de façon légitime. Il est ardu, sinon impossible, dans l'histoire de l'humanité, de postuler l'antériorité absolue d'une de ces interrogations par rapport aux autres. Et peut-on fonder sur une observation analytique du développement de l'individu dès sa naissance, une hypothèse ou une preuve sur des phénomènes de cognition qui se sont produits chez des adultes, à grande échelle et sur de longs laps de temps ? En tout cas, j'ai été amenée, pour la commodité de l'exposé, parce qu'il faut démêler l'écheveau, d'ordonnancer sur un certain axe une « histoire », un scénario, avec une forme linéaire, alors que la réalité envisageable est celle d'une « touffe » où tous les questionnements s'ajustent en même temps. J'ai privilégié en premier l'observation par les êtres humains de la différence sexuée, car c'est de cette observation que sont issues les catégories dualistes de la pensée dans lesquelles sont pris tous les éléments relatifs à la différence sexuée. Je place donc en premier le constat objectif de la différence sexuée comme fournissant le matériau et le cadre de la manière de penser le monde. Le câblage cérébral binaire s'est construit à partir de la constatation de cette différence. Notre cerveau est câblé, peut-être de manière définitive, de telle sorte que toute pensée se coule dans cet ordonnancement, mais ce câblage a été construit grâce au jeu de l'identique et du différent à partir de l'observation de la différence naturaliste des sexes. Je suis structuraliste parce que je m'appuie sur des armatures invariantes de la pensée. Simplement, j'en cherche la cause et je la situe à un endroit différent de l'endroit où Lévi-Strauss la situait.

J. A. – *Au départ, donc, à la fois des invariants et une logique binaire.*

Une logique binaire, des oppositions dualistes et ces interrogations universelles dont fait partie celle de Freud, et sur laquelle on aura peut-être l'occasion de revenir. Aussi l'idée, sur laquelle il faut insister, qu'« invariant » ne veut pas dire « réponse invariable ». Ce qui est invariant, c'est le cadre de la pensée, c'est l'interrogation et non pas la réponse.

Dans bien des domaines où se posent des questions, les réponses varient selon les sociétés et peuvent même changer dans le temps pour une même société. Elles peuvent être opposées et irréconciliables. Mais l'invariant est dans la question. Il y a ainsi bien des réponses possibles à la question de savoir si le corps humain et ses organes sont une marchandise possible ou non. Pour ce qui est du rapport entre les sexes, question ultra-englobante, les choses sont plus compliquées : s'est construit comme nécessaire réponse à la « touffe » de questions, un modèle (celui que j'appelle « archaïque dominant ») qui a imposé durant des millénaires sa chape sur le monde, en fournissant une sorte de réponse globale unique ou qui a, tout du moins, connu un grand succès adaptatif. Mais cela ne veut pas dire qu'il s'agit d'une réponse *nécessairement* unique. Elle a connu et connaît des avatars, et elle est à l'heure actuelle considérablement ébranlée et en voie de dissolution.

On accuse parfois cette façon de penser d'immobilisme, alors qu'il n'y a nul immobilisme, ni fixisme. Il convient simplement de dire qu'il y a des interrogations universelles et une manière également universelle de mettre ensemble des choses qui vont apparemment ensemble. Puis il apparaît un jour que cette solidarité entre eux des éléments de la construction n'en était pas vraiment une. La manière de jouer reste la même, mais entre des éléments appariés différemment. Tout peut alors changer, même les questions.

De Montaillou à la Perse

JACQUES ANDRÉ – *C'est l'infirmité de toute démarche scientifique.*

Ma différence essentielle d'avec Lévi-Strauss porte sur la question du sens, ce qui ne veut pas dire qu'il ne l'ait pas considérée. Non seulement la question du sens, mais aussi celle du pourquoi et pas seulement du comment. Selon moi, les oppositions prennent naissance dans l'observation par les sens et par l'esprit de l'identité et de la différence incluses dans la présence constante de deux sexes dans le règne animal, point de vue matérialiste, comme le sont ceux de Lévi-Strauss d'ailleurs. Mais, au-delà, cela m'a amenée à mettre en évidence un aspect qui est en rapport avec la réponse à la question : « Pourquoi les femmes font-elles des fils et donc du différent d'elles-mêmes ? », que j'ai analysé comme la « valence différentielle des sexes ». J'en parle dans *L'Exercice de la parenté*[1]. À partir de l'analyse des systèmes de nomenclature de parenté, on voit que, dans un certain nombre de systèmes-type, il y a une domination éclatante du principe mâle sur le principe du féminin traduit en termes d'aînesse. Pour moi, l'explication ultime de cette équation est à situer dans le fait que les femmes font les fils, donc dans une infirmité naturelle des hommes. Faire des fils n'est pas un passage éclair à travers le corps de la mère. Cela prend du temps. À partir de là, les femmes deviennent une ressource incroyablement précieuse qu'il faut s'approprier individuellement parce que, quand une femme porte une semence qui va germer, il n'est pas question que cela puisse profiter à d'autres. La valence différentielle des sexes est un élément que j'ai ajouté à la théorie lévistraussienne. Dans ses analyses sur le fonctionnement du social, Lévi-Strauss pose la prohibition de l'inceste comme déclen-

1. F. Héritier, *L'Exercice de la parenté*, *op. cit.*

cheur du processus de l'échange, et avec l'échange la nécessité du mariage comme forme institutionnelle d'union liant entre eux deux groupes humains, deux groupes échangistes. Pour coiffer le tout, la répartition sexuelle des tâches lie individuellement les deux personnes engagées dans ce contrat. C'est là l'armature de la théorie lévistraussienne, très résumée, bien sûr, et sans doute appauvrie. J'y ajoute la valence différentielle des sexes, élément qui me paraît fondamental car il fallait bien qu'il y ait eu, déjà ou simultanément, une réponse à la question qui aboutit à la domination masculine pour que, selon la théorie lévistraussienne, ce soient des hommes qui échangent entre eux leurs filles et leurs sœurs. Cela veut dire que la domination masculine était déjà là dans le droit qu'ont les frères d'échanger leurs sœurs contre les sœurs d'autres hommes. Lévi-Strauss n'a pas interrogé la nature et la validité de ce droit. Je me suis donc posé la question du sens, point important qui éclaire un certain nombre de choses à venir, y compris en ce qui concerne l'inceste. À propos de l'inceste, j'ai choisi, afin de répondre à vos questions, de focaliser sur une opposition – dont je dis tout de suite qu'il faut la prendre en fonction de mes propres définitions – que je place entre « nature » et « chair ». Dans le livre d'Emmanuel Le Roy Ladurie, *Montaillou*[1], il y a une phrase éclairante et superbe, dont la formulation témoigne d'une prise de conscience par les intéressés de la différence entre ces deux termes. Cette formulation est faite par l'une des femmes interrogées par le tribunal de l'Inquisition qui fouille dans les tréfonds de leur vie, de leurs pensées, de leurs croyances. Cette femme avait été sollicitée à plusieurs reprises par un homme qui voulait en faire sa maîtresse, ou simplement coucher avec elle. Elle se refuse régulièrement à lui et il revient à la charge chaque fois qu'il la voit, cherchant à comprendre ce refus. Un jour, elle lui en donne la raison : elle est déjà la maîtresse du cousin germain de cet homme. Si je me souviens bien, ce n'est

1. E. Le Roy Ladurie, *Montaillou, village occitan de 1294 à 1324*, Paris, Gallimard, coll. « Bibliothèque des histoires », 1975.

pas n'importe quel cousin germain, c'est le fils du frère de son père, ce que nous appelons un cousin parallèle patrilatéral, où les deux hommes sont reliés par une chaîne d'hommes, porteuse d'identité substantielle masculine absolue. Elle lui dit : « Je ne peux pas coucher avec toi, car tu ne peux pas toucher *charnellement* celui qui te touche déjà *naturellement*. » Elle met ainsi en évidence une opposition forte entre la chair (le corps, la substance ou, de façon plus fine, les fluides, les humeurs du corps, puisque, au sein de la substance, se trouvent ces humeurs qui peuvent exsuder du corps et qui font partie de la nature substantielle de la chair), puis ce qu'elle appelle la nature. Ce qu'elle entend par *nature*, c'est ce qui est porté par l'engendrement : la filiation et la collatéralité. La nature, c'est la consanguinité : « Tu ne peux pas toucher par la chair ce qui te touche déjà par la consanguinité. » *Consanguinité*, ce mot que nous utilisons sans trop y penser, signifie le partage du même sang, d'une humeur qui subsume les autres humeurs du corps. Le sang est cette humeur forte qui va se différencier dans le corps humain (selon les théories locales de la plupart des sociétés et très fortement chez Aristote) entre deux humeurs autres qui sont le sperme et le lait. Le sang est ce qui subsume l'ensemble et fonde la consanguinité. La « nature », c'est ainsi la consanguinité, où se partagent déjà des substances corporelles, et la « chair », c'est la mise en contact charnel, la mise en contact direct de ces substances. La femme de Montaillou dit donc très exactement ce qu'il faut comprendre ; elle traduit cette réflexion de l'humanité, sur ce qui fait la différence entre la transmission substantielle par la procréation, puis par la chair, c'est-à-dire par les contacts qui permettent de parvenir à ce résultat – même s'ils n'y parviennent pas toujours, puisque tous les rapports sexuels ne sont pas suivis d'une grossesse. On constate une absence dans la théorie lévistraussienne, c'est celle des alliés. Dans le rapport charnel avec des consanguins, les deux partenaires sont tellement proches par la nature et par la chair qu'il n'y a guère de question à se poser : la prohibition de l'inceste protège de l'horreur de l'identique. La vraie question est celle des alliés. Si un homme

– on part toujours par convention d'un *Ego* masculin – épouse une femme qui ne lui est en rien consanguine, il va de soi qu'il aurait pu tout aussi bien épouser sa sœur, car elle ne lui est également en rien consanguine. Pourquoi, à partir du moment où il a épousé l'une, lui devient-il alors, dans un certain nombre de sociétés, absolument interdit d'épouser l'autre, soit en même temps, soit parfois même après la mort de la première ? Cette situation en tant que réponse fait partie des variations qui remplissent un même cadre invariant qui est la question posée. Lévi-Strauss n'a pas posé cette question parce qu'il l'a entendue d'emblée comme englobée dans la théorie sociale de l'échange. Si l'on ne redupliquait pas, c'était pour obliger à la diversification des alliances. En effet, comment aurait-on vraiment construit des liens sociaux différenciés s'il n'y avait eu d'échange que deux à deux ? Ce qui est une façon de voir intéressante, mais pas suffisante, car il existe des sociétés qui échangent deux à deux, par moitiés, et pourtant ce sont des sociétés tout aussi viables et structurées que les autres. Invoquer l'obligation de la diversification est une interprétation *a posteriori* qui ne tient pas compte de l'incroyable diversification des interdits qui portent non seulement sur les parents par alliance, mais aussi sur d'autres parents, les parents de lait dans le monde arabe, par exemple. Il ne s'agit pas de diversifier des alliances, mais d'autre chose quand il n'est pas possible, par exemple, qu'un garçon et une fille qui ont eu la même nourrice et qui ne sont par ailleurs aucunement consanguins, puissent s'épouser. C'est non seulement parce qu'ils ont partagé le même lait, mais aussi souvent parce que ce lait est censé provenir du mari de la nourrice, venir du sperme de l'homme. L'interdit porte sur le partage sexuel d'humeurs corporelles identiques.

Ainsi, la théorie englobante de Lévi-Strauss conçue comme une règle sociale de diversification des alliances ne me paraissait pas suffisante. J'ai établi à mon tour une théorie englobante qui postule l'existence d'une réponse faite par tous les groupes humains à la question de savoir s'il était bon ou mauvais de faire se rencontrer des choses identiques. L'inceste du deuxième type est le produit de la réponse négative à cette question dans le registre de la chair, de la rencontre de deux substances identiques à travers un partenaire sexuel qui est commun à deux consanguins de même sexe, comme dans l'histoire de Montaillou (on peut d'ailleurs l'étendre au cas où deux consanguins de sexe différent partageront un même partenaire sexuel, mais le cas est plus rare). Rappelons que l'inceste est établi entre les deux consanguins.

L'esprit humain manie la notion du contact interdit selon la nature et selon la chair. Selon la nature, on se représente ce que deux individus ont d'identique par rapport à l'engendrement. L'identité partagée est totale entre père et fils, mère et fille, mais elle existe aussi entre les germains puisqu'ils partagent entre eux les mêmes parents. L'interdit selon la nature semble aller de soi, c'est l'interdit de l'inceste tel que nous le connaissons, à savoir l'inceste direct entre deux consanguins. Mais, et c'est là que j'ai fait apparaître un élément nouveau, cet interdit fondé sur la nature porte aussi sur la chair, à savoir le contact direct des substances entre elles. L'inceste consanguin du premier type est une duplication par la chair de quelque chose qui tient à la nature. Mais, plus avant, deux natures identiques, des substances consanguines, peuvent se toucher mutuellement sans rapport charnel direct, simplement parce que deux consanguins partagent le même partenaire sexuel qui, *via* le contact et l'idée du transfert physique de fluides, fait se rencontrer et se toucher les deux substances identiques. C'est cela, l'inceste du deuxième type. Les chairs, les substances, peuvent se toucher par l'intermédiaire des humeurs du corps, et particulièrement par ce que dans bien des sociétés on appelle clairement les « eaux de sexe », à la fois masculines et féminines. Cela suppose au départ une interrogation très large des humains sur la manière de traiter l'identique et le différent, non seulement d'un point de vue abstrait, mais en envisageant également ce que l'on met sous ces rubriques et qui se situe, au-delà de la morphologie, du côté très concret de la substance, de la « chair » par opposition à la « nature ».

Il y a cependant des sociétés qui ne refusent pas le contact entre identiques. C'est un des grands débats anthropologiques que de savoir s'il y a eu autrefois des sociétés qui ne récusaient pas l'inceste consanguin. On met en avant les sociétés du Proche-Orient, les Perses notamment, qui n'auraient pas reculé devant l'inceste mère-fils ou père-fille. Sans compter le mariage entre germains, que l'on trouve aussi en Égypte, même si les pharaons n'épousaient pas n'importe quelle sœur. Cela fait partie des variations dont je parlerai plus avant. Il n'y a pas en effet une définition naturelle, biologique de l'inceste avec une même extension universelle ; seule importe la manière dont un classement est fait dans chaque société pour déterminer ce qui est incestueux et ce qui ne l'est pas ; des situations incestueuses chez nous ne le sont pas ailleurs et la notion même de cette « nature » substantielle transmise par l'engendrement peut ne concerner par exemple qu'un seul des deux parents. L'union d'*Ego* avec celui de ses germains qui ne partage avec lui que l'autre parent n'est donc pas interdite.

J. A. – *En pareil cas, qu'est-ce qui serait encore incestueux en Perse ?*

Dans le cas où l'inceste n'aurait pas été prohibé entre père et fille et mère et fils, il faut d'abord s'assurer qu'il ne s'agit pas simplement d'une manière d'interpréter les textes. Des sociétés ont des systèmes de parenté d'une autre nature que la nôtre où il est impossible qu'un homme épouse quelqu'un qu'il appelle « ma mère », « ma fille » ou « ma sœur », alors même qu'elles ne le sont pas. Si cette explication est insuffisante, je me permets simplement de souligner ce fait fondamental que, pour épouser son fils ou sa fille, il faut avoir eu un autre partenaire, qui vous a permis d'avoir ce fils ou cette fille. Il s'agit donc toujours de mariages secondaires dont la valeur, d'après les auteurs qui ont étudié la question, est sans doute rituelle ; cela ne peut être une norme sociale puisqu'il est impossible à une femme d'épouser son fils si elle n'a pas eu ce fils d'un autre homme, comme il est impossible à un homme d'épouser sa fille s'il n'a pas eu cette fille d'une autre épouse. Cela peut dire simplement que l'idée de ce mariage, qui conjoint géniteur et enfant de sexe différent, qui représenterait une haute forme de « charité », implique soit que le cumul d'identique n'est pas pour eux une idée repoussante, soit que la transmission substantielle de l'identité se fait selon le sexe commun, père et fils, mère et fille, mais pas entre sexes différents. Quant au cas de rapports plus éloignés, grand-père/petite-fille ou grand-mère/petit-fils, assez rares pour dire vrai, il peut être accepté, comme dans certaines sociétés africaines, pour les mêmes raisons de transmission de l'identité substantielle que nous venons de voir.

Les « dangers » de l'inceste : du Burkina Faso à Woody Allen

JACQUES ANDRÉ – *Le raisonnement de Lévi-Strauss, au moins celui des* Structures élémentaires de la parenté, *a consisté à faire de la prohibition de l'inceste l'interdit par excellence, au point de le concevoir à cette époque comme la marque de ce qui oppose nature et culture. Il ne s'agissait là, pourtant, que d'un premier niveau de réflexion : plus profondément, la dimension de l'interdit apparaissait comme secondaire, subordonnée à une exigence plus radicale : la contrainte à l'alliance, l'échange. La face positive, incitative (et cachée) de la prohibition se révélait comme la vérité de sa face négative, interdictrice (et manifeste). À vous lire, on a le sentiment au contraire que l'interdit retrouve son primat et, par la même occasion, que le danger de l'inceste pour la communauté humaine retrouve une position de cause finale.*

Que la prohibition de l'inceste amène à contraindre à l'alliance extérieure est incontestable. Je ne récuse absolument pas cette conclusion, au moins sur le mode d'une obligation d'exogamie telle qu'elle est définie localement par les représentations qui concernent la transmission des substances identitaires. Si vous ne pouvez pas épouser des gens qui vous sont interdits au nom de la prohibition de l'inceste, cela implique que vous allez épouser les autres ; le mariage, l'union socialement approuvée, se fait avec ceux qui ne sont pas interdits et souvent en fonction de stratégies particulières d'alliance.

Peut-on dire que je pose le « danger » de l'inceste comme cause finale ? Il faut se mettre d'accord sur ce qu'on entend par « danger ». La crainte de l'inceste s'origine dans un certain type de représentations qu'il faut comprendre. Quand on parle de « danger », dans notre culture moderne occidentale, on pense immédiatement au risque de consanguinité aggravée, débilitante, entraînant des infirmités, des malformations, des déficiences graves. C'est la question des rencontres génétiques homozygotes. Si le père et la mère sont porteurs tous deux des caractéristiques génétiques entraînant par exemple la mucoviscidose, l'enfant l'aura. C'est donc effectivement maléfique. Ce qu'on oublie de dire, c'est que la même opération peut être également bénéfique, quand le père et la mère sont porteurs de gènes qui entraînent une amélioration. On le sait pour les animaux, quand on fait se croiser des individus consanguins sélectionnés parce qu'ils portent une caractéristique profitable : la vitesse pour les chevaux, la qualité du lait ou de la viande pour les bovins, etc. Les dangers de la consanguinité ont leur contraire : les améliorations, les bénéfices dus à la consanguinité. Par ailleurs, avec une mortalité infantile extrêmement forte en bas âge, observer que le mariage consanguin entraînait des déficiences était particulièrement ardu, sans parler de ces déficiences minimes comme une diminution de la taille ou l'accentuation du prognathisme. La corrélation entre l'inceste et les dangers de la consanguinité est une reconstruction *a posteriori* qui nous vient de notre monde moderne, mais que l'on ne trouve pas dans les sociétés archaïques ou différentes de la nôtre. En effet, il y a bien des sociétés qui fonctionnent avec des mariages que nous avons considérés comme incestueux jusqu'à une période très récente. Des mariages entre cousins germains, par exemple ; c'est une chose qui demandait dispense jusqu'au début de ce siècle. Ce mariage que nous considérions comme incestueux et porteur de tares est au contraire la norme obligatoire de beaucoup de sociétés.

Le danger, tel que ces diverses sociétés se le représentent, est plutôt de façon constante à mettre en liaison avec l'idée des qualités que portent les humeurs du corps, en termes de chaleur par exemple. Ces qualités sont de nature globalement identique, mais il y a cependant dans chaque ligne consanguine une spécificité de la qualité de cette identité, de la même manière que les interdits alimentaires qui entretiennent cette spécificité peuvent porter sur des variations extrêmement infimes. Ces variations sont justement celles-là qui établissent la différence au sein de l'uniformité. Dans chaque consanguinité, familiale, lignagère, il y a une certaine idée de la différenciation intime d'une qualité générale des substances. La conception la plus généralement répandue est que la mise ensemble de ces substances identiques, de ces chairs identiques, entraîne par excès de chaleur ou par excès de froid, soit des assèchements, soit des liquéfactions – en tout cas des ébranlements de la nature. C'est une mécanique des fluides. Assèchement et liquéfaction du corps humain dans l'un et l'autre cas aboutissent à la stérilité : que le corps parte en hémorragie ou en diarrhée, ou qu'il soit totalement émacié, le résultat est toujours la stérilité. Ce danger vaut pour les individus eux-mêmes coupables d'inceste, mais aussi pour leurs proches, les tiers ; et très généralement pour le monde qui les entoure, aussi bien les animaux que la terre. Il est aisé de relever, dans les comptes rendus ethnographiques, un certain nombre de conséquences de l'inceste, qui vont du raz-de-marée aux orages, aux inondations, etc., mais aussi, au contraire, au tarissement de la pluie ou des nappes phréatiques.

Cela nous amène à d'autres conclusions qui dépassent le cadre de cet entretien, mais qu'il faut quand même mettre en place : un substrat général de croyances peut être compris dans la formule que rien dans l'humain et dans ce qui lui arrive n'est dissociable du monde. Ce qui se passe dans un registre a des conséquences dans un autre. Chez les Samo (au Burkina Faso) chez lesquels je travaille, l'inceste, comme d'autres types de crimes sexuels, peut entraîner le dessèchement de la terre, la disparition de l'eau des nappes phréatiques, l'arrêt de l'eau du ciel. Mais, à l'inverse, des faits qui se produisent dans le registre climatologique, météorologique, naturel, peuvent avoir des conséquences sur l'humain : ainsi, on ne peut jamais faire le sacrifice de puberté d'une jeune fille quand il pleut, en hivernage, parce que eau sur sang, liquide sur liquide, entraînerait chez elle la liquéfaction par hémorragie, par cumul de l'identique. Le cumul est néfaste là où il est réprouvé.

Par rapport à l'obligation exogamique et aux conceptions de Lévi-Strauss, je pose en chiasme un autre système : la représentation par les hommes du contact des substances et des effets qu'il produit, et, selon la façon dont on y répond, le résultat qui s'ensuit : soit une endogamie, soit une exogamie, l'une ou l'autre positivée. Selon la réponse locale que l'on fait, l'endogamie sera considérée comme bénéfique ou, au contraire, l'exogamie sera considérée comme la réponse qui va de soi, étant entendu que la question essentielle sous ce rapport est moins celle de l'organisation définie par une règle de filiation que celle de l'assignation de la transmission de l'identité substantielle à une ligne parentale ou une autre, parfois aux deux. L'exogamie n'est pas la recherche de l'étranger, mais la recherche, dans la société, de ceux dont la règle sociale fait qu'on peut les épouser. C'est au sein de la consanguinité que la règle établit un partage entre les épousables et les autres. Chez nous aussi, qui prenons en considération les degrés de consanguinité, donc l'effet de nature, au-delà des degrés interdits les consanguins plus lointains devenaient tout de suite épousables. Ils constituaient même le champ privilégié de l'alliance. Cela avait été remarqué par Pierre Damien, un Père de l'Église du XIIe siècle, à un moment où l'on discutait beaucoup pour savoir quelle était l'extension des degrés prohibés en consanguinité ; en nature, donc. S'était produite à cette époque une contamination entre la manière canonique et la manière juridique romaine de compter la parenté. Du comput canonique au comput juridique romain, les degrés varient du simple au double ; ainsi, les cousins germains passent du deuxième degré au quatrième, les issus de germains du troisième au sixième, etc. À un certain moment, on a compté l'extension en degré des prohibitions selon le mode romain, mais en leur donnant l'extension qu'elles auraient couverte en termes canoniques. Ce jeu subtil de contamination des règles de comput a fait qu'il devenait interdit de se marier entre personnes dont la consanguinité pouvait se compter sur douze générations. Il devenait particulièrement difficile de trouver un conjoint et la règle ne pouvait manifestement pas être respectée, sauf peut-être en ligne directe de filiation agnatique, la plus aisément identifiable. Or Pierre Damien écrit ceci : « Le grappin de l'alliance ramène au centre celui qui s'écarte. » C'est une représentation de l'alliance du type de celle que j'ai moi-même représentée graphiquement dans la société samo où l'on se marie aussi préférentiellement entre consanguins éloignés, au-delà de l'extension des lignages et degrés interdits.

De la même manière, Lévi-Strauss ne s'interrogeait pas sur ce que j'appelle la valence différentielle des sexes, qui me paraît primordiale, à savoir que, pour que les hommes échangent entre eux leurs filles et leurs sœurs, il fallait que, dans la conscience générale, ils aient le droit pour ce faire et que cela ne soit pas réciproque ; de même qu'il ne s'interrogeait pas non plus sur la raison d'être des catégories dualistes, dont j'ai dit qu'elles n'avaient pas à voir avec un câblage cérébral inné, mais avec une construction synaptique progressive due à l'observation, dès les origines, de la différence sexuelle ; de même, il n'a pas considéré nécessaire de statuer sur les raisons profondes de l'interdit de l'inceste. En somme, il n'a pas considéré qu'il fallait tenir compte de la « chair » à proprement parler. Il s'est intéressé seulement aux conséquences de cet interdit, parce que celles-ci sont fondatrices du lien social. Pour ma part, je soutiens qu'au-delà de la variabilité des représentations, on peut repérer des invariants autour de la manipulation de l'identique et du différent dans la « nature » (c'est-à-dire de la construction mentale et sociale des faits liés à la copulation et à la reproduction), certes, mais aussi dans la « chair », pour reprendre ces deux termes fondamentaux et en spécifiant que la définition de la « nature » ne se réduit pas à sa transcription juridique en termes de régime de filiation, mais introduit au sein de la norme juridique des différences, qui tiennent à la représentation de la transmission substantielle de l'identité selon les sexes. Les conséquences en sont effectivement la fondation du social, mais le social lui-même dépend de et inclut ces représentations qui en sont à la base. C'est la raison pour laquelle je me suis appliquée à la recherche du sens de l'interdit, qui nous oblige d'une certaine façon à considérer que la réflexion de l'homme sur lui-même n'est pas seulement d'ordre abstrait – définir une règle et le fonctionnement d'un ordre –, mais qu'elle part de sa véritable concrétude. Ce type de réflexion sur la concrétude de l'homme est toujours vrai aujourd'hui, comme il l'a été aux origines de l'humanité. Nous vivons toujours avec le même type d'interrogations, sans nous poser individuellement dans notre vie ordinaire la question de savoir si elles renvoient à l'aube de l'humanité ou si elles sont un effet de notre règle sociale. Ainsi, le rapport sexuel entre le second époux d'une femme et la fille née du premier mariage de celle-ci pose problème dans nos sociétés sans que la raison de l'inquiétude soit clairement perçue et formulée. Le prototype de cette interrogation, il me semble le voir dans les écrits d'un juge qui raconte des faits auxquels il a été confronté, à travers les propos d'un homme qui, surpris de l'accusation d'inceste à laquelle il est confronté, se défend en disant : « Mais qu'ai-je fait de mal puisque ce n'est pas ma fille ? », faisant ainsi primer la nature sur la chair.

Pourquoi faisait-il primer la nature sur la chair ? C'est que le même homme déclarait, dans un autre temps : « Je ne couche plus avec sa mère. » Ainsi, sans le savoir explicitement, il sentait que, s'il ne couchait plus avec la mère, il n'était pas coupable de faire se toucher la substance de la mère et de la fille. L'homme disait implicitement que, selon la nature, sa belle-fille ne lui était rien, et qu'il n'y avait pas d'inceste du deuxième type selon la chair non plus, puisqu'il ne couchait plus avec sa mère. Il aurait sans doute été incapable de formuler les choses ainsi, mais ce qu'il disait, c'était bien cela. De la même manière, dans le Coran, sous forme de règle écrite cette fois, il est dit clairement que nul ne peut faire grief à un homme de coucher avec sa belle-fille s'il n'a pas eu de rapports avec sa mère. Pour l'opinion publique, l'horreur implicite est celle de la mise en rapport des substances de ces deux femmes.

Elle est manifeste dans toutes les discussions autour de l'histoire exemplaire de Woody Allen : non seulement il ne couchait plus avec la mère (Mia Farrow) d'une fille adoptive qu'il voulait épouser, mais elle n'avait jamais été son épouse. « Qu'ai-je fait de mal puisque ce n'est pas ma fille, que je ne couche pas avec sa mère, que sa mère n'a jamais été ma femme et qu'elle n'est pas la mère par le sang de sa fille ? » Et pourtant, cette union a été considérée par le public comme un inceste parce qu'ils avaient partagé le même temps de vie, la même nourriture, aussi bien physique que spirituelle, et que, d'une certaine façon, c'était bien sa fille parce qu'il y avait eu un temps ce rapport de chair avec la mère adoptive de l'enfant. Par la chair, vous mettez en contact le lien naturel qui unit la mère et la fille, la nature substantielle de la mère et de la fille. Cette réflexion est donc toujours présente dans nos esprits, qui ne se dit pas sous forme de règle absolue, mais qui inspire l'horreur publique.

Entre anthropologie et psychanalyse

JACQUES ANDRÉ – *Le cumul de l'identique, la confusion des substances, l'indifférenciation des personnes, tout cela n'est pas sans évoquer les ingrédients psychopathologiques qui accompagnent l'inceste mère-fils, sur fond de relations fusionnelles. C'est souvent à partir d'un fils schizophrène que l'on découvre quelque chose de cet ordre.*

L'horreur, cette horreur qui est socialement construite, qui a une histoire fondée sur des règles transmises, ne signifie pas pour autant qu'il ne peut y avoir de délectation à vivre l'inceste, dans le fantasme ou dans la réalité. S'il n'y avait pas de délectation, de désir, l'inceste ne se produirait pas ; or il se produit. Il y a un rapport évident entre l'observation anthropologique et l'observation psychanalytique, même si je ne me suis jamais consacrée à mettre en évidence les liens existants. La psychanalyse parle en termes de désir, de relation fusionnelle. L'anthropologie sociale en reconnaît l'importance pour les individus, mais s'intéresse aux représentations partagées touchant à l'acte, aux substances, à la naissance du lien naturel qui unit ceux qui partagent une même consanguinité, à la nature du rapport sexuel, à celle des substances impliquées dans cet acte. C'est la façon anthropologique de voir les choses. Je pense qu'une théorie unifiante devrait prendre en compte les deux approches : ce qui se passe au niveau de chaque individu et au niveau de la représentation globale sociale. Il se trouve que je suis plutôt d'un côté et vous de l'autre.

J. A. – *On retrouve l'infirmité de la science. Votre livre,* Les Deux Sœurs et leur mère[1], *s'ouvre par cette interrogation : « Qu'est-ce que l'inceste ? Comment définir ce qui est incestueux et ce qui ne l'est pas ? » Cette question résulte d'une insatisfaction : on ne peut se contenter de la définition usuelle, trop étroite, de l'inceste (un interdit portant sur les « relations sexuelles directes » entre des partenaires de sexe différent, consanguins à des degrés plus ou moins rapprochés ou alliés matrimoniaux), tout simplement parce que les exemples ethnologiques abondent où est considérée comme « incestueuse » une relation sexuelle débordant ces critères. Vous êtes ainsi conduite à étendre considérablement le champ des relations prohibées à travers votre théorie de l'inceste du « deuxième type ». On ne peut qu'être frappé par ce qui rapproche, sans les confondre, votre démarche et le mouvement propre à la théorisation psychanalytique. Dans le fond, celle-ci procède, plus encore qu'à une extension, à une généralisation de la dimension incestueuse. S'il est vrai que tout choix d'objet sexuel hérite des déterminations infantiles de la sexualité, que tout objet de la sexualité adulte porte les traces des premiers objets de l'enfance, alors la dimension incestueuse est coextensive à la vie sexuelle en général. Soit pour en alimenter le désir, soit pour en inventer l'interdit. Comme celui que s'impose Michel Leiris, que vous citez au début de votre livre, qui répondait à la question : « Pourquoi vous êtes-vous refusé à avoir des enfants ? » Parce qu'il « m'aurait semblé par la suite, en couchant avec leur mère, entrer dans l'inceste ». Extension de l'inceste à l'inceste du deuxième type, généra-*

1. F. Héritier, *Les Deux Sœurs et leur mère. Anthropologie de l'inceste*, Paris, Odile Jacob, 1994 (rééd. 2007, coll. « Bibliothèque »).

lisation de la dimension incestueuse. Comment analysez-vous cette convergence relative ?

À dire vrai, je ne me suis pas posé la question de la relation avec l'interprétation psychanalytique. J'aborde les choses à ma manière, dans le cadre de ma discipline : infirmité scientifique comme vous le dites, même s'il y a actuellement des efforts menés par un certain nombre de mes collègues pour rapprocher les deux perspectives. Pour ma part, je trouve que j'ai déjà beaucoup à faire avec les outils qui me sont donnés. Si la dimension incestueuse est coextensive à la vie sexuelle en général, elle est aussi coextensive à la nature substantielle du corps, productrice d'humeurs qui proviennent de ce corps et s'en échappent. Si j'essayais de faire un rapprochement avec la psychanalyse, j'étudierais les premiers objets de l'enfant : la mère, le premier objet sur lequel il se fixe, et l'interrogation qui est posée dans l'histoire de chaque individu sur le moment où se différencie pour lui la « nature » et la « chair ». Différenciation dont je ne puis dire à quel moment elle se situe, mais il me semble que dans le discours analytique on reconnaît un moment du développement de l'enfant où il prend conscience qu'il y a une rupture, une solution de continuité entre le corps de sa mère et le sien ; que son corps est à la fois autonome et dépendant de celui de sa mère. Je me demande si on pourrait prendre appui là-dessus pour comprendre la différence constatée anthropologiquement. Je pense que l'interrogation sur le rapport entre « nature » et « chair » date de ce moment-là de l'ontogenèse vécu par tous. C'est une hypothèse, qui pose en même temps la différence des corps et la quasi-impossibilité de les séparer : la nature, ce lien de dépendance de la consanguinité privilégié par rapport à la mère, et la chair, le moment de la conscience de la rupture.

J. A. – *Le moment de la séparation, de la rupture, serait paradoxalement celui de la saisie d'une continuité dont on ne peut jamais se débarrasser.*

Et d'une discontinuité aussi : parce que la « nature » et la « chair » sont les deux aspects de la réalité. En ce sens, Leiris est en plein dans ce problème compliqué ; une affirmation comme la sienne est très difficile à démêler, car elle rend compte de l'impossibilité d'admettre totalement cette discontinuité, la sienne par rapport à sa propre mère. N'étant pas lui-même sorti de la croyance de son rapport consubstantiel avec sa mère, il entre dans l'inceste charnel avec la mère de l'enfant qu'il a engendré, par une étrange triangulation : il couche doublement avec une mère, et même avec lui-même puisque la chair de son fils qui n'est pas indépendante de la chair de son épouse, mère de l'enfant, est aussi la sienne propre, qui n'est pas coupée de sa propre mère. C'est un ensemble conflictuel très compliqué parce que Leiris n'avait pas lui-même souscrit à la séparation d'avec le corps maternel. Ce faisant, il entre dans l'inceste par rapport à son fils et par rapport à sa propre mère.

J. A. – *Vous écrivez : « La prohibition de l'inceste n'est rien d'autre qu'une séparation du même, de l'identique, dont le cumul, au contraire, est redouté comme néfaste. » « L'impensable absolu, écrivez-vous encore, c'est le rapport sexuel entre des identiques parfaits. » En quoi consiste le péril ? C'est que l'identité est improductive. Qu'est-ce qui pourrait naître du rapport incestueux de la mère et de la fille – paradigmatique de l'identique dans votre construction ? Pour que quelque chose soit produit, se reproduise, il faut* a minima *introduire du différent. L'impensable, le honni, c'est l'identique. Et non pas, indifféremment, selon les cultures, l'identique ou le différent. Votre thèse hiérarchise les dangers. Du même coup, on est étonné par la façon dont vous répondez à l'objection qu'il existe des sociétés (amérindiennes, par exemple) qui admettent fort bien l'union d'un homme avec une mère et sa fille, ou avec les deux sœurs. On a le sentiment, à ce moment-là, que votre raisonnement change de plan, revient au formalisme de la combinatoire, à la gamme (infinie) des possibles, effaçant le privilège accordé, dans l'ordre des dangers, au « cumul de l'identique » et à sa prohibition ; quittant le domaine du sens pour retrouver le primat de la structure. L'inceste, universellement prohibé, est pourtant toujours du côté de l'excès d'identique, de son cumul, jamais du côté de l'excès de différent.*

Que l'inceste soit toujours du côté de l'excès d'identique, c'est vrai ; qu'il ait comme conséquence une improductivité imaginaire ou une productivité monstrueuse, c'est vrai aussi ; et que cela soit considéré comme un repliement sur soi, sur le groupe, sur la consanguinité, que ce repliement soit contraire à la création du social, c'est vrai également. Il existe cependant des dangers de l'excès de différence, mais ils sont d'une autre nature que ceux de l'excès d'identité. Pourquoi ? Parce que tous les hommes naissent et vivent dans un milieu de proximité relationnelle, qui concerne les consanguins et les habitants du même territoire. C'est là que prennent corps dès l'enfance les diverses passions humaines. L'appel de la différence ne peut naître que chez des adultes qui se construisent dans la révolte ou dans le désir d'échapper à une existence tracée. Seul l'excès d'identique est donc craint ou recherché. Mais il existe cependant un danger de l'excès de différence qui n'est pas la stérilité par ignition (excès de chaleur) ou liquéfaction (excès d'humidité), mais celui de la dissolution de l'identité. Un peu d'extranéité est bonne (on trouve fréquemment des récits d'origine lignagère à partir de l'union d'une femme autochtone et d'un royal ou valeureux étranger), dans le sens où l'étranger est incorporé dans le groupe. Trop d'extranéité est censée être nuisible. Regardons simplement les craintes de la société occidentale devant le métissage non seulement des hommes mais des cultures.

Cependant, dans le registre de l'identique, c'est effectivement la gamme des possibilités qui compte ici. Chaque société construit sa représentation de l'aire de la consanguinité, de l'extension et de la définition des prohibitions qui vont avec la prohibition de l'inceste, sa représentation de l'identité substantielle et des vecteurs de sa transmission (qui ne sont pas toujours les deux parents, mais souvent un seul d'entre eux). Chacune de ces variations a sa logique, si on l'examine dans son cadre global. Mais le tableau d'ensemble n'aurait pas de cohérence si on ne se référait pas aux conceptions locales de l'identique et du différent. Par exemple, il est parfois interdit à un homme d'épouser deux sœurs, sauf si elles sont jumelles. Dans ce cas, il doit au contraire les épouser toutes les deux. Car il s'agit d'une même personne sous deux formes physiques, qu'on ne peut couper en deux. Ce sont des conceptions qui chaque fois ont leur logique, et représentent l'éventail ou le vecteur des possibles. « Éventail », « vecteur » ; ce sont des expressions que j'utilise parce que le nombre des réponses est très grand dans le cadre invariant de la question que se posent les humains sur la mise en rapport des substances, et qu'on peut ordonner ces réponses selon leur caractère positif ou négatif. Si j'avais à donner une proportion, je dirais que trois sociétés sur quatre considèrent que le cumul de l'identique est négatif. Cela dit, ajoutons que chaque société manipule cette idée de l'identité et du cumul de l'identique dans d'autres domaines que ceux du contact sexuel et de l'alliance matrimoniale avec des réponses variées. Sont excessivement rares les sociétés qui prohibent le cumul de l'identique dans tous les domaines, depuis la cuisine, la médecine, jusqu'à l'alliance. On peut prohiber l'alliance entre proches, l'inceste du premier ou du deuxième type en considérant que ses effets sont débilitants, néfastes, et en même temps rechercher les effets du cumul de substances de nature identique, pour guérir certains maux, comme guérir un abcès ou les écrouelles par l'application de sang menstruel.

J. A. – *Est-ce que cela veut dire, par exemple dans les sociétés amérindiennes où il est possible à un homme d'épouser les deux sœurs, même simultanément, que la question de l'identique se pose ailleurs, au niveau d'autres relations ? Ce ne serait pas un passage de l'identique au différent, mais simplement un déplacement de l'identique ?*

Oui, en effet. La notion d'identité n'est pas toujours placée exactement au même endroit, c'est cela qu'il faut comprendre. Une question est posée, mais les réponses peuvent être diamétralement opposées dans deux sociétés que l'on observe. Il y a dans chaque culture, pour des raisons diverses, des réponses variables dont on peut établir les traits principaux de variabilité. Je ne pense pas qu'il y ait des situations, dans le cadre de cette variabilité des réponses, qui aient échappé encore à l'investigation anthropologique. Cela peut certes arriver, mais on a suffisamment fait le tour des sociétés existantes et passées pour qu'on ne puisse plus penser trouver – comme on trouve encore des espèces animales ou végétales inconnues – une société qui présenterait une figure jamais vue ou jamais imaginée. Réservons malgré tout cette possibilité. En tout cas, toutes les sociétés ont toujours une définition particulière de l'identique, selon la gamme des possibles. Nous pouvons situer ceux-ci sur des vecteurs. Chaque thème que nous examinons représente un vecteur, qui va de l'absence du thème à son extrême présence, avec de multiples positions intermédiaires.

Pour faire comprendre ce qu'est une société, j'utiliserai la métaphore du jeu de mikado. Ce sont des bâtonnets que l'on jette ensemble et qui se retrouvent en tas ; chacun d'entre eux en touche plusieurs autres, par un point de contact ; si on retire un bâtonnet, on court le risque de voir tout le reste se reconfigurer différemment. Chacun des bâtonnets du mikado représente un vecteur qui correspond à un thème, comme ici la notion d'identique. Ils représentent toutes sortes de thèmes, depuis le plus technique jusqu'au plus idéel. Une société se définit par les points de contact apparemment arbitraires du jet qui nous a fait établir une certaine position du lancer du mikado, à un certain moment, qui est différente du jet fait par un autre acteur qui représenterait le fonctionnement d'une autre société, où les vecteurs seraient en contact de façon différente et à d'autres endroits. C'est cela pour moi une société, le résultat du lancer d'un ensemble de bâtonnets de mikado qui fait qu'ils sont en contact les uns avec les autres et qu'il ne peut pas y avoir (sauf exception statistique rare) un bâtonnet qui soit totalement isolé du contact avec au moins un autre, ne serait-ce qu'avec un seul point de contact. Les ensembles représentent les « choix » culturels des sociétés. Le mot « choix », par définition, ne convient pas puisqu'il implique la conscience de l'acte de choisir. Il s'agit en fait d'appareillements conditionnés les uns par rapport aux autres qui se mettent en place par friction et adaptation réciproque. Je n'ai pas de terme pour caractériser l'apparition de ce type de configuration, qui n'est pas raisonnée, pas consciente, et qui est cependant de nature obligée. Chacune des configurations sur un vecteur implique un rapport avec d'autres vecteurs qui est lui aussi de nature obligée dans un jet donné ; certains rapports n'existent qu'à travers de multiples médiations ; on est dans une logique des associations et des transformations. Il s'ensuit qu'à l'interrogation sur les effets du cumul d'identique par la « nature » et/ou par la « chair » ne correspondent pas des réponses uniformes.

J'ai choisi de me centrer sur l'inceste lui-même, et si je fais apparaître, à travers les notions de « nature » et de « chair », quelque chose qui, sous certains de ses aspects, relève de l'homosexualité, je ne me suis pas attardée de façon précise sur les rapports entre inceste et homosexualité. Or, dans l'exemple des Nambikwara que j'ai déjà évoqué, il existe des jeux sexuels entre certains types de cousins, et ces jeux sexuels entre garçons cessent quand l'un épouse la sœur de l'autre. Ces jeux se pratiquent entre cousins croisés, jamais entre cousins parallèles. Cela implique deux choses : la place occupée par l'identité des formes corporelles, qui n'est pas l'identité consubstantielle de la consanguinité, mais aussi un autre type d'identité, générique celle-là – entre hommes dans ce cas mais deux sœurs sont aussi plus semblables entre elles qu'une sœur et un frère –, qui est un point de départ très fort pour la conceptualisation de la parenté, pour la création du système-type de parenté. Au-delà de l'identité des germains de même sexe, cette même conceptualisation touche les parents et enfants de même sexe, la mère et sa fille, le père et son fils, ce que dans notre société d'ailleurs personne ne contredira ; et, au-delà encore, on conçoit une identité générique sexuée, un garçon et un autre garçon sont semblables, une fille et une autre fille sont semblables. En revanche, et c'est le deuxième point, une dichotomie est introduite au sein de cette identité générique sexuée de forme corporelle, selon que deux partenaires, que nous appellerions, nous, de la même façon cousins, sont issus de deux frères (parallèles) ou d'un frère et d'une sœur (croisés). Le mariage préférentiel a lieu entre un cousin et une cousine issus d'un frère et d'une sœur, et les jeux sexuels entre garçons ont lieu entre les cousins mâles, de même sexe donc, issus de cette même paire de germains croisés. L'identité de forme sexuée mâle chez les Nambikwara n'est chez eux pas un obstacle au jeu sexuel, qui est un jeu réglé ; mais à une condition : on ne joue pas avec n'importe qui, mais entre cousins croisés – qui ne sont pas identiques comme le seraient des cousins parallèles : même forme, mais réception différente de substance, ce qui préfigure l'union sexuelle qui existera entre le garçon et la fille. Si l'identité de forme mâle n'est pas un obstacle au jeu sexuel, elle le devient quand une identité substantielle intervient sous le double aspect de la « nature » (l'épouse de l'un est la sœur de l'autre) et de la « chair » : car en couchant avec elle, si le mari continuait de jouer sexuellement avec son frère, il ferait se toucher les deux chairs identiques, selon la nature cette fois-ci, du frère et de la sœur. Cela veut dire qu'à leur manière, en permettant ce jeu sexuel uniquement entre cousins croisés, dont on sait que l'un épousera la sœur de l'autre, et en l'interdisant ensuite quand le mariage a eu lieu, les Nambikwara jouent réellement avec ces notions de « nature » et de « chair ». Il n'y a pas d'autre explication convaincante. Pourquoi autorisent-ils ce jeu sexuel entre ce type de cousins seulement ? Parce qu'ils s'amusent à jouer avec l'idée de la substance. Qu'y a-t-il de substantiel dans le rapport entre le frère et la sœur, qu'y a-t-il de substantiel au niveau de la chair cette fois-ci, dans le rapport sexuel entre le mari et sa femme ? Quel serait dans leurs esprits le court-circuit qui serait établi si le mari continuait à coucher à la fois avec le frère et la sœur ?

Notons au passage que, dans le cas nambikwara qui est loin d'être unique sur ce point, l'inceste du deuxième type existe donc entre deux consanguins de sexe différent.

J. A. – *À la fois un jeu exploratoire et toujours au bord de l'interdit…*

Toujours au bord de l'interdit, en effet. Dans ces jeux dont on trouverait des exemples variés dans bien des sociétés, c'est le vertige du précipice, le vertige de l'interdit, le plaisir de la tentation, ici homosexuelle, qui est présent. Nous n'avons pas jusqu'ici abordé la question du rapport évident de l'inceste du deuxième type avec l'homosexualité. L'interdit de ce rapport est toujours celui d'un rapport homosexuel. On le voit clairement exprimé dans l'exemple de la phrase de Leiris, ou dans *Œdipe roi*, dans des notations ethnographiques claires. Et le jeu nambikwara montre les figures possibles quand l'interdit homosexuel est suspendu entre futurs beaux-frères, dont l'un préfigure l'épouse (dont il est le frère) et l'autre l'époux.

J. A. – *Afin d'appuyer votre propos, vous revenez à l'*Œdipe roi *de Sophocle, en citant notamment ce vers où Jocaste s'adresse à Œdipe : « Comment jamais, comment les sillons paternels, malheureux, ont-ils en silence pu te porter jusqu'à présent ? » Au-delà de la mère, donc, la rencontre incestueuse avec le père..., inceste homosexuel par l'intermédiaire d'une partenaire commune. Les incestes des premier et deuxième types sont ainsi accomplis dans la confusion d'un même mouvement. L'interprétation psychanalytique vous accompagne volontiers, elle qui, depuis la réinterprétation du complexe d'Œdipe par Freud en 1923*[1]*, souligne la double forme (hétéro- et homosexuelle, positive et inversée) du fantasme incestueux. On peut par contre avoir l'impression que vous êtes tentée de classer les différentes figures. Iriez-vous jusqu'à considérer l'inceste mère-fils comme secondaire par rapport à une conjonction plus secrète, plus dangereuse parce que cumulant l'identique : entre père et fils ? On peut ajouter à la question un autre volet : Freud était principalement attentif au désir du fils ; reste celui de Jocaste, et Sophocle donne bien à entendre que celle-ci n'est pas dans l'ignorance absolue ; reste cette figure du désir qui inverse les relations entre les générations. Cela mérite-t-il pour vous une réaction spécifique ?*

En ce qui concerne Œdipe, chez Sophocle, ce qui est mis au premier plan, c'est la rencontre incestueuse avec le père, et j'y souscris effectivement. C'est vrai pour Œdipe, c'est vrai pour Hamlet : la rencontre incestueuse avec le père est ce qui est mis en avant. Et donc un même mouvement confond les deux incestes avec le père et avec la mère, avec l'accentuation homosexuelle qui fait que la rencontre incestueuse est celle de la substance doublement identique, par la consanguinité agnatique et par la forme corporelle

1. S. Freud, « La disparition du complexe d'Œdipe » (1923), *in La Vie sexuelle*, Paris, PUF, 1969.

entre le père et le fils. Cela ne veut pas dire que le rapport mère-fils soit sans importance par rapport à cette conjonction plus secrète, au moins dans les esprits modernes. Mais, dans le monde grec – et c'est typiquement une de ces variations culturelles dont je parlais –, le primat est mis sur la « nature » et sur le rapport entre hommes, sur cette homosexuation du père et du fils qui devient une relation de contact homosexuel par le truchement d'une femme commune qui est aussi la mère de l'un d'eux. Les Grecs mettaient en évidence ces rapports consanguins entre hommes, mais en même temps la mère en Grèce classique est seulement le véhicule et la matière dont le père se sert pour avoir des fils.

En revanche, la question la plus intéressante est celle du désir de Jocaste. Il est passé sous silence, même si, comme vous le dites, Sophocle donne bien à entendre qu'elle ait su ou qu'elle se soit doutée de la vérité. La certitude minimale que l'on peut avoir, non seulement à travers Sophocle, mais aussi simplement en pensant à la réalité de la chose telle qu'elle nous est présentée, c'est que Jocaste n'ignore pas qu'elle a eu un fils et qu'Œdipe a l'âge qu'aurait ce fils s'il avait vécu. Cela, elle le sait, elle ne peut pas ne pas le savoir. La question qui est posée ici, mais que je n'ai pas traitée, est celle du désir des femmes, un désir masqué, jamais affirmé comme réel au même titre que celui des hommes, alors que celui des hommes pour les femmes est un désir que toutes les sociétés, y compris la nôtre, considèrent comme normal, juste et légitime ; elles considèrent même comme normal qu'il puisse se diriger vers des jeunes filles dont le discours public dit qu'elles pourraient être leurs filles. L'idée qu'un homme peut avoir des rapports légitimes avec une femme qui pourrait être sa fille, au double sens métaphorique et réel, est une idée qui ne pose pas véritablement problème. Or le désir symétrique des femmes qui avancent en âge pour ceux qui pourraient être leurs fils, ce désir-là, on n'en parle jamais. Je pense qu'il y a là aussi un élément fondamental, qui a été jusqu'ici occulté par la psychanalyse, comme il l'est par la manière sociale dont est vécue la valence différentielle des sexes, à travers le statut de domination sociale des femmes, mais aussi d'une domination psychologique qui amène à refouler.

J. A. – *C'est quand même intéressant de voir que c'est à partir de la psychanalyse et des psychoses que se découvre quelque chose des relations incestueuses mère-fils, de la mère au fils...*

Pour moi, il s'agit moins de la relation incestueuse réalisée de la mère avec le fils que du désir qu'a une femme – celle qu'on traite de « vieille peau », ce qui ne se dit pas pour un homme – pour la jeunesse ; il ne s'agit pas en fait du simple désir pour la jeunesse, mais, plus profondément, d'un ressort secret, le désir pour celui qui pourrait être son fils ; pas nécessairement pour le fils, mais pour celui qui pourrait être dans la situation d'âge d'un fils. Ce sont des ordres de représentations et de pensées dont je pense aussi qu'on les trouve exprimés de façon universelle à travers les comportements, les usages, les rites, les mythes, etc., mais qu'on ne met jamais en parallèle selon le versant masculin et le versant féminin. Cela participe du rapport général de valence différentielle des sexes, qui opprime et cache un certain nombre de ces thèmes en les pénalisant et en les culpabilisant du côté des femmes ; mais ils existent. Jocaste sait qu'Œdipe pourrait être son fils, et si elle jouit de ce savoir, c'est secrètement.

J. A. – *Vous signalez votre dette vis-à-vis de Reo Fortune, notamment d'une remarque de celui-ci dans un article de 1932 où il écrivait : « L'accent particulier qui a toujours été mis sur la relation qui existe entre la prohibition de l'inceste et la régulation du mariage a eu pour résultat qu'on a pratiquement toujours négligé de porter attention à l'inceste homosexuel. » On est évidemment frappé, étant donné la place que vous accordez au cumul de l'identique et à son danger, de voir l'importance que prend l'homosexualité dans votre argumentation. Il me semble que Georges Devereux avait fait un premier pas en ce sens quand il réinterprétait le propos de Lévi-Strauss : « Ce sont les hommes qui échangent les femmes », dans le sens d'une homosexualité (des frères et beaux-frères) à la fois masquée et vécue par procuration. Dans quelle mesure la légalisation de l'union homosexuelle, telle que la société française par exemple vient de la réaliser avec le Pacs, ne met-elle pas votre conception en difficulté ? Le caractère bruyant des débats a bien indiqué qu'une telle transformation n'allait pas sans heurt. Mais la rapidité de l'acceptation collective qui a suivi, la banalisation du Pacs témoignent à l'inverse d'une capacité étonnante du corps social à modifier sa hiérarchie des représentations. Comment une société, si nettement opposée au cumul de l'identique, pourrait-elle passer, presque sans douleur, à la figure inverse ?*

Sans aller jusqu'à interpréter absolument comme Devereux dans le sens d'une homosexualité vécue par procuration l'assertion lévi-straussienne comme quoi ce sont les hommes qui échangent des femmes, l'inceste homosexuel est pour moi un élément fondamental de cette combinatoire étonnante de l'inceste du deuxième type et même du premier type, donc de l'inceste en général, ne serait-ce que parce que sa présence est immédiatement sous-entendue quand il y a rejet du cumul de l'identique.

Pour la banalisation du Pacs, je ne sais pas si j'entre totalement dans votre idée. La dimension homosexuelle est là, c'est une composante du jeu, en sachant que les composantes varient dans les histoires individuelles comparées des sociétés, et aussi dans le temps historique de chaque société. Ce que je récuse, c'est l'idée d'une capacité étonnante du corps social à modifier brutalement sa hiérarchie des représentations ; pour moi, l'introduction du Pacs n'est pas venue comme un coup de tonnerre qui aurait brisé d'un seul coup les représentations archaïques toujours présentes. Il y avait eu déjà bien des modifications antérieures, qui sont allées dans le sens de cette ouverture. Parmi elles, il y a d'abord la chute, préparée depuis un certain nombre de décennies, de la connotation d'immoralité, y compris en Angleterre où l'on a cessé tardivement de pénaliser la relation homosexuelle. Les connotations utilitaristes, l'idée que les unions homosexuelles, non productives, amèneraient la mort du social, ont laissé la place ensuite au souci de réalisation individuelle et de liberté.

Les représentations globales nous viennent d'un temps très archaïque, des origines lointaines de l'homme ; elles ont pris le temps pour devenir les représentations ordinaires de l'*Homo sapiens sapiens* ; elles sont fondées sur ce que l'homme pouvait appréhender du monde avec des moyens d'investigation limités. La substance, la nature, la chair sont de l'ordre du visible. Depuis, nous avons découvert les lentilles et le microscope, et la possibilité de regarder et d'analyser un certain nombre d'objets invisibles à l'œil nu. On travaille aujourd'hui sur les gènes, mais ce mouvement de découverte scientifique, qui nous permet d'entrer dans la définition de la substance, date de quelques siècles seulement. La découverte des gamètes a eu lieu à la fin du XVIIIe siècle, celle des gènes date de ces dernières décennies. Nous continuons de vivre et de fonctionner mentalement sur des modes de représentation archaïques qui sont très durs à modifier, qui nous viennent du temps où l'on jugeait depuis la surface des choses. Maintenant nous jugeons d'une autre manière, avec d'autres moyens, et nous avons d'autres types de connaissance. Ce qui fait que nous juxtaposons des systèmes de représentation modernes, tenant à la compréhension réelle de la façon dont les choses se passent (à notre niveau actuel de savoir, du moins), et des systèmes de représentation archaïques appartenant à des modes de pensée antérieurs et difficilement délogeables entièrement.

Ce qu'on appelait la consanguinité se définit aujourd'hui très différemment. Impossible maintenant de dire que c'est l'homme qui, de son sperme, donne son sang à l'enfant. Il s'est passé bien des choses et j'oublie vraisemblablement d'autres éléments essentiels. C'est pour cela que le Pacs n'est pas un ébranlement brutal, c'est la marque terminale d'un certain nombre d'ébranlements qui ont eu lieu avant et qui l'ont rendu possible. Des situations qui n'étaient pas pensables, au sens d'imaginables, d'acceptables, pour les esprits des membres des sociétés à certains moments de leur histoire, peuvent par à-coups, et sous différentes influences, devenir un jour pensables. C'est la condition minimale pour qu'elles deviennent réalisables et, comme dans le cas présent, avalisées par la loi.

J. A. – *Vous écrivez : « Je considère l'interdit portant sur deux sœurs ou une mère et sa fille en même temps et en un même lieu pour un homme comme le paradigme de la prohibition de l'inceste du deuxième type. » Il me semble que cette formulation contient un déplacement considérable, aussi bien par rapport à la théorie de Lévi-Strauss où le couple paradigmatique de la prohibition serait plutôt celui du frère et de la sœur, que par rapport à la théorie de Freud pour lequel l'inceste mère-fils est l'inceste par excellence. Vous placez au centre de votre conception un couple homosexuel et féminin, qu'il s'agisse des deux sœurs ou de la mère et de sa fille. Quand on se souvient que la mère est un personnage non pris en compte par l'atome de parenté lévistraussien, on se dit qu'il y a chez vous une tout autre manière d'envisager la question. L'écart avec Freud n'est pas moins grand : quand celui-ci raisonne sur la différence des sexes, il le fait à partir du primat du phallus : on l'a ou on ne l'a pas, premier moment d'une logique binaire et structurante. Un sexe fait la différence, selon qu'il soit présent ou absent. Pour vous aussi un sexe fait la différence, mais c'est selon qu'il procrée ou non. Théorie renversante dans l'ordre des priorités, donc. Seriez-vous d'accord avec une telle présentation ?*

Oui. J'ai pris l'interdit portant sur deux sœurs, ou une mère et sa fille, comme le paradigme de la prohibition de l'inceste à cause de cette situation confondante que montre de façon intuitive le jeu des Nambikwara et que formule pour la première fois la loi hittite, en spécifiant qu'il est interdit à un homme d'épouser en même temps « les deux sœurs et leur mère ». Mais cette formulation met en évidence qu'il n'est pas possible, dans le cadre de la domination masculine (car tout est lié), de parler au nom du féminin en position d'*Ego*, comme sujet de droit. Toutes les règles sont dites au nom d'un homme ; il est dit ainsi qu'un homme ne peut pas épouser l'épouse de son frère, mais non qu'une femme ne peut pas épouser les deux frères. L'impossibilité d'ériger les femmes en sujets de droit fait qu'il n'était pas possible juridiquement de dire qu'une femme ne pouvait épouser l'époux de sa mère, l'époux de sa sœur ou l'époux de sa fille. C'est donc par un retournement incroyable que, pour le dire au masculin, alors même qu'il n'y a pas de rapport de consanguinité ou d'alliance entre l'homme et ces femmes, on dit que c'est l'homme qui ne peut pas épouser en même temps « les deux sœurs et leur mère ». Ainsi, l'inceste du deuxième type est-il bien lié de cette manière à la valence différentielle des sexes.

Si je considère que l'inceste du deuxième type des deux sœurs et de leur mère est l'inceste fondamental, c'est parce qu'il y a là une triple conjonction de la forme, de la « nature » (la consanguinité) et de la « chair ». Cette conjonction existe aussi dans le rapport père-fils. Pourtant, j'ai placé en premier le rapport mère-fille parce qu'elles sont en plus issues l'une de l'autre, par l'accouchement. Dans le rapport père-fils, on peut bien dire aussi qu'ils sont issus l'un de l'autre, mais par une médiation qui est celle du corps de la mère ; le fils est au premier chef l'enfant de cette mère-là. C'est donc la raison pour laquelle j'ai mis l'inceste mère-fille comme le modèle fondamental de l'inceste. Quant aux deux sœurs, elles sont issues du même corps de femme, dont elles ont la forme, la nature consanguine substantielle qu'elles touchent par l'intermédiaire d'un partenaire charnel commun. C'est un déplacement par rapport à la théorie de Lévi-Strauss, où le couple paradigmatique sur le plan de la théorie de l'échange est celui du frère et de la sœur. C'est vrai sur ce plan et avec cette lecture, et je continue d'ailleurs de travailler aussi sur le sens profond du rapport qui existe entre un frère et une sœur. Cela introduit un déplacement par rapport à l'atome de parenté lévistraussien. Mais, dans cet atome, il ne s'agit pas d'inceste. L'atome de parenté est fonction d'une vision particulière de Lévi-Strauss, due à la façon dominante de pensée de l'époque. Lévi-Strauss ne s'est pas posé la question des droits du sexe féminin. Il n'a pas pensé à la valence différentielle des sexes. Il ne s'est pas posé la question de savoir pourquoi les hommes échangeaient leurs femmes et non l'inverse ou les deux à la fois : la réponse lui paraissait aller de soi. Les femmes sont légitimement dans la main des hommes et les sœurs dans celles de leurs frères. L'atome de parenté correspond à une réalité qu'il aurait fallu critiquer, mais cela ne lui a pas paru nécessaire, puisque, comme chez Aristote, le primat du sexe masculin n'est pas, chez lui, mis en question.

Pour ce qui est du phallus, c'est une question qui m'a toujours intriguée. De la même manière que Lévi-Strauss ne s'est jamais posé la question du féminin dans la mise en évidence des structures sociales, ou de la présence/absence de la mère dans l'atome de parenté, de la même manière le primat du phallus n'est pas nécessairement une réalité qui correspond à ce que vivent et expérimentent les petites filles partout dans le monde, et pas seulement dans notre monde occidental chrétien. Je ne me suis pas posé la question de savoir comment je me situais par rapport à cette théorie ; elle me paraît fausse. La domination du masculin n'est pas une théorie fausse, mais la caractérisation des femmes par le manque, en revanche…

J. A. – *Le corps, les substances corporelles, les humeurs occupent une place décisive dans le modèle que vous construisez. Le corps et la notion de substance sont ainsi réintroduits au cœur de la problématique de l'inceste. Durkheim, dans son article célèbre de 1898, avait déjà tenté une théorie de ce type en associant la prohibition de l'inceste et le tabou du sang. Même si vous sollicitez la diversité des humeurs, on a le sentiment que la place occupée par la procréation, la fécondité dans votre argumentation, introduit une hiérarchie des humeurs, et que l'humeur « incestueuse » par excellence, à l'heure du deuxième type, ce n'est plus le sang, mais la semence.*

Ce n'est pas tout à fait vrai. Durkheim avait parlé du sang, mais sur le mode générique, celui du clan, tandis que là il s'agit bien d'un fluide qui circule dans le corps individuel. Mais les substances, pour moi, c'est aussi la chair. Il se trouve qu'il y a des manifestations particulières pour les substances qui peuvent sortir du corps et passer d'un corps à un autre. Il y a le lait, par ingestion, et les humeurs sexuelles, par copulation, mais aussi par ingestion. Dans la plupart des systèmes de représentation, les humeurs sexuelles sont des dérivés de la nourriture et résultent d'une transformation par la digestion de la nourriture dans le corps. Le passage d'un registre à l'autre est plus ou moins complexe. Dans la pensée aristotélicienne, la semence et le lait dérivent du sang avec des coctions d'intensité différente et le sang dérive de la nourriture ; dans d'autres cultures, hindoues par exemple, les cheminements sont extrêmement compliqués : interviennent la graisse, la moelle, les os, le sang… Il y a donc bien des manières de se représenter l'origine des humeurs. Chez nous, nous omettons l'idée d'une semence féminine, mais dans d'autres sociétés on reconnaît l'existence de liqueurs qui peuvent sortir du corps des femmes, au moment du coït par exemple ; j'admettrai donc votre formulation si vous convenez que « semence » s'entend pour les deux sexes. Avec des dérivés : le sang menstruel, le lait pour les femmes, etc., et parfois l'urine. En Afrique de l'Est, on familiarise une jeune fille à son conjoint, auquel elle est promise en mariage depuis l'enfance, en lui frottant les membres, tous les jours, toutes les semaines ou tous les mois, et surtout l'intérieur des cuisses, avec l'urine de son futur mari qu'on va chercher à cet effet. Par ces onctions, le corps de la fille est mis en contact à l'avance avec des humeurs atténuées, étrangères à sa substance, ce qui fait qu'elle sera mithridatisée quand elle rencontrera l'humeur forte : le sperme du mari. Cette histoire répond d'ailleurs à l'une de vos questions précédentes : le trop de différence, et pas seulement d'identique, peut être dangereux. Le jeu sur les substances peut devenir très complexe.

J. A. – *Il me semble que l'on ne peut dissocier dans votre réflexion l'interrogation sur la prohibition de l'inceste et celle qui concerne la domination masculine. Cette domination, vous la concevez comme réactive, une façon de combattre ce privilège exorbitant qu'ont les femmes d'enfanter les deux sexes, le même et l'autre. Si vous rappelez que le matriarcat n'a jamais été réalisé, par aucune société, passée ou présente, on a pourtant le sentiment qu'il organise secrètement,* in absentia *– comme quelque chose dont il faudrait à tout prix se protéger – ladite domination masculine. Il y a eu, bien sûr, d'autres tentatives théoriques, anthropologiques ou psychanalytiques, s'efforçant de rendre compte de cette domination. Maurice Godelier évoque la menace que fait peser une sexualité féminine « naturellement » désordonnée, parce que dissociée de la régulation instinctuelle par l'œstrus. Et Freud, quant à lui, met en relation l'angoisse de castration des hommes et la façon dont la manifestation du désir féminin sollicite dangereusement cette angoisse. Ces différentes thèses vous paraissent-elles exclusives, sont-*

elles d'inégale importance, comment percevez-vous leur pluralité et éventuellement leur articulation ?

Je pense que beaucoup de ces thèses sont tout à fait articulables. D'abord, la relation entre la prohibition de l'inceste et la domination masculine ou la valence différentielle des sexes ; je l'ai mise en évidence à plusieurs reprises dans notre entretien, mais cette domination, je la conçois effectivement comme réactive. Vous dites que cela peut être la réaction à l'angoisse de castration des hommes, c'est vrai aussi, mais dans le discours anthropologique qui est le mien, elle provient de la réponse à cette interrogation primordiale qui continue d'être présente : pourquoi et comment les femmes ont-elles la possibilité de faire des fils, des corps différents de leur forme ? Pourquoi faut-il que les hommes passent par le corps des femmes pour faire des fils, leurs semblables ? C'est un questionnement à la fois extrêmement archaïque et toujours actuel. Archaïque, on le voit à travers les mythes. J'en ai relevé en Afrique, mais il en existe partout, notamment en Australie et dans tout le monde asiatique. Au Japon, on trouve un mythe très intéressant, l'idée que survivent des témoignages d'un autre temps, d'un monde perdu : il s'agit d'îles oubliées dans les grands espaces océaniques, des îles peuplées de femmes exclusivement, où les femmes se reproduisent toutes seules. C'est le résidu d'un temps archaïque où les deux sexes étaient séparés et se reproduisaient séparément par leurs propres moyens, avant qu'il n'y ait ce mixage qui fait que désormais hommes et femmes vivent ensemble, s'apparient, et procréent de la façon que l'on connaît. Et il y a la Genèse... On écoute les textes sans les écouter vraiment, souvent dans des traductions où s'est glissé quelque chose qui a à voir avec nos propres cultures. Certains reprennent actuellement le texte hébraïque pour le saisir dans sa littéralité. Or le Créateur n'a jamais dit à Ève : « Tu enfanteras dans la douleur » – sous-entendu, par l'auditeur : des enfants des deux sexes au cours d'un accouchement pénible, mais bien : « Dans la tristesse tu mettras au monde des fils ». Non pas « des enfants », mais « des fils ». Après le péché originel, il y a donc un moment, sans qu'on sache exactement comment la reproduction aurait pu se faire puisqu'il n'y a pas eu de procréation antérieure, où il est dit quelque chose qui condamne Ève à enfanter ainsi des fils et condamne Adam à ne pas enfanter lui-même. Et cela se fait dans la tristesse. Quelque chose se passe tout de suite après la création de l'homme et de la femme, avant même qu'ils aient eu le temps de procréer, la tristesse d'avoir manqué quelque chose qui aurait pu être et qui est perdu, peut-être ce mode de reproduction parthénogénétique. Selon moi, la domination masculine part de ce constat, et de la nécessité subséquente pour l'homme de s'approprier le corps féminin. Parce que l'enfant ne se fait pas, comme on imagine la naissance du Christ, en un éclair qui traverse le corps, entrant par l'oreille et sortant par le flanc. Ce n'est pas comme cela que les choses se passent, il faut du temps pour faire un petit d'homme. D'où une condamnation et une assignation des femmes à cette tâche. On a commencé à comprendre le partage des rôles procréateurs entre l'homme et la femme quand on a découvert les gamètes. Auparavant, dans les théories qui nous viennent d'Aristote, c'était l'homme qui faisait les enfants de son sang. Le sang se transforme en sperme dans l'homme, et le sperme se transforme en sang dans le corps de la femme pour faire l'enfant. On ne dit plus comme autrefois qu'un homme a des enfants « de son sang », mais l'idée demeure présente, on le voit bien à travers les rationalisations de ce crime contre l'humanité qu'est la grossesse forcée : on y retrouve exprimée l'idée que c'est le sperme de l'homme qui porte l'identité ultime de l'enfant, son ethnie, sa « race » et même sa religion. La dépossession des femmes est complète, qui va parfois, dans certains systèmes de représentation, jusqu'à considérer le corps féminin simplement comme le véhicule adapté ou un fournisseur de pure matière.

Maurice Godelier fonde une théorie anthropologique sur une sexualité féminine naturellement désordonnée à partir du moment où elle n'est plus contrôlée, régulée, par l'œstrus qui signalait la période féconde ; et sur la nécessité pour les hommes de la contrôler, en inventant pour ce faire des systèmes de représentation et des systèmes d'usage. Je souscris mal à ce point de vue, ne serait-ce que parce qu'il implique la prémisse selon laquelle, dans ces représentations, la sexualité masculine, elle, ne serait pas désordonnée, et aussi que l'ordre est supérieur au désordre. Comme le raisonnement de Lévi-Strauss, mais sur des contenus très différents, ce raisonnement implique l'existence d'une norme masculine avant même l'instauration de la domination qu'il convient d'expliquer.

Chapitre 4

L'anthropologue dans la Cité

L'humain politique[1]

Une gestion, équitable pour les hommes, de la mondialisation économique et technologique ; l'amélioration en termes d'équité des rapports Nord-Sud ; la promotion politique, économique et morale du statut des femmes dans notre société et à l'extérieur ; enfin, la prise en considération du fait que, sans l'aide des pays forts, le sida allait dévaster les pays de faible économie. C'étaient là vraisemblablement des questions, issues de ma sensibilité d'anthropologue, de femme et, à l'époque, de présidente du Conseil national du sida, qui pouvaient paraître irréalistes, naïves ou reflétant les problèmes de ceux qu'on qualifie moqueusement d'humanistes, de « belles âmes angéliques » ; pourtant, non seulement je crois toujours qu'elles sont importantes, mais encore il me semble que sur certaines d'entre elles, la politique du Premier ministre a rejoint mes pré-

1. Organisé et publié par la revue *Témoin* en octobre 2001, ce débat avec François Hollande, à l'époque premier secrétaire du Parti socialiste et député-maire de Tulle (Corrèze), voit Françoise Héritier plutôt dans le rôle d'intervieweur dialoguant.

occupations, sans qu'il leur accorde nécessairement la même importance que moi. Par exemple, la promotion du statut des femmes est en ce qui me concerne une affaire primordiale ou, pour mieux dire, centrale. Nous reviendrons là-dessus.

D'où l'orientation générale que je voudrais donner à cet entretien : moins politique au sens du conflit démocratique des idées entre groupes, que politique au sens des idées et valeurs engagées dans les actions qu'un parti a choisi de mener. Nous ne pourrons certainement pas aller très loin ni couvrir un champ très vaste, aussi orienterai-je mes questions sur un petit nombre de points. J'ai été pendant six ans le représentant français au Conseil scientifique de l'Université des Nations unies. J'ai entendu là, pour la première fois, ce qui m'a semblé être un jargon technocratique recouvrant de son voile de nouvelles modes intellectuelles issues de la conviction que la mondialisation (ou globalisation) était inéluctable, jargon auquel on est devenu désormais familier parce qu'il a été adopté depuis peu par les intellectuels, les médias, et même le pouvoir politique : il s'agit principalement de *gouvernance* devenue « gouvernance » en français, ou encore *sustainable development*, « développement durable »[1]. Pour moi, « gouvernance » n'est pas un terme neutre. Il ne s'agit plus de gouvernement, d'art de gouverner, mais « de fournir des biens et des services à des intérêts sectoriels et à des clients-consommateurs », selon un directeur de l'Unesco[2], cité par Bernard Cassen dans *Le Monde diplomatique* de juin 2001. Ce dernier souligne avec raison en quoi la gouvernance adossée à ce qu'on appelle la « société civile », telle qu'elle est reprise d'ailleurs par Romano Prodi, met en avant la sphère des intérêts particuliers au détriment de l'intérêt général, le peuple et la représentation démocratique étant les grands absents

1. *Cf.* le rapport du Conseil d'analyse économique intitulé « Governance, Equity and Global Markets », 2001 (Livre blanc sur la gouvernance européenne) que doit publier la Commission de Bruxelles pour le faire adopter par le Conseil européen.
2. M. Ali Kazancigil, Division des sciences sociales, de la recherche et des politiques.

de cette façon de gouverner. Ainsi, résume Cassen, la politique devient assimilable à la « gestion d'une entreprise ».

Que pensez-vous de cette dérive si remarquable à l'échelon des grandes organisations internationales et dont on voit bien – ou on sent bien – qu'elle a tendance à s'implanter dans les manières politiques de conduire l'Europe, et même la France ? Quel rapport légitime doit-il être établi entre intérêt général et intérêts particuliers ? Le pouvoir politique ne peut-il plus être qu'un arbitre entre divers types d'intérêts, et souvent impuissant ?

Un exemple : l'intérêt des transporteurs et des industriels est d'utiliser la route (à cause des flux tendus) et cela devient aussi l'intérêt d'une classe de travailleurs ; l'intérêt de la sécurité routière, du tourisme, des écosystèmes, de l'intégrité du patrimoine, et donc l'intérêt général partagé, est de favoriser le rail. Pourquoi le ferroroutage, qui utilise les deux systèmes au mieux des intérêts de tous, n'est-il pas davantage promu et soutenu ? Pourquoi les protestations des lobbies les plus puissants immobilisent-ils très généralement le pouvoir politique ?

FRANÇOIS HOLLANDE – *Je trouve légitime que votre engagement de 1995 derrière le candidat Lionel Jospin, candidat d'ailleurs malheureux, soit rappelé. Rappelé au sens d'une évaluation d'une action qui avait été fondée sur un certain nombre de promesses faites à cette occasion ou renouvelées en 1997. Je crois que c'est l'honneur de la politique que d'être jugée sur un temps long, avec les imperfections de toute entreprise humaine, notamment par rapport à des objectifs que vous avez cités tels les rapports Nord-Sud ou la lutte contre le sida à l'échelle de la planète, mais aussi des actions qui ont pu être engagées plus concrètement par le gouvernement de Lionel Jospin – notamment l'égalité homme/femme ou même toute la question de la gestion équitable de l'économie au-delà même de la mondialisation.*

Vous évoquez dans votre première question le risque majeur pour la démocratie aujourd'hui : non pas la politique, mais au contraire la dépolitisation de l'action collective. La dépolitisation commence d'abord au niveau local avant d'échouer aux sphères internationales.

La première dégradation de l'action *collective, c'est bien la perte de son caractère le plus noble, à savoir la politique à l'échelle locale. Nous cons-*

tatons aussi cette dépolitisation à l'échelle nationale. Il est clair que l'État-nation n'est plus le seul cadre pertinent de l'action politique.
Une autre forme de dépolitisation peut aussi se faire jour, qui pour n'être pas que négative n'en présente pas moins des aspects redoutables : imaginer qu'il suffirait d'avoir une mobilisation des opinions publiques, des manifestations de militants sincères aux portes des grandes institutions internationales, pour que le rapport de force change et qu'il ne soit plus utile de passer par le canal des gouvernements ou des élections : pour faire bref, mieux vaudrait une bonne mobilisation citoyenne qu'un mauvais scrutin. Or je continue de penser que si la mobilisation de la société est souhaitable, indispensable, que l'autonomie des acteurs est nécessaire, seule en dernier ressort l'intervention du peuple souverain doit être déterminante. Elle est la plus sûre, la seule qui soit pérenne, la seule légitime.

Gouvernance, société civile, rôle des ONG, etc., sont les mots dominants du discours moderne qui vont avec l'idée que la mondialisation technique, économique et financière est non seulement un phénomène irrécusable, qu'on ne peut ignorer et sur lequel on ne peut revenir, mais aussi qu'elle touche, *via* les nouvelles (et aussi les anciennes) technologies de communication, aux modes de pensée et de vie qu'elle uniformise. Par ailleurs, l'acceptation du principe même qu'il s'agit d'une réalité en marche crée une vision idéologique où tous ceux qui refusent l'inéluctabilité de ces processus sont considérés comme intellectuellement archaïques et irréalistes. Commentant René Passet[1], Jean-Claude Guillebaud souligne qu'il s'agit là d'une « falsification insidieuse de la vérité », alors que ce qu'il s'agit de combattre pour les opposants est la « mondialisation prédatrice », et que la mondialisation économique est une donne nouvelle qui devrait être « démocratiquement et politiquement domptée », façon de voir qui rejoint la première question. Je laisse de côté le fait que la mondialisation des pensées et des comportements est douteuse. Pour le reste, quelle est votre position sur ces questions, compte tenu notamment des actions menées à Seattle ou ailleurs par des opposants, des positions de groupes

1. R. Passet, *Éloge du mondialisme par un « anti » présumé*, Paris, Fayard, 2001.

comme Attac ou les partisans de la taxe Tobin, des récentes réactions populaires contre les licenciements dans des entreprises qui sont rentables économiquement mais qui se justifient par des impératifs de recentrement ou de renouvellement technologique, des opérations qui, par la limitation des frais salariaux, visent à satisfaire les demandes des actionnaires en rendement financier ? Ne sommes-nous pas là dans une situation où l'État doit démocratiquement et politiquement agir, nonobstant les pressions de l'économie internationale et du libéralisme souverain qui écrase les plus faibles ? Quels sont les volontés et les moyens d'action d'un gouvernement socialiste ?

FRANÇOIS HOLLANDE – *Il faut se méfier des mots. Je suis frappé de ce qu'on invente des formes verbales, des concepts pour représenter des réalités qui ne sont pas si différentes de celles du passé.*
La gouvernance est un mot qui introduit l'idée de critères d'efficacité « en eux-mêmes » des gouvernements : il y aurait une bonne ou une mauvaise gouvernance. Mais pourquoi ne pas parler d'évaluation politique ? Ce qui compte et doit demeurer, c'est la politique, les choix politiques qui induisent des formes d'intervention gouvernementale, en dernière instance l'arbitrage par les peuples des choix qui sont soumis à leur décision.
La société civile, concept du XIXe siècle déjà présent dans les écrits du jeune Marx, largement repris par Gramsci, qu'est-ce sinon le peuple ? Pourquoi rendre plus compliqué ce qui est, somme toute, assez simple ? Si j'étais paranoïaque, je me prendrais même à réfléchir aux raisons pour lesquelles certains veulent rendre complexe ce qui ne l'est pas.
Le développement durable, valeur plutôt progressiste portée essentiellement par un mouvement politique écologique, qu'est-ce sinon le progrès ? Le progrès n'était pas que le progrès technologique ni le seul progrès économique : la gauche a toujours eu une conception du progrès global, d'un progrès partagé, qui ne pouvait pas être qu'économique et social ni ne pouvait se réduire aux seules forces productives.

Tout de même, ceux qui emploient ces mots n'entendent pas « société civile » comme étant le peuple, ni nécessairement « développement durable » comme étant le progrès.

FRANÇOIS HOLLANDE – *Certes, l'intention est bonne et peut aider à dépasser des notions traditionnelles, mais le risque avéré est de rendre le politique encore plus opaque aux yeux des citoyens. Ce n'est d'ailleurs pas tout à fait un hasard si ces formules ont été fabriquées dans des lieux non rodés à la culture démocratique, comme s'il y avait une objectivation de ce qu'était la politique. Je préfère finalement comprendre les évolutions qui se sont produites depuis plusieurs décennies à l'échelle de la planète, évaluer leurs conséquences sur les modes de vie, mesurer l'uniformisation supposée dont elle est la conséquence plutôt que d'imaginer que nous sommes entrés dans un monde nouveau. Je pense que le monde change, mais il n'a pas cessé de changer, mais il n'y a pas eu de rupture, y compris pendant la crise.*

Nous vivons à l'aide de mots et de généralités qui fondent tous nos discours, aussi bien triviaux qu'économiques ou politiques. Or ces mots sont pleins d'ambiguïté. Michel Samson, à propos de la prouesse technique du TGV Méditerranée[1], montre les illusions que l'usage de certains mots révèle et que l'on cherche ainsi à entretenir : on parle de « meilleure communication » entre tous alors que la libre circulation des plus pauvres est entravée, ouverture au « développement durable » (encore lui) alors que des sites naguère protégés vont être envahis, « entente renforcée entre régions » alors que la réalité est celle de concurrences et d'égoïsmes féroces, « ouverture sur la Méditerranée » alors que rien n'est prévu en direction du Maghreb, et de « déplacements » facilités, ce qui signifie la fin du « voyage » et abolit les paysages et les hommes. On ne saurait mieux résumer ce qui se cache derrière le triomphalisme des mots.

Plus généralement, ne peut-on craindre que l'usage abusif de mots abstraits de cette sorte comme aussi ceux d'« emploi », de « travail », de « profit », ou aussi de « vie » (*cf.* le « respect de la vie », dans d'autres domaines sur lesquels on reviendra peut-être) ne cache la réalité des hommes ?

1. *Cf. Le Monde* du 12 juin 2001.

Il n'y a pas « de la vie », il y a des vivants qui tracent leur trajectoire éphémère ; le travail ou l'emploi n'existent pas en soi, il y a des travailleurs. Il faut des supports humains pour que la notion abstraite existe et « sauvegarder l'emploi » n'a pas de sens si ce n'est pas sauvegarder le gagne-pain de ceux qui en vivent, à leurs yeux en tout cas, leurs yeux de citoyens, de vivants humains.

Ne pensez-vous pas qu'à travers la statistique et l'abstraction économique, et malgré les ressources mises à la disposition des plus démunis, comme le RMI[1] ou la CMU[2], le gouvernement a un peu perdu le sens de sa fonction première qui est d'être un gouvernement au bénéfice des hommes, pour se mettre au service des techniques et des systèmes idéologiques, à l'abri des mots qui entretiennent l'illusion ?

FRANÇOIS HOLLANDE – *La difficulté de cette question est de savoir quelles sont les références d'une action politique. Qu'est-ce que la réussite d'une législature ? Qu'est-ce qu'un bilan ? Et même, qu'est-ce qu'un projet politique si on lui fixe des objectifs globaux ? On peut avoir un formidable progrès macro-économique et en même temps n'avoir rien changé de l'état des inégalités dans un pays, voire l'avoir aggravé. On peut avoir réduit le chômage tout en ayant laissé le chômage de longue durée s'amplifier. On peut avoir de très bons résultats de notre politique à l'égard de la jeunesse, tout en constatant que les exclus – et notamment ceux des « quartiers » – ont été encore davantage écartés des lieux mêmes du savoir ou de la décision. Et nous sommes dans un système d'information qui ne connaît pas la diversité, ni l'individu, sauf à partir du fait divers réducteur : l'échec de l'un serait le reflet de l'insuccès de tous les autres. Donc, si l'on veut faire progresser la politique, il faut sans doute réfléchir collectivement à la mesure de son efficacité. Mais pas de son efficacité en termes de gouvernance ! De son efficacité en termes de changement d'une société.*
Nous – non seulement les politiques, mais les intellectuels, les chercheurs, tous ceux qui ont vocation à tenter de comprendre la société – aurions tout avantage à fixer les critères du progrès. Car ce n'est pas seulement d'avoir

1. Revenu minimum d'insertion.
2. Couverture maladie universelle.

un TGV qui aille plus vite, ce n'est pas non plus le nombre de personnes déplacées. Ce qui va déterminer une bonne politique des transports, ce sera d'abord et surtout de définir si le besoin collectif du transport est mieux assuré à travers un investissement de cette sorte ou à travers d'autres. Est-ce que nous avons permis à une population, notamment la plus pauvre, d'aller plus vite vers l'emploi, vers l'insertion ou n'avons-nous rien changé ? Et plus nous globalisons, plus les normes moyennes du succès s'apparentent aux normes des classes supérieures. Les objectifs des classes supérieures deviennent les objectifs de la société et c'est le début d'un divorce et, si nous n'y prenons garde, de ruptures autrement plus graves.

Un gouvernement socialiste est affaire de réformes, non de révolution. Cela me semble une option juste et m'amène à deux questions.

Premièrement, la société évolue naturellement. Il n'y a pas de sociétés froides, sans évolution, laquelle est due aux innovations et aux microfrottements des comportements individuels et collectifs.

À l'échelon de sociétés ethniques, on peut encore de nos jours observer des groupes humains qui ont organisé des institutions collectives, consenties par tous, d'adaptation aux aléas de la vie. À l'échelle de l'État moderne, ce n'est évidemment plus possible. Mais l'exercice du gouvernement et du pouvoir doit-il prévoir, orienter, précéder, ou simplement accompagner, voire suivre ces mouvements ? Doit-il prendre acte de ce qui existe ou, dans une démarche visionnaire, convaincre ou même contraindre ?

Je pense personnellement que ne sont réalisables que les idées qui, de simplement possibles abstraitement, sont devenues un jour pensables. C'est vrai de l'idée européenne, comme du Pacs. Ce qui était impensable naguère devient pensable et on peut alors œuvrer politiquement pour sa réalisation. Il s'agit là, on le conçoit, de mouvements profonds qui viennent de la société elle-même, sous l'impulsion de mouvements globaux de sensibilité. Comment concevez-vous le rôle démocratique de l'État : leader, organisateur, ou enregistreur ? Incidente. J'ai déjà évoqué que lors de la révision du droit de la filiation, en 1982 je crois, le doyen Carbonnier a légitimé le changement de la loi par des changements sociologiques. Il institue à côté des modes existants de reconnaissance de la filiation (légitime et naturelle, par la volonté ou par la possession d'état, c'est-à-dire l'usage), le critère de vérité biologique et rend ce mode de reconnaissance de la filiation opposable aux trois autres. À mon sens, il s'agissait moins à l'époque de changement sociologique réel profond que de changements techniques, avec l'apparition des nouveaux modes de procréation et le triomphalisme des recherches biologiques en général. Mais il n'est pas sûr que le primat du biologique, qui conforte l'individualisme de notre époque et qui a été ainsi imposé par la loi, soit au bénéfice des individus, car le social est partout et toujours l'effet de la reconnaissance de liens entre individus, liens qui ne sont pas soumis au pur rapport biologique ni créés uniquement par lui.

Le pouvoir peut donc rendre effective et pensable, parce que déjà réalisée par des actes légaux, une situation qui n'a pas été pensée par les gens eux-mêmes. Est-ce un bien, est-ce un mal ? Entre le dirigisme du communisme et le laisser-faire du libéralisme, y a-t-il vraiment place pour une voie socialiste qui tienne compte des avancées des peuples par eux-mêmes ?

Deuxièmement, j'ai parfois le sentiment, devant l'accumulation de comités *ad hoc* qui sont créés par les gouvernements successifs et dont on m'accordera qu'ils sont nombreux, que dans le monde actuel la consultation des experts prend la place de la consultation démocratique. Je ne parle pas des référendums, mais du recours aux représentants élus. Il semble soit qu'il y ait panne d'idées ou perte d'orientation devant la complexité du social, soit qu'il y ait confusion sur le sens même de la démocratie puisque l'expertise rassurante devrait suffire, soit qu'il y ait confiscation du droit civique de s'exprimer sur des choix politiques au nom d'un savoir spécifique, soit enfin que le pouvoir politique s'abrite derrière des experts, en clair qu'il ouvrirait ainsi de multiples parapluies.

Or ces commissions, dont beaucoup sont censées représenter la société et qui sont censées parvenir par leur réflexion commune à une opinion sage et mesurée, non seulement ont une représentation biaisée (parisienne, intellectuelle, savante), mais aussi présentent comme le commun des mortels des opinions travaillées par les multiples appartenances religieuses, professionnelles, de classe, etc., de leurs membres. Une expérience intéressante a eu lieu en Suisse, sur le mode des jurys populaires tirés au sort, pour examiner la validité ou non de l'interdiction de certaines recherches en biologie humaine. Alors que l'opinion scientifique s'affolait au vu de l'inculture des participants, après un temps d'écoute et de réflexion ceux-ci ont fort sagement tranché.

Quelle est votre opinion là-dessus ? Et ne serait-ce pas une bonne méthode de gouvernement, susceptible peut-être de faire mieux passer des convictions et des décisions au quotidien et dans l'exercice gouvernemental, que de recourir à des assemblées populaires, de faible taille certes (et du type des conseils locaux des communautés de sociétés traditionnelles) et dûment instruites par les spécialistes des données du problème, plutôt que de recourir uniquement à des comités d'experts qui s'installent dans leur fonction de conseillers du prince ? Fonction au demeurant peu gratifiante puisque le prince ne retient généralement que ce qui lui convient. Où est située la démocratie ?

FRANÇOIS HOLLANDE – *Il est curieux et même rassurant que ce soit l'expert qui s'interroge sur sa propre intervention et le politique qui défende l'expert... Mais nous en sommes là dans nos contradictions réciproques. Souvent et encore récemment, la politique a été accusée de vouloir tout régir, même si elle ne connaissait pas tout des données scientifiques ou culturelles d'un temps. Aujourd'hui, c'est plutôt le reproche inverse qui lui est adressé et on la stigmatise pour sa frilosité, voire sa lâcheté. On lui reproche de se retrancher derrière les avis de « sachants » pour ne pas prendre ses responsabilités.*
Je pense qu'il y a deux raisons qui justifient ce recours sans doute excessif à des autorités dites indépendantes ou à des comités ad hoc. *La première est tout de même l'extrême complexité d'un certain nombre de phénomènes, scientifiques pour l'essentiel (que ce soit la biotechnologie et ses conséquences sur l'être, le domaine des télécommunications ou celui du droit pour rendre compte de ces situations). Je ne suis pas heurté par principe qu'un État veuille s'entourer d'« avis autorisés », à condition que ce ne soit pas un prétexte commode pour ne rien décider. La deuxième raison qui a justi-*

fié le recours à ce type d'avis ou de cénacle est la peur du politique de voir mise en cause sa propre responsabilité juridique, voire pénale, dans une société de plus en plus organisée autour du droit (souvenons-nous du sang contaminé et de tout ce qu'il a pu représenter)…

Mais l'expertise existait sur cette question ! Seulement, on a reproché, *a posteriori*, aux experts de ne pas avoir connu ce qui n'a été découvert que par la suite.

FRANÇOIS HOLLANDE – *Je pense que le vrai malaise réside dans le fait d'avoir sous-traité aux experts la gestion de l'éthique, alors que s'il y a bien un domaine où la légitimité du politique est totale, c'est celui qui consiste à décrire ce qui relève du bien et du mal, du possible et du souhaitable, de la limite de toute intervention. Il n'existe pas de règle scientifique qui fixe le niveau de l'exigence éthique. Il est sain et même souhaitable que l'ensemble des personnes détentrices du savoir soient appelées à donner l'état de leur connaissance, mais leur savoir ne leur donne pas pour autant le pouvoir de fixer la norme. Il faut donc préciser de nouveau la frontière entre le scientifique et l'éthique.*

Ma troisième question traitera, à rebours, apparemment, de la précédente, de l'opinion et de sa dictature.

J'établis une différence entre la capacité populaire de s'informer et de décider et le caractère volatil de ce qu'on appelle l'opinion. Or, me semble-t-il, quand le pouvoir cède, il cède devant l'opinion. Je reconnais qu'il est fort difficile de tenir tête à celle-ci, surtout dans les moments d'intense émotion, mais n'y a-t-il pas là aussi un problème démocratique et de gouvernement de fond ? Problème qui rejoint le précédent car la nomination de comités d'experts n'est jamais considérée comme une mesure suffisante par une opinion échauffée, en raison du soupçon de collusion d'intérêts. La méthode suisse dont je parlais plus haut, où les comités sont faits de gens ordinaires, qui ne sont pas partie prenante et qui s'informent, me paraît là encore plus sage.

Mais ma question sur l'influence de l'opinion se double d'une autre. L'État doit-il, comme il en est soit sommé soit enjoint, s'abstenir, rendre un avis et surtout légiférer sur tout ?

FRANÇOIS HOLLANDE – *Pour un gouvernement, mieux vaut plaire que déplaire ! Cela vaut pour tout être humain et le gouvernement est en quelque sorte un être humain, dont la volonté de séduire n'est pas toujours suspecte. Sauf qu'il n'a à rendre des comptes, à la différence de chacun d'entre nous, que tous les cinq ans, puisque c'est dorénavant le rythme de toute consultation électorale. La difficulté de la question vient de la définition de ce que l'on nomme l'opinion. Elle ne se mesure pas uniquement par des sondages. L'opinion s'exprime tout autant par des manifestations, des mobilisations, des mouvements de presse... La difficulté, pour le politique et donc pour l'État, est d'apprécier s'il y a contestation partielle ou globale, si elle revêt un caractère précaire ou si elle a vocation à être durable. Si cette contestation doit rapidement disparaître, elle peut être affrontée ; si elle est liée à un intérêt catégoriel, mieux vaut lui opposer l'intérêt général. Mais nous sommes dans une société où l'opinion, même mal mesurée, est mise en exergue tous les soirs, notamment à la télévision. Le pouvoir démocratique est de bien faible résistance face à la formulation d'un journal regardé par plus de dix millions de téléspectateurs.*

Si nous mettons le politique face à l'opinion telle qu'elle est aujourd'hui proclamée, mesurée, affirmée, le rapport de forces est trop inégal. Aujourd'hui, la politique ne peut réussir sans alliés ; il faut constituer une sorte de front, de rassemblement de ceux qui croient à l'intérêt général et au long terme, car ces options sont fondamentales de l'éthique démocratique. Votre deuxième observation concernait la place de la loi. Je pense que vous avez raison : la réaction du politique n'est pas toujours la norme législative, d'autant moins que la loi est un instrument lourd et souvent inadapté pour réagir dans l'instantané. Nous sommes dans un monde où tout va incontestablement plus vite, où l'information circule beaucoup plus rapidement et où l'exigence de l'opinion est un traitement presque continu de la réalité rencontrée.

Or nous sommes héritiers d'une démocratie parlementaire où le rapport au temps était totalement différent. Une déconnexion est opérée depuis plusieurs années entre une politique jugée trop lente (alors que c'était peut-être le temps de la réflexion, du débat, de la contradiction, le temps du dépassement des émotions) et le temps de l'opinion qui est celui de l'immédiat. D'où, là aussi, le sentiment d'un archaïsme du politique, d'une inadaptation à la société. Si nous y cédons, alors ne faisons plus de lois, mais contentons-nous de circulaires et de décrets. Or on a aussi besoin de grandes lois, même s'il n'est pas utile, contre-productif même, de légiférer cons-

tamment. Il est parfois nécessaire que les choses soient pensées, dites, fixées, normées, débattues. Et votées.
La troisième réflexion que m'inspire votre question est que les libertés, notamment la liberté de la création, de la culture, la liberté d'opinion, qui sont nées au XIX*e siècle avec la démocratie, sont aujourd'hui utilisées par les détenteurs du pouvoir pour se protéger contre le seul contre-pouvoir possible qui est celui de la loi. Vous disiez, et vous aviez raison, qu'il y avait des fondements d'intervention de l'État par la loi ou par l'application des textes aujourd'hui en vigueur contre une émission, par exemple. Mais l'État est d'autant plus frileux qu'il est conscient que la censure est aujourd'hui impossible dans une démocratie et il y a eu récupération du drapeau de la liberté par les « forces de l'argent » pour se protéger contre l'influence de l'État. Un individualisme prédémocratique se trouve ainsi enrôlé avec un mouvement marchand postétatique, et à la fin postdémocratique. Attention !*

Mais de temps en temps les choses peuvent être dites avec une grande autorité, ce qui n'implique pas nécessairement une censure, une interdiction ; elles peuvent être dites de façon à conforter tous ceux qui considèrent qu'il y a matière à débat civique…

FRANÇOIS HOLLANDE – *C'est pourquoi il faut sans doute concevoir une double régulation : une régulation par l'État en tant que porteur de l'intérêt général, mais aussi une régulation par le droit en tant que porteur non pas de l'intérêt individuel, mais de l'intérêt du citoyen.*

J'ai été satisfaite de voir les mesures du gouvernement de Lionel Jospin en faveur du statut politique et familial des familles. La parité politique est un immense acquis dont on verra, je l'espère, des effets durables. Très récemment, l'octroi d'un congé payé de paternité de quinze jours, après la naissance d'un enfant, me semble être une mesure concrète qui devrait efficacement agir dans le sens d'un équilibre des tâches domestiques, pas essentiel vers l'égalité[1].

Pour moi, la question du statut des femmes est centrale en démocratie : parce que le sexe n'est pas une catégorie sociologique

1. S'il n'y a pas, comme en Suède, détournement de cet objet.

comme l'âge ; parce qu'il n'y a pas de fondement, de quelque nature que ce soit, à la hiérarchie qui prévaut et à la discrimination qui s'ensuit ; parce que la maternité, qui est un des éléments dans lesquels se réalise le sexe féminin, est encore trop souvent considérée comme un handicap dans la réalisation individuelle, sociale et professionnelle ; parce que les inégalités salariales et de définition de carrière sont toujours considérables et que cet ensemble de situations concrètes n'est démocratiquement ni concevable ni acceptable.

La contraception accordée aux femmes est à mes yeux le levier primordial pour accéder à la dignité d'être humain responsable de ses choix. On peut espérer que, malgré des assauts répétés, on ne reviendra pas sur ce droit ni sur celui de l'IVG[1], mais quelle est votre position sur :

— La priorité qui devrait être accordée aux équipements sociaux permettant aux femmes de concilier travail et vie familiale (dans l'intérêt bien conçu de l'économie : on sait que les États comme le Danemark et la France, qui facilitent le travail féminin, ont un meilleur taux de natalité que ceux qui handicapent ce travail par des politiques fiscales défavorables comme l'Allemagne ou l'Italie – presque trois points d'écart) ?

— Les mesures pour empêcher que les emplois partiels, à la demande, en CDD[2] temporaires, soient en priorité le lot des femmes (et qu'on n'avance pas l'argument de leur absence de technicité : c'est de plus en plus faux !) ?

— Les mesures pour faciliter à compétence égale l'accès aux emplois de haut niveau ?

— Les prises de position publiques pour la défense des intérêts bafoués des femmes dans certains États comme l'Afghanistan ?

Il me semble qu'une volonté politique claire devrait être affichée dans tous ces domaines, non pas comme des mesures ponctuelles

1. Interruption volontaire de grossesse.
2. Contrat à durée déterminée.

au même titre que d'autres, mais comme un axe majeur de gouvernement.

Il y a un point particulier, qui n'est pas subsidiaire : la question du corps des femmes. Dans toutes les sociétés, il semble qu'une seule pulsion n'ait jamais été entravée. Si les pulsions qui poussent à prendre la propriété d'autrui, à le frapper, à le tuer, sont partout sévèrement réprimées, la pulsion sexuelle des hommes accompagnée du passage violent à l'acte et exclusivement d'eux, ne l'est pas. Ce qui revient à reconnaître publiquement que le corps des femmes, quand il n'est pas approprié par le mariage, appartient à tous les hommes. Le viol, les « tournantes » d'aujourd'hui, est la marque de cette puissance et de ce droit. La prostitution également.

L'Allemagne, après la Hollande, vient de reconnaître la prostitution comme métier, ce qui a pour effet de reconnaître officiellement l'organisation de ce « métier » et les trafics qui y conduisent des femmes dont la grande majorité n'est pas consentante. Un lobby puissant pousse à ce que l'Europe ratifie ce choix.

Que sera, que doit être, à votre avis, la position officielle de la France et du gouvernement dans ce futur débat européen ?

FRANÇOIS HOLLANDE – *Il restera du gouvernement de Lionel Jospin, au-delà du verdict des urnes en 2002, un grand nombre d'actes qui étaient attendus : les 35 heures, les emplois-jeunes, mais aussi certaines décisions qui n'étaient pas forcément prévues, y compris par lui-même. Certes, sur la parité, c'était un engagement, il a été respecté. Mais sur l'IVG, sur la contraception, sur le congé de paternité, sur l'amélioration des modes de garde, sur la proposition de loi sur l'égalité professionnelle, finalement, c'est la société – à travers ses représentants, notamment à l'Assemblée nationale – qui a fait bouger la gauche plurielle. Ce n'est d'ailleurs pas une surprise car, même si la gauche avait déjà beaucoup fait, notamment en 1981, sur les droits des femmes, cela n'était pas une priorité des « forces de progrès », comme on disait. De la même manière, il n'était pas fréquent qu'au parti socialiste la famille soit considérée comme un objet politique, un sujet de réflexion ou un discriminant. Au contraire, elle était même souvent considérée comme un thème que la droite s'était approprié. Mais je constate que durant cette législature, les femmes et leur place dans la famille ont constitué une priorité qui n'allait pas forcément de soi dans le vote des Françaises et des Français en 1997, face au poids du chômage global. Quels sont les indicateurs d'un changement de société ? La place de la femme, le statut de la femme, sa représentation politique, les lieux de pouvoir occupés, la promotion dans l'entreprise ou dans l'administration, les capacités de garde des enfants... Tout cela révèle l'état d'une société. Quelles sont nos réponses aujourd'hui ? Je pense que sur la garde des enfants, il y avait eu un débat entre des allocations pour les gardes d'enfants à domicile ou des crèches collectives. Je n'ai pas à faire prévaloir un système par rapport à un autre, mais j'ai à dire au nom de l'intérêt général qu'il vaut mieux, ne serait-ce que pour être plus équitable, avoir des systèmes de garde collective que des systèmes d'allocations individuelles permettant surtout aux femmes des milieux plus favorisés de trouver des solutions appropriées.*

Un grand progrès a été accompli, puisque l'émancipation de la femme n'est plus conçue simplement en termes de droits, de protection par rapport aux hommes, mais en termes de parité, de partage des tâches. Ce qui est demandé n'est pas simplement de donner plus de droits aux femmes, c'est recommander aux hommes de prendre aussi leur place et une part dans ce qui n'était jusqu'alors considéré qu'imparti aux femmes. C'est une vraie rupture.

Le congé de paternité n'est pas seulement un droit supplémentaire pour les hommes, c'est aussi un devoir.

En ce qui concerne la place des pulsions sexuelles, vous auriez pu aussi pour l'illustrer évoquer, au-delà des tournantes, du viol ou de la prostitution, la sexualisation de la publicité, qui a pris une forme exponentielle ces derniers mois, ou la pornographie des esprits. Parce que la pornographie est principalement organisée autour de la pulsion sexuelle de l'homme et rarement autour de celle de la femme. Je n'en souhaite pas l'extension pour autant, c'est un simple constat. Ce fait-là existe, il est culturel. Il s'agit d'organiser au niveau de l'Europe, pourquoi pas, cette forme de répression, de contrôle et de punition. Tout ce qui pourrait marchandiser l'utilisation, conceptuelle, du corps de la femme, et de l'homme (!), quitte à normaliser un certain nombre de pratiques (sans mauvais jeu de mots, à blanchir ce qu'est cette forme de sexualité souterraine), serait véritablement la pire des évolutions. Car cela voudrait dire que finalement cette pulsion sexuelle marchande pourrait obéir aux mêmes règles que toutes les marchandises sur le continent européen.

Nous devons refuser d'une manière générale la marchandisation qui aboutit à livrer aux lois de l'offre et de la demande ce qui est de l'ordre de la nature, que ce soit l'environnement, la planète, le corps humain pour des expérimentations ou le corps de la femme. C'est pour cela que l'Europe ne peut pas être simplement un marché...
Nous revenons donc à la condamnation de cette idée de gouvernance ; nous ne sommes pas là simplement pour gérer un marché ; nous sommes là pour empêcher que le marché ne prenne une place qui n'est pas la sienne.

Le sida, les relations Nord-Sud, les relations avec les États-Unis... Alors que la question est d'une énormité aveuglante depuis des années, celle d'une pandémie mortelle qui touche hommes et femmes dans laquelle sont plongés certains pays africains et de plus en plus de pays asiatiques ou sud-américains, elle vient seulement maintenant sur le devant de la scène.

Depuis Durban, où les représentants des malades en Afrique ont réclamé d'avoir accès eux aussi aux trithérapies, accès qui leur était refusé pour cause de pauvreté (et aussi en fonction de leur incapacité supposée à gérer des traitements longs et lourds, ainsi qu'en raison de l'absence des infrastructures nécessaires[1]), depuis la réussite éclatante qu'a été le résultat du procès intenté par de grands laboratoires pharmaceutiques pour protéger leurs droits d'exclusivité, procès jugé en Afrique du Sud et qu'ils ont perdu, les gouvernements internationaux ont pris conscience qu'il était de leur devoir, mais certainement aussi de leur intérêt, de tenter de juguler une épidémie catastrophique humainement, économiquement, politiquement. Quarante à 50 % des classes d'âge productrices sont touchées dans certains pays comme l'Afrique du Sud, avec des fillettes contaminées de plus en plus tôt, un nombre considérable d'orphelins, une hécatombe parmi les classes d'âge motrices de l'économie.

1. *Cf.* la position récente du nouvel administrateur de l'USAID, Andrew Natsios, qui refuse aux Africains le bénéfice des trithérapies et leur conseille l'abstinence et la monogamie.

Je ne vous demande pas ce que vous pensez de cette situation, mais ce que vous allez faire concrètement sur le plan national et sur le plan international.

Plus généralement, et à l'occasion de la visite du président des États-Unis en Europe, quelle sera l'attitude à venir de la France à l'égard d'un homme et d'une politique qui protège exclusivement les intérêts de son propre pays, au détriment de l'intérêt du monde, en refusant notamment de reconnaître les travaux du sommet de Kyoto, ou de signer le protocole de l'interdiction des mines antipersonnel, en donnant son appui à des États voyous, selon l'expression actuelle, ou en refusant l'aide humanitaire d'État à l'Afrique notamment ? Quels sont les moyens politiques d'ingérence qui peuvent être utilisés ?

Je voudrais savoir également quelle est votre position à l'égard des ventes d'armes aux pays qui vivent de graves conflits internes, comme l'Angola, le Mozambique, la Sierra Leone, et plus généralement comment vous percevez les rapports de la France avec les pays en voie de développement et plus particulièrement avec l'Afrique francophone.

FRANÇOIS HOLLANDE – *Sur le sida en Afrique, le récent voyage du Premier ministre fut l'occasion de révéler, tardivement il est vrai, aux Français combien le retard pris a été tragique. Un pays comme le Zaïre est aujourd'hui plus touché par le sida que par les guerres tribales ; l'Afrique du Sud l'est également et ce n'est pas le pays le moins développé d'Afrique. Cela suppose que nous sortions du calcul économique qui aboutit à ce que les grands laboratoires, faute de clientèles solvables ou de pouvoir même, par une politique de bas prix, enrayer le fléau, ne vendent autant qu'il serait nécessaire leurs produits, y compris en cassant les prix à l'échelon de la planète compte tenu de l'économie d'échelle. Cela doit donc être le fait des États et la France doit, à cet égard, montrer l'exemple.*

Je pense qu'il faudrait créer à l'échelle de la planète – et les laboratoires pharmaceutiques ne vont pas s'en plaindre – un fonds pour financer la diffusion de ces médicaments. Vous savez, le marché avance toujours après que la solvabilité publique l'a précédé… Courageux, mais pas téméraire, le marché ! Mais pas simplement pour acheter les médicaments et les distri-

buer : il faudra mettre en place un certain nombre de personnels médicaux, ce qui suppose une politique de coopération radicalement différente de celle que l'on connaît et une prise en charge collective de cette action. Souhaitons que la France en soit le moteur. Je pense qu'il faut en faire un thème de campagne électorale. Nous n'aurons la légitimité pour agir que si nous faisons se prononcer les Français sur cette question-là. Je suis d'ailleurs convaincu que les thèmes internationaux sont des thèmes de politique intérieure aujourd'hui. Il en va de la question du sida aujourd'hui comme de celle du développement. D'ailleurs, si nous ne répondons pas au fléau du sida en Afrique, comment en limiter les effets sur notre propre continent, dès lors que l'on sait que les flux de personnes sont aussi importants ? Comment faire pour limiter l'immigration clandestine si nous n'avons pas une politique de développement appropriée ? C'est servir aussi notre intérêt : et c'est donc une affaire de politique intérieure que de poser ces questions à notre propre pays lors de la confrontation électorale.

Je sais bien qu'il ne sera pas facile d'établir un clivage avec notre principal rival ! Mais ce qui doit compter n'est pas seulement un engagement moral ; qui n'est pas contre le sida ? Heureusement. C'est d'abord de fixer comment nous pouvons dégager des ressources pour servir cet objectif. Là aussi, l'indicateur est déterminant. Le reste, words, words, words… *!*

Sur Bush : revenons d'abord sur son élection. Il était courant de dire qu'il n'y avait pas de différence entre les démocrates et les républicains. Et dans une certaine partie de l'opinion dite de gauche, cette évidence était largement partagée. Il était de bon ton de gloser sur Clinton (je ne parle pas de ses frasques, mais de sa politique). Alors qu'en fait, la société américaine est clivée. Elle ne l'est pas comme nos propres sociétés européennes, et encore, en est-on si sûr ? Mais, lorsque la candidature de Nader a privé Gore – qui avait fait plus de suffrages que Bush – de l'accession à la présidence américaine, je n'ai pas souri. Je n'ai pas considéré que c'était une bonne action que d'avoir participé à cet échec. Parce que, sur trois sujets fondamentaux, nous voyons tout de suite les différences : sur Kyoto, alors que Gore s'était engagé sur les questions d'environnement durant toute sa campagne électorale ; sur le bouclier nucléaire, dont Bush se fait aujourd'hui le propagandiste ; et sur la question de la peine de mort qui n'est pas une question banale. Je n'oublie pas les mines antipersonnel.

Je souhaite aussi que nous repolitisions le rapport aux États-Unis. Ce n'est pas la puissance maléfique par nature. Il n'y a pas que des représentants du « grand capital » qui se présentent devant les électeurs américains. Et ce n'est pas parce qu'il y a 50 % d'abstention que nous pouvons considérer que nous avons affaire à des impuissants sur le plan politique !

Je crois que c'est une leçon qui nous est administrée : les élections, cela compte, y compris aux États-Unis. Et quelle influence elles ont dans la vie du monde…
C'est pour cela que ceux qui se proclament « les antimondialistes » doivent aussi s'intéresser à la vie politique américaine sans forcément attendre là la résurgence du débat politique. Je pense que, vis-à-vis de Bush, l'Europe est devant un défi majeur. Autant elle pouvait douter de son identité et être sensible au discours transatlantique de Clinton – dont il faut bien dire que Tony Blair était un ardent partisan – et il pouvait y avoir une Europe qui se trouvait un lien culturel et économique avec les États-Unis, autant aujourd'hui, si l'Europe ne construit pas son identité, y compris par une confrontation à l'égard d'un certain nombre de thèses du président américain, quand le fera-t-elle alors ?
Sur les ventes d'armes, je pense qu'aujourd'hui – y compris dans la version scandaleuse des affaires révélées – nous voyons bien que les États eux-mêmes ne savent plus qui vend, combien et à qui. Il convient donc de dire que dans un intérêt purement national, il vaut mieux ne plus vendre d'armes puisque ce sont en définitive des sociétés intermédiaires qui en sont les bénéficiaires.
Sur la question du développement des pays du Sud, nous allons être là aussi devant une confrontation politique. L'Amérique ne développera même plus le terme du « commerce rédempteur », mais simplement la différence. Nous devons certes souhaiter une croissance économique en Afrique, mais qui aille de pair avec la démocratie. Je ne suis pas de ceux qui estiment que ce continent échappe aux valeurs universelles. Si on laisse penser que l'économie peut se faire sans le droit, nous n'aurons que la corruption et l'inégalité. À cet égard, je dois relever que depuis quatre ans notre politique africaine, sans totalement rompre avec son passé, s'en est tout de même très largement éloignée.

Il convient à mes yeux de rejeter les arguments dits culturels qu'on oppose à toute tentative d'action pour les droits de l'homme au niveau international.

Le dernier avatar de l'usage politique de cet argument, nous le voyons dans la réponse de Bush sur la peine de mort : « À chacun sa façon de voir. » Il reprend ainsi textuellement la même argumentation que celle employée par les dirigeants chinois. Or rien n'est plus faux. Les droits de l'homme ne sont pas soumis à des variations culturelles, c'est-à-dire à des fluctuations qui tiendraient à l'adhésion de tout un peuple à des pratiques qui s'y opposeraient. Ce n'est pas non plus un élément de la culture européenne qu'un néocolonialisme primaire tenterait d'imposer au reste du monde. Ils n'ont rien à voir avec notre culture et avant le XVIIe siècle, la culture européenne n'en comportait pas la trace. C'est la marque d'une conquête de la raison.

Il est important de noter que, sous l'appellation de la différence « culturelle », c'est-à-dire en s'appuyant sur les représentations et usages locaux des peuples, il s'agit toujours de légitimer des actes de répression (peine de mort, absence de libertés diverses) et que cet acte est fondamentalement politique. Au fondement des totalitarismes de cette sorte, il y a la domination qui s'exerce sur les femmes en général. Ce n'est pas un hasard si l'argument « culturel » est opposé majoritairement avec l'assentiment des hommes à tout ce qui touche la sexualité des femmes et leur droit à disposer d'elles-mêmes et de leur corps : qu'il s'agisse de l'excision (que de plus en plus d'États africains condamnent désormais officiellement), de l'âge au mariage, de la répudiation, de la polygamie, etc. Une des raisons pour lesquelles l'action en faveur des droits égaux des hommes et des femmes doit être maintenue, est que l'exclusion brutale des femmes est la matrice de toutes les autres.

J'ai rencontré récemment à Cassis Wei Jingsheng, l'auteur du dazibao sur la « cinquième modernisation », la liberté, texte qui lui valut dix-huit ans d'emprisonnement et l'expulsion ensuite vers les États-Unis. Interrogé sur ce qu'il pensait de l'argument culturel et s'il fallait que les pays occidentaux s'abstiennent d'intervenir, il répondit vigoureusement que le peuple voulait la liberté de penser et d'agir et que le gouvernement souhaitait, à l'abri de l'argument culturel, maintenir en paix sa politique de contrôle des esprits et des paroles. Si les gouvernements totalitaires ont besoin d'une répression visible à l'intérieur de leurs frontières pour effrayer et contrôler leur peuple, ils ne souhaitent pas qu'elle soit jugée politiquement à l'extérieur. L'argument culturel sert à cela. Wei Jingsheng soulignait que le bruit fait dans les presses étrangères autour des arrestations gêne le pouvoir, et que pour cette raison il fallait continuer. Que pensez-vous d'un droit d'intervention officielle à l'étranger au nom des droits de l'homme, en tant que ceux-ci sont une conquête universelle de la raison ?

FRANÇOIS HOLLANDE – *Je ne peux que partager votre appel à l'affirmation de valeurs universelles. D'ailleurs, toute la construction de notre droit était fondée sur une charte qui valait pour tout temps et pour tout lieu, y compris dans le système des Nations unies. Sinon, il faudrait considérer que la guerre est aussi un phénomène culturel ou que la barbarie obéit à une logique de diversité... Nous avons donc défini un droit même de la guerre et donc de la paix universelle. Le procès de Nuremberg s'est fait au nom de valeurs universelles et pas simplement au nom de la répression du vaincu. Je ne vois pas pourquoi nous aurions tenu, en Europe, sur cette conception-là du droit y compris encore aujourd'hui – et je me félicite qu'il y ait maintenant un premier embryon de charte de droits pour l'Union européenne – s'il fallait s'arrêter là, au nom d'un ethnocentrisme qui serait celui d'une civilisation supérieure. Nous retrouvons là les traces d'une conception néocoloniale encore professée qui est de considérer que, finalement, nous n'avons pas à imposer aux autres ce qui a été le fondement même de notre épanouissement démocratique au travers de la Révolution française. Le président de la République a eu des allusions à un relativisme des traditions en matière de respect dû aux personnes, dans le proche passé, notamment s'agissant de l'Asie, que je trouve en contradiction absolue avec la culture républicaine de la France. Cela reviendrait à dire que les révolutionnaires de 1789 se sont arrêtés là, considérant qu'ils étaient sans doute émancipateurs, mais d'abord pour eux-mêmes, le reste n'étant fait que pour protéger les conquêtes démocratiques de la Révolution.*

Or il y avait déjà dans la Révolution française cette conception universelle fondée sur la raison, héritée du monde grec, juif et chrétien, qui ne s'arrêtait ni à la France ni à l'Europe. C'est en ce sens que nous devons savoir ce que l'on fait du droit d'ingérence. Quelle est la sanction du non-respect des droits ? Si le droit d'ingérence, c'est le droit de la guerre, je peux comprendre qu'il fasse débat. Il a d'ailleurs souvent été présenté comme tel. C'est au nom du droit d'ingérence que je justifie une intervention dans un conflit (on peut penser à la Yougoslavie). Mais le droit d'ingérence, avant de fixer ses limites, est d'abord le devoir de poser le rappel de normes universelles. Je ne suis pas de ceux qui pensent que chaque fois que nous le faisons vis-à-vis d'un hôte étranger, nous rendons plus difficile l'épanouissement des libertés dans le pays du chef d'État qui nous honore de sa visite.

Et, pour une fois, la mondialisation n'est pas forcément négative. Car la diffusion par le satellite de tout ce qui est pensé, dit – y compris par les associations, les organisations non gouvernementales –, est écoutée et participe aussi d'un débat d'une société civile à l'échelle mondiale. Nous devons défendre une politique fondée sur la raison ; la meilleure façon de créer une émotion débouchant sur le droit ou l'émancipation, c'est de la fonder sur la raison. La raison, c'est une émotion profonde et codifiée.

Sida : la solidarité n'est pas perdue

FRANÇOISE BRISSET-VIGNEAU – *Le Conseil national du sida (CNS) a pour mission de donner son avis sur l'ensemble des problèmes posés à la société par le sida et de faire au gouvernement toute proposition utile, notamment en matière d'information, d'éducation pour la santé et de prévention. Les personnalités qui composent le CNS sont au nombre de vingt-trois ; elles sont désignées en raison de leur compétence (pour certaines d'entre elles de leur appartenance philosophique ou religieuse), par le président de la République, les présidents des assemblées, le Premier ministre et le ministre de la Santé, ou par différentes instances (Conseil de l'ordre des médecins, UNAF, Commission des droits de l'homme, CNIL, Comité national d'éthique, etc.). Le président de ce conseil – actuellement Mme Françoise Héritier, professeur au Collège de France –, est nommé par le président de la République pour quatre ans.*
À l'issue d'une première année de fonctionnement, le Conseil national du sida a rendu trois avis : l'un est une prise de position sur la sixième conférence internationale de San Francisco, l'autre concerne les assurances et le troisième s'intéresse au projet de loi contre les discriminations. Sur ces avis, sur le fonctionnement du CNS lui-même et sur le sida, nous avons interrogé la présidente du CNS, Françoise Héritier, professeur au Collège de France.
Vous avez rendu un avis « recommandant » aux assureurs de ne pas exiger de tests de dépistage de la séropositivité. Quelle a été leur réaction ?

Il n'y a pas eu de réaction exprimée directement au conseil, si nous avons eu quelques échos par voie de presse. À vrai dire, les compagnies d'assurances ne pouvaient pas être très surprises du contenu de notre avis, compte tenu des auditions auxquelles leurs représentants ont été conviés et des débats qui ont eu lieu alors. Par ailleurs, et même si elles sont en désaccord avec les propositions contenues dans l'avis, elles ne peuvent que reconnaître que nous nous exprimons le plus sérieusement possible, dans l'intérêt des deux parties. Il est évident que les compagnies s'inscrivent dans une logique de marché. Nul, et le Conseil national du sida non plus, ne leur demande de se substituer à la solidarité nationale.

Nous leur demandons seulement de ne pas faire du sida le prototype d'une menace majeure pour leur équilibre financier et de ne pas, sous ce couvert, faire courir des risques graves aux libertés essentielles de l'individu. En fait, le sida représente un risque « mineur », pour l'assurance, si on le compare, en coût, aux autres risques assurés. Il n'y a pas péril en la demeure. En revanche, les tests de dépistage et les questionnaires constituent une véritable intrusion dans la vie privée, notamment ceux qui, par des voies le plus souvent détournées, mais aussi par des questionnements explicites sur le mode de vie ou la sexualité, cherchent à cibler les contours de populations considérées comme « à risque » pour l'assureur. Sur le plan des principes, ces questionnaires ne sont pas acceptables, non plus que le test de dépistage imposé.

F. B.-V. – *Quels sont-ils, ces questionnaires ?*

Ce sont les questionnaires que remplissent les candidats à l'assurance, assurance sur la vie notamment. Mais il s'agit aussi de ceux que doit remplir tout demandeur de crédit bancaire, crédit couvert par assurance. Naturellement, ils ne concernent pas uniquement la séropositivité ou le sida. Pour bien des problèmes de santé, il peut y avoir refus d'assurer ou acceptation moyennant surprime. Mais pour ce qui est du sida avéré ou de la séropositivité, la revendication du droit de refus (et la recherche corollaire d'une détection préventive) repose sur un postulat et la certitude que tout séropositif développera un jour un sida avéré (ce que nul ne peut affirmer) ; ce postulat est que lorsque le sida est déclaré, l'aléa, qui est à la base de toute assurance, n'existe plus, puisqu'il n'existe pas de traitement curatif (ce qui est vrai pour le moment). Un deuxième postulat est que séropositifs et malades chercheraient par tous les moyens à s'assurer pour de grosses sommes. C'est pour pallier ce risque, en prenant les devants en quelque sorte, que les questionnaires visent à découvrir, dans les tranches d'âge les plus exposées, les personnes ayant des caractéristiques de vie qui font présumer qu'elles présentent un risque.

Tout cela pose de sérieux problèmes. L'un concerne la confidentialité sur des données très intimes. Les questionnaires médicaux vont aux médecins des compagnies, qui ne sont pas suspects de rompre le secret médical. Mais si l'on regarde en amont, bien des questionnaires pour l'obtention d'un prêt sont remis directement aux agents des banques, qui parfois demandent des certificats ou des attestations. Est-il normal que des informations sur l'état de santé des gens soient communiquées à des personnes qui n'ont pas vocation à les connaître ?

Il est nécessaire d'attirer l'attention sur un deuxième point. Celui qui se voit refuser un prêt ou une assurance sur la vie parce qu'il est séropositif, ou soupçonné de pouvoir le devenir, se voit du même coup privé de l'exercice de droits élémentaires, comme l'accès au logement, à l'installation professionnelle, à la voiture, etc. Or, rappelons-le, la séropositivité n'est pas la maladie et l'aléa existe. C'est aussi la raison pour laquelle nous estimons que les assurances ne peuvent exiger des tests de dépistage. Toutefois, nous proposons un moratoire de deux ans au terme duquel nous reconsidérerons notre position en fonction des données épidémiologiques et économiques. Pour le moment, on pense qu'on observera une diminution dans l'expansion de la contamination.

Cela dit, pour en revenir aux questionnaires et au fichier des risques aggravés, le problème qu'ils soulèvent (confidentialité, accès aux données, etc.) dépasse le cas du sida.

F. B.-V. – *Quelle est la valeur de vos avis ou recommandations ?*

Ce sont des avis purement consultatifs. Mais si la demande émane officiellement du Premier ministre ou du ministère de la Solidarité comme c'est le cas pour les assurances, il est difficile de ne pas en tenir compte.

F. B.-V. – *Qui peut vous saisir ?*

Le CNS peut être saisi par le président de l'Assemblée nationale et par celui du Sénat, par un membre du gouvernement ou le président de l'Agence nationale de lutte contre le sida, mais surtout nous pouvons nous saisir nous-mêmes. De nombreuses personnes nous écrivent, des associations aussi. Elles ne peuvent nous saisir, mais attirent ce faisant notre attention sur certains points et nous pouvons décider alors de nous saisir ou pas. Pour la loi relative à la protection des malades et des handicapés contre toute discrimination, il s'agissait d'une saisine officielle, mais nous nous sommes saisis nous-mêmes pour la question du congrès de San Francisco.

F. B.-V. – *Pensez-vous qu'il y a eu une évolution des mentalités dans la société française sur le sida ?*

Pour pouvoir vous répondre, il faudrait avoir une idée précise de ce que les Français pensaient dans les premières années de l'apparition du mal et de ce qu'ils pensent actuellement. On manque d'informations, à l'exception de bonnes analyses récentes de la presse écrite (parues dans les *Annales*). Est-ce là un bon révélateur de l'ensemble de la société ? Je ne sais. On peut dire cependant que la France se caractérise par une remarquable ouverture. Il n'y a pas de rejets massifs comme aux États-Unis. On peut se poser néanmoins la question de savoir si cette ouverture ne tient pas à une certaine ignorance. La plupart des gens n'ont pas vraiment pris conscience que la transmission est aussi hétérosexuelle[1]. Et la majorité de la population ne connaît pas de malades dans son entourage. Mais dans la décennie qui vient, des séropositifs anciens vont développer la maladie. Cette progression des sidas avérés risque d'effrayer, comme s'il s'agissait d'une recrudescence du mal, alors qu'il s'agira de contaminations anciennes, contractées souvent à une période où la maladie n'était pas identifiée, ni connus *a fortiori* ses modes de transmission. En France, le message selon lequel le mal touche aussi les hétérosexuels et les enfants passe de mieux en mieux, si ce n'est pas encore le message dominant, car bien des personnes pensent encore en termes de groupes à risque et non de comportements à risque. Ils peuvent se croire par là même protégés.

F. B.-V. – *Est-ce que cela entraîne un changement des comportements ?*

On ne le sait pas vraiment. Dans certains pays et dans des groupes très concernés tels les toxicomanes, on observe des changements de comportement. C'est le cas en Hollande, notamment avec l'échange des seringues organisé officiellement dans les rues. On a pu constater non seulement une baisse sensible de la transmission du VIH, mais aussi, paradoxalement en apparence, une baisse légère de l'emprise de la toxicomanie. La vraie protection, en dehors de l'abstinence, passe par le préservatif. Mais son image, dans notre société, reste liée aux rapports interdits et à la prostitution. Les choses seraient différentes si cet usage avait toujours été considéré comme normal. Pour certaines générations, le préservatif a une connotation grivoise dont il faut se débarrasser. Quant aux jeunes, ils ont tendance à le refuser comme antithétique à la confiance que suppose l'amour. Une bonne partie des messages d'information, d'ailleurs, vise à transformer cette vision (« il tue tout, sauf l'amour »).

1. Cet entretien date de 1990.

F. B.-V. – *Ne pensez-vous pas que les jeunes ont changé dans leurs comportements amoureux, notamment en vivant davantage en couple ?*

C'est exact. On le constate aux États-Unis. Les jeunes vivent en couple avec l'idée que lorsqu'on connaît la personne avec laquelle on vit et qu'on a confiance en elle, on ne court aucun risque, que le danger ne peut pas venir de quelqu'un que l'on aime. C'est une attitude dangereuse, mais les jeunes ont besoin de cette ouverture à l'autre, de vivre une relation dénuée de méfiance. Aux États-Unis se développe un comportement à base de rapports centrés sur la tendresse, sans qu'il y ait nécessairement de pénétration physique. Cette « mode » viendra sans doute en Europe.

F. B.-V. – *Que pensez-vous des campagnes publicitaires sur le sida ?*

J'associerai, si vous le voulez bien, information dans la presse et campagnes d'information tous médias sur le sida. En règle générale, je pense qu'il ne convient pas de dresser un tableau apocalyptique de la situation. L'épidémie est grave dans certaines régions (Île-de-France, région méditerranéenne) et dans certains milieux, mais il y a toutefois des départements où très peu, sinon aucun cas de sida avéré n'a été recensé. D'où l'importance de l'information et d'une information correcte. Les choses doivent être dites, mais selon une certaine éthique. Nul n'a le droit de dire n'importe quoi, n'importe comment, surtout à la télévision, que toutes les couches de la population, j'entends tous les âges, regardent. L'information devrait être vraie, *id est* vérifiée, réelle, pondérée, exprimée avec mesure. Mais dans certains cas, où il s'agit d'ailleurs moins d'information que d'émissions à thème, de débats organisés, le goût du scoop, du sensationnel est tel, pour des personnes que je ne qualifierai pas de journalistes, que cela les amène non seulement à bafouer le réel droit à l'information, mais aussi le simple droit des gens. Que veut dire d'ailleurs le terme « droit à l'information » ? Trop souvent, il me semble que l'expression s'entend à contresens comme le droit pour d'aucuns de lancer n'importe quel message. S'il s'agit du droit des gens de savoir, c'est un droit réel, mais qui suppose que l'information est juste et exposée de manière à ne pas faire de mal. Le public est composé de personnes dont certaines se reconnaissent ou reconnaissent leur destin dans ce qu'elles entendent dans ces émissions. Est-ce respecter leur droit à l'information que de leur asséner sans préparation des contrevérités ? Il faut donc savoir comment dire les choses, quand les dire, à quel public on s'adresse. Et surtout toujours vérifier ses sources. Il conviendrait de travailler avec des personnes concernées, journalistes, directeurs de journaux, psychologues, sociologues, sur la définition de ce droit à l'information, sur les effets de l'information sur le public, sur l'éthique de l'information. C'est ce que nous faisons actuellement au conseil.

Quant aux campagnes de l'Agence française de lutte contre le sida (AFLS), elles s'efforcent pour le moment, enquêtes à l'appui, de trouver le ton, le message justes, d'adapter ces messages à divers publics. Un message bien fait doit informer, faire comprendre les processus de contamination et ce qui est en cause en termes de santé individuelle et publique, et donc responsabiliser les individus : nous sommes responsables de nous comme de ceux qui nous entourent. Ces deux aspects ne peuvent être dissociés : pour me protéger, je protège autrui.

ANNE GUÉRIN – *Vous êtes aussi une spécialiste des cultures africaines. J'ai une première question à vous poser. Une Africaine se sachant infectée par le VIH peut-elle accepter un avortement ?*

Comment le pourrait-elle, surtout s'agissant du premier enfant ? Il est sa chance de se perpétuer. En Afrique, une femme n'est vraiment femme que lorsqu'elle devient mère. À une femme mûre qui n'a jamais été enceinte, fréquemment on ne donne même pas le nom de femme, on la désigne comme une jeune fille, même si elle est mariée. La séropositivité, qui n'est pas la maladie, est quelque chose de difficile à comprendre.

En général, les Africaines vivant en France conservent leur modèle traditionnel, selon lequel la réussite dans la vie passe par le plus grand nombre possible d'enfants. Si une femme africaine est déjà malade avérée, elle pourrait accepter d'avorter, car elle craindrait de ne pouvoir élever l'enfant. On ne laisse pas un bébé sans mère. Si une mère meurt très tôt, une parente, souvent la grand-mère, le prend et va de mère nourricière en mère nourricière, en demandant l'aumône du sein (pendant mes divers séjours, j'ai élevé trois bébés orphelins au biberon). Mais les femmes sollicitées sont réticentes car elles pensent que ce bébé leur portera malheur, aussi ne donnent-elles que peu de leur lait. Celles qui donnent y sont en général contraintes par leur position sociale : ce sont surtout les sœurs de la femme décédée.

A. G. – *Une mère malade de sida peut-elle confier ses enfants à une autre ?*

On n'en sait rien. Face au sida, les ethnologues africanistes ont travaillé sur d'autres fronts, plus urgents : l'information dans la brousse, la prévention, l'acceptation du préservatif. À mon avis, le don d'enfant est sans doute possible, à condition qu'il ne soit pas lui aussi malade ; car le don d'enfant repose sur l'idée d'un équilibre au sein du groupe, et l'enfant est un gage de bonne entente. On table aussi sur sa rentabilité en tant que travailleur dès son plus jeune âge.

A. G. – *Que peuvent savoir les villageoises de la transmission materno-fœtale du VIH ?*

Il n'y a pas encore d'études sur ces questions. On sait qu'en Afrique, la transmission materno-fœtale atteint 30 à 35 % des enfants (contre 15 ou 20 % à l'heure actuelle chez nous[1]). Mais ces pourcentages n'ont pas de sens au village, où l'on considère la maladie comme une fatalité : c'est le destin que les ancêtres ont voulu pour leurs enfants. Pour les musulmans, c'est la volonté de Dieu. On doit l'accepter, sans être « fataliste » pour autant, car personne ne trouve normales la

1. Nous sommes en 1994.

souffrance et la maladie. Les Africaines sont les grandes oubliées de l'histoire du sida. Un journaliste du *Monde* s'étonnait qu'en Côte d'Ivoire, les statistiques ne tiennent compte que des hommes malades du sida. C'est qu'en fait l'hôpital est un lieu pour les hommes. On y amène les enfants aussi. Mais on ne prend pas la peine d'y envoyer les femmes. Pour bien des raisons, par crainte ou par pudeur, elles-mêmes ne demandent guère à se faire dépister et soigner. C'est que l'hôpital est un luxe qu'il faut payer, ainsi que les médicaments ; et les chefs de famille n'investissent pas sur les épouses.

A. G. – *Et les Africains qui vivent en France ?*

L'épidémie de sida a fait voler en éclats, sinon la solidarité africaine, du moins quelques *a priori* dont on se contentait trop facilement à ce sujet. Il est vrai que la solidarité intrafamiliale se défait chez les Africains déracinés : la peur du sida est très forte dans les villes, mais c'est vrai aussi dans les villes africaines. À cause de lui, des couples se séparent et des malades – surtout des épouses – sont abandonnés. Mais il y a aussi des grands-mères qui, ayant échappé à la maladie, prennent en charge dix ou quinze enfants, ceux de leurs filles, de leurs voisines, mortes du sida ou d'autre chose. Et souvent le malade citadin retourne dans son village pour y être pris en charge collectivement. Mais la solidarité a partout ses limites, quand il n'est pas possible de nourrir tout le monde. Plus gravement, l'imputation faite aux épouses d'être à l'origine de la contamination les met en grand danger d'être renvoyées et exclues.

A. G. – *Est-il très difficile, pour une Africaine, d'exiger le préservatif ?*

C'est impossible. À aucun moment elle ne peut y contraindre son mari. Même le lui demander serait injurieux. Elle pourrait être battue pour cette raison. Les autres femmes de la famille du mari, les sœurs, les tantes, se ligueraient contre elle. Car la solidarité de lignage est plus forte au village que la solidarité de genre. L'abstinence est à la rigueur possible dans les sociétés africaines christianisées. Le discours papal y est très écouté. Mais encore faut-il être conscient du risque ou de sa propre séropositivité. Des enquêtes menées au début des années 1990 en Côte d'Ivoire[1] montrent que des adolescents citadins acceptent le préservatif, mais seulement avant le mariage qui, lui, est fait pour la procréation. Le préservatif ne doit pas empêcher la procréation ; d'où l'idée qu'il peut être ouvert au bout, ou retiré juste avant l'éjaculation. Des jeunes gens pensent ainsi que c'est l'acte du coït qui présente le plus grand risque, et non le sperme lui-même.

HÉLÈNE AMBLARD – *Quel bilan tirez-vous de ces années à la présidence du Conseil national du sida ?*

Cette présidence a duré plus que prévu – cinq ans et demi au lieu de quatre ; mais je crois qu'aucun des membres du conseil ne regrette un seul des avis ou recommandations que nous avons émis. Non pas que nous ayons l'impression d'un parcours sans fautes, mais s'il le fallait, nous aurions la même démarche aujourd'hui. Le Conseil national du sida est né en même temps que l'ANRS[2] et l'AFLS, quand la maladie a commencé à être prise en considération très globalement par notre société, sur la suggestion du professeur Claude Got. Cet organisme un peu bizarre, dont on ne connaît pas très bien le statut et dont les membres sont bénévoles, a été chargé de donner des avis raisonnés concernant des problèmes techniques et des conseils au gouvernement sans avoir évidemment ni moyen de coercition ni voix de décision. Bien que n'étant pas toujours suivis, curieusement, nous constatons avec le temps leurs effets en profondeur. Par exemple, en décembre 1991, un avis nous avait été

1. F. Deniaud, « Jeunesse urbaine et préservatifs en Côte d'Ivoire : un exemple de recherche d'ethnoprévention du sida et des MST », *in* J.-P. Dozon et L. Vidal (éds), *Les Sciences sociales face au sida : cas africains autour de l'exemple ivoirien* (Actes du colloque de Bingerville, Côte d'Ivoire, 15-17 mai 1993), Abidjan, Centre Orstom de Petit Bassam, 1995, p. 111-136.
2. ANRS : Agence nationale de recherche contre le sida.

demandé en extrême urgence par téléphone trois ou quatre jours avant la tenue d'une de ces séances législatives que j'appelle « voiture-balai ». Parmi les points à discuter dans les « diverses mesures d'ordre social », un amendement tendait à rendre le dépistage obligatoire dans certaines conditions : entrée sous les drapeaux, mariage, grossesse. Par chance, nous avons pu nous réunir et nous sommes tombés d'accord sur le fait que le dépistage ne devait pas être rendu obligatoire. C'eût été contre-productif. Nous avons pris d'assaut les groupes parlementaires, le président de l'Assemblée, les responsables des partis politiques, les commissions spécialisées pour leur dire notre position en leur demandant de nous laisser le temps de rendre un avis justifié et leur conseiller de ne pas décider avant. Ils ne l'ont pas fait. Environ trois semaines après, nous avons rendu un rapport démontrant combien le dépistage obligatoire était une mesure contre-productive. Car la réponse positive (et elle peut être erronée) n'est pas accompagnée en cas d'obligation ni d'une prise en charge ni d'explications, et que l'annonce est, dans l'état actuel des possibilités de soins, celle d'une mort annoncée. Ce sujet divisait beaucoup la population. À la suite de cet avis, le gouvernement avait demandé conseil à d'autres instances : le Comité consultatif national d'éthique sur les sciences de la vie, le Haut Comité à la santé publique, l'Académie de médecine et l'ordre des médecins. En tout, trois institutions dont la nôtre ont émis des rapports opposés au dépistage obligatoire.

H. A. – *Les deux institutions favorables au dépistage obligatoire n'étaient-elles pas précisément celles qui représentaient les médecins ?*

Ici se pose un vrai problème. Il faut s'y arrêter pour bien analyser ce qui se produit en profondeur, en particulier dans la presse. On entend souvent dire que les médecins sont en majorité pour le dépistage ou pour la levée du secret médical à l'égard de la famille ou du partenaire d'une personne touchée. Sans préjuger de la façon dont ces enquêtes ont été menées, on oublie de préciser que les médecins généralistes procèdent comme tout le monde : par fantasme. Certains, dans certaines régions, n'avaient encore jamais eu de cas de séropositivité ou de maladie lorsqu'ils ont été interrogés. Si vous vous adressez à des médecins généralistes qui, ayant vu des cas parmi leurs patients, se sont formés et acceptent de les recevoir, de les traiter, ou à des médecins du système hospitalier, ceux-là sont contre le dépistage. Ils savent les effets dissuasifs d'une lettre froidement administrative qui vous annonce un état de séropositivité en vous plongeant dans le désespoir, vous privant du dialogue indispensable.

H. A. – *Existe-t-il encore des médecins qui refusent de recevoir des malades ou de suivre des personnes séropositives ?*

Je ne pense pas vraiment. Mais beaucoup de généralistes qui reconnaissent la séropositivité d'un malade ne savent pas comment procéder et préfèrent l'adresser à un confrère qui en assurera le suivi. Actuellement, pour les médecins, il n'y a pas de formation à l'écoute. Nombre de médecins qui ont eu leur diplôme avant que le sida soit connu sont complètement désorientés : ils ne peuvent pas nécessairement se lancer dans le réapprentissage de leur discipline ! Ils renvoient donc ces patients sur des spécialistes.

H. A. – *Vous évoquiez un avis sur le dépistage obligatoire remontant à 1991. Au printemps dernier, n'en était-il pas à nouveau question ?*

Nous avons diffusé notre avis ; nous en avons discuté ; la presse s'en est fait l'écho. Cette année, lorsque Mme Veil a reposé la question, nous avons à nouveau envoyé notre texte avec tous les ajouts que nous avions apportés par la suite sur les mêmes thèmes, à la Chambre, aux différents groupes parlementaires comme aux diverses commissions. Je suppose que nous avons été entendus, puisqu'un certain nombre de nos termes ont été repris dans les discours et interventions, et une majorité a voté contre. Pour moi, c'est un des bons exemples de notre action en profondeur. En revanche, certains de nos avis ont été suivis de réactions à relativement court terme : c'est l'un des acquis du Conseil national du sida que d'avoir obtenu, après son rapport sur « Sida et prisons », que la médecine pénitentiaire soit rattachée au ministère de la Santé. Peut-être était-ce dans l'air ; mais cette décision répondait directement à notre texte et les médecins peuvent espérer être délivrés du droit de regard du directeur auquel, en ce qui concerne l'administration de sa prison, tout doit être ouvert et rien ne peut demeurer secret. Rattachée au ministère de l'Intérieur, la médecine pénitentiaire, antérieurement à ce changement, ne pouvait donc garantir aux détenus ni le secret médical ni la confidentialité.

H. A. – *Tous les avis du CNS ont-ils la publicité nécessaire au débat public ?*

Beaucoup concernent des questions dont nous nous sommes saisis nous-mêmes. Nous en avons rendu sans qu'ils soient nécessairement suivis d'effet, et même, il a pu arriver qu'ils soient à contre-courant. À l'occasion du procès du sang contaminé, par exemple. Dès le début, parmi les questions dont je pensais que nous serions saisis, figurait en 1989 ce problème. Sans l'avoir été, nous avons rendu un document envoyé aux différents ministères, aux différentes directions, aux associations d'hémophiles et de polytransfusés, qui l'ont très mal pris. La presse n'en a quasiment pas parlé. Pourtant je pense qu'il n'y a pas un mot à changer. Nous évoquions des questions d'intérêt général sans nous cacher le fait qu'il pouvait y avoir matière à procès pour une période particulière. Mais nous disions que l'on ne pouvait pas imputer à crime ce qui était ignorance. Par ailleurs, dans tout traitement thérapeutique, il y a des aléas : l'usage a toujours été de les prendre en compte. Dans ce cas précis, nous signalions que, pour certains patients, le risque avait été pris en connaissance de cause : quand vous avez le choix entre courir le risque d'une hémorragie et être soigné préventivement par une transfusion d'un sang incertain, que faire ? Des patients, ou parents de patients, ont préféré courir le risque. Par démagogie, le ministère n'a pas fixé de date butoir. Il aurait fallu dire : « À partir de telle date, il y eut effectivement un énorme problème : on savait que les stocks étaient contaminés, mais on a continué de les distribuer parce qu'un choix financier primait dans la gestion. Mais par la suite les transfusions sanguines ont été contrôlées, et antérieurement à cette date, on ne savait rien des risques encourus par l'utilisation des produits non chauffés. » Sans ces dates butoirs, on incrimine toutes les époques et on fait porter à la collectivité un poids financier considérable. Aujourd'hui, les dossiers sont recevables pour des dates de transfusion qui peuvent être antérieures à 1981 ? Que les malades touchent ce qu'ils estiment être leur dû ne me pose pas de problème. Mais la discordance entre le montant des sommes utilisées pour indemniser des transfusions nocives faites à des périodes où l'on ignorait qu'elles pouvaient être dangereuses, et celui des sommes accordées par l'Organisation mondiale de la santé (OMS) pour traiter le sida dans le monde nous paraissait frappante : la France dépense beaucoup plus pour indemniser des malades sans qu'il y ait eu faute, que ne dépense le budget global de l'OMS pour prévenir le sida dans le monde. Il y a là un problème de proportion. Naturellement, il ne s'agit pas de toucher à la solidarité, ni à la prise en charge, ni même à la compensation due pour faute aggravée. Mais il n'était pas nécessaire de laisser croire que les médecins savaient dès le début de l'épidémie que les transfusions pouvaient être fatales.

H. A. – *Précisément, le climat passionnel entretenu autour du procès du sang n'a-t-il pas contribué à esquisser le débat sur une question essentielle : peut-on moralement admettre que la santé publique soit soumise aux conventions de la rentabilité ?*

Non, on ne peut pas. Mais ce type de débat n'a pas eu lieu, c'est certain. Ce climat passionnel n'est pas estompé et à mon avis, il va durer encore longtemps… La rentabilité est toujours mise en avant pour ce qui est de la recherche thérapeutique dans les laboratoires pharmaceutiques. Mais la recherche des compensations par l'argent relève aussi, parfois avec une certaine démesure, de cette optique. Et elle a des effets insidieux. Les associations de malades ne militent pas pour que les victimes du sida soient indemnisées au même montant que le sont les victimes de transfusions. Or on ne voit pas pourquoi, si on indemnise les victimes par transfusion, on n'indemniserait pas toutes les autres de la même manière. Si ce n'est pas le cas, on établit ainsi des paramètres qui délimitent des catégories moralement « pensables » de séropositivité. Être indemnisé signifierait alors aux yeux du monde être un « bon » séropositif car reconnu comme victime de mauvais choix faits par les médecins. Les autres ne pourraient s'en prendre qu'à eux-mêmes. J'ai lu une phrase extraordinaire émanant d'une brave dame à qui l'on demandait ce qu'elle savait du sida : pour elle, les toxicomanes et les homosexuels constituaient l'essentiel des victimes, et elle ajoutait : « Tant que ça ne touche pas les êtres humains ! »... L'indemnisation pour transfusion, même sans faute, contribue à conforter le clivage entre les « bons » et les « mauvais », les « innocents » et les « coupables ».

H. A. – *Parallèlement au bilan positif du Conseil national du sida, les cinq dernières années ont été le théâtre du désengagement de l'État, y compris dans le domaine de la santé publique. Récemment, on assistait à la disparition du principe de solidarité des régimes de Sécurité sociale. Émettre des avis tandis qu'une société se disloque autour d'une solidarité perdue, n'est-ce pas décourageant ?*

J'espère que la solidarité n'est pas perdue. Les régimes changent, passent. Les uns construisent, les autres détruisent et on en revient à d'autres qui reconstruisent. Je ne suis pas pessimiste parce que je crois qu'il est des acquis tels que l'idée de les remettre en cause ne peut venir à personne. Telle qu'elle a été mise en place à une certaine époque, l'idée de solidarité, aussi bien pour ce qui est de la maladie que de la vieillesse ou du chômage, va perdurer ; même si elle doit subir des aménagements. Des changements importants ont eu lieu depuis les temps où ont été mises au point certaines mesures. Un exemple frappant nous vient de la démographie. Lorsqu'on a institué le régime de retraite que nous connaissons, on mourait entre 60 et 70 ans. Aujourd'hui, les gens meurent surtout après 80 ans. Le coût des retraites est donc plus élevé. Une autre donnée est le chômage. Il n'est pas sûr que l'on puisse créer autant d'emplois que nécessaire pour fournir du travail à tous, si l'on admet que beaucoup ont disparu du fait des « progrès » techniques. Mais c'est une question de choix de société. Si nous ne courions pas après la rentabilité à court terme et la productivité à outrance, il serait parfaitement envisageable d'employer dans certains secteurs des personnes pour des tâches que des machines pourraient faire. Il s'agit bien de choix de société. Pourquoi, par exemple, n'aurions-nous pas plus de moyens pour la recherche scientifique ? Nous sommes toujours à tirer la langue avec des crédits insuffisants et surtout, nous manquons de collaborateurs techniques. Avec plus d'argent pour faire le travail qui est le nôtre, nous pourrions engager le personnel nécessaire. Dans tous les services publics, les choix vont vers la suppression d'emplois, quand, à mon sens, il faudrait plutôt en créer. Je ne suis pas économiste, et vais sans doute me faire taper sur les doigts, mais des emplois humains à la place de machines seraient imposables : grâce à cela, chacun pourrait contribuer à la charge collective. Pour revenir à votre question, je ne suis pas foncièrement pessimiste. L'avenir dira si je me trompe, mais on ne peut pas faire disparaître totalement l'idée de solidarité telle qu'elle a été mise au point avec le système de la Sécurité sociale, le système de répartition, les mesures de santé publique…

H. A. – *On continue de considérer le sida comme une maladie de la misère. Une « chance » pour les malades, elle touche aussi les riches ?*

On s'est beaucoup intéressé au sida, surtout au début, à cause de l'énigme que posait cette sorte de cancer bizarre qui touchait les homosexuels de la région de San Francisco, parmi lesquels il y avait peut-être des pauvres, mais surtout des intellectuels, des artistes… Très vite, on a constaté que la maladie touchait d'autres couches de population, et on a stigmatisé les « 4 H » (Haïtiens, héroïnomanes, homosexuels, hémophiles) pour impliquer les groupes à risque. Maintenant, on a compris qu'il y avait d'autres groupes à risque, notamment dans le modèle africain, hétérosexuel, que l'on trouvait aussi en Amérique du Sud, qui fonctionnait aussi pour les pays développés, qui était valable pour les couches pauvres des États-Unis et d'Europe mais aussi pour les autres couches de la population. La recherche aurait été conduite de toute façon dans tous les cas, mais il reste qu'il y a une différence face aux soins, selon que vous soyez d'un pays riche ou pauvre, ou même dans un même pays, selon que vous ayez ou non les moyens. L'AZT est pratiquement réservée aux pays développés. En Afrique n'y ont accès que les patients qui ont la capacité de l'acheter. Il y a deux différences essentielles : entre les riches et les pauvres, en général, certes, mais les riches et les pauvres de nos pays sont à cent coudées au-dessus des pauvres des pays sous-développés.

H. A. – *Vous êtes connue pour avoir travaillé sur le statut du corps dans les sociétés africaines. Au cœur de la question, l'apparition du sida a un impact sur les cultures de tous les peuples. Que signifie-t-il profondément ?*

Dans notre culture, nous n'avions plus l'habitude de voir mourir les adolescents et les jeunes gens autrement qu'à la guerre ou dans les accidents d'auto après le bal du samedi soir. Je ne peux pas me permettre de dire que dans les autres sociétés, voir mourir la jeunesse soit considéré comme plus normal. Simplement, il y a un sentiment un peu différent. On ne peut pas l'appeler fatalité : personne ne considère comme normal d'être atteint, d'être malade, de souffrir et de devoir mourir. Partout on s'inquiète de savoir d'où provient ce malheur et quels sont les moyens d'y remédier. Mais quand le système de soins n'existe pas, que la maladie est en route et qu'elle est irrémédiable, il n'y a d'autres ressources, en dehors du recours aux médecines locales qui sont inadaptées dans le cas du sida, que le déni ou l'acceptation. Mon dernier vrai séjour de terrain date d'il y a dix ans, mais pour ceux que j'ai vus, jeunes et vieux, qui allaient mourir et le savaient, c'était un fait avec lequel ils vivaient. Nous, nous nous révoltons jusqu'au bout et nous sommes toujours enclins à espérer que le progrès de la médecine pourra nous secourir à temps. Quand cet espoir n'existe pas en raison de l'ignorance des malades, ou qu'il est hors de portée à cause du coût des traitements, il n'y a plus beaucoup de choix possibles.

H. A. – *Concernant nos systèmes de représentation de la relation amoureuse et sexuelle, l'apparition du sida bouleverse-t-elle les données ?*

Le sida présente cette caractéristique de passer par des humeurs du corps : le sperme, le sang ou le lait. Je ne parle ni de la salive, ni de l'urine, ni des excréments, ni de la sueur : bien qu'ils puissent renfermer des enveloppes de virus, on n'a jamais pu démontrer un seul exemple de transmission par leur intermédiaire. Restent donc ces trois humeurs fondamentales. Toutes sont liées à la reproduction. On en a beaucoup parlé dans une tonalité mystico-chrétienne, disant que si le sida frappait tellement les imaginations, c'était parce que des humeurs de vie étaient transformées en humeurs de mort. C'est juste, mais cela ne suffit pas. À mon avis, ces humeurs sont des supports d'identité et c'est un des points pour lesquels je me fonde sur l'expérience ethnologique d'autres sociétés pour dire qu'il en est de même chez nous : c'est par le sang, le sperme et le lait que passe ce qui forge l'identité de l'individu à venir, et qui provient de celle de ses géniteurs. Ce n'est pas seulement la vie : c'est ce qui vous fait être vous. Je me suis servie d'un exemple frappant à propos des viols dans l'ex-Yougoslavie. Qu'il s'agisse de chrétiens violant des femmes musulmanes ou de l'inverse, il était frappant qu'au-delà de la satisfaction de la pulsion sexuelle masculine et de la volonté d'humilier les adversaires-hommes, ces femmes étaient gardées prisonnières jusqu'à ce qu'elles soient enceintes. On les renvoyait quand elles ne pouvaient plus avorter en leur disant : « Tu auras un enfant qui ne sera ni de ta race ni de ta religion… » Ce qui signifie très exactement que le sperme est considéré comme porteur de l'identité ethnique et religieuse, idée certes fantasmatique, mais bien présente. Quand on dit qu'un homme a des enfants de son sang, on dit tout simplement que c'est le sperme de l'homme, fruit de son sang, qui se transforme à nouveau en sang dans le corps de la femme pour constituer le fœtus.

H. A. – *Tout cela est-il rompu par l'amour avec préservatif ?*

Non. Le fait symbolique est toujours là. C'est pourquoi la maladie du sida est particulièrement grave sur le plan des représentations. À cause du seul système qui permet de s'en prémunir, la prévention par le préservatif, elle implique une absence de reproduction. La chaîne identitaire va donc être rompue à un moment ou un autre. Certes, il y a des moyens de pallier cette rupture. Les Cecos qui pratiquent l'insémination artificielle avec donneur et prélèvent des ovocytes pour les faire féconder *in vitro*, nous ont demandé un avis à ce sujet. Il est évident qu'un homme séropositif et sa compagne séronégative ne pourront pas avoir d'enfant en protégeant tous leurs rapports : ils courent sinon le risque que la femme devienne séropositive. Dans le cas rêvé, elle reste séronégative et l'enfant naît séronégatif. Mais elle et l'enfant peuvent devenir séropositifs, comme elle peut devenir séropositive mais l'enfant naître séronégatif. Généralement, pour ne pas courir ces risques, le conjoint séropositif accepte de demander une insémination artificielle avec donneur, ce qui permet à la femme d'avoir un enfant bien à elle. Mais quelque chose de l'ordre de la représentation du lien parental peut ne pas exister du côté du père, puisqu'il a eu recours au sperme d'un autre : ce peut être vécu comme une rupture de la transmission verticale quel que soit l'amour porté à l'enfant. Pour les deux sexes, le désir d'enfant est aussi désir de prolongation de la lignée ; ne pas couper la ligne ancestrale : je suis possesseur d'un héritage, un maillon de la chaîne où d'autres se sont conjugués pour que je sois, moi, présent au monde. Et je continue leur trace. Cela dit, ce sentiment de rupture n'est pas automatique, loin de là, car la parentalité est surtout une affaire affective et sociale et non biologique.

H. A. – *Compte tenu de ces charges symboliques, que pourrait être une vraie prévention ?*

Je n'ai pas de réponse. Il est évident que la politique de prévention passe nécessairement par l'éducation, non seulement sexuelle, mais civique, pour faire comprendre très tôt aux enfants, dès les petites classes, où se situe le problème et ce qu'est la responsabilité de soi et par rapport aux autres. L'un des fantasmes du public est actuellement l'idée que le sida étant transmissible, il peut exister des séropositifs et des malades qui le transmettent volontairement. Or l'expérience prouve que la plupart de ceux qui apprennent leur séropositivité vont, au contraire, s'efforcer de ne plus contaminer les autres. Mais ce fantasme existe dans une partie importante de la population française, d'où la volonté populaire et démagogique de dépistage obligatoire et de rupture du secret médical. En dehors de cette éducation que je voudrais tant factuelle que civique dès les classes primaires, il n'y a pour le moment que deux méthodes bien connues : les rapports protégés ou la fidélité prônée par les religions.

H. A. – *Vous insistez sur le civisme. Or un contexte de précarité croissante implique des menaces de dislocation sociale.*

La première prévention est celle-là : savoir où on en est soi-même, quel est son propre statut séropositif ou séronégatif, et ne pas hésiter, à l'occasion de rapports, à proposer le préservatif à son partenaire quand on est dans l'incertitude soit pour soi soit pour l'autre ; c'est le civisme élémentaire. On parle de l'éclatement de notre société. En l'occurrence, c'est plutôt un éclatement de nos représentations. Nous avons vécu dans une société qui, parce qu'elle était nataliste, était contre les restrictions à la reproduction et contre l'avortement. Le préservatif avait alors, au XIXe puis jusqu'à la fin du XXe siècle, une image soit bouffonne, réservé qu'il était aux filles de joie, soit contraceptive, dans un but utilitaire. Il ne faut pas oublier que la contraception était réprimée par la loi comme l'avortement ; les préservatifs n'étaient pas en vente libre, pas plus que les stérilets ou les diaphragmes. On demande aujourd'hui à une classe d'âge de faire en quelques années un saut absolument gigantesque pour changer l'image de l'objet, sans le soutien des générations antérieures, qui ont connu le préservatif comme objet d'opprobre. Tout d'un coup, voilà qu'on en fait de la publicité à la télévision ! Se servir normalement d'un objet jusqu'alors considéré comme détestable et vicieux représente une révolution culturelle. Une autre révolution, contractuelle, se fait jour : certains jeunes ont une manière à eux de régler la question en établissant entre eux des contrats moraux. Quand un couple se forme avec l'intention de vivre une vie de couple, ils se font généralement tester. S'ils sont séronégatifs tous les deux, ils ont des rapports avec préservatif en s'engageant à ne pas en avoir avec d'autres partenaires. Au bout de trois ou quatre mois, ils refont le test. S'ils sont toujours séronégatifs, tout en s'engageant à se prémunir s'ils ont des rapports avec d'autres partenaires, ils peuvent avoir, exclusivement entre eux, en toute quiétude et confiance, des rapports amoureux non protégés. Ces couples qui veulent vivre ensemble ne suppriment pas nécessairement toute ouverture sur les autres ni toute aventure, ils se promettent simplement de ne pas se contaminer mutuellement par leur faute. C'est ce que j'appelle le civisme élémentaire ; c'est une autre forme de fidélité que celle prônée par l'Église. Et c'est là aussi une révolution considérable dans l'histoire de la sexualité en ce qu'elle présuppose l'égale liberté et la conscience morale des deux parties du contrat.

ANNIE LE PALEC – *En référence à ce que vous avez montré concernant la filiation et la stérilité, lors d'un colloque sur les nouvelles techniques de procréation et leurs éventuelles incidences sociales, voyez-vous un apport majeur, du même ordre, de la réflexion anthropologique à la question du sida ?*

Il est vrai que les types de filiation donnent une démonstration éclairante d'une logique d'articulation, une logique combinatoire qui n'est pas dépassable ; tout le monde peut comprendre qu'à partir de quatre points il y a une logique combinatoire qui ne peut pas excéder les possibilités offertes. C'est tout à fait précis parce qu'on a affaire à des unités discrètes. Mais vous avez raison d'y associer la question de la stérilité, parce qu'à côté du logiquement possible, il y a le pensable et l'impensable. Quand les situations sont pensables, elles ont trouvé souvent dans des sociétés particulières des accomplissements institutionnels avant même qu'on trouve des accomplissements par le biais de la technique ; ces derniers sont considérés comme des innovations, mais en fait ils répondent à des besoins d'interprétation universels. Ces besoins sont fondés sur la valence différentielle des sexes. C'est la féminité qui est partout, et uniquement le plus souvent, considérée comme responsable de la stérilité. Par une sorte de renversement, puisque ce sont elles qui enfantent, il s'ensuit que ce sont elles qui sont responsables de la stérilité. Si elles seules peuvent enfanter et qu'elles n'ont pas d'enfants, c'est qu'elles refusent cette possibilité. Il ne s'agit d'ailleurs pas des femmes en tant qu'individus ; ce qui est accusé, c'est la féminité en elles qui se refuserait à porter des enfants. Si la stérilité est entendue comme féminine, c'est comme le revers du privilège exorbitant que les femmes enfantent les deux sexes, alors même qu'il y faut l'engendrement masculin : ainsi, le sexe masculin se sent-il floué par le résultat stérile de la copulation. Les solutions trouvées à la stérilité sont donc des solutions qui bénéficient au couple en général, et plus particulièrement aux hommes, au genre masculin et au désir de descendance. On peut montrer en ce domaine un certain nombre de constantes qui ont à voir avec la valence différentielle des sexes. Même s'il ne s'agit plus de possibilités logiques et mathématiques comme pour les positions discrètes de la parenté, elles renvoient quand même à ce que j'ai appelé plus haut des butoirs pour la pensée.

Pour le sida, est-ce la même chose ? C'est une vraie question, à laquelle je pense qu'on peut répondre positivement. Oui, on peut trouver grâce à l'analyse anthropologique, dans les inquiétudes à l'égard de la maladie, à l'égard du syndrome, des correspondances avec des butoirs pour la pensée. J'en verrais plusieurs.

La première est toujours celle du rapport à autrui, c'est toujours ailleurs que se trouve la faute originelle, qu'on le dise aussi bien sur le plan géographique ou sur celui des rapports entre groupes : c'est l'autre qui est coupable, celui d'où provient le mal. Quand on est soi-même responsable de son malheur, l'interprétation est faite dans une logique du péché judéo-chrétienne qui est d'une autre nature, celle de la punition. On retrouve toujours cette problématique du rapport à autrui, du soi et de l'autre, de l'identique et du différent.

La deuxième constante, je la verrais dans l'idée de contamination qui renvoie toujours elle aussi à l'autre comme responsable : la contamination et les différentes manières de l'éviter. On pourra revenir là-dessus par la suite.

La troisième, je la verrais dans l'alternative entre contraindre ou convaincre que nous posons maintenant dans des termes éthiques, mais qui, par le passé, n'a jamais été posée de cette manière-là, car par rapport au mal, il s'est toujours agi moins de convaincre que de contraindre.

On observe une espèce de constante dans les solutions qui ont été trouvées par l'humanité à l'égard de ce type de problèmes, qui passent plutôt par la contrainte que par la nécessité de convaincre. Cela peut paraître désespérant parce qu'il semble que les réactions de base sont plutôt du côté de l'intolérance que de la tolérance, mais l'expérience historique et sociologique que l'on a de la maladie contagieuse inguérissable ou de la maladie épidémique meurtrière montre que les différentes sociétés s'en protègent par la fuite parfois (la peste), mais généralement plutôt par la mise à l'écart, par l'abandon, l'expulsion ou la mise à mort de l'agent contaminant. On est toujours placé dans un rapport de valence différentielle de soi par rapport à l'autre : l'autre est potentiellement dangereux, il est celui par qui le mal arrive et qu'il convient d'éliminer en cas de malheur surtout s'il est étranger. Je ne veux pas dire pour autant que ces convictions et leurs conséquences dominent partout et toujours, mais c'est une tendance que l'on trouve dans toutes les sociétés et que seuls l'amour privé ou la réflexion, qu'elle soit religieuse, éthique, philosophique, scientifique ou démocratique, contredisent.

YASMINE MARZOUK – *Comment, à partir de ces butoirs de la pensée, parvient-on à limiter les possibilités d'émergence de ces antithèses conceptuelles hiérarchisées ? Au niveau du sida en France, par exemple, comment comprendre qu'on n'ait pas dès le début « scientifiquement pensé » à la contamination des femmes par des bisexuels et toxicomanes infectés ? Ou qu'aujourd'hui encore, il semble « impensable » de diffuser les aspects spécifiques de la contamination des femmes ou par les femmes ?*

C'est un ensemble un peu compliqué de questions. En liaison avec la question précédente, vous avez raison de parler des possibilités d'émergence. J'ai tendance à penser que le social se construit justement, d'une certaine façon, en luttant contre – en accompagnant et aussi en luttant contre –, ces tendances lourdes dont on vient de parler, mais que c'est la combinatoire de traits extrêmement fondamentaux – que j'appelle des butoirs –, qui permet ces possibilités limitées d'émergence. En dehors de ces tendances lourdes, la liaison avec les possibilités limitées d'émergence se fait au travers d'autres nécessités. La construction du social, quand l'homme sort de l'animalité par la pensée organisée, ne peut se faire qu'en tenant compte d'un certain nombre de besoins fondamentaux, qui ne sont pas seulement l'abri et la nourriture. Un besoin fondamental, partagé par tous les groupes, animaux ou humains, est celui de sécurité. Le sentiment de sécurité, c'est avoir confiance dans son entourage au point de lui abandonner sa vie pendant le sommeil. On dit souvent que les animaux ne dorment que d'un œil parce qu'ils sont toujours sur leurs gardes, mais je pense que c'était le cas de l'humanité naissante. Pour dormir tranquille, il faut pouvoir se reposer sur ceux qui vous entourent, ce qui affermit la distinction entre les gens du soi, du dedans, les proches, les siens, et les gens de l'autre, du dehors, de l'ailleurs. La communauté de l'entre-soi où se construit le sentiment de l'appartenance, celui de la solidarité mais aussi celui de la dépendance, est celle que chacun reconnaît par la naissance et par la résidence commune du petit groupe. Quelles sont alors les contraintes intériorisées de la sécurité qui deviendront des lois fondamentales ? Il n'y en a que très peu, si l'on veut bien y penser. La première est l'impossibilité de tuer comme bon vous chante. Aucune société n'admet qu'on puisse tuer ou même frapper n'importe qui n'importe comment. Entre soi on ne se tue pas : s'il se produit un meurtre, accident ou crime, il y aura compensation, justice ou vengeance. La première règle est donc celle-ci : tu ne tueras pas, au moins dans ton groupe, inconsidérément.

La deuxième règle fondamentale, c'est : tu ne prendras pas à autrui, si le droit ne t'en est pas reconnu, ce qu'il a dans sa main. La troisième, c'est qu'il n'est pas possible de forniquer avec n'importe qui du groupe, n'importe comment, n'importe quand. Ce sont les bases minimales du besoin intime de sécurité et de bon fonctionnement des groupes consanguins et territoriaux.

À partir de ces trois règles se construit le social. Les règles sur la fornication nous mènent entre autres à la prohibition de l'inceste et à bien d'autres choses, et les autres règles nous conduisent aussi aux lois élémentaires de la vie en groupe. Ce sont là les conditions *a minima* qui, associées aux observations du fonctionnement du monde et des corps, vont permettre l'émergence des systèmes de représentation et les lois sociales. Entrent ainsi en ligne de compte des contraintes naturelles, des contraintes biologiques, intellectuelles, et puis ces contraintes psychologiques dont je ne sais trop comment les qualifier, contraintes lourdes et profondes, propres aux espèces vivantes, qui sont celles du besoin de sécurité minimale au sein des groupes.

ANNIE LE PALEC – *Précisément, c'est peut-être ce besoin fondamental de sécurité que l'on sent menacé par le sida ?*

Oui. Cela nous ramène à la question qu'a posée Yasmine Marzouk : pourquoi ne s'est-on pas intéressé à la contamination spécifique des femmes et aussi par les femmes ? Toujours pour la raison de la valence différentielle des sexes, me semble-t-il, en dehors du fait que cette maladie est apparue au départ dans des milieux exclusivement masculins, ou qui étaient perçus comme tels. Dans la définition du champ de l'atteinte, au début de l'épidémie, par l'expression imagée des « 4 H », étaient visés les héroïnomanes, hémophiles, Haïtiens et homosexuels. Spontanément, le public entendait ces qualificatifs comme désignant des individus de sexe masculin. Les prostituées *(hores)* ont remplacé par la suite les hémophiles, si je me souviens bien. Avec elles apparaît le sexe féminin, mais un féminin particulier. Pour la contamination spécifique des femmes par leurs partenaires et la contamination hétérosexuelle qui peut venir d'elles, on peut expliquer partiellement l'absence d'intérêt porté à ces questions dans les premiers temps de l'épidémie par des considérations qui renvoient à l'occultation et à l'exclusion du genre féminin. Pour me faire comprendre, j'en citerai une version extrême, exprimée par un responsable algérien de la Santé, il y a quelques années lors du colloque de Marrakech, qui pour la première fois réunissait des représentants de tout le Maghreb pour traiter du sida dans les pays maghrébins. Il exprimait un déni de la réalité du sida en Algérie ; bien entendu, disait-il, il y avait des cas mais ils étaient importés par des travailleurs émigrés qui contractaient le sida en France ou dans d'autres pays et qui revenaient chez eux (l'origine était donc bien exogène). On ne pouvait pas les traiter, les soigner, mais cela n'avait pas vraiment d'importance parce qu'il ne pouvait y avoir de contamination endogène. Pour quelle raison ? Parce que les hommes ont des rapports avec leurs épouses, qui sont tenues à la fidélité et donc ne peuvent contaminer d'autres hommes. Qu'elles soient condamnées à mourir est ennuyeux, mais il y aura toujours des femmes pour faire des enfants. Se posait la question de la protection des conjointes grâce au préservatif. La réponse était : il est moralement impossible d'obliger un homme à mettre un préservatif quand il couche avec sa femme ; de plus, l'épouse contaminée ne présente pas de danger pour les autres hommes, ni pour son mari qui est déjà séropositif ou malade, puisqu'elle doit rester fidèle. Quant aux enfants, 20 %, peut-être, seront condamnés, mais, même séropositives, elles peuvent faire des enfants sains. Comme vous pouvez en juger, c'est une très belle construction qui montre la négation absolue du problème de la contamination des femmes tant qu'il peut être circonscrit à elles-mêmes. Je ne dis pas que cela soit un point de vue partagé universellement, mais dans son extrémisme même il est particulièrement éclairant. Je me souviens aussi d'un article publié dans *Le Monde*, il y a quelques années et dont j'ai fait état plus haut, par des journalistes qui s'étonnaient de statistiques africaines, portant sur les hôpitaux d'Abidjan, qui ne faisaient état que de malades masculins. Cela posait une vraie question d'épidémiologie : si on ne voit à l'hôpital que des hommes malades du sida et qui en meurent, serait-ce que les femmes ne sont pas atteintes et d'où provient leur immunité ? Une réponse très simple avait finalement été donnée par les chercheurs ; les femmes étaient malades également, bien entendu, mais on ne les voyait pas à l'hôpital pour deux raisons. La deuxième tenait à une impossibilité économico-sociale pour elles d'y accéder qui dépendait de la première, à savoir que seule la vie de l'homme compte au premier chef. On est bien toujours dans la même problématique de la valence différentielle des sexes, et je me demande si elle n'est pas sous-jacente à un certain nombre de dénis sur des propriétés particulières de la maladie. Toujours par ce même retournement qui fait que la femme qui enfante et qui est féconde devient donc responsable de la stérilité, c'est la femme qui donne la vie qui est aussi d'une certaine façon responsable de la mort. Dans certains systèmes de représentation, c'est une idée évidente. Ainsi, chez les Samo, une des composantes de l'individu est son destin individuel, qui veut qu'il vive ou qu'il meure, et c'est la mère qui le transmet à l'enfant. Si l'enfant meurt avant sa puberté, c'est le destin donné par sa mère qui l'a voulu. L'idée que la responsabilité de donner la vie est aussi la possibilité de la refuser, de la reprendre ou de donner la mort est quelque chose, je crois, qui est profondément enfoui dans les représentations non verbalisées ou les fantasmes. On peut concevoir le glissement progressif de l'idée de la femme responsable *in fine* de la mort vers l'idée que sa mort est naturelle, si je puis dire, alors que celle de l'homme ne l'est pas vraiment.

YASMINE MARZOUK – *Ou alors ne peut-on pas associer les deux et dire que si la femme est du côté de la vie et de la mort, elle est nécessairement du côté de la collectivité (je pense aux études historiques de Flandrin). À l'inverse, la prévention épidémiologique nécessite justement un « statut » personnel, individuel, qui n'existe guère dans les pays très catholiques ou très musulmans. Pourquoi donc la femme apparaît-elle ainsi du côté du collectif, dans le couple collectif/individuel ?*

On peut voir les choses de deux manières différentes. Je ne voudrais pas trop tirer le constat vers ces considérations liminales que j'essaie de mettre au jour, parce que se greffent sur elles l'histoire, la conscience, le jeu des individus, les responsabilités, les choix, le changement. Cependant, il importe de montrer qu'existe ce niveau de conscience limbique qui n'a rien à voir apparemment avec ce que l'on fait, actes et discours, qu'existent toujours ces contraintes irréfragables qui nous ont été transmises de notre lointain passé. Sur la question des responsabilités collectives, je dirai deux choses, apparemment positives, et pas nécessairement positives. La première, c'est que dans un certain nombre de systèmes de pensée, les femmes sont vues du côté de la matière, je ne dis pas de la nature, mais de la matière ; la matière est une et pratiquement indivisible, donc une femme peut en remplacer une autre. Alors que les hommes sont vus comme autant d'individus. Si les femmes sont de la matière, cela légitime l'idée de leur collectivité indifférenciée sinon celle de leur responsabilité collective. La pensée aristotélicienne est remarquable de ce point de vue : les femmes, c'est de la matière et si le *pneuma* de l'homme ne la domine pas, elle prolifère de façon anarchique et monstrueuse. Le deuxième point est un raffinement sur cette idée de femme-matière : si l'on admet que les femmes sont de la matière, mais qu'elles sont nécessaires comme base pour donner la vie, elles ont donc une responsabilité collective à l'égard de la vie comme de la mort puisqu'elles sont interchangeables. Je me place au niveau de ces significations premières, profondes et masquées, pour répondre à votre question : pourquoi n'a-t-on pas jugé les choses de façon égale dès le départ et a-t-on considéré surtout le cas des hommes contaminés ? Eh bien, c'est parce que seul l'homme est pensé vraiment comme un individu, alors que les femmes forment un collectif, un collectif interchangeable, permutable. Ainsi peut-on d'ailleurs analyser la croyance africaine au retour du mal à l'envoyeur et à la guérison possible par la copulation avec des fillettes vierges et impubères (même si entrent aussi en jeu d'autres éléments de compréhension, comme le caractère chaud de l'enfance, antagoniste du froid qui caractérise la maladie).

Y. M. – *Et au niveau conscient, les transformations sociales d'aujourd'hui vont-elles dans le sens d'une péjoration ou d'une amélioration de la valence inconsciente et différentielle des sexes, que Michèle Perrot, lors d'une discussion avec vous, nommait le « socle hercynien » ?*

Je ne pense pas que ce socle hercynien puisse basculer d'un seul coup, pour la bonne raison que, si je ne me trompe pas, il est inscrit dans l'observation faite par le genre humain de la différence anatomique et physiologique des sexes, ce qui permet de construire ensuite intellectuellement tous les systèmes hiérarchiques d'opposition. Nous ne pouvons pas faire que nous ne soyons plus sexués. Donc ce socle est toujours là. Mais nous pouvons envisager la sexuation de manière différente. Cependant, l'histoire existe : des changements, des variations contextuelles et culturelles. À l'intérieur de ces significations archaïques, nous pouvons déceler des modules, des cadres invariants particuliers qui sont des associations par bloc de deux ou trois concepts qui vont toujours nécessairement ensemble, mais qui peuvent être remplis de façon différente selon les cultures. C'est une première cause de péjoration ou d'amélioration, comme vous dites. De plus, il ne faut pas oublier deux choses. La première, c'est que les catégories binaires sont valorisées et hiérarchisées parce que l'équilibre est impossible, mais il n'y a aucune raison pour que cela fonctionne toujours dans le même sens. On peut très bien envisager non que l'équilibre s'instaure entre les deux pôles de chaque catégorie dualiste, lorsque ces pôles sont marqués mentalement comme masculin et féminin, mais que certains deviennent positifs du côté féminin, alors qu'ils sont, de façon abstraite et générique, presque exclusivement positifs du côté masculin. Le deuxième point, qui serait susceptible de commander ce mouvement de bascule dans la hiérarchie des catégories mentales, c'est l'accès à la maîtrise par les femmes de la procréation. Si, comme je le postule, l'organisation des systèmes de pensée et des systèmes sociaux provient non seulement de l'observation des différences anatomiques et physiologiques, mais aussi, au cœur de ces différences, de ce scandale pour l'esprit qu'est le privilège exorbitant des femmes d'enfanter les deux sexes, l'appropriation et le contrôle de ce privilège deviennent la clé de voûte de la domination masculine. À partir du moment où la maîtrise de la reproduction est partagée, avec le libre choix féminin de la contraception et même de l'avortement, nous trouvons là les leviers forts pour faire changer les choses, parce qu'ils sont appliqués au bon endroit. Et d'ailleurs personne ne s'y trompe ; les politiques notamment ne s'y trompent plus. Les mouvements contre la contraception, contre le libre droit des femmes à la procréation, et même contre l'avortement sont mus essentiellement par l'idée qu'il ne convient pas de laisser les femmes maîtriser seules ce genre de choses. On l'exprime souvent de façon élégante, en disant que c'est une affaire de responsabilité partagée qui doit être décidée dans le couple. Mais le cœur du problème se situe bien là : dans la dépossession des hommes du droit qu'ils pensent obscurément ou explicitement avoir sur le corps, la vie sexuelle et la génitalité des femmes entre leurs mains. Pour qu'un vrai changement, durable, ait lieu, il faudra que les femmes du monde entier aient accès à la contraception, à l'avortement, au droit de décider de leur propre corps et de leur propre sort. Cela voudra dire qu'aura pris fin le système universel et archaïque du modèle dominant du rapport entre les sexes. Il faut que toute l'humanité y ait accès.

ANNIE LE PALEC – *Ne pensez-vous pas que la récente prise de parole de personnes contaminées par le VIH ou malades du sida, et en particulier de femmes dans les pays en voie de développement, je pense par exemple au Rwanda, peut être également un de ces leviers ?*

Si, car cela s'inscrit dans la même logique, à savoir la reconnaissance du statut d'individu, du statut d'humain pour les femmes. Toute prise de parole est affirmation d'un droit à l'existence indépendante par rapport à n'importe quelle autorité. Cela se fait plus facilement en temps de crise, et dans les pays africains lourdement atteints par l'épidémie, on peut parler de crise grave en ce qu'elle affecte les sentiments, l'équilibre des familles, l'élevage des enfants, l'économie, la démographie, etc. L'urgence et la nécessité font que des femmes, isolées ou en groupes, malades ou chargées de famille, accèdent à l'autonomie et peuvent se faire entendre, tout comme l'urgence et la nécessité nées de la misère ont permis l'éclosion au Bangladesh de systèmes bancaires de petits prêts, gérés par les femmes surtout. Ces marques d'émancipation sont vitales, mais pour qu'elles soient durables, elles doivent être accompagnées de l'accès à la maîtrise de la reproduction, afin que changent sérieusement les systèmes de valeur. La plus grande difficulté est dans la prise de parole individuelle, dans des systèmes qui ne reconnaissent pas ce droit aux femmes, y compris en ce qui concerne leur santé et celle de leurs enfants. Si le corps de l'épouse appartient au mari, lui seul peut décider de ce qui est bon pour elle. Lors du colloque de Saly Portudal en novembre 1996, des participants africains faisaient état des réticences et des oppositions auxquelles ils se heurtaient de la part des maris et chefs de famille pour la prescription de tests à leurs épouses. Elles se trouvaient d'ailleurs dans l'incapacité d'accéder au dispensaire ou à l'hôpital si leur mari ne leur donnait pas d'argent pour cela. Il n'est pas mauvais de rappeler que c'est seulement à la conférence de Pékin, en 1996, qu'a été signé le texte reconnaissant aux femmes le droit de décider elles-mêmes de ce qui était nécessaire pour leur santé et celle de leurs enfants sans être tributaires de l'autorisation maritale.

ANNE LUXEREAU – *Le sida, avec un discours médical voyageant jusqu'au « fin fond de la brousse » où il est réinterprété, est un phénomène bien sûr localisé, mais aussi national et mondial : a-t-on là une situation de crise particulière ?*

Une situation de crise peut servir de levier ; les guerres ont pu servir de levier à différentes époques. Mais des acquis obtenus en période de crise, même s'il en reste quelque chose après, ne sont pas totalement irréversibles. Lors des deux guerres mondiales, on a vu les femmes accéder en Europe à des tâches auxquelles elles n'avaient jamais eu accès. Elles sont devenues ouvrières d'usine, directrices d'entreprise, elles géraient les fermes, et dans les fermes elles se servaient des machines agricoles, etc. Le retour à la normale en a évincé un grand nombre. L'idée de leur capacité était acquise, mais elles ne sont pas pour autant restées au niveau qu'elles avaient atteint. C'est vrai aussi sur le plan politique. J'avais été frappée en son temps par la remise au pas de celles qu'on appelait les grandes héroïnes algériennes. Elles ont disparu du champ public à partir du jour de l'Indépendance, il n'a plus été possible pour elles d'exister de la même manière dans la vie politique de leur pays.

Y. M. – *Sur ces crises de l'histoire, sur ces rapports entre variants et invariants, les Algériennes, contrairement aux Tunisiennes, n'ont pas bénéficié d'un code juridique individuel moderne dit « statut personnel de la femme » en terre d'islam. Car le code des premières a été voté vingt-deux ans après la situation de crise qu'était la guerre, mais ne peut-on dire aussi que les Algériennes n'ont pas bénéficié de leur guerre car leur participation n'était pas généralement du côté du sang versé ?*

Bien sûr, on peut faire jouer des considérations historiques, mais, plus profondément, il apparaît qu'on les acceptait en treillis, en pantalon, en armes, lorsque le mouvement de libération avait besoin de tous les concours. Ces jeunes femmes, célibataires peut-être, étaient avec les hommes, participaient à des actions. Elles étaient impliquées, y compris dans le sang versé. Je pense à

Djamila Boudjedra, qui fut accusée de poser des bombes, prise et torturée. Elle était considérée comme une véritable héroïne. Mais elle a disparu de la vie publique dès l'indépendance acquise : c'est un cas individuel, mais il illustre la possibilité de réversibilité des acquis. Les progrès ne sont pas irréversibles car le modèle archaïque dominant du rapport entre les sexes est d'une très forte compacité. L'histoire existe, il y a des changements, mais il ne faut pas croire que ce à quoi on est arrivé ne puisse être renversé. Je crois profondément à la nécessité de la vigilance, de la conscience et de la vigilance, pour empêcher que soit abattu, ne serait-ce que temporairement, ce qu'on a réussi à édifier.

Y. M. – *Justement, comment pourriez-vous expliquer aux étrangères en France que ce soit des anthropologues qui aient défendu le droit à la différence, alors que la plupart de ces étrangères trouvaient fantastique de trouver en France un statut personnel de la femme ? C'est au nom de la relativité culturelle qu'on a accepté le voile dans les écoles, qu'on a accepté la polygamie dans les institutions qui a permis le tour de rôle des épouses dont cela accélère la spirale de la contamination ?*

C'est effectivement regrettable à dire, mais il y a un lien entre les théories relativistes prônant l'incomparabilité des cultures et l'impossibilité de généralisation, et certaines conceptions racistes : il n'y a pas meilleur défenseur de la différence culturelle que Le Pen. Il s'agit d'un détournement, mais il existe de fait. Dans le regard qui privilégie la différence des cultures plutôt que la recherche de niveaux de compréhension de type universel qui fonctionnent pour toute l'humanité, il n'y a certes pas de racisme, mais on peut y arriver aisément par détournement : à travers l'idée de la différence irréductible des cultures, on postule l'impossibilité pour l'autre de suivre le chemin que nous avons parcouru et la nécessité de l'éviction ou du ghetto. Pour moi, en tant qu'anthropologue, je plaide pour la mise à jour de lois et d'invariants, c'est-à-dire des associations fondamentales entre concepts qui sont faites par toute culture, nonobstant la variabilité des contenus et leur valeur. Si ces invariants existent, existent aussi des possibilités d'adaptation et de transformation. En tant que citoyenne, je pense qu'on accepte les lois du pays où l'on a choisi de façon délibérée de vivre, sinon il y aurait autant de droits qu'il y a de collectivités, ce qui est la mort du lien social.

Du côté des enfants

BRIGITTE HÉRITIER-FASSEUR – *Nous aimerions aborder deux ordres de questions : le premier sur les pédiatres, la mort, la loi ; le second sur l'évolution d'une société avec ce que l'on peut imaginer des découvertes issues de la recherche sur les embryons.*
Le titre du livre de Willy Rozenbaum, La Vie est une maladie sexuellement transmissible constamment mortelle[1], *nous semble bien associer ces deux problématiques.*
« Constamment mortelle » : la mort d'un enfant est devenue insupportable. À perdre cette dimension humaine, comment la relation soignant-soigné peut-elle évoluer ? Qu'en penser d'un point de vue anthropologique ? Comment cela se passe-t-il dans une société africaine quand il y a échec de la prescription d'un marabout ? « La vie est une maladie sexuellement transmissible » : avec la révision des lois de bioéthique, la société civile et les médias interrogent beaucoup de monde. On peut imaginer que les recherches sur les embryons permettent d'obtenir un matériel thérapeutique comme des tissus obtenus par clonage ou d'éviter des maladies génétiques. Quelles modifications cela peut-il induire dans la population, dans la pratique médicale, et est-ce que les pédiatres néonatalogistes qui accompagnent au long cours des enfants atteints de maladie génétique ont compétence à répondre ? Que penser d'un monde, où ici un amas de cellules est considéré comme un être potentiel comme en France et où, ailleurs, l'enfant n'a d'existence sociale qu'à quelques mois de vie ?

Chez le vivant, c'est la vie qui s'achève par la mort et toutes les maladies ne sont pas nécessairement mortelles. Il y a là une difficulté de la pensée, autour de la notion de maladie, qui apparaît à

1. W. Rozenbaum, *La vie est une maladie sexuellement transmissible constamment mortelle*, Paris, Stock, 1998.

travers cette petite phrase humoristique où la vie serait la seule vraie grande maladie. Quand vous dites « la mort d'un enfant est devenue insupportable », ou même la mort tout court, cela pose tout de suite un véritable problème : de qui parle-t-on ? À quel moment le scandale s'arrête-t-il ?

Parce qu'en réalité, dans le mot enfant, il y a deux choses qui ne se confondent qu'à un certain point. Il y a l'*infans* : c'est-à-dire le petit enfant qui ne parle pas, celui qui n'est pas sorti d'un certain stade, lequel s'achève autour de 3 ans. Mais le mot enfant a un deuxième sens, présent dans toutes les sociétés : on est l'enfant de quelqu'un, on a été procréé par deux personnes dont on est le fils ou la fille. Cela veut simplement dire une chose : celui qui vient après. L'*infans* est celui qui ne parle pas, l'enfant, c'est celui dont le statut est de venir après ses procréateurs. Le scandale alors n'est pas celui de la mort d'un *infans*. C'était autrefois un petit malheur, puisqu'on pouvait en faire d'autres, mais le scandale était la mort de celui qui meurt avant l'ordre normal des choses. La mort d'un enfant avant ses parents est toujours un scandale, celui-là ne s'arrête jamais : que vous ayez 90 ans et que votre enfant de 70 ans meure avant vous, le sentiment d'horreur est le même : il meurt avant ses parents et ce n'est pas normal.

ISABELLE LATINIS-HÉRITIER – *La mort d'un enfant en bas âge, d'un* infans, *est quelque chose de dramatique aujourd'hui.*

On s'intéresse à l'*infans* maintenant, parce que l'enfant est devenu un produit rare et cela se rencontre aussi dans d'autres sociétés. Prenons la Chine : la règle du jeu y oblige à n'avoir qu'un seul enfant. C'est dramatique dans l'esprit de gens qui ont toujours misé sur des familles nombreuses, bien sûr, mais aussi sur un soutien dans leurs vieux jours par des fils ; s'ils ont une fille, c'est donc une catastrophe. Supposons que ce couple ait un fils et qu'il meure sans avoir eu le temps de s'occuper de ses vieux parents ni de procréer : c'est un drame. Dans le système classique de la Chine où l'on faisait autant d'enfants qu'on pouvait en faire, il est bien évident que la mort d'un *infans*, d'un bébé, de celui qui ne parle pas, n'avait pas la même importance. C'était encore le cas chez nous jusqu'au siècle dernier, avant la révolution malthusienne. Rappelez-vous Montaigne : il disait ne pas se souvenir du nombre total de ses enfants, car on ne comptait pas ceux qui étaient morts en bas âge.

Dans bien des sociétés, ces enfants qui meurent à la naissance de maladie périnatale ou avant le sevrage ne sont pas considérés comme des personnes. Selon les sociétés, on est une personne seulement si l'on a reçu un nom et franchi quelques obstacles, comme les dangers du sevrage et parfois même ceux de la puberté. Si l'enfant meurt à la naissance, il n'est pas une personne à part entière et significativement n'est pas enterré avec les autres. Par exemple, dans des sociétés traditionnelles africaines, le bébé mort va être remplacé par un suivant, et ce suivant, c'est le même qui est censé revenir. Quand les mères ont de nombreuses fausses couches, ou des enfants qui ne vivent pas, on considère que c'est le même enfant qui n'arrive pas à se trouver à son aise, donc il repart. Il essaie de revenir à plusieurs reprises et il repart toujours. Parfois même, on marque le corps pour bien le reconnaître : on coupe un petit bout d'oreille du bébé qui vient de mourir, parce qu'on pense que celui qui va naître aura un bout d'oreille en moins, signe que c'est bien le même qui est revenu, et qu'il faut donc être vigilant pour qu'il ne reparte pas.

Il y a d'autres pratiques connues comme celle de se dessaisir fictivement de cet enfant en le donnant à quelqu'un d'autre, pour le reprendre plus tard. On pense que ce qui ne lui convient pas, c'est la proximité immédiate des gens de sa famille. On va trouver toute une série de subterfuges pour qu'il reste. En tout cas, c'est un être mouvant qui, dans sa corporéité factuelle de bébé, n'est pas une personne, au sens d'une identité reconnue et fixée.

I. L.-H. – *Pourquoi donc l'enfant est-il devenu rare ?*

J'y vois quatre raisons :

— la révolution juridique du Code Napoléon qui obligeait à la répartition égale des biens entre les enfants et supprimait la primogéniture : quand vous avez un bien à transmettre, il est préférable de ne pas avoir à le diviser en huit ;

— la révolution malthusienne : ne pas aider à la surpopulation d'une part et avoir la capacité d'élever son enfant dans de bonnes conditions d'autre part ;

— les progrès médicaux en obstétrique et en pédiatrie : l'enfant ne meurt plus si aisément dans ses jeunes années que par le passé ;

— plus proche de nous, une raison fondamentale : la liberté individuelle des femmes. Je n'entends pas par là le primat de l'individu sur le groupe. J'entends par là que les femmes commencent à être reconnues comme des individus, comme des personnes à part entière, et donc ont leur mot à dire en ce qui concerne la procréation. Dans nos sociétés, les femmes ont accès depuis peu à un statut d'individu et réclament ce qui va avec, c'est-à-dire : la liberté de penser, la liberté de circuler, la liberté de travailler. Il s'ensuit aussi la liberté, en faisant des enfants, de faire ceux qu'elles souhaitent avoir et dans les temporalités qui leur conviennent.

Pour toutes ces raisons, devenu un sujet non remplaçable par un autre, le bébé est simultanément devenu une personne.

BRIGITTE HÉRITIER-FASSEUR – *Une partie de la question concernait la difficulté de la relation du pédiatre à son* petit *patient, devant la demande croissante de technicité et de résultat dans les soins qu'il donne, qui ne permettent pas toujours, dans des pathologies graves, d'éviter le décès : il y a encore des maladies non guérissables.*

Il n'y a pas que des maladies non guérissables : si vous allez en Afrique, on y meurt encore de maladies épidémiques comme la rougeole qui n'est plus une maladie ordinairement mortelle chez nous, depuis qu'existe la vaccination.

B. H.-F. – *Que se passe-t-il dans une société africaine quand il y a échec de la prescription du marabout ?*

À ma connaissance, il n'est pas mis en cause. Je ne suis pas sûre que des parents mobilisent un guérisseur pour des maladies infantiles, par exemple pour ces fameuses diarrhées qui sont mortelles. Dans les grandes épidémies que j'ai vues, méningite, rougeole, en brousse personne ne peut rien faire : on attend, on subit. On ne consulte pas de guérisseur pour un bébé. On prend grand soin de l'enfant, mais c'est le fait de la mère, des grands-mères, des frères, des sœurs.

Quant au marabout ou au guérisseur, il n'est pas mis en cause pour une raison simple : le marabout ou le guérisseur, le devin en tout cas, est un transmetteur de quelque chose qui lui vient d'ailleurs. L'essentiel de ses talents lui vient de sa capacité à communiquer avec un autre monde : il est censé être simplement le passeur d'une autre vérité. Il recherche les causes du mal dont l'éradication, si elle est possible, est le préliminaire obligé de la guérison (des adultes). Ce qui bien évidemment n'est pas le cas dans la médecine dite biologique. Cela dit, je connais de grands pédiatres qui n'ont jamais été mis en cause après le décès d'enfants, parce que les parents ont su leur faire confiance à travers une trajectoire antérieure, les soins qu'ils ont pu donner à leurs enfants, leur capacité de bon diagnostic et de se préoccuper du bien-être de l'enfant et du rapport à ses parents. La question qu'il faudrait se poser indépendamment de la technicité actuelle, c'est moins de savoir si cette technicité dans le cadre de la mort brutale a fait perdre de son humanité au médecin et le rend susceptible d'être attaqué en justice, mais de savoir s'il ne l'avait pas perdue avant. J'entends par là que dans le rapport d'un pédiatre avec les enfants qu'il soigne, il doit passer une forme d'amour des enfants bien sûr, mais aussi de compréhension du rapport constitué par cette trinité : l'enfant, les parents, le pédiatre, compréhension qui était tacitement attendue dans le cas de l'ancien médecin de la famille.

Enfin, c'est aussi parce que l'enfant est devenu cette chose rare (ils sont peu nombreux donc ils importent) qu'il y a corrélativement cette exigence de résultat de la part des parents, d'autant qu'ils croient au discours de toute-puissance de la biologie.

ISABELLE LATINIS-HÉRITIER – *Tout à l'heure nous avons parlé des enfants qui ne deviennent des personnes qu'après le sevrage, voire après la puberté…*

Ou plutôt après la dation du nom. En Amérique du Sud, par exemple, dans la plupart des sociétés indiennes, l'enfant n'est une personne que lorsqu'on lui a donné un nom. La personne, c'est d'abord une identité.

I. L.-H. – *Dans mes rencontres avec des couples ayant eu recours à la fécondation* in vitro, *j'ai été frappée par le discours de plusieurs femmes pour qui l'embryon était déjà un enfant, alors que malheureusement, il n'est pas certain qu'il s'implante et que mille « dangers » guettent une grossesse. Les sociétés africaines me semblent très protectrices au sens où elles énoncent, « racontent » – par des rituels de passage notamment –, les risques des trois premiers mois de grossesse puis ceux qui sont ultérieurs.*

Je ne pense pas qu'on puisse faire un rapprochement entre les deux manières de voir. Il y a toujours l'idée, en Afrique notamment, que l'embryon n'est pas encore un être humain. Le fœtus devient un être humain à partir d'un moment relativement avancé de la grossesse. Dans les sociétés traditionnelles, il faut que l'enfant remue. Les premiers mouvements, la pousse des cheveux dans le ventre de la mère, sont le signe de l'animation et donc de la vie. Animation dans les deux sens du terme : ça bouge, ça s'anime, mais aussi il a reçu son *anima*, l'âme, la vie, le souffle. L'enfant n'est un être humain qu'à partir de ce moment-là. Un être humain qui n'est pas achevé, et qui est loin encore d'être une personne. Avant, on dit que c'est un animal. Chez les gens chez qui je travaillais au Burkina Faso, selon le sexe de l'avorton, on disait que c'était un margouillat (une sorte de grand lézard) ou un crapaud. Les fœtus sont censés ne prendre forme humaine qu'après l'animation. Ensuite, pour être une personne, nous avons vu qu'il ne suffit pas d'être né. Nous disons aussi dans nos traditions chrétiennes qu'avant le baptême, l'âme de l'enfant mort va dans les limbes ; il y a donc des traces de ce type de pensée dans notre culture.

La cause de cette évolution de pensée dont vous parlez me semble être cette espèce de fausse culture scientifique qui se répand, sans qu'il y ait jamais une connaissance vraie des processus et des mécanismes en présence, aussi bien en biologie qu'en physique ou en astronomie. Il faut vraiment chez nous vivre dans une région incroyablement reculée et fermée et sans journaux, radio et télévision pour ne pas être frotté de ce minimum de connaissances scientifiques qui suinte de partout. Elles sont prises telles quelles, par petits bouts, et font sens dans la mesure où chacun d'entre nous, qui ne sommes pas producteurs mais receveurs de discours scientifique, va concocter et aménager à sa manière l'ensemble des connaissances nouvelles qui lui arrivent avec celles qu'il a déjà.

Avec les procréations médicalement assistées se répand l'idée qu'on est capable de créer artificiellement la vie, ce qui revient à dire créer des individus et mieux encore, qu'on est capable de fabriquer l'être humain à l'extérieur du corps. La façon dont les médias restituent le discours scientifique dit exactement cela : on est capable désormais de fabriquer les êtres humains, ce qui se traduit par : l'embryon, dans sa boîte *in vitro*, est déjà un être humain et, pour une future mère en puissance, il est déjà son bébé.

I. L.-H. – *Pouvez-vous nous aider à penser ce que peut être le statut de l'embryon ?*

Cela pose vraiment un problème philosophique au Comité d'éthique. On discute, et ce n'est pas un point mineur, de savoir si c'est une personne potentielle ou une potentialité d'être humain, ce qui n'est pas la même chose philosophiquement, éthiquement et pratiquement.

BRIGITTE HÉRITIER-FASSEUR – *Que peut-on imaginer si l'on autorise la recherche sur les embryons ?*

Le clonage non pas au sens reproductif, mais celui de cellules que l'on spécialise selon les besoins, s'il est prouvé qu'il est efficace pour la réfection de tissus endommagés, et on le saura assez vite, devrait se faire car la pression est très grande. Cela accroîtra le mythe de l'homme démiurge car non seulement on pourrait fabriquer l'homme comme en usine, mais on pourrait aussi le réparer.

B. H.-F. – *Est-ce que les pédiatres qui s'occupent de maladies génétiques ou de néonatalogie ont besoin d'être consultés là-dessus ?*

Je crois qu'il y a énormément de centres d'éthique dans tous les hôpitaux, dans les CHU, qui réfléchissent à ces questions, où ils ont donc leur place et aussi le Comité consultatif national d'éthique sur les sciences de la vie dont je fais partie. Mais leur profession ne peut leur donner le droit exclusif de statuer, qui revient au peuple, c'est-à-dire à l'Assemblée nationale.

B. H.-F. – *On peut lire en ce moment dans une revue féminine, un article sur ce sujet, intitulé « Dr Frankenstein, votre science m'inquiète », où l'on interroge différents représentants de la société civile : acteurs, rugbyman, architecte, etc., mais pas un médecin.*

C'est ce que je vous disais : chacun est censé avoir un accès direct à la connaissance diffuse qui suinte de partout et avoir de ce fait la capacité de se faire son opinion. C'est intéressant parce que ce sont ces documents qui serviront plus tard à des historiens des sciences, à des épistémologues, pour étudier comment se constitue une espèce de savoir général populaire qui fait un mélange des connaissances savantes, des connaissances populaires antérieures et des jugements moraux. Car les connaissances savantes ne supplantent pas les connaissances populaires. Simplement, elles vont vivre à côté, non pas une vie indépendante, mais une vie où elles se contaminent l'une l'autre mutuellement. La femme qui croit que l'embryon *in vitro* est déjà un bébé réel, qui pourrait à la limite continuer à se développer dans son éprouvette, sans être replacé dans l'utérus, cette même femme utilisera tout aussi bien des remèdes de bonne femme quand son enfant sera né.

B. H.-F. – *Qu'en est-il du clonage reproductif ?*

À la naissance de Dolly s'est posée immédiatement la question de savoir si ce qu'on avait fait pour cette brebis avec beaucoup d'échecs antérieurs, on arriverait à le faire pour l'homme. Ce type de recherches sur l'homme a été interdit en France et dans toute l'Europe. Aux États-Unis également, pour ce qui est de la recherche publique, mais pas pour la recherche sur fonds privés. Des recherches sont conduites au Japon, en Amérique, dans certaines sectes comme la secte raëlienne qui voudrait bien s'y lancer. Le principe de l'interdiction est qu'il est éthiquement condamnable de vouloir reproduire l'homme à l'identique. Cela supprime l'essence de la procréation qui est la présence de l'autre, du partenaire. Il faut être deux pour faire un enfant. Si l'on regarde ce que furent les lois non écrites de l'humanité, on voit que l'une d'elles est universelle. Elle est écrite dans nos codes civils de façon implicite, mais toujours présente, il s'agit de la prohibition de l'inceste. Elle rend compte de l'impossibilité de faire un enfant avec un membre de sa propre consanguinité ou de ses parents proches par alliance, et de la nécessité, pour les groupes humains, des temps des origines qui ont instauré cette loi, d'aller vers l'autre pour contracter des alliances et construire la société. Il fallait choisir entre se marier à l'extérieur ou se faire tuer à l'extérieur en se procurant des partenaires par la prédation. La prohibition de l'inceste est à la base de la constitution du lien social, nous l'avons déjà dit. Il faut sortir de l'entre-soi de la consanguinité pour contracter des alliances matrimoniales et procréer, créer des liens de coopération et non plus de guerre.

L'interdiction du clonage aboutit, sous une forme juridique intervenue très rapidement, à faire ce que la prohibition de l'inceste a établi au fil des millénaires pour les hommes primitifs. Elle consiste à empêcher le privilège d'un entre-soi d'une autre nature : l'entre-soi de genre, qui serait lui aussi la mort du lien social. Car si on admettait que la seule façon de se reproduire était de se reproduire à l'identique, il n'y aurait pas de société fondée sur la coexistence et la coopération des deux sexes. Nos gouvernants ont pris de saines décisions, mais en se plaçant sur le mode philosophique de l'importance de l'individu en tant que re-création biologique constante, alors que l'enjeu est beaucoup plus important encore, puisqu'il s'agit de la perpétuelle re-création du lien social.

ISABELLE LATINIS-HÉRITIER – *Comment expliquer les différences de définition entre les États-Unis – amas de cellules indifférenciées – et celle que la France a choisie ?*

Depuis un certain nombre d'années en France, des comités d'éthique ont été installés à côté du pouvoir législatif. Non pas qu'ils aient le pouvoir de légiférer, mais seulement celui de donner conseil. En principe, ils sont censés représenter la société civile, mais il y a toujours une représentation de la société religieuse. J'ai présidé le Conseil national du sida. Il y avait vingt-trois membres, dont cinq qui représentaient le catholicisme, le protestantisme, le judaïsme, l'islam et la libre-pensée. Les autres étaient des médecins, des sociologues, des ethnologues, des historiens, des infirmiers, des économistes, des gens de tous ordres, mais des intellectuels, qui étaient censés représenter la société civile et qui pouvaient avoir leurs propres croyances religieuses.

S'il s'agissait vraiment de la société civile, il faudrait un tirage au sort comme pour les jurés d'où sortiraient un agriculteur, un homme d'affaires, etc. La probabilité pour qu'il y ait un jésuite, un dominicain, un rabbin, un pasteur et un imam est alors assez faible.

Là non : elle est très forte au contraire et je considère que, sur des comités d'une vingtaine de membres, une proportion d'un tiers ou un quart ou même un cinquième seulement de représentants de confessions donne nécessairement une couleur particulière au débat. Ce n'est pas mineur dans les discussions. Société civile ne veut pas dire nécessairement société laïque, mais ne veut pas dire non plus que tout doit être mené au mieux des intérêts confessionnels ou plutôt de dogmes, lesquels ont varié dans le temps. La pensée chrétienne elle-même, si l'on juge par les travaux des Pères de l'Église, a beaucoup varié sur le statut à accorder à l'embryon et au fœtus.

Diasporiques

PHILIPPE LAZAR – *Mon objectif ici est double. D'une part, je m'adresse à l'éminente anthropologue, parce que je pense que, ayant travaillé entre autres sur les systèmes complexes de parenté et sur la violence, vous avez sûrement des choses à nous apprendre sur les ferments de la constitution historique et culturelle d'un peuple, et plus spécifiquement d'un peuple diasporique comme le peuple juif. D'autre part, j'interpelle la citoyenne éclairée, engagée, qui ne peut pas ne pas avoir une opinion sur ce que représentent les Juifs dans nos sociétés : ce qui nous intéresse spécifiquement en effet, nous Juifs diasporiques, c'est l'adjectif* diasporiques, *qui traduit le fait que nous vivons en contact permanent avec des cultures différentes de celles dont nous sommes issus par filiation. Et le regard que les autres portent sur nous nous concerne, sous réserve bien sûr qu'ils en acceptent la réciprocité.*

En vous référant ainsi à la notion de filiation, vous mettez d'emblée le doigt sur l'essentiel, et c'est peut-être par là que j'aurais eu envie, spontanément, d'aborder le fond de notre entretien. La diaspora des Juifs en divers endroits de la Terre s'est passée en des temps historiques, parfois assez lointains. Or, après deux ou trois siècles de présence dans un pays dont on a acquis la langue et les usages, dont on respecte la loi, dans lequel on s'est intégré par son mariage, par le travail, par la convivialité, se définir comme étant, au moins partiellement, d'une autre nature, implique que cela passe par quelque chose de particulier, que l'on puisse si possible identifier. Il est évident que ce quelque chose ne peut être d'ordre biologique ou, *a fortiori*, comme le prétendait notamment l'idéologie nazie, d'ordre racial. Chaque peuple conserve des usages culturels, c'est tout à fait habituel. Ainsi aujourd'hui, au Brésil, les descendants des marranes arrivés là au XVIe siècle sont brésiliens, ignorent tout de leur ascendance, mais continuent néanmoins d'observer un certain nombre de pratiques dont ils ne connaissent pas la signification mais qui sont typiquement d'origine marrane (par exemple allumer une bougie le vendredi soir). Ils croient qu'il s'agit de traditions familiales, alors même qu'il s'agit de traditions culturelles, en l'occurrence complètement intégrées par des gens qui se considèrent comme brésiliens à part entière… Si quelque chose demeure en tant que vraie trace d'une origine particulière, à mon sens ce ne peut donc être que la résultante de la filiation, et en l'occurrence d'une filiation matrilinéaire renforcée par l'alliance. Il s'agit donc bien d'un phénomène de nature essentiellement sociale et culturelle. Avec mes collègues anthropologues, j'ai tendance à penser – c'est même, à dire vrai, une intime conviction, forgée au cours des ans ! – que tout ce qui touche à la parenté est, de tous les traits culturels, ce qui résiste le mieux aux accommodements résultant de rencontres avec des usages nouveaux. Et ce n'est bien sûr pas pour plaisanter sur la « mère juive » que j'évoque cela ! C'est à mes yeux ce trait plus que tout autre qui fait l'originalité essentielle du peuple juif et qui, d'une certaine manière, l'oblige à (ou lui permet de) se reconnaître comme différent. Ce qui m'a frappée dans l'interview de Jean-Pierre Vernant, dans votre précédent numéro, c'est précisément qu'il disait être né d'une mère juive dans une famille très enracinée dans la province française et que, élevé par sa tante du fait de la mort précoce de ses parents, il n'avait jamais eu l'occasion de penser personnellement sa judéité avant de la côtoyer à nouveau en épousant lui-même une juive (non pratiquante mais contrainte de se reconnaître en tant que juive pour se conformer aux lois de Vichy). Vous notiez aussi qu'il avait constaté que leur fille se sentait sans doute un peu plus impliquée que lui dans cette appartenance : un bel exemple de transmission mère-fille… Cela dit, ce qui m'étonne, c'est qu'il n'y ait pas davantage de comportements d'ordre explicitement laïque chez les Juifs : « Je suis né dans ce pays où mes ancêtres sont venus en tant qu'immigrants, j'y suis parfaitement intégré, mes parents étaient juifs, bon, et alors ? Moi, je me considère d'abord comme Français, Européen, je suis athée et je vis selon les mœurs de mon époque, etc. »

P. L. – *Mais c'est par certains aspects notre position...*

Oui, mais je suis surprise qu'elle ne soit pas plus répandue !

P. L. – *Je ne peux que déplorer avec vous que nos positions ne soient pas plus largement partagées ! En tout cas, au niveau de l'expression publique. Parce que je ne sais pas ce qui se passe réellement en profondeur. Mais, incontestablement, les Juifs qui s'expriment sont aujourd'hui, de façon dominante, ou religieux ou sionistes, ou les deux à la fois...*

Tout ceci est certainement en partie la résultante de la Seconde Guerre mondiale. J'étais jeune enfant pendant cette guerre, mais je me souviens parfaitement d'enfants juifs emmenés par la police française ; je me souviens aussi de ce que disaient mes parents à ce sujet, même si j'étais censée ne pas écouter. J'ai pris conscience dès ce moment-là de cette injustice mais aussi de ce qui pour moi était incompréhensible : en quoi pouvait-on considérer ces gens – ces enfants – comme différents de moi ? Et je conçois très bien que cette expérience épouvantable ait pu entraîner chez ces enfants, s'ils ont pu devenir adultes, un fort désir d'enracinement dans leur filiation.

P. L. – *Certains ont eu une réaction contraire : oublier leurs origines au plus vite. Mais la majorité s'est sans doute comportée comme vous dites.*

Oui, et elle a probablement cédé à la tentation, bien compréhensible dans des conditions post-traumatiques, de chercher en quelque sorte refuge auprès de ceux avec lesquels on se sent en confiance ! Je peux même concevoir que cela ait conduit à renouer des pratiques ancestrales oubliées, comme l'apprentissage de l'hébreu...

P. L. – *Je ne pense pas vraiment, en l'occurrence, qu'il s'agisse d'une pratique « oubliée », parce que l'hébreu n'était pas langue véhiculaire dans les communautés juives européennes ou africaines. C'était essentiellement une langue de prière...*

Vous avez certainement raison : cet apprentissage est sans doute plus directement lié au mouvement sioniste en tant que tel. Disons que je peux comprendre ce durcissement identitaire en tant que contrecoup du génocide... Il n'en reste pas moins que je me demande pourquoi il n'y a pas plus de Juifs à se réclamer avant tout de la conscience et de la collectivité nationales et à se définir simplement comme juifs *en plus*, comme d'autres se définissent comme catholiques, protestants, musulmans ou bouddhistes...

P. L. – *Mais là vous employez des mots du langage religieux...*

Oui, et je le fais très consciemment en l'occurrence. Car je constate chez nombre de mes amis juifs que la résurgence de leur judéité passe effectivement par des pratiques prenant une place de plus en plus importante dans leur vie alors qu'auparavant elles n'étaient, me semble-t-il, que sporadiques : célébrer certains fêtes ou encore faire faire leur *bar-mitsva* à leurs fils. Rien de cela n'existait, je crois, dans mon milieu il y a vingt ans, en tout cas sûrement pas avec la même fréquence ou la même intensité qu'aujourd'hui.

P. L. – *Mais cette – très probable, en effet – résurgence du religieux a-t-elle à voir avec ce que vous me disiez de la prise de conscience d'une judéité de filiation, qui, en soi, n'implique en rien le religieux ?*

Non, bien sûr ! Mais le malheur aujourd'hui, c'est que les religions révélées donnent une valeur universelle à leurs représentations en leur conférant celle d'un message irréfragable, un message auquel on ne peut rien opposer. Lorsque j'entends un intellectuel juif de gauche, avant-gardiste et sans doute athée, me dire qu'il ne peut pas faire ceci ou cela parce que aujourd'hui, c'est Shabbat, je ne peux m'empêcher d'être un peu surprise... Pour moi, la judéité se définit par la filiation, c'est la seule manière rationnelle de le faire. Mais ce qui est glaçant, c'est le sentiment que certains peuvent penser que rien de ce qui vient des autres n'est acceptable et qu'il faudrait dès lors se confiner dans ses propres traditions culturelles, alors même que les cultures se construisent de syncrétismes qui sont la résultante de leurs confrontations avec d'autres cultures, à l'opposé de tout enfermement. Je suis quant à moi tout à fait heureuse d'apprendre à faire de la cuisine juive. Si, malheureusement (je dis malheureusement parce que je pense toujours regrettable de vouloir ne rester qu'entre soi), on ne cherche à pratiquer d'unions qu'entre personnes ayant le même type de culture, de filiation et, le cas échéant, le même type de convictions religieuses, on renonce à ce grand brassage qui fonde véritablement la capacité d'évolution des peuples.

P. L. – *Mais ce n'est plus tout à fait le cas de nos jours. Les mariages mixtes sont devenus, sinon la règle, du moins majoritaires…*

C'est une très bonne chose…

P. L. – *Vous qui avez beaucoup travaillé sur la violence, pensez-vous que la violence subie peut intervenir de façon forte dans la structuration de cette entité collective que nous avons quelque difficulté à cerner : la judéité ?*

Les violences comme la violence nazie peuvent avoir pour conséquence chez l'individu victime la honte d'être soi dans les rapports interpersonnels. Il est bien connu que c'est la victime qui a honte, pas le bourreau. À partir du moment où il devient possible de faire passer en jugement les bourreaux (les procès de Nuremberg, d'Eichmann, etc.) et d'obtenir un certain consensus des nations sur un « plus jamais ça », se crée en rebours un statut. Un statut non point d'offensé ou d'humilié, mais de ceux qui, offensés ou humiliés, peuvent tirer de la condamnation de leurs bourreaux une dignité nouvelle et la transmettre à leurs descendants. Cela dit, ce serait une faute, et je dirai même que ce serait mal, de fonder la judéité sur un état de victime. On ne peut vivre et se construire ainsi. La reconnaissance morale est une chose, la réparation en est une autre et qui s'impose. Si nous ne devons pas oublier ce qu'ont pu faire les générations précédentes, nous ne pouvons nous construire ni sur l'état victimaire ni sur la culpabilité.

P. L. – *Oui, mais certains néanmoins s'en inquiètent : n'y a-t-il pas là un risque de dilution pouvant entraîner à terme la disparition d'un « peuple juif » ? Qu'en pense l'anthropologue ?*

Je ne voudrais pas avoir l'air sauvage et je ne cherche nullement la disparition d'un sentiment d'identité par dilution de signes culturels, mais il faut souligner que cette reviviscence que nous constatons aujourd'hui ne concerne pas seulement les Juifs, mais nombre de peuples : chacun maintenant, au lieu de chercher à occulter, comme c'était autrefois le plus souvent le cas, le fait d'appartenir à un groupe dominé, revendique cette appartenance ; c'est tout le mouvement de *revival* que l'on constate aujourd'hui un peu partout dans le monde. Je ne pense pas que cela soit le moins du monde condamnable. Mais je crois aussi qu'il n'existe pas de peuple dont on puisse dire qu'il n'ait qu'une seule souche. Si on creuse un peu dans les généalogies, on voit qu'un peuple, c'est une certaine acceptation, à un moment donné, d'un certain nombre de normes, que renforcent, le cas échéant, la fermeture des frontières, l'apprentissage scolaire et bien sûr la différenciation des langues ; mais c'est aussi, et fondamentalement, la résultante de la fusion régulière de souches multiples.

Lévi-Strauss affirmait déjà, dans *Race et Histoire*[1], la nécessité de la diversité interne. Quand on est « soi », ce n'est pas parce qu'on est le descendant d'une lignée « pure » : il n'y a pas de lignée pure – ou, lorsqu'elle existe, ce n'est qu'une petite chose, noyée dans une multiplicité adventice.

Tous les ethnologues et tous les généticiens des populations le disent. Et les généalogistes locaux eux-mêmes le savent parfaite-

1. C. Lévi-Strauss, *Race et Histoire*, Paris, Denoël/Unesco, 1952.

ment, qui ne retiennent parfois dans leurs descriptions « officielles » des lignées que les unions qui contribuent à leur pureté mais qui n'en ignorent pas pour autant la multiplicité des liaisons d'une autre nature qui en émaillent l'évolution séculaire. Un peuple, c'est donc le résultat d'un immense compromis sécrété par des générations et des générations...

À partir du moment où un groupe – diasporique ou pas – voudrait maintenir une pureté « originelle » au sein du milieu dans lequel il vit et dont il est partie prenante, on pourrait commencer à avoir des inquiétudes sur sa pérennité...

P. L. – *J'entends. Mais ne peut-on néanmoins se poser une question quantitative : le processus de dilution constaté n'est-il pas un peu trop rapide pour que soit assurée une certaine pérennité de ce qu'on peut appeler un « peuple » – en l'occurrence le peuple juif ? Certains ne sont pas loin de penser que seul le renforcement du lien religieux serait de nature à compenser cette évolution...*

On en revient ainsi de fait à la question récurrente : qu'est ce qu'un Juif ? N'existe-t-il en tant que tel que s'il observe une religion ou, comme le disait Sartre, essentiellement dans le regard de l'autre ? Vous dites, et je le comprends bien, que vous vous sentez juif parce que vos parents et grands-parents l'étaient. Mais ne pourrait-on dire de façon similaire, par exemple, que ce qui m'intéresse est de savoir que j'avais des grands-parents anarchistes ou communards ?

P. L. – *Je m'attendais à ce que vous me disiez plutôt : « Est-ce que cela vaudrait pour corse ? »*

Pourquoi pas, en effet ? Mais une telle interrogation ne règle pas pour autant la conduite de vie et les modes de pensée ! Si l'on me demande à moi mon origine, je peux répondre que j'en ai une double, auvergnate (par mon père) et bourguignonne (par ma mère). Mais une fois que j'ai dit cela, on peut plaisanter en disant : « Eh bien, je comprends pourquoi tu es têtue comme une mule !... » Mais cela ne me définit pas tout entière.

P. L. – *Ce n'est pas plus important que cela ?*

Non, je ne crois pas vraiment. Bien sûr, cela m'aide à me situer, me rappelle des paysages d'enfance, je sais que je serai toujours une fille de la terre plutôt que de la mer. Cela définit certains goûts ou certaines orientations… Mais cela ne m'a jamais entraînée à créer un cercle Crémieux auvergnat ou bourguignon…

P. L. – *D'autres ne le font-ils pas ?*

Vous croyez ? Je vous parlais, moi, des Auvergnats et des Bourguignons, là vous évoquez les Bretons, les Corses ou les Occitans, c'est-à-dire des situations où il existe une langue et parfois même une tradition lettrée et, pour certains, des revendications autonomistes ou indépendantistes. Ce sont donc des situations historiques incontestablement beaucoup plus complexes. Mais, hors ces situations spécifiques, certes il existe entre régions des différences culturelles, mais elles sont ténues et n'entraînent pas des sentiments de communautés séparées.

P. L. – *Dans la famille hongroise de mon père on parlait le hongrois, pas le yiddish ; mon sentiment d'« appartenance » à la judéité n'est donc pas la résultante de la possession d'une langue…*

Vous êtes ainsi un excellent exemple d'intégration, tout en vous reconnaissant et affirmant, légitimement, juif par filiation ! La judéité ne peut pas se réduire à un seul fait culturel. Si se référer au fait d'avoir des grands-parents communards n'est pas de même nature dans votre esprit que de se référer à celui d'avoir des grands-parents juifs, alors qu'il s'agit dans les deux cas d'ascendance et d'idéologie assumée, et si vous récusez la définition par la seule religion c'est bien qu'intervient pour vous dans la transmission le lien que crée un mode très spécifique de filiation (en l'occurrence utérine). C'est sans doute là un trait discriminant essentiel, mais est-il néanmoins suffisant ?

P. L. – *Je voulais précisément vous interroger sur la question du territoire. Vous dites quelque part, dans l'un de vos écrits, quelque chose du genre : « La connotation biologique de l'identité est extrêmement forte dans les systèmes de représentation : on parle de* naturalisation *et non de* nationalisation[1]. » *Il est vrai que l'emploi de ce mot est frappant ! Vous dites cependant : « Faut-il s'arrêter aux traits dominants de l'entre-soi premier de la consanguinité et du territoire[2] ? », mais aussi : « Peut-on imaginer le destin d'un groupe humain qui serait sans territoire, ce qu'il fut, ce qu'il sera ? Plus profondément, y a-t-il dans les représentations collectives une idée pensable d'un peuple qui serait dénué de territoire, d'attache[3] ? »*

Je ne parlais en fait aucunement des Juifs. Je faisais allusion là moins aux peuples diasporiques qu'aux peuples errants, dont les peuples sédentaires ont beaucoup de mal à imaginer l'existence – aux peuples en perpétuelle migration. En diaspora, les peuples passent parfois d'un État à l'autre, ils s'installent ici pour éventuellement repartir là, mais chaque fois ils s'installent. C'est le cas bien connu, par exemple, de l'implantation des Juifs dans les *shtetls*[4]. La situation est très différente pour les authentiques nomades, les Roms par exemple. Mais pas seulement pour ces derniers. Ainsi, en Australie, il existe des peuples aborigènes de chasseurs qui sont identifiés par les itinéraires spécifiques qu'ils parcourent de façon récurrente. C'est, si vous voulez, cette récurrence qui sert alors de repère, il n'y a aucune territorialisation statique, mais une dynamique… C'est évidemment très différent d'une insertion territoriale, ne serait-ce que pour une génération. Les Juifs le savent bien, dont le nom est parfois emprunté à celui d'une ville, où ils se sont implantés, le cas échéant pour une durée limitée. D'où l'importance de la filiation, patri- ou matrilinéaire, cette dernière étant, il

1. *Séminaire de Françoise Héritier. De la violence*, Paris, Odile Jacob, 1996.
2. *Séminaire de Françoise Héritier. De la violence II*, Paris, Odile Jacob, 1999, p. 325.
3. *Séminaire de Françoise Héritier. De la violence*, *op. cit.*, p. 46.
4. Bourgades juives d'Europe centrale.

faut le savoir, plus fragile à maintenir que la première, notamment en cas de multiplication des mariages mixtes...

P. L. – *D'où une pertinence accrue de ma question de tout à l'heure sur les risques de dilution associés à l'actuel développement de ceux-ci.*

Oui, bien sûr. Mais dans les rapports de parenté, il y a quand même d'autres éléments que les liens de filiation : la reconnaissance des liens de consanguinité et d'alliance, la communauté de résidence (pensez notamment au *shtetl*, que nous évoquions à l'instant). C'est dans les lieux où l'on vit – de façon éventuellement fragile et temporaire mais intense – que la conscience de la consanguinité et du territoire prend tout son poids ; c'est là qu'il faut chercher la source de cette quête d'une identité susceptible de se maintenir coûte que coûte, par l'endogamie, par le plaisir de l'entre-soi consanguin.

P. L. – *Ce que vous me dites fait assez directement écho à certaines de nos réflexions à propos de notre livre sur la relecture laïque du temps juif*[1]. *Nous avions en effet constaté que la façon de célébrer la plupart des fêtes juives – fêtes en réalité communes à de nombreuses cultures, mais que s'est appropriées la religion juive – témoignait chez les Juifs d'une haute conscience de la fragilité de leur mode d'existence... C'est vrai qu'il y a un attachement au* shtetl, *mais il est sans doute de nature très différente de celui qu'un Breton peut avoir pour la Bretagne ou un Normand pour la Normandie, parce que la Bretagne et la Normandie sont d'une certaine façon immuables, ce qui n'est évidemment pas le cas – et on l'a hélas bien vu au* XX*e siècle – pour le* shtetl...

Peut-être, mais lorsqu'un Breton parle de « la Bretagne », c'est un concept relativement abstrait et, en réalité, il est attaché à l'endroit spécifique où sont ses racines...

1. P. Lazar (éd.), *Temps juif, lecture laïque*, Paris, Cercle Gaston-Crémieux, Liana Levi, 1995.

P. L. – *Il s'agit néanmoins d'une terre, alors que le* shtetl *est une construction humaine sur une terre… et cette terre aurait pu être située ailleurs.*

Oui, mais elle est là. Je ne pense pas que la différence soit aussi intense quand on y regarde de plus près. « La Bretagne » ou « la Corse », ce sont des constructions idéologiques, des *appareils idéologiques d'État*. Mais le vécu intime de chacun, c'est celui exprimé par cette paysanne bretonne qui, parlant de gens vivant à cinq kilomètres d'elle, disait d'eux : « Ces sauvages, qui ne mangent même pas comme nous… » Pour moi, ce sont tous des Bretons ; pour elle, il y avait une forte distinction entre elle et eux, et de surcroît fondée sur la nourriture, ce qui n'est pas indifférent pour la création de l'identité et qui traduit en fait ce « mixte » culturel qui résulte à la fois de la filiation, de la résidence et de la consanguinité. Quand je dis que j'aime la France, qu'est-ce que cela veut dire d'autre que ce sentiment, que j'ai perçu dès l'enfance, que je n'étais pas toute seule, qu'il y avait derrière moi toute une histoire dans laquelle mes ancêtres s'étaient inscrits, et ceux de mes petits camarades aussi ? Mais si je parle d'un attachement particulier à un lieu, ce qui me vient à l'esprit ce sont, comme vous dites, des constructions humaines temporaires et qui ont au demeurant disparu…

P. L. – *À ce titre, et si je vous suis, il n'y aurait strictement aucune différence entre les Juifs et les autres ?*

Mais pourquoi y en aurait-il une ? Mon discours veut dire : il n'y a pas de différence dictée par la nature. Et s'il y a une différence, c'est qu'elle est construite, de deux manières différentes : par les Juifs eux-mêmes et par le regard des autres. Laissons le regard des autres. Par les Juifs eux-mêmes : cela tient à l'histoire d'une part, mais aussi à un lien de transmission d'une nature particulière, la filiation matrilinéaire…

P. L. – *Mais elle n'est pas du tout spécifique aux Juifs, cette filiation !*

Certes ! Mais, en général, elle concerne des populations ancrées. Ici le cumul de la vie diasporique et de la filiation matrilinéaire au sein d'autres systèmes de filiation oblige, si l'on veut conserver quelque chose, à protéger cette filiation et cela double l'obligation de se plier aux usages rituels, cela double toute une série d'obligations…

P. L. – *Êtes-vous en train de dire que l'on ne peut pas être juif en dehors de l'observance de rites religieux ou traditionnels ? Voire en dehors de l'endogamie ?*

Peut-être…

P. L. – *Mais ce serait dramatique pour les gens qui pensent comme moi si c'était vrai !*

Vous vous savez juif et vous pouvez intellectuellement vous vouloir juif, mais vous êtes essentiellement français parce que vous êtes athée, que vous avez choisi de l'être, que la filiation matrilinéaire n'a, je le suppose, pas une importance particulière pour vous. Être juif est pour vous une représentation affectivo-intellectuelle, mais pas une nécessité biologique, ni philosophique, ni religieuse. Il s'agit d'un choix identitaire, donc d'une construction personnelle…

P. L. – *Cette description est-elle de nature à décrire ce qu'on peut appeler le fait juif ou le peuple juif dans son entièreté ? N'est-il pas indispensable de faire une dissociation entre les espaces de représentation – où se situent les faits de culture – et les populations directement concernées par ces faits de culture ?*

Les éléments culturels sont effectivement des abstractions construites par les hommes – pour la plupart d'entre elles des appareils idéologiques. Avec une plus ou moins grande liberté selon la capacité réflexive dont ils disposent, les hommes se sentent partie prenante de (ou adhèrent à) l'une ou l'autre ou plusieurs de ces idéologies. Incidemment, la plupart du temps, la liberté ne leur en est pas laissée. Par liberté, j'entends le fonctionnement de l'esprit critique, qui implique des comparaisons et celles-ci ne sont possibles que si l'on a un réel accès à des informations non biaisées, ce qui n'est évidemment pas le cas le plus fréquent.

P. L. – *C'est bien pourquoi les peuples diasporiques ont un avantage sur les autres : celui d'être par nature en contact avec une multiplicité de cultures.*

Certes, c'est un avantage conjoncturel, mais il n'y a pas d'apprentissage transversal et ce n'est pas l'effet d'une « nature » juive ! On peut se vouloir juif, mais je ne sais pas ce qu'est la judéité, si ce n'est un modèle construit, avec des variantes, à l'interface entre un vouloir et le regard des autres. Et on est d'autant plus facilement constitué en « autre » qu'il y a la volonté d'être autre.

P. L. – *Une certaine façon d'exister peut-être...*

Oui, une certaine façon d'exister, je veux bien. Mais là aussi il y a quelque chose qui me pose problème : vouloir se définir par des éléments qui sont externes à soi. Est-il suffisant de dire : « Je suis juif donc j'existe » ? Je suis juif peut-être, mais j'existe aussi parce que j'éprouve certains types de sentiments, parce que je suis réjoui de voir une biquette folâtrer dans un pré...

P. L. – *Mais c'est exactement ce que j'essayais de dire en parlant de la distinction essentielle entre espace des individus et espace des cultures ! Sauf enfermement de nature communautariste et* a fortiori *sectaire...*

... qu'évidemment je récuse, l'un et l'autre...

P. L. – ... *je n'existe que par une extrême multiplicité d'influences, d'attaches, d'appartenances – dont la judéité...*

Mais je ne sais pas, moi, ce qu'est la judéité !

P. L. – *Moi non plus, bien sûr, sauf que je sais qu'elle existe et que,* que je le veuille ou non, *j'ai des relations avec elle ! Ce que je veux dire est que je ne saurais ramener la judéité à la collection des quelques millions de Juifs qui vivent actuellement de par le monde. C'est un fait de culture, un phénomène collectif, qui a une histoire et qui, d'une certaine façon, vous concerne tout autant que moi.*

Cela existe en effet comme phénomène culturel et en tant qu'appareil idéologique construit, avec un apprentissage qui peut se faire dès l'enfance. Mais n'êtes-vous pas quand même en train de me dire qu'au-delà de toutes les caractéristiques qui font que chacun de nous est, à un moment donné, ce qu'il est, s'ajoute à cela quelque chose qu'on pourrait résumer de façon lapidaire par : « On est Juif *donc* différent des autres » avec lesquels on partage néanmoins le même espace ?

P. L. – *Absolument pas, je pense même exactement le contraire : je me refuse des quatre fers à être différent des autres* parce que *juif ! Mais cela ne m'empêche pas d'essayer de mieux comprendre ce qu'est le fait juif et, plus spécifiquement, en quoi il me concerne.*

Je n'ai jamais pensé que vous, personnellement, vous cherchiez à vous opposer à tous les autres. Mais je crains malheureusement que ce ne soit une manière de voir relativement peu répandue. Je considère pour ma part que la judéité est un mixte culturel, assigné par le regard des autres, en raison d'un certain nombre de spécificités, elles-mêmes d'autant plus revendiquées qu'elles sont plus fragiles : le fait d'être un peuple diasporique, matrilinéaire, qui a maintenu des traits sociologiques par endogamie (la religion juive étant une caractéristique supplémentaire, mais pas nécessairement la plus déterminante). Quant au fait que le peuple juif soit, dit-on, d'« origine sémitique », cela n'a rien à voir à mes yeux avec la judéité telle que je tente de la cerner. En dehors du hasard historique qui fait que cette région du monde a vu naître une forme de culte monothéiste (même si ce n'est pas le seul endroit où cela s'est produit).

P. L. – *Un culte monothéiste qui est à la fois un instrument de cohésion interne, mais aussi de rejet de l'autre…*

Oui, dans la mesure où cela permet de dire que seul le Dieu unique d'Israël peut avoir raison sur tous les autres, dès lors considérés comme des idoles. Ce qui détermine un sentiment, peut-être primordial, de supériorité, qui serait constitutif de la définition de la judéité que vous recherchez.

Chapitre 5

L'avenir des sciences

La recherche en péril

MARC KIRSCH – *Vous êtes la première femme interviewée dans cette série d'entretiens*[1] *– il faut ajouter que du côté des sciences dures, il n'y a eu que des hommes. Faut-il y voir une indication sur la place des femmes dans la recherche ?*

Au Collège de France comme dans tous les organismes liés à la recherche – et donc aussi au comité dit Baulieu-Brézin, le CIP (Comité national d'initiative et de proposition pour la recherche scientifique) –, on trouve les femmes plutôt du côté des sciences de l'homme et de la société. Selon l'image courante, cela correspond mieux à leurs talents, à leur nature. Les femmes seraient plus intuitives, plus douces, plus généreuses. Si on les mettait aux affaires, elles feraient moins la guerre, etc. Cette imagerie très répandue correspond à une représentation des femmes qui fait appel à une idée de nature. Tandis que les hommes seraient plutôt du côté de

1. *Cf.* « Situation de la recherche en France et en Europe », *Lettre du Collège de France*, hors-série, Paris, juin 2004, p. 59-65.

la raison, de l'intellect, de la culture, les femmes, plus intuitives, plus proches de ce qui porte à la gestion des sentiments, donc de la vie sociale, des affects, de la famille, seraient par nature prédisposées à élever des enfants, travailler dans les hôpitaux, le social, etc. Et, par extension, elles s'orienteraient naturellement vers les sciences de l'homme et de la société, lorsque l'accès à la connaissance leur est ouvert.

En réalité, ces distinctions sont encore bien plus profondes : il y a une classification des sciences et leur simple intitulé en sciences dures et « molles », etc., est une classification sexuée. Il semble aller de soi que la physique est une science masculine, alors que la sociologie ou l'ethnologie – la psychologie *a fortiori* – seraient des sciences féminines. Il y a déjà, à travers la façon dont on conçoit les différentes sciences, une orientation sexuée. Car ce ne sont plus les acteurs de ces sciences qui sont sexués – ils le sont, bien entendu –, mais les sciences elles-mêmes. C'est la raison pour laquelle on va plutôt placer les femmes du côté des sciences de l'homme et les hommes du côté de la physique et des sciences de l'Univers et de la nature. En soi, cela n'a aucun sens, mais cela correspond à une représentation globale très enracinée.

M. K. – *Est-ce aux femmes de transformer la vision masculine de la science ?*

Ce n'est pas seulement aux femmes de le faire : hommes et femmes doivent ensemble transformer la vision masculine de la science. C'est plus difficile du côté des hommes, parce que la valorisation accordée à la vision masculine est une valorisation fondée sur la raison, par opposition à l'intuition. Or cette valorisation est essentielle dans la constitution de la masculinité. C'est donc plutôt aux hommes de travailler à changer leur vision de la science – aujourd'hui écornée par les conceptions des féministes. Mais c'est un travail à faire à deux, hommes et femmes ensemble.

M. K. – *Comment analysez-vous la situation de la recherche française en Europe et dans le monde ?*

Les comparaisons sont parfois inquiétantes, notamment avec les États-Unis, où avec le budget de deux grandes universités, on dépasse largement le budget de recherche de la France. Je remarque simplement qu'il y a actuellement un mouvement de revalorisation de la place de la recherche et de son financement dans les pays industrialisés. On l'a vu récemment au Japon. L'Espagne elle aussi vient de faire de la recherche une priorité budgétaire nationale et on en observe des évolutions semblables en Angleterre, en Allemagne, etc. Dans tous ces pays, on assiste à une prise de conscience de la nécessité d'investir davantage dans la recherche. Il s'agit donc en réalité d'un mouvement mondial, et non simplement local ou national. Je pense que le processus en cours dans l'opinion de notre pays s'inscrit dans ce mouvement global de prise de conscience croissante de l'importance de la recherche scientifique et du fait qu'on ne peut pas se contenter du court terme dans ce domaine. L'idée s'impose qu'il faut mieux financer la recherche pour l'avenir, et en particulier la recherche fondamentale. Il est plus que vraisemblable que ce mouvement soit aiguillonné par le superbe développement de la recherche dans certains pays émergents comme la Chine : les vieux pays ne tiennent pas à se trouver distancés. Mais peu importe les raisons : il se trouve que ce mouvement est général.

Quant à dire si la France est en retard, on peut bien sûr chiffrer un certain nombre d'indicateurs objectifs. En sciences humaines, nous avons pris un retard structurel en postes, en moyens éditoriaux, en moyens de recherche. Mais des retards de cette sorte n'impliquent pas forcément des retards en matière d'intelligence et de créativité. Pour ce qui est des domaines récemment ouverts, dans nos disciplines, je ne pense pas que nous soyons en retard. En anthropologie, nous avons délimité ces dernières années de nouveaux champs de recherche : l'anthropologie du corps, l'anthropologie des affects, par exemple. Je ne dis pas que nous soyons les seuls à explorer ces questions. Il y a, comme souvent dans ce domaine, des phénomènes de convergence ; mais nous ne sommes pas pour autant en retard.

La situation n'est pas la même dans les sciences dites dures, où il peut y avoir compétition pour les brevets et où la recherche se double d'une course au profit, notamment dans le domaine du vivant, pour tout ce qui touche au génome ou aux cellules-souches. Il faut prendre en compte une difficulté supplémentaire lorsque les États et les comités d'éthique interviennent pour interdire ou réglementer certains types de recherche, comme dans le cas des cellules souches et du clonage. Il est évident que si l'on interdit ici ce qui est autorisé ailleurs, on sera en retard dans le domaine en question. Pour ma part, je considère que toute recherche est légitime. On n'a pas à émettre d'interdiction *a priori*. Ce sont les applications de la recherche qui ensuite doivent être considérées avec précaution. Mon point de vue n'est évidemment pas partagé par tout le monde, notamment au Comité national d'éthique, dont j'ai été membre. Je conçois qu'en biologie des contraintes de cet ordre imposent des retards : ce sont des contraintes de type éthique et politique, qui s'ajoutent aux difficultés budgétaires et structurelles.

M. K. – *Comment analysez-vous les rapports entre l'université et le monde de la recherche ?*

On dit que la partie principale de la recherche en sciences humaines est conduite à l'université. On comprend alors qu'il y a des limitations dues notamment au statut des maîtres de conférences, qui sont soumis en même temps à des obligations lourdes d'enseignement. Je pense qu'il serait bon que des chercheurs qui appartiennent à des organismes de recherche comme le CNRS aient aussi une activité d'enseignement, et qu'il y ait davantage de passerelles entre le monde de l'enseignement et celui de la recherche. Il est très important que les chercheurs aient un auditoire. C'est toujours très fécond, aussi bien pour les étudiants que pour les enseignants eux-mêmes. Non pas qu'il faille considérer que l'enseignant a tout à apprendre des enseignés, mais il comprend mieux, à travers les réactions de l'auditoire, les éléments importants et les points de tension de sa propre recherche. Il serait bon également que les enseignants universitaires puissent disposer de temps en temps d'une période sabbatique de trois ou quatre ans, en étant mis à la disposition d'un organisme comme le CNRS, pour mener des recherches. Un tel dispositif a été amorcé avec la création de l'Institut universitaire de France, qui permet aux universitaires d'être délestés en partie de leurs charges d'enseignement et de se consacrer davantage à la recherche. Il faudrait amplifier ce dispositif.

M. K. – *Quelle est la place des sciences humaines dans la crise actuelle ?*

À vrai dire, pour nous, « chercheurs en science de l'homme et de la société » – puisque tel est le titre exact de la section du CNRS –, la pénurie est un leitmotiv constant. Pénurie de crédits, pénurie de moyens : même si, en apparence, ces secteurs se sont puissamment développés, l'afflux des demandes a toujours été considérable, et le nombre de candidats par poste offert a toujours été très supérieur à ce qu'on pouvait trouver dans d'autres disciplines. En physique, par exemple, lorsque quelqu'un a fait une recherche, effectué un travail de laboratoire et soutenu son doctorat, il s'écoule généralement assez peu de temps entre la sortie des études et l'obtention d'un poste. C'est toujours vrai actuellement pour beaucoup de disciplines : sciences de l'ingénieur, physique, sciences de la Terre, etc. C'est moins vrai pour la biologie, qui est un peu en perte de vitesse. En tout cas, même s'il peut y avoir un ralentissement, le rapport entre le nombre de postulants à des carrières dans ces domaines et le nombre de postes offerts est sans comparaison avec la situation qui prévaut dans les sciences de l'homme et de la société.

Dans ces domaines, nous avons donc une habitude, presque une culture de la pénurie. Cela explique peut-être que les sciences de l'homme et de la société ne se soient engagées qu'avec un temps de retard dans un mouvement comme « Sauvons la recherche ».

D'une part, en effet, nos expériences antérieures laissaient présager un échec de ce mouvement : beaucoup d'autres avaient avorté dans le passé. D'autre part, nous vivions dans la pénurie et nous nous étions en quelque sorte adaptés à cette situation. Non que nous ayons manqué d'audace dans nos revendications, mais ayant toujours été mis en situation de devoir quémander budgets, postes et dotations, tout succès en la matière, si insuffisant fût-il, avait fini par devenir un motif de satisfaction. Lorsque vous n'avez rien et qu'on vous octroie quelque chose, c'est déjà un succès.

M. K. – *Cette situation est-elle due au statut des sciences de l'homme et de la société par rapport aux sciences dures ?*

À leur statut, mais surtout à une vision utilitariste de la science. Personne ne s'interroge sur l'utilité de la recherche biologique ou agronomique, par exemple. Mais dans le cas des études sur l'araméen ou d'autres recherches historiques, ethnologiques et sociologiques, l'utilité est beaucoup moins visible. Circonstance aggravante, ces sciences peuvent parfois même être considérées comme des sciences dangereuses, parce qu'elles mettent en évidence des éléments que le pouvoir n'a pas nécessairement intérêt à voir portés sur la place publique. Chercher à comprendre les arcanes du social est en soi un acte qui peut être considéré comme perturbateur pour le pouvoir en place, quel qu'il soit. Pas seulement pour le gouvernement : pour toutes les instances qui agissent dans la société. Beaucoup de ces acteurs ne tiennent pas à savoir comment les choses fonctionnent : ils se soucient surtout d'en tirer parti sans avoir à se poser des questions qui pourraient devenir gênantes.

La différence tient donc à ce double aspect : d'une part, les sciences de l'homme et de la société n'ont pas toujours un intérêt visible, et il est plus difficile, par conséquent, de justifier l'investissement de la collectivité dans cette direction ; d'autre part, elles peuvent représenter un danger potentiel qu'on peut qualifier, en un mot, de révolutionnaire.

Elles ont toujours été considérées comme des parentes pauvres que l'on tient quelque peu en lisière. Pourtant, si l'on adopte une vision utilitariste de ces disciplines – qui n'est certes pas la mienne –, on observe qu'à l'occasion des déboires récents de la communauté internationale avec les mouvements terroristes, l'administration américaine, par exemple, s'est rendu compte qu'elle était dans l'incapacité de recruter les 1 600 ou 1 800 personnes parlant des langues telles que l'ourdou, le farsi, le pachtoun, etc., dont elle avait besoin. On avait considéré en effet qu'il n'y avait guère de sens à entretenir ce genre de disciplines. En conséquence, il n'y a plus assez de personnes capables de parler ces langues et de les traduire. Même sans entrer dans ces considérations politiques bien particulières – et sans vouloir faire le jeu des services secrets américains –, il reste que pour comprendre le wahhabisme, il vaut mieux financer des études en sciences religieuses qu'envoyer des sondes sur Mars, en finançant des programmes aux coûts astronomiques et dont l'utilité immédiate n'est guère plus visible. Comprendre la réalité humaine n'est pas une activité moins importante ou moins utile que percer les secrets de l'Univers. Ainsi, même d'un point de vue politique, on peut avoir intérêt à former des spécialistes capables d'expliquer comment fonctionnent d'autres cultures, d'autres systèmes religieux, d'autres régimes politiques que les nôtres, dans un monde où les sociétés sont souvent très ignorantes les unes des autres, en définitive. Et pourtant, les sciences de l'homme et de la société ont toujours vécu dans une situation de pénurie.

M. K. – *Il y a sans doute aussi des aspects structurels.*

Bien sûr, il y a d'autres obstacles, partagés par les autres domaines de la recherche. Je pense à des points techniques, qui pourraient paraître anodins à première vue. Ils concernent notamment le fonctionnement administratif de la bureaucratie de l'État – cette bureaucratie essentielle au fonctionnement de l'État, dès lors qu'on n'est plus dans un État despotique et reposant sur des relations personnelles. La bureaucratie a parfois des exigences contraires aux intérêts de la recherche. Cela vaut pour l'ensemble des disciplines. J'ai été très frappée, quand j'étais membre du conseil d'administration du CNRS, par les nombreuses revendications demandant que les chercheurs ne soient pas tributaires des règlements édictés par le ministère des Finances. Dans le détail, les problèmes soulevés n'étaient pas forcément pertinents pour les sciences de l'homme et de la société. C'est le cas des achats de fournitures. En pratique, quand il s'agit d'acheter des ordinateurs et du matériel de bureau, être obligé de passer par les fournisseurs agréés par l'État est une contrainte sans doute gênante, mais acceptable. Cela pose beaucoup plus de problèmes quand il s'agit d'acheter des fournitures de chimie ou des produits biologiques : dans ce cas, l'agrément de l'État ne correspond pas forcément aux besoins de la recherche menée dans les laboratoires. C'est un exemple très simple qui montre comment la bureaucratie peut compliquer le travail des chercheurs.

Ainsi, un certain nombre des traits d'immobilisme que l'on reproche à la recherche n'ont rien à voir avec la nature de la recherche, mais sont bien plutôt dus à des règles bureaucratiques qui lui sont imposées du dehors. Et ce qui est vrai pour les achats est vrai aussi pour le statut des personnes et pour celui des organismes. Nous sommes enferrés dans des règles bureaucratiques et administratives dont il serait bon de pouvoir desserrer le carcan. À l'heure actuelle, les chercheurs se débattent pour sortir des rets bureaucratiques qui les étranglent. Si la recherche est, semble-t-il, immobile, comme on le lui reproche souvent, ce n'est pas pour des raisons internes : c'est parce qu'elle est immobilisée par les rets qui lui sont imposés par l'appareil bureaucratique. C'est un frein considérable.

Cette vision est peut-être assez différente de celle qui est couramment admise, mais elle reflète mon expérience de chercheuse et de directrice de laboratoire.

M. K. – *Avez-vous des solutions à proposer ?*

L'une des revendications que j'essaie de faire valoir, notamment au travers de la réflexion et des travaux du CIP, c'est d'obtenir que, dans le budget que l'État consacre à la recherche, on marque bien la distinction entre le peu qui est vraiment accordé à la recherche fondamentale et la part énorme qui est affectée à la recherche militaire et à la recherche dans les grands organismes du type CEA, etc. C'est un point qui peut sembler mineur : il ne l'est pas à mes yeux. Actuellement, le budget de l'État ne mentionne qu'une dotation globale : il ne distingue pas les crédits de recherche selon leur affectation. Or il serait bon, au minimum, de distinguer clairement, à l'intérieur de ces crédits, la part attribuée à la recherche militaire et celle qui revient à la recherche civile, et à l'intérieur de celle-ci, de mettre en évidence la part affectée en propre à la recherche dite fondamentale. Si on faisait ces distinctions, on s'apercevrait combien la dotation de la recherche fondamentale est minime par rapport au budget global.

Par ailleurs, il serait salutaire également d'obtenir que l'usage des crédits alloués à la recherche, au niveau des organismes et des laboratoires, ne soit plus soumis aux règles de la comptabilité de l'État, c'est-à-dire aux fameuses lignes budgétaires qui interdisent aux organismes ou aux laboratoires d'utiliser les crédits en fonction des besoins propres de la recherche et leur imposent des impératifs étrangers à la recherche et qui privilégient d'autres intérêts que les siens.

Un exemple : très longtemps, pour le travail sur le terrain, les crédits de mission qu'on attribuait aux chercheurs ont été consommés en presque totalité par l'obligation de prendre son billet d'avion au prix fort auprès de la compagnie nationale. En somme, l'État accordait des crédits de recherche qui retournaient aux entreprises nationales. Ce n'est plus vrai aujourd'hui en ce qui concerne les transports. Mais c'est toujours le cas en ce qui concerne la priorité donnée aux crédits d'équipement : il est facile d'obtenir des crédits d'équipement, parce que, compte tenu notamment des marchés d'État, ils alimentent l'économie nationale. Mais les crédits de fonctionnement – pour acheter des livres, partir en mission, etc. –, c'est-à-dire ce dont on a le plus besoin, manquent cruellement, parce qu'ils sont considérés comme perdus. Selon l'expression que Philippe Kourilsky prête à un ministre, les gouvernements ne veulent pas « arroser le sable ». Étrange conception de la recherche, en vérité. Les crédits de fonctionnement, qui sont absolument nécessaires pour faire une véritable recherche, seraient donc, dans l'esprit des gouvernants, du législateur ou du ministère des Finances, des crédits perdus, improductifs. La raison en est qu'on cherche une productivité à court terme et non à long terme. Ce qui nous amène à tous les problèmes de la recherche fondamentale et de sa productivité à long terme : c'est celle sur laquelle on devrait miser, et c'est justement celle que l'on compromet à l'heure actuelle, parce qu'on a l'œil rivé sur la productivité à court terme.

Or c'est la productivité à long terme qui est la plus importante dans ce domaine. Prenons l'exemple de la physique. Claude Cohen-Tannoudji explique que le laser est un cas typique d'une technique aujourd'hui omniprésente dans le monde industriel et dans la vie quotidienne, mais qui, lorsqu'elle a été inventée, était apparue d'abord comme un gadget sans grand intérêt et sans application. Cela vaut aussi pour le transistor, pour la pénicilline, etc. : autant de résultats de la recherche fondamentale qui ont porté leurs fruits après un certain temps et qui, au long cours, débouchent sur des procédés industriels extrêmement profitables. Une découverte apparemment anodine peut, au fil du temps, prendre de l'importance, jusqu'à devenir absolument centrale dans le devenir industriel d'une société. Or il a bien fallu, au départ, financer cette recherche : c'est le type même du financement « gratuit », si l'on peut dire : un financement dont on ne peut pas savoir à l'avance à quoi il va servir. Or, malheureusement, à l'heure actuelle, sur le modèle des *stock-options* ou des fonds de pension, on s'attend à ce qu'il y ait un retour rapide sur investissement, et non pas un retour au long cours. Mais il est évident que pour faire un spécialiste de langues orientales, ou de certaines religions ou de certaines cultures, il faut beaucoup de temps. Et le bénéfice qu'on retire de cet investissement – si bénéfice il y a, en ce sens – n'est pas forcément immédiat et n'est pas forcément celui qu'on attendait. J'en veux pour preuve le cas d'une de mes collègues, orientaliste renommée, qui pratique une de ces sciences érudites dont on ne voit guère quel profit on peut en tirer. En réalité, cette collègue est extrêmement sollicitée. En effet, le monde s'ouvre de plus en plus au tourisme et ce tourisme est souvent grand consommateur de connaissances. De ce point de vue technique et marchand, ces connaissances, qui sont le fruit de longues années de recherches érudites, sont l'objet d'une demande. Il y a donc un profit économique, en plus du profit d'ordre intellectuel ou politique.

M. K. – *Il est vrai que si l'on imagine assez bien le profit qu'on peut retirer de la recherche fondamentale en physique, on a beaucoup plus de mal à l'imaginer pour les sciences humaines. C'est probablement un des handicaps de celles-ci : elles sont difficiles à défendre du point de vue budgétaire.*

Elles ne sont difficiles à défendre, budgétairement, que dans une perspective de profit monétaire et de retour sur investissement à court terme. Mais à partir du moment où l'on admet qu'il puisse y avoir des retours à long terme, et que les retours ne soient pas nécessairement monétaires mais qu'ils constituent néanmoins un bénéfice pour la société, alors les sciences humaines ne sont pas difficiles à défendre – au moins face à des interlocuteurs de bonne foi capables de reconnaître qu'il y a des profits d'ordre immatériel qui sont tout aussi importants que les profits matériels.

Les profits d'ordre immatériel, c'est le plaisir de la connaissance, tout simplement. Bien sûr, il ne peut pas s'agir uniquement du plaisir de la connaissance du chercheur : la société n'aurait aucun intérêt à vouloir financer le plaisir d'un individu. Mais le plaisir de la connaissance est un plaisir partagé. Le plaisir du chercheur est bien sûr de comprendre, mais c'est aussi de faire comprendre aux gens ce qu'il a compris lui-même.

Parmi les interlocuteurs que j'ai rencontrés au sein du groupe Recherche et société du CIP, même ceux qui tiennent le discours le plus dur et qui sont les plus soucieux de rentabilité finissent par admettre qu'il n'y a pas de rentabilité sans recherche fondamentale. Et ils doivent reconnaître, par exemple, qu'il serait difficile de nos jours de gérer une grande entreprise sans avoir une certaine connaissance des ressorts affectifs et des ressorts humains dont dépend en partie son bon fonctionnement. Ils sont donc amenés à admettre qu'il peut être nécessaire de recourir à des spécialistes de sciences sociales et de sciences humaines, pour comprendre comment fonctionne une entreprise du point de vue des rapports humains et des rapports sociaux. Un certain nombre d'entreprises l'ont compris et ont elles-mêmes financé des recherches pour mieux comprendre leur propre mode de fonctionnement. Cela peut être à double tranchant, mais il y a probablement peu de spécialistes de sciences humaines et sociales qui trouveraient normal de mettre tout leur savoir au service d'entreprises dont le seul objectif serait de faire passer la pilule, pour licencier, par exemple.

M. K. – *Avec l'étude du coût social du chômage ou de la mise à l'écart d'une frange de la société, on produit un savoir presque immédiatement utile – si l'on veut bien le prendre en considération…*

… ce qui implique de changer certaines règles du jeu. On peut penser à des exemples d'actualité. On a lu dans les journaux qu'à partir du 15 mars, les expulsions avaient repris. Si l'on se soucie du sort des gens qui ne peuvent pas payer un loyer – je laisse de côté le problème des mauvais payeurs et des gens de mauvaise foi –, on est pris dans un conflit entre deux types de droits : d'un côté le droit au logement, même s'il n'est pas reconnu actuellement comme un droit de l'homme en tant que tel, et, de l'autre côté, le droit légitime des propriétaires à tirer parti de leur bien. Généralement, on choisit de donner droit aux propriétaires et on expulse les locataires qui ne peuvent pas payer. Or les gens non solvables qu'on expulse, souvent des familles, des femmes seules avec enfants, vont être relogés dans des hôtels, avant de retrouver un travail ou un logement. Il est clair que le coût du relogement à l'hôtel est bien supérieur au coût du loyer. Or ce coût est pris en charge par la collectivité. L'expulsion a donc beaucoup d'inconvénients : non seulement elle crée une situation traumatisante pour les familles elles-mêmes, surtout pour les enfants, mais elle entraîne des difficultés pour les services sociaux qui sont chargés de retrouver un logement et elle condamne les familles à perdre l'essentiel de leurs faibles biens. Ne serait-il pas plus simple que la collectivité prenne en charge le prix du loyer, plutôt que de s'astreindre elle-même à payer les conséquences de l'expulsion, souvent bien plus coûteuses ? Ce serait possible au moins pendant un temps, dans le cas de familles en difficulté qui ont besoin d'être aidées temporairement, le temps de reprendre pied, de retrouver du travail, etc., et de retrouver leur autonomie.

Ce type de dysfonctionnement social est très coûteux pour la collectivité, sauf à se douter que ce coût financier, payé par l'impôt, n'est pas uniquement un coût parce que cette situation alimente toute une série d'activités intermédiaires – des services sociaux à l'hôtellerie, qui trouve ainsi une clientèle captive. Ce qui serait une situation très viciée. Le travail du sociologue est sans doute de montrer où est le vice. Le travail, ensuite, des pouvoirs publics est d'accepter cette lecture et de trouver une solution moins destructrice pour les personnes et moins coûteuse pour la collectivité, même si elle peut être moins rentable pour certaines parties, comme ici le régime hôtelier qui en bénéficie.

Je ne dis pas que les problèmes soient toujours faciles à régler, mais il est du ressort des sciences sociales de mettre le doigt sur ce genre de dysfonctionnements. C'est en ce sens qu'elles peuvent être considérées comme perturbatrices, sinon révolutionnaires. Ce n'est là qu'un petit exemple qui saute aux yeux quand on ouvre le journal, mais on rencontre tous les jours des cas de ce genre, qui révèlent à la fois les barrages bureaucratiques, les empêchements liés à deux lectures du droit, et les conflits d'intérêt dans des situations qui sont parfois profitables à une certaine fraction de la société, et totalement négatives pour d'autres, les plus faibles. Quand elles sont trop négatives, elles font le terreau des frustrations, des insatisfactions et des révoltes, qui entraînent des confrontations dommageables entre différentes fractions de la société – une menace pour la paix civile.

M. K. – *Comment analysez-vous aujourd'hui l'évolution des sciences de l'homme et de la société ?*

Il me semble qu'il y a un enrichissement constant, même si tous mes collègues ne sont pas nécessairement du même avis. Des pistes nouvelles s'ouvrent dans nos disciplines, et je ne pense pas que nous soyons à la traîne, comme on le dit souvent. J'ai une vision optimiste de notre capacité à développer des sciences de l'homme et de la société originales en France. Je note en revanche une tendance très négative pour le devenir de nos disciplines, depuis quelques décennies. Elle se traduit par une volonté de pilotage de la part des pouvoirs publics et d'institutions comme le CNRS qui répercutent la volonté des pouvoirs publics. Cet encadrement, ce pilotage, consiste à décider quels secteurs de la recherche doivent être privilégiés : les sciences cognitives, l'habitat, le transport, etc. Les budgets et les postes sont alors affectés prioritairement à ces secteurs. On crée des postes fléchés, pour recruter des personnes à partir de profils plus ou moins précisément définis. C'est très nocif. Certainement, on a besoin d'une orientation globale, mais déterminer de façon trop détaillée que l'argent et les postes doivent aller à tel ou tel secteur, c'est tuer à petit feu tous les autres pans de la recherche, parce que, dans ces domaines aussi, les chercheurs ont besoin de ce qui fait une vie normale : des postes, des conditions de travail acceptables, un revenu décent. S'ils en sont privés, ce sont des secteurs entiers qui s'étiolent et finissent par disparaître. On perd ainsi tout l'investissement qui avait été consacré par l'État à des formations longues, on gaspille l'énergie que des gens avaient consacrée à se former, dans des conditions parfois difficiles. On sacrifie des enthousiasmes sans lesquels il n'y a pas de recherche fondamentale au long cours. Non seulement la démarche est contre-productive, mais elle repose sur l'idée fausse qui consiste à croire que parce qu'on met l'accent sur un domaine de recherche, on va faire des découvertes et résoudre les problèmes spécifiques à ce domaine. Toute l'expérience antérieure montre que c'est faux. Un exemple : les présidents et les gouvernements américains successifs ont voulu tordre le cou au cancer en investissant de grandes masses financières sur un certain nombre d'années et sur des projets ciblés, se disant qu'on finirait ainsi par en venir à bout. On n'en est pas venu à bout. Si l'on progresse aujourd'hui, c'est grâce à une série de travaux indépendants qui n'ont rien à voir avec ces financements forcés.

Les financements forcés n'ont jamais fait naître de grandes découvertes. On pense obtenir des résultats en canalisant les dons et les énergies vers des domaines que l'on croit productifs *a priori*, et qui ne le sont pas nécessairement. C'est une grossière erreur de jugement. La recherche ne fonctionne pas de cette façon. On ne peut jamais garantir la rentabilité à court terme de ce type d'investissement. Il est donc illusoire de se donner des objectifs aussi étroitement définis et aussi volontaristes. Ce n'est pas ainsi que se font les découvertes. Elles ne peuvent pas être programmées et surtout pas à court terme. Pourtant, on fait la même chose en France à quelques années d'intervalle. Et cela se fait également dans les sciences de la vie et dans les autres disciplines. Cela conduit à étouffer l'imagination, à sacrifier la formation de chercheurs dans d'autres disciplines, condamnées à se contenter de survivre, ou à dépérir.

M. K. – *Pour sortir de ce conflit entre la volonté de contrôle et de pilotage des pouvoirs publics, et le désir d'autonomie des chercheurs, peut-on imaginer des structures qui permettraient de réaliser un équilibre ?*

L'idée des campus exposée par Philippe Kourilsky me paraît intéressante. Elle est déjà réalisée partiellement dans nos disciplines par l'intermédiaire des Maisons des sciences de l'homme et de la société. Il y en a sans doute plus d'une trentaine en France. Elles n'ont pas toujours les moyens de fonctionner de manière conviviale, mais c'est une bonne piste. Il faut créer des lieux de convivialité, au sens strict du mot. L'un des grands avantages d'une Maison des sciences de l'homme comme celle de Paris est de permettre des discussions de couloir entre gens de disciplines voisines. Cela permet des échanges non seulement agréables, mais surtout très enrichissants sur le plan professionnel. Pouvoir discuter avec des anthropologues, des sociologues et d'autres spécialistes de sciences humaines est très précieux. Ces conversations de rencontre ne sont pas toutes professionnelles, mais elles permettent de s'ouvrir l'esprit, elles créent des opportunités de mettre sur pied des projets communs. C'est très fécond. Campus, Maisons : il faut des lieux de passage. C'est là que se trouvent sans doute les solutions de l'avenir.

Pour autant, il ne faut pas oublier que la recherche est au fond un travail solitaire.

M. K. – *Mais les sciences ne sont-elles pas de plus en plus des entreprises collectives, comme en physique où l'on s'organise en équipes travaillant sur de gros projets avec des budgets énormes, etc. ?*

C'est vrai, mais il n'en reste pas moins que chaque investissement est un investissement solitaire. Chacun, de son côté, défriche son secteur, explore sa terre. Ma métaphore est celle de la taupe : le chercheur fouille dans son coin, remonte à la lumière de temps en temps, croise d'autres chercheurs, discute, puis repart fouiller dans son coin. C'est un travail solitaire. Bien sûr, il y a la paillasse, les grands projets collectifs qui impliquent d'aller dans le même sens sur un projet, mais chacun, de son côté, mène son travail solitaire. Ce travail de l'esprit, que chacun doit faire de son côté, est un travail du soi, et aussi un travail sur soi. C'est une chose qu'on ne peut pas séparer du travail de la recherche : il conduit, par la connaissance, à un approfondissement de la connaissance de soi.

Les laboratoires du futur

UNESCO – *Certains affirment qu'on se dirige vers une société globale de l'information, d'autres estiment que l'on assiste à l'émergence de sociétés du savoir. Quels sont, d'après vous, les enjeux de cette distinction ?*

L'opinion publique actuelle penche plutôt vers une société globale de l'information à cause du développement d'Internet et de l'information en temps réel grâce aux moyens audiovisuels. On voit déjà que deux sens peuvent être donnés à « information » : savoir ce qui se passe dans le monde, village planétaire, et être à même d'analyser ces événements grâce à des commentaires spécialisés ; accéder, en cas de besoin, à des savoirs épars que l'on apprend à localiser sur des sites spécialisés, usage pragmatique du savoir des autres en fonction d'impératifs particuliers, qui peut aussi être mis au service de la compréhension de l'actualité. Sous ces deux formes, nous sommes loin de « sociétés du savoir », si l'on entend par ce mot l'intellection de connaissances dans des domaines particuliers, non pour fournir au coup par coup des réponses à des questions urgentes mais pour parvenir à la compréhension d'une totalité dans une discipline savante ou un domaine de réflexion interdisciplinaire. Cette intellection implique une mise en place raisonnablement construite du champ : connaissance des données de base, des problèmes posés, méthodologie, manière de raisonner, construction d'hypothèses, critique des données et des raisonnements. Il me semble que nous nous orientons globalement (dans les pays développés) vers la première branche de l'alternative sous les deux formes citées ci-dessus, ce qui représente une édulcoration uniforme du savoir présenté sous ses formes les plus attractives, c'est-à-dire sans l'appareil critique nécessaire à son maniement. Cette orientation sociétale laisse place cependant aux deux extrémités, d'une part à l'illettrisme (et/ou à l'absence de curiosité), d'autre part à la recherche de l'approfondissement et de la diversification des connaissances les plus pointues et de leurs applications.

UNESCO – *Selon certains, nous sommes entrés dans l'« ère des réseaux ». Quelles formes les réseaux pourront-ils prendre au XXIe siècle ?*

Si par réseaux on entend essentiellement Internet, il semble clair que ce système va se développer et peut-être trouver de nouveaux usages (à condition de mettre un frein aux usages publicitaires ou éthiquement condamnables). Étant entendu qu'il s'agit là d'utilisations situées nettement hors du champ de l'approfondissement de la connaissance *stricto sensu*, il y va plutôt de l'accès rapide à des savoirs parcellisés. Parmi les développements nouveaux, à côté des *chats*, il est concevable que se mettent en place des « assemblées virtuelles de citoyens », à petite ou grande échelle (régionale, nationale, supranationale) qui mettront en commun des connaissances en ayant recours le cas échéant, de façon contradictoire et critique, à des spécialistes des questions débattues, pour réfléchir à la place des comités d'experts sur des questions sensibles : OGM, nucléaire, bioéthique, systèmes de transports, etc., et informer la puissance publique.

UNESCO – *L'essor des nouvelles technologies paraît modifier assez radicalement la donne des savoirs. D'après vous, quel sera le changement le plus marquant apporté par ces technologies ?*

Il ne faut pas confondre invention et innovation. Pour qu'il y ait innovation, et donc changement radical, il convient que l'invention marque une rupture et apporte des améliorations si considérables par rapport à l'état antérieur qu'elle soit acceptée socialement et institutionnellement très rapidement par l'ensemble de l'humanité. Ce fut le cas des inventions de l'agriculture, de l'écriture, de la roue, de l'usage de la vapeur, etc. N'ont pas le statut d'innovation bouleversant la donne antérieure des inventions qui raffinent seulement sur l'acquis (fusées, téléphone portable, lentilles perfectionnées, etc.). À cette aune, peu de technologies modernes aboutissent à ce bouleversement des donnes du savoir qu'est l'innovation, à l'exception des travaux scientifiques – et des technologies qui ont suivi – qui ont ouvert aux hommes du XIXe siècle le champ nouveau qu'est l'exploration de plus en plus fine de l'intime du corps et de la cellule. C'est une expérience radicalement nouvelle dont on peut supposer qu'elle connaîtra de plus amples développements en biologie moléculaire et génétique. De ce point de vue, un changement marquant est déjà en route, qui bouleverse les assises du social : la revendication commence à se répandre du primat du génétique sur la règle sociale, pour fonder le droit. L'ADN tend à remplacer la fiction juridique de la filiation telle que toutes les sociétés du monde l'ont construite. Je ne suis pas sûre, dans ce cas précis, que ce soit mieux pour l'humanité.

UNESCO – *Le texte, le livre, l'écrit : qui écrira ? Que lira-t-on ?*

Sur ce point, pas d'inquiétude majeure : il y aura toujours du texte et de l'écrit, même sur écran : il y aura sans doute toujours des « livres », ou tout au moins des supports donnant accès à un plaisir que les écrans ne donnent pas. L'image quiète du lecteur dans son fauteuil n'est pas celle du manieur de souris.

Le besoin d'écrire, de parvenir à exprimer une musique personnelle, ne va pas disparaître. Il y aura donc toujours des écrits littéraires, poétiques, philosophiques. Comme il y aura toujours des savants, des chercheurs, qui auront à transmettre leur savoir et leurs acquisitions car, dès l'aube de l'humanité, il y a toujours eu des esprits curieux.

Par ailleurs, si l'usage du Net démocratise une forme d'écriture rapide pour tous, cela peut favoriser l'émergence d'un désir d'écriture chez des gens qui ne sont ni des littérateurs ni des scientifiques, dont les lecteurs seront d'autres usagers du Net, ce qui ne peut être que profitable pour l'extension d'une culture à laquelle tous peuvent contribuer.

Que lira-t-on ? Difficile à prévoir. Dans les pays occidentaux et développés, on peut envisager une césure entre des nostalgiques du passé lisant avec ferveur l'histoire, y compris celle des sciences, et des aventuriers du futur, tournés résolument vers les aspects les plus actuels.

Dans les pays pauvres, laissés pour compte, où de nombreuses populations continuent de vivre de façon traditionnelle et où l'on compte beaucoup d'analphabètes, la tentation sera peut-être grande politiquement de chercher à éradiquer le passé pour rattraper économiquement le retard. Néanmoins, les expériences de *revival*, en Amérique du Nord et ailleurs après les colonisations, font douter qu'il soit si facile d'éradiquer le souvenir des traditions et des connaissances passées. Il faut envisager comme possible l'ouverture de champs conflictuels entre tradition et modernité, chacune étant porteuse de sa propre littérature et de ses moyens de transmission, comme il en existe en Occident par exemple entre soins médicaux traditionnels et médecine biologique. La connaissance livresque risque de s'organiser contradictoirement selon deux pôles : recherche rationaliste pointue *versus* recours à la tradition, et même à des opérateurs magiques.

UNESCO – *Qu'est-ce qui sortira des laboratoires du futur ? Artefacts, savoirs, aberrations, espoirs ?*

Un laboratoire est au premier chef un lieu où l'on travaille, et c'est aussi un lieu où souffle l'esprit de recherche. En tous temps, cet esprit de recherche peut être amené à se fourvoyer, à s'engager dans des voies sans issue, à produire des prototypes qui ne résistent pas au temps, des « aberrations » ainsi qualifiées rétrospectivement. Mais l'esprit de recherche peut produire également des résultats inattendus, à partir de l'exploration et du développement ultérieurs de voies qui n'étaient pas perçues au moment de la mise en évidence d'un fait nouveau. Il ne semble pas que cette donne fondamentale de l'esprit humain doive brutalement chavirer. Les laboratoires du futur produiront donc des savoirs nouveaux, mais aussi leur lot d'aberrations au moins temporaires, et de voies avortées.

UNESCO – *En ce début de XXI*[e] *siècle, qu'est-ce que la science peut nous dire ? Comment peut-elle le dire ?*

Elle est désormais convoquée sur le plan politique pour fournir des indications nécessaires à la prise de décision, au niveau national et international, en matière de sécurité alimentaire, de santé publique, de protection de l'environnement, etc. On fait appel aux scientifiques de toutes disciplines (y compris sociales) en tant qu'experts. L'expertise tend ainsi à couvrir de son parapluie la prise de décision politique et deviendra de plus en plus un outil de gouvernement, me semble-t-il, surtout en un temps où le gouvernement des hommes devient simple « gouvernance » technique. Par ailleurs, la science est convoquée de plus en plus à la « vulgarisation » du savoir et même au divertissement, auprès d'un large public, au moyen de l'écrit, mais surtout de l'audiovisuel. Tout le monde ou presque a entendu parler des OGM ou du trou d'ozone. Cette tendance ira s'accentuant. Mais il est possible qu'un écart aille grandissant entre la réalité scientifique perçue par les experts et conseillers du prince, et celle perçue par le public au travers de débats télévisuels reçus sans appareil critique à l'appui.

UNESCO – *Si l'émergence des sociétés du savoir implique l'éducation pour tous tout au long de la vie, comment s'y prendre ? À quel prix ? Avec quelles conséquences ?*

L'éducation pour tous au long de la vie n'a, à mes yeux, que peu à voir avec la perception qu'a le public des données scientifiques ou culturelles à travers ce qu'il en reçoit par les médias. En effet, elle suppose en amont la formation de l'esprit critique, fondamental pour la construction et la réception des savoirs. La formation permanente est sans doute un excellent moyen pour cette éducation à la réception critique, mais elle ne s'adresse pas nécessairement à tous, comme sont utiles au même titre les universités du troisième âge ou, en France, les canaux spécialisés comme France Culture, l'Université de tous les savoirs, etc. Une éducation permanente véritablement pour tous impliquerait une profonde révolution des attentes du public à l'égard du besoin de connaissance et une non moins profonde volonté politique. Y font obstacle sur le plan de la demande individuelle deux faits : l'attrait antagonique pour l'irrationnel d'un côté, l'illusion de maîtrise procurée par la diffusion massive d'un savoir superficiel qui sous-entend de l'autre côté le désintérêt pour l'approfondissement des questions, du moins dans les pays où ce savoir de surface est mis communément à la disposition du public. On ajoutera à cela que le public et principalement les jeunes ont appris à le consommer comme un flux accessible sans effort ou comme un élément du style de vie. L'éducation permanente véritablement pour tous impliquerait donc au minimum une profonde évolution publique à l'égard du besoin de connaissance et, notamment, que le mot d'ordre ne soit plus celui de civilisation des loisirs, mais de civilisation de la connaissance. Il y faut aussi une non moins profonde volonté politique, sans compter un investissement financier considérable. On se rend compte aisément de cette difficulté, non seulement devant la situation des pays développés où ce n'est pas une priorité politique, mais aussi et surtout devant l'impossibilité au début du XXIe siècle de scolariser la totalité des enfants du monde, pour des raisons économiques et techniques bien sûr, mais aussi et surtout en ce qui concerne les filles, pour des raisons idéologiques. Comme il semble par ailleurs que nous allons plutôt vers une société globale de l'information (ce qui ne veut pas dire du dialogue), je crois pouvoir dire que les deux volontés, publique et politique, continueront longtemps de faire défaut (ce qui n'empêche pas de lutter).

UNESCO – *À quoi ressembleront, selon vous, les universités du futur ?*

À côté de la transmission du savoir par le livre et le document brut (bibliothèques, musées), et l'enseignement oral en direct pour quelques-unes, il est vraisemblable qu'on assistera à une utilisation de plus en plus grande des universités virtuelles, avec diffusion des enseignements sur écran et contrôle des apprentissages par Internet. Ce qui supposera la mise au point de nouvelles méthodes pour l'obtention de diplômes sanctionnant les capacités véritables de chacun. Cependant, la transmission maître/disciple est une constante si nécessaire pour l'esprit humain que je doute de voir cette relation disparaître des universités au profit d'un total anonymat, du moins aux niveaux les plus élevés qui supposent un apprentissage de la recherche.

UNESCO – *On dit que savoir, c'est prévoir. Est-ce que le savoir permettra plus de sécurité ?*

Le dicton associe savoir et prévision, et non savoir et pouvoir. Il fait partie d'un ensemble où s'entend aussi : « Si jeunesse savait, si vieillesse pouvait. » En quelque sorte, le savoir, au sens de l'expérience uniquement, est le fait de l'âge mûr, alors que la jeunesse dépourvue de savoir est capable de « faire », sans expérience ni précaution. À l'aune de ces aphorismes, le savoir, au sens de connaissance précautionneuse de l'expérience passée, n'apporterait plus de sécurité que dans le cas où les classes d'âge les plus élevées seraient à même de s'en servir. Ce qui suppose un clivage difficile à maintenir dans des temps où, dans le domaine du travail notamment, on fait de plus en plus fi de cette fameuse expérience des plus âgés, et où la revendication d'action est grande pour les classes d'âge des jeunes adultes.

Si l'on entend par savoir non pas l'expérience, mais la connaissance ou, en termes philosophiques, la sagesse, il est douteux que sa visée ultime ou sa principale retombée soit une sécurité accrue. La soif de connaissance qui pousse à la recherche n'a que peu à voir avec ce désir, mais on ne peut éliminer *a priori* les conséquences parfois néfastes d'inventions scientifiques et techniques, parce que leur utilisation est entre de mauvaises mains sur le plan politique ou parce que des réflexions éthiques n'ont pas accompagné la diffusion de ces techniques. En ce sens, il est clair que savoir n'est pas prévoir. Le principe de précaution, instauré récemment, émanation de volontés politiques, s'appuie non sur le savoir, mais précisément sur l'absence de savoir.

UNESCO – *Les sociétés du savoir : nouveaux droits ? Nouveaux devoirs ?*

Il est vraisemblable qu'apparaîtront de nouveaux droits et devoirs dans quelques domaines particuliers où se construisent de nouveaux savoirs. Dans le rapport homme/animal, par exemple. Si se poursuivent les recherches qui amenuisent et font disparaître cette frontière, en établissant l'existence d'une pensée sans langage, la conception purement alimentaire, esthétique ou affective de ce rapport changera avec l'édiction de nouveaux droits du côté de l'animal et de nouveaux devoirs du côté de l'humain. C'est vrai également pour l'approfondissement du rapport entre les activités humaines liées au développement et la dégradation des milieux naturels.

Mais les réticences profondes de certains des États les plus développés à accepter de nouvelles règles du jeu en ce domaine montrent explicitement qu'il n'y a pas de relation directe entre savoir et comportement général. Il y faut la médiation de la volonté politique qui ne peut changer que si changent les conceptions éthiques d'ensemble des peuples.

UNESCO – *La menace d'une fracture du savoir fait-elle courir un risque au lien social ? Va-t-elle creuser de nouveaux fossés entre Nord et Sud ? Et au sein même des sociétés ?*

Si rien n'est fait pour aider les pays émergents à donner une éducation de base à tous leurs enfants, ou pour convaincre ceux qui refusent aux filles un accès au savoir égal à celui des garçons, se creuseront de nouveaux fossés ou s'agrandiront les anciens entre Nord et Sud, dans la mesure surtout où le Nord continuera à considérer ses droits et non ses devoirs à l'égard du reste de l'humanité, c'est-à-dire à poser les problèmes du monde de façon non éthique.

Est déjà non éthique le point de vue qui oppose, au cœur de la science, la soif de connaissance, d'une part, et les techniques de résolution de problèmes divers, d'autre part. Le scientisme privilégie ce deuxième aspect et présuppose la capacité technique toujours surgissante de résoudre les problèmes et réparer le mal que des techniques antérieures fourvoyées ou mal utilisées auront fait naître. Il ne peut y avoir alors que discordance entre les aspirations à la vie bonne des peuples du monde et le désir des gouvernants des peuples les plus puissants à maîtriser les techniques naissantes pour conforter leur prééminence.

Naturellement, ce n'est pas le savoir en tant que soif de connaissance (et de sagesse) qui ouvre ces fractures, mais le scientisme technique et sa réappropriation politique en pouvoir. Car sur le fond, le danger vient toujours plutôt du choc des ignorances que du choc des savoirs.

UNESCO – *Où trouverons-nous les savoirs ?*

Si on entend par « trouver » le fait d'approfondir la connaissance sur tous sujets, ce ne peut être que par la recherche et l'esprit de recherche. Sans cet esprit et sans cette curiosité fondamentale, l'espèce humaine serait restée à l'état de charognards et de collecteurs. La santé d'un pays se mesurera toujours à l'aune de ses capacités d'invention ou d'adaptation des inventions d'autrui.

Si on entend par « trouver » l'ouverture de nouveaux domaines, il est par définition impossible de les prévoir. On peut supposer que s'exploreront à fond des domaines ouverts récemment à la curiosité scientifique : l'intime du corps, mais aussi l'intime des forces de l'Univers, la frontière humain/animal, la nature de la cognition, les énergies renouvelables, les substances végétales, etc.

Si on entend par « trouver » le lieu physique où est stocké le savoir, il semble que, malgré le développement qui ira croissant des localisations virtuelles (lequel devra s'accompagner pour être efficace de mesures de sauvegarde des logiciels périmés d'accès), le stockage en bibliothèques et musées sera toujours nécessaire.

Si on entend par « trouver » une forme de quête mystique de refuges pour l'esprit qui a peu à voir avec l'esprit de connaissance, mais davantage avec la peur et avec l'absence d'esprit critique qui naît d'une teinture uniforme et superficielle de pseudo-savoirs dans la société de l'information, il est à craindre de voir le public recourir, contre le savoir pour tous qui désaliène, aux différents types de savoirs traditionnels et plus généralement à la croyance, conçus comme antidotes aux souffrances des temps contemporains et futurs.

UNESCO – *On débat pour savoir si les sociétés en émergence favoriseront une culture de la diversité ou une culture de l'uniformité. Quelle sera, pour vous, la culture des sociétés du savoir ?*

Le problème des sociétés émergentes est au premier chef de souscrire à l'idée que leur développement est tributaire d'une éducation de base accordée à tous leurs membres. Parvenir à cela implique que se mette en place un système de valeurs moderne accepté par tous : ce n'est pas pour autant une « culture de l'uniformité ». Par ces mots, on sous-entend l'extension sur le monde entier d'une forme de culture dominante qui accompagnerait la mondialisation des échanges économiques. S'il est vrai que les aspects les plus communs de cette culture dominante (musique, jeans, sodas, etc.) présentent un grand attrait pour les jeunes partout où cette culture pénètre, cela n'implique pas pour autant une culture de l'uniformité. On peut voir au rebours comment des réticences puissantes à accepter ce modèle s'accompagnent de l'usage bien maîtrisé de techniques occidentales de pointe.

Culture de la diversité au rebours ? C'est possible. En raison du goût pour l'affirmation de soi à travers la recherche des racines, la tradition, et même l'avantage accordé à l'irrationnel contre la raison. Mais aussi et surtout parce qu'il n'est pas possible (autrement que par l'esprit philosophique) de penser sur le mode universel la solidarité et l'unicité de l'humain. Au fur et à mesure que s'élargit la définition abstraite de l'humain s'ouvrent des lignes de fission qui recréent des solidarités à définition variable. On doit pouvoir appréhender simultanément dans l'avenir une exigence universelle (celle des droits de l'homme par exemple, qu'il serait difficile pour autant d'appeler une culture de l'uniformité) et des cocons protecteurs où l'on se sent entre-soi (culture de la diversité).

UNESCO – *Si le savoir devient un outil intégré à toutes les activités sociales, de nouvelles menaces pèseront-elles sur les droits humains ?*

Oui, mais uniquement si l'on entend par savoir ce recours au scientisme technique comme le moteur qui régit les activités sociales, ce qui suppose que ce scientisme soit consciemment relayé par la volonté politique. L'idée du clonage reproductif, par exemple, qui met en évidence la possibilité soit de faire disparaître la forme masculine de l'humanité, soit de mettre en sujétion la forme féminine considérée comme fournisseuse d'ovules et d'utérus porteurs, implique, pour que fonctionne ce fantasme fondé sur un scientisme jusqu'ici imparfait, une volonté politique totalitaire en ce qu'il faudrait interdire le recours ordinaire à la procréation. On est là dans le domaine de la science-fiction.

En tant que soif de connaissance, le savoir n'est pas une menace pour les droits humains. Le danger vient toujours plutôt des ignorances quand elles sont relayées par la peur.

UNESCO – *Comment faire de la politique quand le savoir est un enjeu de société ?*

Si la politique en régime démocratique est la mise au service du bien public par le jeu combiné et l'interaction de convictions idéologiques différentes et si l'accès au savoir au sens étroit du terme (accès à la connaissance et à la critique de la connaissance) devenait vraiment un enjeu de société dans les sociétés développées (ce qui fait beaucoup de conditions portant sur la nature du pouvoir, celle du savoir et l'état de développement), cela impliquerait d'une part des enjeux privés radicalement différents de ceux qui gouvernent les individus à l'heure actuelle – où l'enjeu porte davantage sur le diplôme et la carrière à en attendre que sur le savoir proprement dit –, et l'installation de mesures publiques qui privilégieraient cet accès démocratique, analogues à celles qui ont rendu l'enseignement de base obligatoire jusqu'à 16 ans. Il est douteux que cet élargissement, coûteux et contraignant, soit perçu jamais comme une nécessité, même dans les pays riches, dans la mesure où il ne tient pas compte (et même contredit) des impératifs techniques et économiques du marché d'un côté, ni des aptitudes et aspirations des individus de l'autre.

UNESCO – *L'acte constitutif de l'Unesco déclare qu'« une paix fondée sur les seuls accords économiques et politiques des gouvernements ne saurait entraîner l'adhésion unanime, durable et sincère des peuples et que, par conséquent, cette paix doit être établie sur le fondement de la solidarité intellectuelle et morale de l'humanité ». Que pourrait inspirer cette affirmation pour des sociétés du savoir ?*

Que l'adhésion sincère des peuples à une paix durable ne puisse être établie que sur la base de la « solidarité intellectuelle et morale de l'humanité », c'est-à-dire l'adhésion à un minimum de principes communs, est une vérité nécessaire. Mais solidarité intellectuelle ne veut pas dire nécessairement solidarité établie sur des savoirs partagés. Elle implique davantage, me semble-t-il, la reconnaissance du fait que la faculté de raisonnement et la faculté critique sont universellement partagées et qu'il convient d'en développer l'usage par des systèmes éducatifs appropriés. Peu importe alors le type, la profondeur, la densité des savoirs sur lesquels ces facultés s'exercent. Ainsi il me semblerait que l'objectif à tenir serait moins la constitution de sociétés de l'information ou de sociétés du savoir que celle de sociétés de libre-pensée.

Science et avenir

PIERRE BARON – *On estime généralement que ce siècle aura connu davantage de progrès, de découvertes majeures que tous ceux qui l'ont précédé. Avez-vous le sentiment que notre époque marque véritablement une accélération de l'histoire scientifique ?*

Il est en effet généralement admis que notre époque est marquée par une accélération du mouvement de recherche scientifique et, corollairement, par une profusion d'aménagements techniques, particulièrement dans les domaines de l'infiniment grand et de l'infiniment petit, en recherche spatiale, en astronomie, en biologie moléculaire, en physique, en chimie, pour ne citer que ces disciplines qui attirent l'attention. Des sommes importantes sont investies, des programmes nationaux et internationaux soutenus avec régularité, les découvertes en entraînent d'autres et une médiatisation nouvelle suscite l'intérêt du public. Des revues comme la vôtre, consacrée à la diffusion du savoir, y contribuent. Les émissions spécialisées à la radio et à la télévision également. Même les contestations internes à la communauté scientifique sont maintenant portées sur la place publique. D'où, peut-être, une certaine forme d'illusion : que notre siècle soit marqué, défini, par l'importance en quantité et en qualité de la recherche et des découvertes scientifiques, et tranche ainsi sur un passé qui aurait été moins intéressé, moins curieux, plus atone. C'est oublier qu'il y a eu dans le passé des périodes qui ont été, elles aussi, marquées par des ensembles de découvertes fondamentales qui ont influencé profondément l'histoire de l'humanité. Nous fêtons actuellement le bicentenaire de la Révolution. Parmi toutes les publications consacrées à cet épisode, une série concerne les savants de ce temps, tous connus, mais bien souvent mal connus : considérant l'acquis de cette époque, on découvre qu'il est prodigieux. Sans parler d'acquisitions plus fondamentales et plus archaïques qui sont à la base de nos cultures et de notre civilisation : la domestication des espèces cultivées et des animaux, la poterie, le tissage et, plus près de nous, l'usage de la vapeur. Ces découvertes-là ont été primordiales car elles ont infléchi le cours de l'histoire. Un certain nombre d'espèces animales ont été domestiquées, mais d'autres auraient pu l'être et ne l'ont pas été pour des raisons qui nous échappent. Depuis le Néolithique, il y a eu, me semble-t-il, peu d'acquisitions nouvelles en ce domaine essentiel. Il y a donc eu des périodes marquées par une concentration particulière d'innovations, suivies de temps plus tranquilles où l'on digérait, diffusait ces savoirs nouveaux. Il se pourrait qu'à l'heure actuelle nous nous illusionnions quelque peu en confondant grandes percées scientifiques et adaptations technologiques. Je suis souvent frappée par le fait que l'on appelle progrès, découverte, ce qui, pour moi, relève de l'adaptation.

P. B. – *Avez-vous l'impression qu'il y a un décalage entre le travail des chercheurs et la façon dont il est perçu, accepté et assimilé par l'opinion ?*

Il y a toujours eu ce décalage entre le moment où une innovation, une pensée nouvelle apparaît et son assimilation sociale. Il faut du temps pour diffuser. On souhaiterait maintenant, parce que l'information circule très vite dans tous les domaines, qu'il y ait une adéquation immédiate entre ce qui se fait dans le secret des laboratoires et la réception, l'assimilation par le public. C'est une erreur à mon sens de vouloir que tous les savoirs nouveaux puissent être mis immédiatement à la disposition de tout le monde : quand les étapes de la recherche ne sont pas connues et que la gourmandise médiatique porte seulement sur les résultats, le risque est grand de voir la connaissance banalisée et le public devenir blasé. Une sorte de paradoxe, donc : nous sommes à une époque où il ne peut plus y avoir de savoir encyclopédique comme c'était encore possible au XVIIe siècle et, en même temps, le désir de vulgariser est considérable. Deux dangers existent : faire croire que la science est un domaine inaccessible qui relèverait du secret et de l'incommunicable, et, parallèlement, banaliser le savoir en présentant les résultats scientifiques comme n'étant pas d'ordre problématique, mais comme relevant de la nouvelle courante, au même titre que les accidents ou les incendies. On arrive alors aisément à l'idée qui fut exprimée, il me semble, par un de nos gouvernants, que l'intérêt de l'État n'est pas d'entretenir des chercheurs, mais d'avoir des trouveurs. C'est oublier aussi que toute avancée de la réflexion va de pair avec la remise en cause des idées qui prévalaient antérieurement !

Dès qu'une idée est acceptée commence en effet sa remise en cause critique par d'autres chercheurs. On se retrouve avec ce même décalage. C'est là le cœur même de la recherche ; on part de ce qui existe. Il y aura donc toujours ce décalage entre ce qui se passe dans le monde de la recherche et ce qui est dans le monde séculier connu et tenu pour acquis.

P. B. – *L'image du chercheur a changé. On est passé en quelques générations du savant isolé à des équipes hyperorganisées. Comment l'interpréter ?*

Il est vraisemblable que c'est une évolution qui va durer, au moins pour un certain nombre de disciplines telles que la physique ou la biologie moléculaire, qui nécessitent une collaboration d'équipes nombreuses de chercheurs et de techniciens associés dans des recherches qui pourraient difficilement être menées par un seul individu. Cela dit, je continue à penser que la plupart des grandes innovations et des grandes découvertes sont le fruit, je ne dirai pas du hasard, mais d'un hasard guidé par des connaissances préalables, par l'esprit de curiosité, parfois aussi par une forme d'intuition qui procède de la culture emmagasinée et qui fait que, généralement, ce soit le fait d'un seul individu. Ensuite, d'autres travaillent, creusent, approfondissent, adaptent, mais les grandes découvertes, que ce soit celles des Curie, d'Einstein, de Pasteur, de Fleming, sont le fruit du travail d'un homme seul qui tire parti, par des sortes de bonds de la pensée, des résultats de ses observations, mais à partir, naturellement, de toute la culture scientifique qu'il s'est constituée au fil du temps. Il y aura donc toujours de la place pour les individus seuls. Pourtant, ce n'est peut-être plus tout à fait vrai actuellement pour certains domaines de pointe où, dans les laboratoires, on travaille sur des programmes fortement coordonnés qui ont valeur d'hypothèse, mais où, en tout état de cause, la valeur heuristique passe par le cumul des efforts et le rassemblement des observations.

P. B. – *La science moderne hérite au moins autant qu'elle innove. N'exprime-t-elle pas, pour l'essentiel, les questions « éternelles » du genre humain, sur ses origines et son devenir ?*

C'est cela même, parce que la définition de l'homme tient dans cette interrogation permanente qu'il porte sur lui-même et sur ce qui l'entoure. Quand on étudie les systèmes de pensée des sociétés de type « exotique », sur lesquelles les ethnologues travaillent, que l'on étudie également ce que les sociétés anciennes nous ont laissé – quand elles nous ont laissé des documents, de quelque nature que ce soit –, on découvre des réflexions essentielles qui ont toujours un rapport avec la réalité des choses, même si les réponses qui étaient données sont fausses de notre point de vue, puisque nous avons progressé dans la connaissance intime des phénomènes. Si vous n'avez pas de microscope, vous ne verrez jamais de micro-organismes. L'homme répond avec les lumières dont il dispose, mais les questions qu'il pose sont de même nature, qu'elles aient été posées à l'origine des temps ou aujourd'hui. Fait tout à fait intéressant : les concepts et les systèmes logiques avec lesquels nous fonctionnons ont leur équivalent dans les représentations traditionnelles des sociétés dites primitives.

P. B. – *N'y aurait-il pas un parallèle entre la science, la connaissance et la religion ? Car la religion s'intéresse, elle aussi, à l'origine de l'homme et à son devenir...*

Elle apporte des réponses d'une autre nature à ces mêmes interrogations. Mais pour en revenir aux savoirs des sociétés archaïques ou primitives, s'ils nous paraissent naïfs à la lumière de nos connaissances actuelles, il faut pourtant reconnaître qu'ils ne manquent pas de pertinence. Par exemple, bon nombre de sociétés ont élaboré des théories sur la genèse des humeurs du corps, du sang, du sperme et du lait, et les font venir de la moelle osseuse. Or nous savons désormais que les cellules sanguines sont produites en effet par la moelle osseuse. Évidemment, l'argumentation et la démonstration faites par ces sociétés ne sont pas les mêmes que les nôtres. On ignorait l'existence des cellules, mais l'observation du corps animal ou humain montrait l'existence des os et, à l'intérieur, de quelque chose bien encapsulé protégé par des masses dures ; il fallait que ce soit la chose la plus précieuse. Matière rougeâtre, c'est donc de là que provenait le sang. Ce sont de très belles théories qui, d'une certaine manière, rencontrent des réalités scientifiques modernes. Les théories que nous sommes en train d'élaborer, nous ne savons pas si nos successeurs, dans quatre ou cinq siècles, ne les trouveront pas aussi approximatives ou aussi simplistes que certains de nos confrères trouvent fantaisistes les réponses que les sociétés primitives ont apportées à la question de la genèse du sang.

P. B. – *La recherche scientifique de demain sera-t-elle, selon vous, mieux intégrée à l'éducation, à la formation des Français ?*

On va de plus en plus vers des hyperspécialisations. Nous n'avons plus d'érudits universels comme Pic de La Mirandole, ce qui est bien dommage. Il est difficile d'imaginer, si nous continuons à progresser dans tous les domaines, que l'on puisse faire passer l'ensemble des connaissances, même sous forme réduite, à l'ensemble des enfants scolarisés. D'où l'importance de l'enseignement. Il doit choisir et adapter ce qui peut l'être des découvertes, des avancées scientifiques. Mais une chose me paraît importante, c'est de ne pas faire l'économie, comme on a tendance à le faire à l'heure actuelle, de notre histoire scientifique passée. Il semble admissible que l'on sache tout sur les découvertes récentes en ignorant l'apport de nos prédécesseurs. La bonne formule, si l'on veut avoir des partenaires éclairés, des gens de culture et pas seulement de savoir, c'est que l'on conserve une tradition, que l'on sache par quels cheminements nous en sommes venus au savoir que nous avons maintenant. Il faut aussi créer des possibilités d'établir des passerelles d'une discipline à une autre, ce qui devient terriblement problématique. C'est là, effectivement, que l'enseignement doit être adapté, mais c'est aussi ce qui est le plus difficile à mettre au point.

Je voudrais faire une remarque complémentaire : le grand paradoxe, c'est que la science n'a jamais été si prestigieuse qu'à une époque, la nôtre, où se manifeste ce qu'on pourrait appeler sans exagération la montée de l'obscurantisme et le goût de l'irrationnel. Il est arrivé dans des émissions télévisées que l'on mette face à face des professionnels de l'irrationnel et des scientifiques – par exemple quelqu'un qui affirme tordre le métal à distance par la force de son regard et un physicien qui explique que cela est impossible et qu'il s'agit d'un tour de passe-passe. On demande aux deux intervenants de s'expliquer et on dit, en substance : « Maintenant vous avez, vous, téléspectateurs, tous les éléments pour vous faire une opinion. » Cela devient une affaire d'opinion publique et non plus de savoir : à la limite, on demandera aux gens de voter sur Minitel pour dire qui a raison. C'est choquant, et c'est ce que j'appelle la primauté de l'irrationnel. Je trouve bien dommageable qu'il y ait des responsables de programmes qui trouvent que c'est là une manière normale d'informer le public : le savoir n'est pas une affaire d'opinion !

Chapitre 6

Le sens du regard

L'anthropologie du regard

CLAUDINE HAROCHE – *Y a-t-il des anthropologues qui ont pris le regard en tant que tel comme objet d'étude ?*

A priori, je n'en connais pas. Je ne crois pas qu'il y ait d'ethnologue, sur une société particulière, ou d'anthropologue, pratiquant la comparaison sur un certain nombre de sociétés, qui aient travaillé en prenant le regard comme objet central d'intérêt. Honnêtement, je ne vois pas. J'ai bien en tête quelques articles... Je connais un texte de John Barnes, qui a publié quelque chose sur la pupille dans une société mélanésienne. Je rassemble mes souvenirs... Il doit y montrer une analogie semblable à celle qu'on trouve à Rome, où la *pupilla* est la jeune fille. Il travaille sur cette rencontre, entre la Rome antique où la *pupilla* est la jeune fille et l'élève, et cette société mélanésienne où le même sens est donné au mot pupille. Si je me souviens bien, il donne une explication fondée sur le miroir, le reflet : dans la pupille se reflète une image, et cette image – dont on ne dit pas pourquoi elle est essentiellement féminine – serait qualifiée de jeune fille. Donc, pour répondre à cette première question, je ne connais pas d'auteur qui ait consacré une partie exclusive de ses recherches à ce thème.

Il existe toutefois des travaux qui se rapportent à la discipline du regard, et cela touche toutes les sociétés qui pratiquent une éducation où on apprend aux enfants soit à ne pas regarder en face, soit, au contraire, à regarder en face. On trouve donc dans des études qui ont le respect et l'apprentissage de la vie sociale pour thèmes quelque chose qui concerne l'évitement du regard, ou au contraire l'obligation de poser son regard franchement et en face sur quelqu'un, mais dans ce cas on se situe dans le registre de l'éducation, on ne prend pas le regard pour objet en soi.

C. H. – *Y a-t-il des codes, des usages, des coutumes, des cultures qui, à l'instar des gestes, des postures, des contenances, gouvernent le regard ?*

On en trouve partout. Avec tout un code de la séduction. Entre sexes, l'« œillade assassine » existe, y compris dans les sociétés où les femmes sont voilées. On va jusqu'à prétendre que le regard derrière le voile qu'on tire juste devant le nez et la bouche prend alors une valeur très particulière – c'est même un des éléments qui sont mis en avant par les tenants de ce type de voile pour les femmes : il donnerait un regard beaucoup plus séducteur et aguicheur que ce ne serait le cas si on croisait le visage nu de cette femme dans la rue.

On constate partout un apprentissage complet de la maîtrise du regard, comme en témoignent nos expressions en français : « regard en coin », « regard en coulisse », « regarder par en dessous », « regarder effrontément », « regarder dans les yeux ». On peut mettre en place une typologie des différents types de regard : quelqu'un qui esquive le regard, qui cherche le regard…

C. H. – *Le regard sournois… le regard fuyant…*

Cette typologie du regard est une typologie presque morale, qui vise à caractériser l'individu par sa posture, par sa façon de poser son regard. C'est vrai dans toutes les sociétés. Il y a donc partout une éducation de la bonne manière de regarder, de se tenir, d'être et d'être à sa place. Cette bonne manière n'est pas universelle, c'est une manière relative : ainsi, l'enfant d'esclave, dans les sociétés qui connaissent l'esclavage, ne regarde pas, n'a pas le droit de regarder de la même manière que le fils de chef. Et il convient de ne pas se tromper, parce que l'erreur est punissable. La manière de se comporter est enregistrée, commentée par autrui et peut être sanctionnée. C'est donc en premier lieu une affaire d'éducation. Cependant, se conformer à l'éducation que l'on reçoit est censé dire quelque chose de la nature profonde de l'homme. Cette affirmation peut paraître contradictoire avec les prémisses, parce qu'une éducation n'a rien à voir avec la nature profonde de l'homme ; et pourtant le comportement est censé dire quelque chose de la nature profonde de l'homme. Ou, tout au moins, ce qui est censé dire quelque chose, ce sont tous les manquements, même mineurs, même rapides, à la norme apprise. La manière de se comporter dit aussi nécessairement quelque chose des rapports sociaux.

Je regardais tout récemment un volume sur l'École navale, où je viens de faire une conférence ; ce livre est illustré par un dessinateur humoristique à la manière d'Uderzo. On y voit un défilé de l'École navale où tous les élèves officiers marchent au pas devant l'amiral et les officiers ; il y en a un qui est curieux, c'est la première fois qu'il voit l'amiral, et donc, au lieu de regarder droit devant lui, il a le regard en coulisse au moment où il passe, parce qu'il veut profiter de l'occasion pour voir celui qu'il ne verra pas souvent. C'est drôle parce que c'est présenté avec humour, mais c'est une faute selon le code de la discipline : il ne devrait absolument pas profiter de la situation – en l'occurrence, défiler devant l'amiral – pour se « rincer l'œil », comme on dit. Tout comme les gardes devant Buckingham Palace : c'est un des plaisirs des touristes que d'essayer de faire vaciller leur regard, alors qu'ils doivent regarder droit devant eux. Ce plaisir touristique occupe consciemment le terrain de la provocation pour faire vaciller l'éducation de l'autre. Il est bien évident que si quelqu'un est au garde-à-vous, avec interdiction de regarder sur le côté, faire éclater un pétard pour l'obliger à tourner la tête, à tourner le regard, c'est de la provocation pour vérifier sa force d'âme. C'est dans ce sens que la tenue du regard dit quelque chose de l'individu.

C. H. – *C'est donc un lieu de rapports de pouvoir, de rapports de force et de rapports de domination. Il y a une autre question que je souhaite vous poser en fonction de vos travaux : en quoi le regard serait-il lié au masculin et au féminin ? À une attitude active ou passive ?*

Je dirais d'abord qu'il est lié à la notion de personne et, en ce sens, il est relatif au masculin et au féminin. Une personne est quelqu'un qui gère son propre corps. Mais les femmes ne sont pas des personnes au même titre que les hommes quand elles n'ont pas la maîtrise de leur corps – ainsi, dans la plupart des sociétés où elles n'ont pas accès à la contraception. Le droit à la contraception est à mes yeux le grand révélateur de la notion de personne pour les femmes ; c'est lui qui donne à la femme le droit d'être reconnue comme étant une personne.

La personne est quelqu'un qui a la maîtrise complète de son corps, à l'intérieur du code de bonne conduite. Poser son regard dans les limites de la bonne conduite, c'est ne pas chercher systématiquement à offenser, à forcer, à regarder ce qu'il ne faut absolument pas voir. Même un chef ne peut regarder un certain nombre d'objets sacrés. À condition de s'en tenir à la règle, l'homme est celui dont le regard peut se poser sur tout, y compris sur les femmes. Alors que les femmes sont celles dont le regard ne peut se poser que sur fort peu de choses, et en tout cas jamais librement sur les hommes. Le seul regard libre qu'elles peuvent porter sur les hommes, c'est celui que la mère porte sur ses fils, la sœur sur ses frères – et encore, pas toujours ; ce n'est certainement pas le regard libre sur tout homme. Dès qu'il y a un regard libre, on se trouve dans un rapport d'égalité. Or, ce rapport d'égalité étant refusé aux femmes, le regard libre d'une femme sur un homme est perçu par ce dernier comme un regard obscène, de convoitise, aguicheur, comme un regard marqué sexuellement.

C'est là peut-être qu'on retrouve la notion de pupille, à savoir que le regard est l'apanage du sexuel, et qu'il convient d'être dressé, particulièrement en ce qui concerne les femmes.

C. H. – *C'est très intéressant parce que cela touche fondamentalement à la question de la liberté et de l'égalité. Je pensais, en vous écoutant, aux travaux sur la culture méditerranéenne, en particulier ceux de Pitt-Rivers sur l'honneur, l'orgueil, la fierté. S'agirait-il finalement toujours d'idéaux de maîtrise ?*

Oui, des idéaux de maîtrise et de sauvegarde de cette maîtrise. L'honneur n'est pas seulement une valeur temporaire, c'est quelque chose qui préexiste à l'individu, qu'il doit garder et qu'il doit transmettre. C'est une valeur intemporelle. La maîtrise, c'est celle de l'individu sur une valeur intemporelle, qu'il tient de ses ancêtres et qu'il doit transmettre.

C. H. – *Dans votre propre recherche, avez-vous rencontré, et sous quelle forme, la question du regard ? Je pense ici à vos travaux sur la violence, sur l'inceste.*

J'utilise la notion de regard de façon métaphorique. Je me rends compte que je l'utilise assez fréquemment, d'une manière qui serait sûrement critiquable par des puristes, parce que j'en parle comme d'une façon d'être collective, culturelle en fait. Chacun dispose d'une manière culturelle d'appréhender les données objectives du milieu dans lequel il se trouve ; nous avons tous un « regard » sur notre propre société. On peut postuler que chacun de ces regards est différent : c'est l'optique différentialiste ; mais il y a aussi une optique universaliste, qui est plutôt la mienne. Non pas que l'individu ne puisse avoir un regard personnel, mais je prétends que si nous avions le recul suffisant, une capacité d'intellection suffisante, nous serions à même de déceler, sous la bigarrure de chacune des visions particulières, un ensemble qui est extrêmement compact, presque fermé. C'est vrai pour une même culture. C'est vrai aussi, plus largement, pour ce qui est du modèle archaïque de la domination masculine, dont je peux montrer qu'il est le même dans toutes les sociétés du monde, ou presque.

C. H. – *Y aurait-il ainsi un certain nombre de traits permanents ?*

Oui, et même chez ceux qui pensent ne plus les avoir, en être exemptés. Cela peut être très subtil. Je prendrai un exemple dont la subtilité est langagière : le Tribunal pénal international de Rome, il y a quelques années, a décrété que la grossesse forcée en temps de guerre était un crime contre l'humanité. On pourrait penser légitimement que c'est un changement de regard : le viol est reconnu comme un crime contre les femmes, et la grossesse forcée comme un crime contre l'humanité. Mais la façon dont l'argument est exprimé montre qu'en fait la Cour croit la même chose que les assaillants qui font subir une grossesse forcée à des femmes d'un autre camp. Cet acte barbare correspond en effet à la conviction que c'est l'homme, par le sperme, qui définit la nature complète de l'enfant, y compris sa nature la plus idéologique, puisque c'est même sa religion qui est transmise. Ainsi, les musulmans veulent faire porter des petits musulmans à des femmes chrétiennes, et les chrétiens veulent faire porter des petits chrétiens à des femmes musulmanes, comme pendant la guerre d'Espagne les franquistes voulaient faire porter des petits franquistes – dans ce cas, l'enjeu n'était pas la religion, mais l'opinion politique – à des femmes républicaines.

L'idée, partagée par la femme elle-même, par sa famille, et non pas seulement par l'assaillant, est que l'enfant qui va naître n'est pas un enfant, tout simplement. Non, tous le voient d'emblée comme cet ennemi qui a été mis chez eux par le sperme du père. Or le Tribunal pénal international déclare explicitement que c'est un crime contre l'humanité de vouloir transformer la nature ethnique d'une population en faisant faire à des femmes des enfants d'une autre couleur ethnique et religieuse que la leur. Il véhicule donc le même message et la même croyance que les bourreaux et leurs victimes. Il a le même regard.

C. H. – *Cela a quelque chose de profondément choquant et subtil.*

Changer le regard, c'est quelque chose qui est extrêmement difficile. Cela suppose de changer la compréhension globale du monde que tout un chacun véhicule, et qui lui vient de sa toute petite enfance et de toutes les influences qu'il a subies, ce qui revient à dire que le regard qu'on porte sur les choses, même si on le croit nu et brut, ne l'est jamais : il est toujours chargé. Le gosse de 12 ans, en banlieue, qui viole une fille en groupe, même s'il croit qu'il est lui-même son propre acteur, en fait il réinvente, il se réapproprie, avec l'aide des autres, dans ces moments d'euphorie collective, un message qui vient de loin.

C. H. – *Il s'agit donc toujours de modèles de comportement, depuis la toute petite enfance.*

Modèles de connaissance et modèles de comportement. Il serait intéressant de savoir à quoi réagissent ces individus dont on dit qu'ils sont en permanence amnésiques. Ils ont perdu la mémoire de qui ils sont, de qui sont les gens qui les entourent, des itinéraires, des lieux, peut-être de l'usage d'un certain nombre de choses, mais je n'ai jamais entendu dire qu'il leur ait fallu réapprendre à manger, à se servir d'un couteau, d'une fourchette, d'une cuillère ; que les gestes ordinaires, se laver, s'habiller, ils les aient perdus aussi. Il existe donc des empreintes, des dressages, qui restent. Et ce que je me demande, c'est si, au-delà des empreintes du dressage physique, il y a des empreintes de dressage intellectuel et moral qu'on subit dès l'enfance, et si elles restent, indépendamment de l'amnésie qui, elle, porte sur le temps qui passe, les compagnons et l'entourage physique du sujet.

C. H. – *Ne pensez-vous pas que cela pose la question du rapport entre le regard et le geste ? Je ne sais pas si vous avez suivi aux États-Unis les questions de harcèlement, de harassement, mais il y a quelques années les Américains ont commencé à légiférer – je crois d'ailleurs qu'ils ont continué – sur la question du regard, sur le* visual harassment, *le « harcèlement visuel » : cela constituait une intrusion injustifiable dans la sphère privée, le fait de ne pas être libre de son regard. Mais, dans le même temps, comment supporter des formes de regard méprisantes au point de rendre l'autre transparent, de le nier en définitive ?*

Là, en l'occurrence, c'est un problème d'éducation. C'est vrai qu'on garde l'idée que le harcèlement visuel s'exerce dans le domaine sexuel, mais il existe de fait dans d'autres domaines. Le regard de mépris, ou le regard de superbe ignorance que l'on peut poser sur les autres, comment va-t-on l'appeler, celui-là ?

C. H. – *Ne pensez-vous pas qu'il s'agit de harcèlement moral ? Quand on a commencé à parler du harcèlement, on a eu tendance à ne parler que du harcèlement sexuel. Or j'ai toujours pensé que la question du harcèlement était une question cruciale, en ce qu'elle était liée à la question des droits moraux. Rousseau avait évoqué la question de l'« inégalité morale », qui est restée peu travaillée.*

C'est tout à fait juste. Je parlais tout à l'heure de la notion de personne en disant que les femmes n'ont pas été considérées comme des personnes à part entière, jusqu'à nos jours. Elles commencent à l'être, dans nos sociétés occidentales, grâce à la contraception et à une série de mesures qui ont été prises ; il y a eu une évolution, et une volonté juridique de changement. Le refus de reconnaître une personne dans l'autre peut toucher aussi les gens de couleur, les pauvres, les jeunes, les vieux, hommes et femmes confondus. Cela se traduit toujours par le déni de regard. Il y a un roman américain, absolument fantastique, de James Ellroy je crois, qui raconte l'expérience d'un journaliste qui veut savoir ce que c'est que d'être dans la peau d'un Noir. Il va se fabriquer une identité noire. Et du jour au lendemain il découvre qu'il n'existe plus : il est devenu invisible. Il passe sur le trottoir, et aucun regard ne se pose sur lui. Toutes ses certitudes s'effondrent. Il est invisible et son regard n'a plus d'importance. Cet homme finit par se terrer dans des caves, parce qu'il n'arrive plus à vivre. Il ne trouve pas de travail et, comme il veut jouer le jeu jusqu'au bout, son invisibilité le conduit pratiquement à la mort. C'est ce que disent souvent les immigrés : en dehors de leur collectivité, très souvent ils ont le sentiment que personne ne les voit vraiment, en tant que personnes physiques réelles.

C. H. – *Cela renverrait-il fondamentalement à la question de l'existence, du sentiment d'existence ?*

Le sentiment d'existence nous est donné, ou plutôt il est validé, par le regard d'autrui. Vivre avec quelqu'un qui ne vous regarde plus, qui ne vous regarde pas, qui fuit votre regard, c'est presque pire que de vivre avec quelqu'un qui ne vous parle plus.

C. H. – *Vous disiez que vous aviez tendance à prendre la question du regard dans un sens métaphorique. Pourrait-on la prendre aussi par le biais de l'observation du corps, des signes, des expressions ?*

Dans la façon métaphorique de parler du regard, il s'agit d'une forme, incarnée dans chacun, de ce qu'on appelle un « système de représentation ». Mais il ne s'agit pas du système de représentation d'une société en son entier. Le regard, c'est un peu une focale. Même si je ne m'y connais pas en photographie, je suppose qu'il y a une manière d'ajuster, de rapprocher, d'éloigner, de centrer, de viser différents points, qui correspond à ce qu'on appellerait le regard individuel à l'intérieur d'un système de représentation plus global. Le regard suppose un *Ego*, quelqu'un qui regarde, et ce quelqu'un, ce peut être une personne, un groupe, un collectif, une société tout entière, mais cela suppose toujours une focale particulière. De ce point de vue, le regard est doublement un objet ethnologique : c'est à la fois notre propre regard d'ethnologue, centré, focalisé, et que nous pouvons centrer sur le regard des autres, et la manière dont eux-mêmes focalisent et centrent sur l'objet-monde qui les entoure.

C. H. – *Ne pensez-vous pas que cela pose aussi la question des continuités, de l'individuel au collectif et du littéral au métaphorique ?*

Bien évidemment. La chose achoppe sur le plan du passage de l'individuel au collectif. Quand on dit par exemple qu'une société a « choisi » – c'est un très mauvais terme, j'utilise plutôt l'expression « laissé venir à existence » – un mode particulier d'être dans un domaine particulier (filiation, système de normes, système d'appellations, etc.), il ne peut s'agir réellement d'un choix dans la mesure où choisir implique la conscience claire des différentes possibilités offertes : on a un éventail de deux, trois, quatre, cinq, six possibles, et on en prend un en toute connaissance de cause. Or il n'y a jamais eu de société où un individu responsable se serait dit : nous avons le choix entre six systèmes de filiation, on va prendre celui-là, car c'est le plus commode. Comment le système de filiation est venu à existence, personne ne peut le dire. Et pourtant, il y a quelque part un sujet collectif, qui transmet le discours, qui transmet les convictions. Parce que s'il n'y avait pas ce sujet collectif, on n'observerait pas l'existence de ces modèles (dont le modèle archaïque de domination masculine) qui fonctionnent admirablement et que chacun intériorise. Comment faire pour passer de l'individuel au collectif ? On est toujours pris – c'est l'un des problèmes cruciaux de la sociologie, de l'ethnologie, et de la philosophie aussi, je suppose – entre l'idée de liberté individuelle et celle de contrainte sociologique collective. Toute vie procède de la liaison entre les deux. Mais, même si on est libre en esprit (la liberté en esprit, nul ne peut la nier), il n'est pas évident que cette liberté ne soit pas elle aussi contrainte par un certain nombre de cadres qui font que l'imagination nous fait défaut pour concevoir des choses possibles et effectivement pensables, mais qui n'ont pas encore été pensées par qui que ce soit.

C. H. – *Il y aurait toujours, autrement dit, une généalogie des formes de pensée. On le voit en peinture : Picasso, qui a été un grand innovateur, a été très influencé par Puvis de Chavannes…*

Les peintres sont soumis d'une certaine manière à l'objectivité du regard – ensuite ils peuvent en faire ce qu'ils veulent. Il peut donc y avoir des contraintes naturelles. Je pense à un exemple précis dont je me sers souvent pour discuter de l'observation d'un fait, de sa restitution physique et de sa restitution intellectuelle : Galilée a rendu compréhensible mathématiquement la courbe parabolique des jets d'eau ou des lancers de boulets par un canon. Avant lui, pour la mathématique, la force de propulsion était rectiligne et oblique, elle partait vers le haut puis s'affaiblissait, et quand la course du boulet ou de l'eau n'avait plus de force propulsive, selon une ligne continue, plate et non courbe, elle se brisait net et le boulet ou l'eau tombait à la verticale. Le critique d'art Francastel montre que, bien avant Galilée, les maîtres de la Renaissance plaçaient des jets d'eau dans leurs tableaux, et que leurs jets d'eau représentaient très exactement la réalité, c'est-à-dire une courbe parabolique. Il y avait donc discordance entre la réalité de la vision par les peintres, qui reproduisaient ce qu'ils voyaient, et le travail intellectuel mathématique, qui s'en écartait radicalement. Il a fallu attendre Galilée pour que le modèle mathématique corresponde à la réalité que les yeux objectivement voyaient et que les peintres restituaient. Cette discordance ne choquait personne. Elle n'était pas visible. Cela implique que la vision proprement dite et la restitution qui peut en être faite peuvent n'avoir rien à voir avec le regard intellectuel. On n'est plus dans le regard moral, mais dans le regard intellectuel.

C. H. – *Avez-vous une idée de la raison pour laquelle le regard, qui est finalement reconstruction, peut être radicalement différent ?*

C'est une question absolument fascinante, mais je n'ai pas de réponse. Francastel ne se demande pas pourquoi il y avait cette discordance autrement qu'en la plaçant sous le sceau, si je puis dire, du mépris : on changeait de catégorie, et il n'y avait pas de rapport intellectuel entre la catégorie peinture et la catégorie mathématique.

C. H. – *Ce sont des questions qui renverraient à deux ordres de perception du monde.*

On en revient à l'invisibilité qui nie l'autre. Si on avait dit à un mathématicien : « Vous devriez regarder ce que font les peintres », il aurait rejeté cette suggestion avec dédain en disant que c'étaient des barbouilleurs et que leur expérience n'avait pas de rapport avec la vérité « en esprit ».

C. H. – *Est-ce que c'est le rapport à l'invisible, ou l'idée même d'invisible ? Est-ce qu'il y aurait une forme d'intangibilité nécessaire, inévitable ?*

C'est, je crois, l'idée de la réalité des objets invisibles mathématiques, qui sont des objets purs et d'une réalité pure. À la limite, je dirais que, dans l'esprit des mathématiciens, le réel est impur, que seule la réalité mathématique est pure et que c'est le réel qui, pour des raisons diverses, ne se conforme pas toujours à la pure réalité mathématique.

C. H. – *Est-ce également lié aux objets de la perception dont l'être humain dispose, c'est-à-dire le regard, la vue, les sens ? Les sens ne nous leurrent-ils pas, d'une certaine façon ?*

D'une certaine façon, oui, les sens nous trompent. Les illusions d'optique sont bien connues. Le modèle archaïque dominant sur lequel nous vivons a été forgé au moment où l'humanité a commencé à sortir de l'animalité. Cela a pris des millénaires, des centaines de milliers d'années : entre les premières apparitions d'un type *Homo* jusqu'à l'*Homo sapiens sapiens*, il s'est passé entre cinq cent mille et neuf cent mille ans. Ce sont donc des modèles qui nous viennent de très loin et qui ont été concoctés à l'aide des cinq sens, parce qu'il n'y avait pas d'autres moyens d'appréhender le réel que ceux-là. Or les sens peuvent être trompeurs. Cela ne signifie pas pour autant que nous n'avons pas affaire à de l'expérimentation rationnelle ni surtout à de la réflexion de type rationnel. Cette réflexion archaïque n'est pas nécessairement magique ni fondée sur de fausses observations : elles sont tout aussi rationnelles que celles que nous faisons, simplement toutes les données ne sont pas prises en compte en même temps, avec leur juste poids, et certaines sont purement et simplement ignorées.

Dans la genèse du modèle dominant, la question centrale est le fait que les femmes, pour leur plus grand malheur, font les fils, c'est-à-dire les semblables des hommes que les hommes ne peuvent pas faire eux-mêmes. Pour nos ancêtres, qu'elles fassent des filles n'avait rien d'extraordinaire : elles se reproduisaient à l'identique. Pour que les hommes se reproduisent à l'identique – ce qui était leur plus grand désir, mais ce qu'ils ne pouvaient faire tout seuls –, il leur a donc fallu s'approprier le corps des femmes. Tous les malheurs des femmes viennent de là. Mais cette appropriation indispensable se doublait de l'idée que, si les femmes ont la capacité de produire des corps différents d'elles-mêmes, elles ne peuvent le faire par elles-mêmes, car comment de l'identique pourrait-il faire du différent ? Nos ancêtres ont conclu de ces observations et réflexions que c'est le sperme qui met les enfants dans les femmes. De préférence, des fils. Toutefois il arrive que la force masculine soit prise en défaut et la force féminine fait que cet enfant sera transmué en fille dans le ventre maternel. Mais, normalement, c'est un fils que l'homme implante dans un corps de femme.

C. H. – *Une fille serait un garçon raté…*

C'est le cas en effet dans les systèmes de représentation jusqu'au-boutistes de type aristotélicien. Mais on peut dire qu'il y a eu à l'origine une interprétation erronée de la réalité, mais d'une réalité telle que nos ancêtres ne pouvaient pas l'appréhender avec leurs moyens de connaissance, puisqu'ils n'avaient pour cela que les sens. Comment auraient-ils pu connaître le système génétique, savoir que des gènes sont portés par les chromosomes, qu'il y a une rencontre de gamètes, un mélange de X et de Y, que chaque enfant est unique et qu'il y a une part qui vient de chacun ? Nous ne savons tout cela que depuis très peu de temps. Nos ancêtres tiraient un certain nombre de conclusions de ce qu'ils voyaient. Les hommes de toutes les sociétés ont tiré les mêmes conclusions parce qu'il y avait une nécessité absolue à ce que cela fonctionne ainsi ; il n'y avait pas tellement de « choix », comme je le disais tout à l'heure, et pas d'autre solution de rechange pensable que de se dire : il nous faut absolument des femmes pour avoir des fils. Tout montre la réalité de cette réflexion sur l'usage que font les hommes du corps des femmes, y compris la répartition de ces différents types d'usage dans diverses sociétés, qui séparent très étroitement l'usage reproductif de l'usage sexuel, et même parfois de l'usage purement domestique, de confort. Chez les Grecs, par exemple, un citoyen pouvait avoir recours à trois femmes : son épouse légitime, qui était là pour faire des fils, avec qui il était hors de question de chercher à prendre du plaisir – il était surtout hors de question qu'elle en prenne, elle. Ensuite la concubine, qui s'occupait du linge, de la nourriture. Puis, pour le vrai plaisir, le plaisir sexuel, le plaisir de l'esprit, l'hétaïre. Ces trois usages sont ailleurs généralement confondus dans la même femme. Mais il peut y avoir dans certaines sociétés ce découplage entre les fonctions féminines, ce qui rend bien compte d'une réflexion sur la question. Toutes les sociétés n'optent pas pour une seule et unique solution, mais elles ont toutes une réflexion sur les usages du corps des femmes, qui légitime la domination masculine.

C. H. – *Pensez-vous que ce modèle archaïque dominant, que vous avez évoqué à plusieurs reprises, pourrait être mis à mal par des éléments d'une révolution anthropologique silencieuse ?*

Cette révolution anthropologique n'est pas silencieuse. Elle accompagne une révolution d'ordre politique extrêmement importante, qui s'est produite dans le XXe siècle : la légalisation de la contraception. La contraception est ce qui donne aux femmes le statut de personne, parce qu'elle leur donne le droit de disposer de leur propre corps. Les hommes ont ce droit en naissant, les femmes non. Avec le droit à la contraception, elles accèdent à la dignité de personne, parce que, avec la capacité de choisir et de dire non, viennent bien d'autres acquis : consentir à l'union, choisir son époux, etc. Toute une série de droits va de pair avec la contraception. C'est la raison pour laquelle la contraception est la bête noire d'un certain nombre d'États, qui ne veulent pas du tout que les femmes accèdent à l'autonomie du statut de personne.

C. H. – *Est-ce la question de la maîtrise des corps ?*

La maîtrise des corps, mais aussi des esprits. Accorder légalement la contraception aux femmes dans notre pays résulte d'une erreur d'appréciation d'un pouvoir essentiellement masculin – il y avait peu de femmes à la Chambre des députés. Il était nécessaire de réguler les naissances pour de nombreuses raisons, qu'elles fussent de santé ou de rentabilité économique ; or la contraception permettait de diminuer le nombre des avortements, qui mettaient en péril la vie et la santé des femmes. Rien n'empêchait cependant de la mettre entre les mains des hommes. Mais, s'il y a peu de recherches sur la contraception masculine, c'est justement à cause de la vivacité du modèle archaïque : la contraception masculine est vue comme une atteinte à la virilité. De plus, on a l'habitude de penser que tout ce qui concerne les enfants est du ressort des femmes. Il était donc normal de leur confier cette charge-là, puisque cela concernait les enfants. Les femmes ont su se servir autrement de ce droit. Mais ce n'était pas prévu par le texte de loi. Le regard a manqué à nos députés. Ils n'ont pas prévu les conséquences potentielles, parce qu'ils se trouvaient dans le point d'aveuglement normal de notre société, où femme implique maternité. Les femmes ont été dominées, contraintes à résidence dans le domestique, éloignées du savoir, du pouvoir et, de plus, déconsidérées : si elles ne savaient rien, ce n'est pas parce qu'on ne leur apprenait rien, c'est parce qu'elles étaient naturellement bêtes. Cela procède du fait qu'il a fallu que les hommes s'approprient le corps des femmes, en leur interdisant toute possibilité de rébellion, pour qu'elles leur fassent des fils. La longueur du processus implique la nécessité de l'appropriation physique, appropriation qui se règle entre hommes qui s'échangent les femmes. Le frère qui a donné sa sœur à un homme et a obtenu en échange la sœur de cet homme pour en faire son épouse et la mère de ses enfants est garant, pour cet homme, de son mariage : si l'une des deux épouses quitte son conjoint, ce sont les deux mariages qui s'effondrent. C'est la base du fonctionnement matrimonial des sociétés traditionnelles.

C. H. – *C'est une espèce de circulation très perverse.*

Oui, on peut dire cela de la circulation des femmes entre les hommes. Si cette organisation procède du fait que les femmes font les fils des hommes, il est bien évident que leur libération ne peut se faire qu'à l'endroit même qui justifiait leur asservissement. Cela ne veut pas dire que les femmes vont cesser de faire les fils des hommes, cela veut dire qu'elles n'y sont plus contraintes, et aussi qu'a disparu la croyance que ce sont les hommes qui mettent leurs fils dans le corps des femmes. On sait désormais que ce n'est pas vrai. Cela implique de repenser le rapport à la maternité, mais c'est une autre histoire.

C. H. – *Ne pensez-vous pas, à propos de ce modèle archaïque dominant, que, d'une certaine façon, l'invasion des sociétés par les images, par la télévision peut produire des effets imprévisibles ? Elle est source d'aliénation de par le type de modèle véhiculé, mais en même temps source d'émancipation de par des modèles pouvant conduire à la réflexion.*

Émancipation ou aliénation, cela peut être les deux. C'est peut-être là mon point d'aveuglement. L'ouverture de la télévision, de plus en plus, à une forme de divertissement qui ne demande rien à l'intelligence, utilise le désir des gens de se faire connaître. Pour l'essentiel, maintenant, tous les débats sont des débats de société où tout le monde a la parole. On explique cette invasion par le désir des individus de devenir quelqu'un, ne serait-ce que, comme disait Andy Warhol, un quart d'heure. Passer à la télévision, même si c'est pour raconter sa vie la plus intime, ne choque plus personne. Cela a un effet peut-être libérateur. Je n'en suis pas sûre : je crains des effets ultérieurs dévastateurs pour les individus.

Mais ce dont je suis absolument persuadée, c'est que ce type d'émission (Les Guignols, Ardisson, etc.) change radicalement la donne du jeu politique. Si on analysait à cette aune ce qui s'est passé lors de l'élection présidentielle de 2002, on se rendrait peut-être compte que la révolution politique qui s'est produite n'est pas une révolution momentanée, dont ceux qui sont au pouvoir peuvent se réjouir parce qu'ils en sont les bénéficiaires ; peut-être en seront-ils les victimes. Ces émissions tuent une forme de respect qui est indispensable au juste exercice de la politique. Il ne peut pas y avoir de politique sans un minimum de respect réciproque du politique pour ceux qu'il prend en charge et de la population pour ceux qui la gouvernent.

C. H. – *Ne s'agit-il pas davantage d'une espèce d'exhibition, de triomphe des sensations et des pulsions contre le sens ?*

C'est très exactement cela, avec l'idée que chacun est un petit dieu pour lui-même, envers et contre tous.

C. H. – *Il y aurait là un paradoxe qui tiendrait à une forme de ressentiment liée à l'absence de réflexion, et en même temps une réflexivité généralisée et constante des sociétés sur elles-mêmes. Dans ces émissions de télévision, on voit des gens qui exhibent l'intime, n'ayant ni regard sur eux-mêmes ni pudeur, exposent et partagent une fausse chaleur. Par rapport au regard, il y a à présent quelque chose de très profond, me semble-t-il, comme si l'acte de regarder était réfléchissant mais non plus réfléchi.*

On arrive à l'idée que chaque cas individuel (le cas de celui qui s'expose en disant que l'on ne s'est pas occupé de lui) ramène le monde à lui. Et même quand il reconnaît que cela peut être différent pour les autres, il établit une échelle de valeurs : c'est peut-être différent pour les autres, mais je parle du haut de ce que je connais, et comme je suis un dieu, c'est mon point de vue qui compte. C'est cette idée-là qui est forte maintenant en France, et qui est derrière les différents mouvements revendicatifs qui étonnent désormais : voilà que les gendarmes s'y mettent, les médecins aussi, etc. Mais non, c'est que chacun est devenu la norme. Et si chacun devient la norme, il n'y a plus de norme.

C. H. – *C'est producteur d'anomie, si l'on reprend le terme de Durkheim, et, fondamentalement, c'est quand même quelque chose qui intéresse l'anthropologie, c'est-à-dire la question du rapport à la loi, et à l'interdit.*

Oui, c'est pour cela qu'actuellement j'ai plutôt tendance à considérer que la télévision se comporte non pas comme un instrument de libération, mais comme un instrument de totale aliénation.

C. H. – *Pensez-vous en définitive que la question du regard, d'une certaine façon, nous amène à la question du soi, d'un soi sans frontières, qui présenterait deux aspects complètement contradictoires : l'égocentrisme et la fusion ?*

Oui, mais pas la fusion avec le monde. La fusion avec fort peu de personnes, la fusion avec un autre idéalisé et qui peut être jeté si la fusion ne marche pas ou plus. Ce type de fusion n'est pas contradictoire avec l'égocentrisme : il en est un des modes majeurs d'expression, dans des sociétés comme la nôtre, où le droit de l'individu prime sur celui de la société. Ce n'est pas que je considère que les modes collectifs d'existence de type lignager soient des modes démocratiques : il y a une règle, il faut s'y plier, il y a des dominants et des dominés, il y a ceux qui ont le pouvoir, et les jeunes doivent se taire dans les sociétés lignagères. La vie se fait selon une sorte de cycle, un mouvement, toujours le même, où chacun trouve sa place, ce qui d'une certaine façon peut être rassurant. Je ne pense certes pas que les sociétés devraient vivre toutes sur ce modèle, mais celui que nous connaissons, où l'on considère que dès la petite enfance l'individu a tous les droits, qu'il n'a pas besoin d'apprendre et d'intérioriser la règle et le fonctionnement du social, et qu'il peut exercer ces droits, sans contrepartie, ce modèle-là, d'un « soi sans frontières » selon votre expression, on ne voit pas quelle société viable il peut construire.

De temps en temps, le langage est là, comme révélateur. Je pense au cas d'une femme qui s'était cassé le poignet chez son employeur. Elle avait une trentaine de séances de kinésithérapie, pour lesquelles elle prenait un taxi, payé par la Sécurité sociale, qui l'attendait et la raccompagnait. Je l'ai rencontrée dans un supermarché, où elle était venue en vélomoteur, ce qui m'a étonnée. Elle m'a expliqué qu'elle pouvait le faire depuis longtemps et qu'elle devait se dépêcher de rentrer parce que le taxi allait venir la chercher (supermarché et kinésithérapeute sont voisins). Je lui ai demandé pourquoi elle ne faisait pas tout en vélomoteur. Elle m'a regardée, totalement offusquée, et m'a dit, au sujet du taxi : « J'y ai droit ! »

C. H. – *N'est-ce pas, fondamentalement, la question des droits et la question des devoirs ?*

C'est surtout l'absence du sens de la responsabilité. Les devoirs ont été écartés. Se faire conduire en taxi, peut-être que cela lui donnait un sentiment d'exister, un sentiment de revanche sur le sort. L'idée de profiter de ses courses quotidiennes faites en vélomoteur pour faire faire une économie à la Sécurité sociale ne lui est jamais venue, et même je crois qu'elle a été offensée par ma remarque.

Cette histoire n'est pas exactement adaptée à notre propos, mais elle dit quelque chose d'intriguant : une personne d'une soixantaine d'années, qui a travaillé jeune, a donc pu intérioriser facilement, par rapport à toute une éducation nécessairement différente (car dans son enfance il était peu question de droits), le discours dominant d'aujourd'hui. Où l'a-t-elle pris ? Dans les journaux ? Non, les discours politiques ne l'intéressent pas. C'est simplement l'image qu'on voit à travers la télévision ; elle a très vite intériorisé un certain nombre de choses, dont celle-là : « J'y ai droit. » Avoir droit à quelque chose ne veut pas dire pour elle : « J'ai un droit abstrait qui peut devenir à l'occasion concret, si nécessaire » ; mais : « Je dois tout faire pour en profiter. »

C. H. – *C'est la différence entre le droit qui, fondamentalement, entend protéger le faible face au fort et le droit qui traduit la recherche de profit et d'avantage.*

Exactement. Dans l'esprit du droit, le droit, c'est la protection des individus ; il reconnaît ce qui est vôtre. S'il devient non pas cette capacité abstraite de reconnaissance, mais une source de profit, il devient à la limite une source d'exaction.

C. H. – *N'aperçoit-on pas là une influence de certaines formes extrêmes de libéralisme, et de la jurisprudence et du droit dans les relations aux États-Unis ? Je pense à l'expression :* « I'm going to sue you », *« Je vais vous faire un procès, je vais vous poursuivre », utilisée à tout propos, pour tout et n'importe quoi… Ne s'agit-il pas de cela ? C'est-à-dire de quelque chose de l'ordre du profit et de la revanche, d'inspiration profondément inégalitaire.*

Profondément inégalitaire, certes, parce que, à partir du moment où chacun estime avoir le droit pour soi, il est bien évident que la confrontation à l'autre devient une confrontation non plus feutrée, mais brutale : votre droit n'est peut-être pas conçu comme légitime par les autres. On en revient donc à la nécessité de la norme sociale.

C. H. – *Et aux distances, aux formes de la médiation ?*

Aux formes de la médiation, oui. Mais est-ce suffisant ? Tout ce dont on vient de parler s'explique par le regard porté sur les choses. Le regard individuel que les gens portent, et qui est une façon particulière, par rapport à soi, de traduire le regard global que la société porte sur elle-même, est un regard excessif. Le regard global que la société porte sur elle-même exprime de façon franchement égalitaire : tous les individus ont les mêmes droits ; mais cette déclaration se traduit pour chacun : j'ai tous les droits, et les autres ne peuvent avoir que les reliquats de mon propre droit.

C. H. – *N'y a-t-il pas en définitive, dans les sociétés démocratiques égalitaires, des formes d'inégalité, de brutalité, de rapports de force, un durcissement du regard ? À partir du moment où on cultive le « look », l'apparence, la présentation de soi, ne se retrouve-t-on pas dans des rapports de face-à-face sans formes ni protections ? C'est-à-dire où la plastique et l'apparence ont tendance à effacer toute intériorité ?*

Certes, on affiche tout sur soi-même, on affiche son identité sur soi : l'ostentation est évidente. Je n'utiliserais peut-être pas le mot « durcissement », ce serait plutôt une acuité qui s'affiche. Il faut poser sa différence tout en étant semblable en apparence, en respectant les codes partagés par des ensembles sociaux qu'on peut cerner. Le regard des sociétés traditionnelles, et particulièrement de ces sociétés lignagères que je connais un peu, n'est pas nécessairement un regard irénique de douceur. Mais il pose des limites, il dit où se situent les droits, met en évidence des formes et des hiérarchies, qui doivent être respectées par tous, quelles que soient les appartenances.

C. H. – *C'est donc un regard qui fait l'objet de codifications, qui reflète des classifications et des appartenances ?*

Il fait l'objet de codifications, tout à fait. Cependant, ces appartenances ne tiennent pas nécessairement à des catégories sociales ; elles tiennent davantage à des associations de consentement et de reconnaissance mutuels, qui sont fondées, comme vous le disiez, sur le langage et l'apparence. On peut y ajouter d'autres raisons : le fait de s'être trouvé dans une même classe, de vivre dans un même quartier sont des causes objectives du sentiment d'appartenance chez les adolescents.

C. H. – *Je pense à une espèce de recul de la citoyenneté devant les revendications identitaires : les individus ont beaucoup plus à décliner une identité qu'une citoyenneté (citoyenneté qui n'était qu'un cadre général et faisait moins appel au regard).*

La citoyenneté implique une véritable intelligence, au sens d'intellection, de compréhension, du fait qu'elle dépasse les divisions individuelles. Mais il faut bien savoir que le culte de l'individualisme poussé et du libéralisme, tel qu'il existe à l'heure actuelle, ne va pas nécessairement dans le sens de la démocratie. De fait, l'appréhension intellectuelle de la citoyenneté ne dépend pas du regard porté par les individus sur les choses et sur les autres, au sein d'un système de représentation global. C'est une construction.

C. H. – *Il y a eu des travaux sur le corps en anthropologie, comme l'article fondateur de Mauss sur les « techniques du corps ». Avez-vous une hypothèse sur la raison pour laquelle le regard finalement a été peu travaillé ? Le corps l'a été, mais comment se fait-il que le regard – il y a certes eu la tradition des physiognomonies –, qui est le lieu de l'intériorité, de l'expérience intime, au cœur du rapport dominés/dominants, faibles/forts, ait été si peu étudié en tant que tel ?*

À cause de son évidence même. Quand les choses sont très évidentes, qu'elles vont de soi pour la plupart des gens, elles ne sont pas questionnées. Je me suis souvent demandé pourquoi Claude Lévi-Strauss ne s'est pas posé la question de la valence différentielle des sexes. Il dit qu'à l'origine de la société on trouve la prohibition de l'inceste, et il a raison. Il a fallu que des hommes s'interdisent d'avoir accès à leurs filles et à leurs sœurs, pour les échanger avec d'autres hommes, dont ils recevaient les filles et les sœurs pour en faire leurs épouses, et sur cet échange se sont construits des liens solides entre hommes. Mais, pour pouvoir le faire, il fallait qu'il y eût aussi cette valence différentielle des sexes qui faisait que c'étaient les frères qui avaient le droit d'échanger leurs sœurs et non l'inverse, ou un système global marchant dans les deux sens. Pas du tout, ça fonctionne toujours dans le même. Cela implique

que la valence différentielle des sexes était là de façon concomitante à la prohibition de l'inceste. Lévi-Strauss ne s'est pas posé la question parce que pour lui cela allait de soi : la domination masculine était un donné non questionnable, sur lequel le regard sociologique ne se portait pas.

C. H. – *Peut-on problématiser des évidences ?*

Oui, dont la nécessité s'explique par l'aveuglement sélectif des sociétés qui fait que les choses qui sont vraiment fondamentales pour leur équilibre et leur maintien vont de soi, et qu'on n'a pas à se poser de questions sur ces « choix », considérés comme naturels.

C. H. – *Vous avez laissé entendre qu'on était dans des sociétés de transgression. De transgression, d'ignorance de l'autre, de méconnaissance...*

Je ne dirais pas ça. Il faut voir à quel point le mot « respect » intervient dans les paroles des jeunes... Quand un enfant répond : « Il m'a traité » à un professeur ou à un éducateur qui demande la raison d'une bagarre, on peut en rire sur le mode grammatical. Mais ce n'est pas la question, de savoir de quoi il a été traité. « Il m'a traité » signifie : « Il ne m'a pas considéré avec respect », ça veut dire : « Il m'a traité de haut », comme on disait autrefois. Traiter « de haut », traiter « avec arrogance, avec dérision », ne nécessite pas de complément d'objet. Cela peut simplement vouloir dire avoir été omis : on ne vous regarde plus, vous êtes transparent, vos interventions sont nulles et non avenues. On n'est donc pas dans la transgression, on est au contraire dans la mise en évidence des deux modes d'usage de ce type de regard, dont l'un est l'absence de regard, et l'autre au contraire le regard insultant. On touche par là à l'intégrité de l'être.

C. H. – *Pourquoi veut-on être regardé ? Pensez-vous que les hommes et les femmes veulent être regardés, ont besoin d'être regardés de la même façon ? Un certain nombre d'études ont été menées sur le comportement des couples dans un lieu public : l'homme parcourt l'espace du regard, tandis que la femme souhaite être objet de regard. Est-ce la reproduction du modèle : être regardé pour avoir ce sentiment d'existence ?*

Là, nous sommes en plein dans ce que j'appelle le modèle archaïque dominant. Nous disions tout à l'heure qu'une femme n'a le sentiment d'exister que dans la capacité d'existence qui lui est reconnue dans ce modèle non questionné, jamais questionné du fait qu'il est censé aller de soi. Une femme n'a de valeur dans ce modèle que jeune, parce qu'elle peut procréer et parce qu'elle est attirante sexuellement. Elle n'existe pas alors par elle-même, par son intelligence, son travail, sa réussite, ses capacités, alors que les hommes existent par tout cela. On peut démentir ce fait, mais il n'en est pas moins réel, et chaque femme le ressent profondément. À ce moment-là, même le regard de son partenaire qui observe les autres filles ou le monde…

C. H. – *… peut être ressenti comme une menace ?*

… est une menace immédiate. Cela ne veut pas dire que les femmes sont naturellement jalouses, anxieuses, etc. Elles ont simplement intériorisé le modèle de domination. Si on élevait nos filles et nos garçons de telle façon que les garçons et les filles aient confiance en eux de la même manière, cela n'empêcherait certes pas que des hommes soient saisis du démon de midi, mais peut-être qu'il ne serait pas aussi rédhibitoire que cela l'est qu'une femme ordinaire soit saisie du même démon.

C. H. – *Donc, fondamentalement, cela met en cause des mécanismes de défense, des questions de menace, aussi bien pour les hommes que pour les femmes.*

Qui conduisent d'ailleurs à un certain nombre de jeux. Ces jeux de la séduction, dont on dit – ce qui n'est pas vrai – que les petites filles en sont armées naturellement dès la naissance.

C. H. – *Pourriez-vous développer un peu la question de l'enfant, du regard sur l'enfant ?*

Le regard sur l'enfant, déjà dans son berceau, le constitue en garçon ou en fille : « Quelle jolie petite fille ! », « Quel petit gars costaud ! » Qu'il y ait un jeu hormonal qui fait que les garçons sont plus bruyants, plus batailleurs que les filles, est un fait avéré. Mais c'est la valorisation qui est accordée aux choses qui fait toute la différence. On va valoriser chez la petite fille la joliesse, la douceur ; et chez les garçons, le côté batailleur, qui ne s'en laisse pas conter. Si un garçon prend quelque chose et que l'autre ne peut pas le reprendre, c'est valorisé ; alors qu'une fille qui défend son jouet est une chipie. Très vite, les rôles sont marqués et intériorisés par les individus dans le cadre du modèle dominant du regard porté sur le masculin et le féminin.

C. H. – *Tout à fait : valorisation de l'énergie, de la brutalité et de la force, et au contraire...*

.... dévalorisation chez la fille. On construit extrêmement vite des manières d'être. L'enfant est très sensible, c'est une terre vierge, et on fabrique aisément la réaction qu'on attend de lui.

Le jour et la nuit

VÉRONIQUE NAHOUM-GRAPPE – *Ma question est double. Comment définissez-vous épistémologiquement l'opposition jour/nuit, dans sa dissymétrie ? Pour vous l'opposition masculin/féminin veut-elle réinvestir cette dissymétrie jour solaire plus sec et masculin et une nuit douce peut-être mais humide et froide, inquiétante ? Comment ces oppositions jouent-elles à l'intérieur d'un système culturel ?*

J'ai posé comme postulat fondamental, comme allant de soi – la démonstration peut en être faite à partir de nombreux exemples, s'il est plus difficile de le faire sur un mode plus théorique – que, dans toutes les sociétés humaines, une corrélation est établie entre les divers mondes et qu'il n'y a pas de frontières stables séparant le biologique du cosmologique et du social. Les actes effectués dans un registre peuvent avoir des conséquences dans un autre. Ainsi, en pays samo, on ne peut pas faire pendant la saison des pluies (l'hivernage) le sacrifice de puberté d'une jeune fille : cela impliquerait une coïncidence de flux d'humidité, ce qui la mettrait en danger d'hémorragie permanente, donc de stérilité. Ce qui revient à dire qu'une action sociale, dans un temps cosmologique particulier, peut avoir des conséquences dans le domaine biologique. De même que des actes sociaux, mais aussi biologiques, peuvent avoir des conséquences météorologiques. Par exemple, l'inceste, dans de nombreuses populations, est censé conduire à l'assèchement, c'est-à-dire à la stérilité des personnes elles-mêmes mais aussi à la stérilité de la terre, des troupeaux, ou, à l'inverse, à de grandes perturbations atmosphériques, climatologiques : des raz-de-marée, des inondations. Il n'existe donc pas dans l'esprit de frontières infranchissables entre les trois mondes, biologique, social et cosmologique. Prenons d'autres exemples, plus proches de nous, à partir d'usages ou de locutions tout à fait ordinaires. Quand on dit que faire du tintamarre ou chanter faux fait pleuvoir, cela implique une corrélation de ce type : la « fausseté » déclenche un déséquilibre atmosphérique. Si une femme qui a ses règles ne peut réussir la mayonnaise, c'est qu'il y a aussi, sous-entendue, une corrélation du même type. L'explication, par l'homme, des données sensibles qu'il observe renvoie à l'idée que tous ces registres sont joints. Cela implique évidemment des règles de transfert d'un monde à un autre. Ce sont les règles de *répulsion* ou d'*attirance* des éléments conçus comme identiques ou contraires, ce qui donne lieu à quatre possibilités : les identiques s'attirent ou se repoussent, les contraires s'attirent ou se repoussent. Ces logiques opèrent soit de façon uniforme dans un système culturel, soit de façon plus variée selon les registres des actions dans un même système culturel.

Compte tenu de cette grammaire particulière et de l'absence fondamentale de solution de continuité entre les trois registres fondamentaux, on est amené à réfléchir sur l'appariement de ces données. Dans *Masculin/Féminin*[1] j'ai montré que c'était l'observation des organismes vivants et du monde dans lequel ils étaient plongés qui se trouvait au fondement des catégories nous servant à penser le monde, catégories binaires, décomposables, non équilibrées et hiérarchisées. L'observation des organismes implique l'anatomie et la physiologie des humains, mais aussi celle des animaux. L'observation du monde inscrit son objet dans ces grandes régularités qui sont les alternances : le jour et la nuit, le soleil et la lune, la lumière et l'obscurité, le chaud et le froid, etc. Ce sont des thèmes très archaïques, fondés sur des données irréductibles et de plus constantes. Quelles que soient les régions du monde, du fait que la Terre tourne, et même si les temporalités sont différentes, il y a toujours eu du jour et de la nuit, de la lumière et de l'ombre, du chaud et du froid (même de façon relative). Il y a toujours eu des corps de sexe différent, etc. Ces observations tout à fait primordiales, effectuées par le genre humain dès la progressive émergence de l'animalité, fondamentales en raison du fait qu'elles ne peuvent pas ne pas exister, ce que j'appelle des butoirs de la pensée, sont d'un même mouvement à la base de la création des catégories ordinaires opposables, où l'un ne peut pas exister sans l'autre, mais où la différence est toujours perçue et nommée dans un système de classification par opposition, qui sert à donner du sens. Ces catégories ne sont pas de poids égal, elles ne sont pas équilibrées mais hiérarchisées selon un système de valeurs calqué sur celui, basique, qui s'est imposé pour le masculin/féminin. Les oppositions les plus usuelles, dans le langage le plus courant, sont toujours perçues comme ayant un pôle masculin et un pôle féminin. Ce contenu varie selon les cultures, selon les circonstances, même selon les domaines à l'intérieur d'une même culture, c'est-à-dire que ce qui

1. F. Héritier, *Masculin/Féminin. La pensée de la différence*, *op. cit.*

est considéré comme masculin dans un domaine sera plutôt féminin dans un autre ; il peut même y avoir des variantes intraculturelles. Mais on observe toujours cette constante que, par rapport à un référent, ces catégories fonctionnent de manière non équilibrée et, de plus, hiérarchisée. Non équilibré, cela correspond aussi à des faits d'observation : l'équilibre absolu n'existe pas dans la nature.

Prenons le cas de la lumière et de l'obscurité, donc du jour et de la nuit. Bien sûr, il y a certaines régions du monde, sous les tropiques, où la nuit tombe brutalement, à 6 heures. En un quart d'heure, la chose est faite ; il n'y a pas de ces longs crépuscules des pays nordiques. Mais cela ne veut pas dire pour autant que la nuit tombe à la seconde. De plus, il y a alternance des nuits sombres et des nuits claires. Les nuits de pleine lune, en saison sèche, sont l'occasion de grandes soirées de fête en l'absence de soleil, certes, mais où la clarté de la lune a une présence intense. Mais l'observation de l'alternance du jour et de la nuit va de pair avec celle de la présence d'états intermédiaires. Ces états intermédiaires sont généralement nommés. On sait ce qu'est l'aurore, l'aube, le crépuscule. Il y a toujours des termes pour dire ces états-là, même s'ils sont plus brefs sous ces latitudes. Je cite souvent le cas du chaud et du froid : nous avons des termes pour désigner ce qui se trouve, aux extrémités, le glacial à un pôle, par exemple, et à l'autre pôle le torride, le brûlant, et des termes intermédiaires qui se rapprochent du centre, le tiède du côté du chaud, le frais du côté du froid, mais il n'y a pas de possibilité de dire à partir de quel moment le tiède devient du frais. Et réciproquement. Nous avons implicitement conscience de ce point d'inflexion manquant. Peut-être, d'ailleurs, que pour le jour et la nuit, la classification d'un côté ou de l'autre est plus évidente, car il y a le moment où le soleil apparaît ou disparaît au-dessus ou au-dessous de l'horizon. Même si l'on peut saisir ce moment, il reste impossible à figer autrement qu'en esprit ou par la photographie. Je pense à cette publicité pour les télécoms où l'on voit en alternance un vieux monsieur breton partir au bord de la mer pour assister au coucher du soleil muni de son téléphone mobile, et un vieux monsieur chinois, lui aussi équipé de la même manière, aller s'installer sur la muraille de Chine pour contempler l'horizon. Ils sont donc aux antipodes l'un de l'autre, et quand le soleil disparaît de son côté, le Breton téléphone à son ami et lui demande s'« il l'a » ; l'autre qui aperçoit les premiers rayons à l'horizon répond : « Oui, je l'ai. » Ils éprouvent l'émotion du partage d'une même vision, celle du franchissement simultané de l'horizon par le soleil dans les deux sens de sa route. Cela ne veut pas dire pour autant que le jour est là immédiatement, car après que le soleil est apparu au-dessus de l'horizon, c'est l'aube. Ce n'est pas tout à fait terminé. Commence une période interstitielle qui n'est pas exactement définissable par un début et une fin. On peut faire ces mêmes observations pour la gradation du passage de la chaleur à la fraîcheur, du haut au bas, du sec à l'humide. Les orages ont aussi un début et une fin. Mais ce début et cette fin ne sont pas, sauf exception, comme les pluies torrentielles qui s'abattent brutalement, toujours nettement délimitables. On peut rarement dire : « À ce moment précis cela commence. » Si on se fonde sur ces grandes régularités qui ont servi de butoirs à la pensée – parce qu'elles ne sont pas découpables en composants plus petits, du moins telles qu'on les appréhende dans leur évidence –, on comprend pourquoi il ne peut exister d'équilibre absolu entre deux parties parce qu'il n'y a pas de point d'inflexion qui puisse être nommé.

V. N.-G. – *Dans la différence des sexes, n'y a-t-il pas ce problème du point d'inflexion qu'on ne peut pas nommer ?*

En effet, chacun des deux sexes est censé être connoté par ses capacités propres, anatomiques et physiologiques. Il ne s'agit pas au départ de chercher un point d'inflexion dans des créatures hermaphrodites dont l'existence était autrefois reconnue, ou à l'heure actuelle dans le transgenre.

Si les deux domaines d'observations primordiales que sont le corps et le cosmos permettent d'élaborer conjointement et de valider une catégorie duelle principielle qui est celle de l'identique et du différent, c'est l'observation du cosmos qui fait apparaître que les objets décrits n'ont pas de valeur égale autre que logique et mathématique. C'est l'absence de point d'inflexion qui permet l'inégalité dans la différence, et ensuite la hiérarchie de valeurs. Rien ne permet de dire abstraitement à partir de quel moment on passe du bas au haut, même si tout peut être logiquement ou mathématiquement articulé dans un système de rapport. Mais si nous disons que l'on peut trouver un point d'inflexion mathématique entre le chaud et le froid qui serait 50 °C, cela veut-il dire que 49 °C est frais et que 51 C° est tiède ? Le point d'inflexion n'est pas du tout à la médiane, il est placé par l'expérience humaine dans un secteur bien particulier. Pour moi, le frais (à boire) sera plutôt autour de 20 °C, le tiède à 30 ou 35 °C. On peut définir une médiane. Mais, intuitivement, et de la façon dont on se représente les choses, cette médiane logico-mathématique n'est pas le point d'équilibre.

V. N.-G. – *Le moment le plus profond de la nuit n'est pas à minuit, mais entre 2 et 3 heures du matin...*

Minuit, en tant que médiane chronologique de la nuit, peut se comprendre selon une logique du comput du temps qui date d'avant l'électricité. Autrefois, « se coucher avec les poules » avait un sens. À la campagne, 6 heures du soir était l'heure de dîner et de traire les vaches... Mais on se levait aussi très tôt, et minuit représentait davantage qu'aujourd'hui un moment de profond silence et de sommeil. Ce décalage que vous notez tient au fait que les modes de vie ont changé. Mais de toute façon il ne faut pas confondre l'expérience intime de ce moment profond de la nuit avec l'heure telle qu'elle est comptée par nos systèmes mécaniques, en fonction du découpage en fuseaux horaires. Bien des termes peuvent s'entendre de façon relative et absolue. Par exemple, si l'on parle de l'est et de l'ouest, du nord et du sud, cela représente des directions qui peuvent être géographiquement montrées sur une carte de manière extrêmement précise par rapport à un point donné. Il n'empêche que, quand on parle des pays de l'Est, on n'entend qu'une orientation vague. L'*est* va englober pour moi un espace qui s'étendra à partir d'une ligne qui irait *grosso modo* de la Finlande jusqu'à la Turquie. En fait, l'*est* est une catégorie extrêmement vaste qui n'est pas non plus délimitable en pratique sauf si elle est politiquement connotée. L'absence de solution de continuité produit des effets épistémologiques et herméneutiques dans les modes de construction intellectuelle qui vont s'enclencher de façon complexe à partir de l'expérimentation pratique et conceptuelle de ce sur quoi la pensée bute et que l'observation ne peut pas toujours saisir dans un clivage effectif. Si l'on admet que l'humanité débutante ne pouvait que se poser les problèmes qui étaient à sa portée, elle avait à se poser des problèmes pour sa survie immédiate, bien entendu, et aussi elle avait à observer, classer et comprendre les grandes régularités comme le jour et la nuit, les différences anatomiques et physiologique des sexes, etc. Mais le fait que la différence du jour et de la nuit ne puisse pas être notée avec un début et une fin, nettement identifiables par tous et nettement tranchés, a-t-il une incidence d'une façon ou d'une autre sur la perception de l'autre grande différence, la différence des sexes ? Je ne pense pas que l'on puisse décider laquelle de ces deux grandes différences est première dans l'ordre de la perception humaine. L'ensemble de cogitation et de perplexité dans lequel l'homme émergent s'est trouvé plongé l'a amené à classer les choses en éléments de même nature, toutes les nuits se ressemblent, tous les jours se ressemblent, et pourtant il y a des différences de temporalité, selon les régions. Il y a donc de l'identique et du différent. Mais il n'y a pas de point constant où l'on bascule de l'un dans l'autre. Les corps des mammifères sont bâtis anatomiquement de deux manières qui sécrètent des fluides différents. II y a là aussi de l'identique et du différent comme base de toute classification. Sans doute est-il possible que l'esprit humain ait rapporté à la grille de lecture des corps quelque chose qui relevait de la grille de lecture du cosmos : l'absence de point d'inflexion. Il reste que nos catégories mentales ont des polarités hiérarchisées, y compris à l'intérieur du rapport entre le genre masculin et le genre féminin, même si les valeurs en sont variables et sont comme telles prises en charge par la culture.

V. N.-G. – *Je pensais que le fait même que l'espèce humaine soit diurne pouvait avoir un effet pour produire une dissymétrie positive envers le jour, négative envers la nuit. Indépendamment de toute mise en rapport avec la différence hiérarchisée entre les sexes.*

Il y a un non-équilibre, donc une inégalité et une hiérarchie, qui s'impose et qui fait que le jour et le chaud sont du côté du masculin et du positif de façon récurrente dans des cultures différentes. Comment assigner à cette dissymétrie un ordre d'apparition et d'engendrement relatif des contraintes structurelles ? On observe néanmoins des différences notables entre les cultures en ce qui concerne le Soleil et la Lune. Le Soleil étant l'équivalent du jour et la Lune de la nuit, le Soleil est assez généralement conçu comme masculin et la Lune comme féminine, en rapport avec la menstruation. Il s'agit presque d'une évidence en France que d'accorder une positivité « solaire » à l'astre du jour, masculine et politique, dans la culture française classique par exemple (le Roi-Soleil). Dans les mythes inuit, au contraire, le Soleil est une femme et la Lune un homme : cela peut s'expliquer par des observations cosmologiques liées aux spécificités géographiques de leur site où la Lune est plus présente et donc plus importante que le Soleil.

En tout cas, pour ce qui est des cultures nées dans des milieux extrêmes, on constate souvent des inversions de ce genre, notamment en Australie. Des chercheurs ont montré comment, dans le désert australien, ce n'est pas l'humidité, mais la sécheresse qui est associée à la fertilité. Comme il ne pleut pas ou très peu, l'humidité n'est pas, elle, considérée comme étant la source de toute vie, c'est le vent, ce vent qui éparpille les graines dans la sécheresse. La plupart des espèces végétales ne peuvent pousser que si les graines sont conservées dans le milieu sec ambiant pendant de longs mois puis sont dispersées par des coups de vent, éparpillées. Il suffit alors d'une trombe d'eau pour avoir une efflorescence végétale importante. C'est pourquoi la sécheresse est réputée fertile.

Ainsi, ce sont toujours des observations concrètes, liées dans ce cas à la nécessaire survie, qui entrent en jeu dans la production des valences catégorielles, qu'elles soient justifiées ou non pour nous, hommes modernes. Il y a quelque temps, un professionnel de la santé a publié dans *Le Monde* un article assez humoristique sur les mangues, la mémoire de l'eau et la contamination paludéenne. D'après lui, tant de poisons ont été mis dans l'eau, de Lucrèce Borgia aux marées noires, qu'elle devrait se souvenir de toute cette toxicité et que l'homme devrait avoir disparu depuis longtemps si la théorie scientifique de l'efficacité de la mémoire de l'eau était vraie... *A contrario*, il nous parle de la fausse corrélation établie au Sénégal entre consommation de mangues et paludisme, et cependant de son efficacité. Dans certaines régions du Sénégal, les gens imputent le paludisme à la consommation des mangues vertes par les enfants. En fait, dit-il, on est en présence d'une véritable rationalité scientifique. La saison des pluies, qui amène les moustiques, est aussi celle des mangues. Les gens voient bien qu'au même moment plusieurs choses se produisent. Il est évident à leurs yeux que les mangues arrivent avec la saison des pluies, que les enfants les consomment sans contrôle et tombent malades. Une vieille dame voyait les choses de façon un peu plus compliquée et faisait intervenir les moustiques, mais de façon erronée : des moustiques piquent les mangues et ensuite les enfants mangent les mangues. Quel que soit notre jugement sur cette explication, il nous faut convenir qu'il y a à l'origine des éléments d'observation dans la production des théories informatives au sein de chaque culture. Les conclusions, avec les moyens d'analyse dont les gens disposent, peuvent être erronées, mais l'usage de la raison est toujours là pour faire valoir ses droits. Une corrélation observée permet d'établir logiquement une proposition théorique dont on peut démontrer ensuite que c'était une erreur. Mais il n'empêche que cette corrélation a été produite à partir d'une observation raisonnée et raisonnable. Et aboutit à des conclusions que l'on pourrait dire scientifiquement fondées : en ce sens il n'y a pas de « pensée magique », il n'y a que des constructions qui n'ont pu disposer de données suffisantes, en raison de très nombreux facteurs qui agissent dans les faits tout en restant invisibles aux yeux des acteurs. Les différences de statut entre le jour et la nuit dans des cultures différentes sont le résultat d'un travail cohérent de la pensée aux prises avec ce sur quoi elle bute et qu'elle doit nécessairement investir de sens, car il faut bien que la question du monde soit sans cesse posée et résolue, non pas théologiquement seulement, mais rationnellement, comme le cadre de l'expérience humaine. Il s'agit de manipulation symbolique, au niveau du réseau qui associe jour et nuit, Soleil et Lune, lumière et obscurité, au rapport du masculin et du féminin, tels que la construction idéologique les a constituées.

Regards au loin et alentour

GEORGES GUILLE-ESCURET – *Pour un chercheur qui a su préserver en lui la passion de son métier, la venue de la retraite est un moment de transition qui peut être ressenti comme une libération vis-à-vis des sollicitations de sa communauté professionnelle : l'entrée dans une phase où il sera en droit de se consacrer pleinement à des interrogations qui lui sont propres. Quand la personne vivant cette transition est professeur au Collège de France et qu'elle voit ainsi son autorité scientifique se séparer de son autorité institutionnelle, il est évidemment tentant de s'appuyer sur l'événement pour lui demander des… impressions. Vous avez accepté de vous livrer ici à cet exercice en entremêlant des regards sur le passé et sur l'avenir, sur le lointain et sur le proche, sur des vibrations personnelles et des dilemmes sociaux.*

Professeur au Collège de France, aujourd'hui, est-ce une situation réellement enviable pour une activité de chercheur ? Le poids du prestige, avec les sollicitations qui s'ensuivent, ne finit-il pas par devenir une entrave ?

Je ne pense pas qu'on puisse faire une réponse unique. D'abord, je ne saurais répondre à la place de tous, mais il me semble que pour certains d'entre eux, qui avaient la sagesse de se tenir à l'écart du monde parisien – Georges Duby ou Paul Veyne, par exemple –, le Collège a été un endroit rêvé pour faire de la recherche. Et de la recherche en solitaire. En revanche, pour ceux qui, comme moi, vivent à Paris, je ne dirais pas que la position de professeur au

Collège de France y soit vraiment favorable. Nous avons cette obligation, d'ailleurs la seule véritable obligation en cette institution, de ne jamais se répéter, de toujours faire du neuf : bien que la stimulation ne soit pas inutile, au bout d'un certain nombre d'années cela devient une grande hantise pour chacun d'entre nous, quelle que soit la discipline de référence. Certes, le nombre d'heures de cours et de séminaires réclamées dans l'année est relativement faible, et les séminaires sont légèrement moins contraignants que les cours. L'expérience m'a cependant montré qu'une heure de cours au Collège demande à tout le moins des dizaines d'heures de travail.

Quant à l'arrière-plan des sollicitations multiples, il joue indubitablement un rôle considérable en tant que frein à la recherche. Je ne savais pas dire non et il a bien fallu apprendre. D'autre part, considérée de l'extérieur par les journalistes ou les organisateurs de conférences, l'anthropologie semble avoir toujours quelque chose à dire sur tout : c'est un vaste piège. Une troisième source d'embarras est qu'on est fréquemment contacté pour des causes qui sont « nobles » et qu'on ne se sent pas alors le droit de repousser l'invitation. Du fait que je m'intéressais à l'« anthropologie dans la Cité » (ce fut le titre de mes séminaires pendant quelques années), j'ai toujours été incapable de dire non toutes les fois où ma position de professeur au Collège de France a été avancée pour me demander de faire partie d'un certain nombre d'organismes ayant une action quelque peu « militante » : le Conseil national du sida, le Haut Conseil de la population et de la famille, etc.

G. G.-E. – *Dans une précédente interview donnée au Journal des anthropologues, vous évoquiez le fait que « l'homme est pensé vraiment comme un individu alors que la femme est un collectif, un collectif interchangeable*[1] *». Il est tentant de vous demander ce qu'il en est en milieu universitaire : vous*

---

1. « Entretien avec Françoise Héritier », par Annie Le Palec, Anne Luxereau, Yasmine Marzouk, *Journal des anthropologues (Femmes et sida)*, 68-69, 1997, p. 21-33, *cf. infra*, p. 277-289.

y êtes une des rares références féminines dont l'autorité individuelle a été garantie contre cet exercice d'avilissement par la singularité d'un titre trop enviable. Beaucoup d'autres femmes, tout en étant professeurs d'université ou directrices de recherche, semblent par contre ne pas pouvoir franchir ce barrage d'autorité.

Je ne sais pas si j'ai cette autorité, intellectuelle ou morale, dont vous me créditez. J'en serais ravie, mais je ne voudrais pas être la seule à l'avoir, c'est évident. Je me suis souvent posé la question de savoir pourquoi tout cela m'était arrivé, à moi. Il y a un point qui peut paraître étonnant (mais qui ne l'est pas du tout), partagé par bien des « femmes de pouvoir », si j'en juge par les témoignages qu'elles ont laissés : je n'en connais aucune qui ne se soit posé la question de la pertinence de son crédit. Il a été très rassurant pour moi de découvrir que cette inquiétude qui me taraude, je la partageais avec la plupart de ces femmes. Or c'est une question que très peu d'hommes se posent (je n'ai jamais vu *un* de mes collègues se demander sérieusement s'il était à la hauteur du poste qu'il occupait) et j'inscrirais volontiers cette observation dans le rapport de domination du masculin et du féminin : nous, les femmes, avons intériorisé quelque chose que nous avons du mal à dépasser et ce type d'interrogation portée sur nous-mêmes quand nous passons « du côté des hommes » fait encore partie du rapport de domination. Une deuxième remarque semblera à tort contradictoire avec ce qui précède : je crois avoir dépassé à l'usage, c'est-à-dire dans la pratique quotidienne, ce type de timidité qui vous pousse au silence en des occasions où il convient au contraire de s'exprimer. Oser prendre la parole représente un énorme progrès sur soi, mais j'ai toujours cette stupeur intérieure de voir que les gens m'écoutent et même qu'ils ont l'air de m'écouter vraiment. Dans les milieux essentiellement masculins que je fréquente, savoir le faire avec naturel, sans timidité ni l'autorité du professeur, est quelque chose qui en impose. De ce point de vue, il m'est arrivé de penser : « Je suis un homme parmi les hommes. » Non pas que je renie jamais ma féminité, mais rien ne m'exaspérerait plus que d'être traitée avec une certaine condescendance du fait de mon sexe.

G. G.-E. – *Cela peut vouloir dire deux choses : la première est une victoire personnelle, la seconde touche au fait que l'obstacle est encore là.*

Oui, il est là. J'ai surtout l'impression d'une victoire sur moi plutôt que sur les autres : j'ai dépassé cet obstacle. Le plafond de verre est devenu un plancher. Sans renier l'inquiétude que j'ai éprouvée et que j'éprouve encore, cette victoire-là va au cœur d'une sorte de conscience intime, à l'encontre de notre éducation, la conscience que je les vaux. Et que d'autres femmes les vaudraient tout autant. Je reviens à l'anecdote : la formule – « un homme parmi les hommes » – renvoyait à un moment particulier de mon temps au Collège de France. Jacqueline de Romilly ayant pris sa retraite, j'ai été pendant une dizaine d'années la seule femme. Imaginez les assemblées : plus d'une quarantaine d'hommes et moi. Mes collègues voient une femme parmi eux, mais moi je n'en vois pas, d'où cette impression bizarre d'être un homme parmi des hommes.

G. G.-E. – *Un peu comme en Afrique, quand on finit par oublier complètement qu'on est blanc et qu'ainsi on finit par le faire oublier, au moins momentanément, à l'entourage.*

Exactement. Je ne vois que des hommes et c'est en cela que je suis « un homme parmi les hommes » quand je prends la parole, que je peux me penser comme l'un d'entre eux.

G. G.-E. – *Ceci suscite une remarque sur un autre plan : bien que votre œuvre soit étroitement liée au rapport masculin/féminin, vous ne faites pas partie de ce que j'appellerais presque un « ghetto féministe » en anthropologie, avec les fameuses* gender studies.

Non. Je n'ai jamais cherché à faire partie de ce « ghetto », encore que l'expression serait un peu brutale appliquée à la France : elle correspond plutôt à ce qui se passe aux États-Unis et au Canada. Les *gender studies* y sont vraiment considérées comme une catégorie à part : en conséquence, les femmes qui s'y consacrent sont traitées, et pas seulement par leurs collègues masculins, avec une certaine condescendance. Parce que, pour ces collègues, l'objet est soit dérisoire, soit il n'existe pas.

G. G.-E. – *Elles sont défendues de l'intérieur autant qu'elles sont attaquées de l'extérieur.*

En effet, mais ce n'est pas pour cette raison que je n'en fais pas partie. Pour moi, l'anthropologie, même si on doit assurément étudier les problèmes du genre, n'est pas une question dépendant du genre de l'observateur lui-même. Ce qui m'intéresse, c'est de comprendre le rapport universel de domination entre le genre masculin et le genre féminin, ça oui. Ma conclusion sur ce plan serait que le point aveugle de l'anthropologie se situe dans le questionnement du statut du masculin. Et plus précisément du masculin adulte, parce que le garçonnet, l'adolescent devant faire son initiation, ou, à l'inverse, le vieillard, entrent quant à eux dans des catégories. Mais ce qui fait le propre de l'homme, c'est la virilité adulte et de celle-là, on ne parle pas.

G. G.-E. – *Parlons un peu, si vous le voulez bien, de l'inceste du « deuxième type ». Dans notre discipline, nous sommes habitués à des travaux qui s'emploient à éclairer un thème plus ou moins classique, mais les « trouvailles » proprement dites sont fort rares. Or cette thèse en est une : il y a une idée centrale qui n'était pas là et qui apparaît soudain. Pourriez-vous en retracer la généalogie, ainsi que les mathématiciens ou les physiciens le font volontiers pour leur part ? Avez-vous gardé en mémoire les étapes de ce dévoilement ?*

Oui. Le cheminement commence avec la rencontre d'une société incorporant un système de parenté et d'alliance omaha (les Samo), avec toute la série des interdits qu'un tel système implique. Or, parmi ceux-ci, beaucoup portent sur des alliés et ils sont aussi fondamentaux que ceux portant sur des consanguins, bien que leur légitimité ne soit pas fondée sur la consanguinité. La raison d'être de prohibitions visant des alliés était en effet assez mystérieuse au regard de théories exclusivement fondées sur le critère de la consanguinité. J'ai d'ailleurs eu l'occasion d'en parler avec Pierre Étienne[1] qui travaillait chez les Baoulé et qui faisait les mêmes constatations que moi. En outre, je me suis assez vite demandé pourquoi, à l'époque, le discours sur l'inceste se réduisait aux relations hétérosexuelles. Découvrant plus tard l'expression d'un étonnement similaire dans un article de Reo Fortune[2], je me suis sentie encouragée à creuser plus avant. Parallèlement, j'avais remarqué que des auteurs, comme Jack Goody[3] dans un article assez remarqué, dès lors qu'ils butaient sur des catégories indigènes englobant un ensemble apparemment disparate de relations sexuelles, se contentaient de s'étonner de ces discordances avec notre propre système de classification comme si les groupes observés ne savaient pas discriminer. Je partais plutôt du principe qu'il fallait comprendre pourquoi ces gens rassemblaient ces éventualités dans une seule catégorie.

J'ai donc cherché une réponse à ces questions en parcourant différents textes avec l'idée que la vérité devait résider dans les mots utilisés par les locuteurs eux-mêmes. Je me souviens ainsi d'Evans-Pritchard[4] citant la formule employée par un de ses informateurs selon laquelle deux « taureaux », c'est-à-dire des consanguins, ne peuvent se rencontrer dans la même matrice, sinon le plus faible en pâtira dans son corps (hémorragies, éléphantiasis des parties génitales, etc.). En rassemblant des descriptions semblables, l'idée a émergé de l'existence d'une forme d'inceste perçue comme existant entre deux consanguins dont les substances se touchaient au travers d'un ou d'une même partenaire, moyennant l'intervention d'une

1. P. Étienne, « Les interdictions de mariage chez les Baoulé », *L'Homme*, XV, 3-4, 1975, p. 5-29.
2. R. Fortune, « Incest », *Encyclopedia of the Social Sciences*, 7, 1932, p. 115-122.
3. J. Goody, « A comparative approach to incest and adultery », *British Journal of Sociology*, 7, 1956, p. 281-305.
4. E. Evans-Pritchard, « Nuer rules of exogamy and incest », p. 85-103, *in* M. Fortes (éd.), *Social Structure Studies presented to A.R. Radcliffe-Brown*, Londres, Clarendon Press, 1949.

logique de « mécanique des fluides ». Le fond de la question résidait dans la nocivité de la rencontre de substances identiques. Si l'on admettait que cette représentation se situait aussi au fondement de la prohibition de l'inceste, cet « inceste du deuxième type » – je n'ai pas cherché d'autre mot et, à mon sens, il ne pouvait être appelé autrement – permettait d'éclairer en retour l'inceste précédemment connu, l'« inceste du premier type » en somme.

G. G.-E. – *Dans votre livre,* Les Deux Sœurs et leur mère, *vous multipliez les références littéraires pour montrer que cette perception est sensible dans notre propre société. Ces passages vous sont-ils revenus en mémoire après que vous avez élaboré votre théorie ?*

Au moment où j'écrivais ce livre, certains éléments d'actualité se sont présentés devant moi. D'abord, un feuilleton télévisé, dont j'ai vu un épisode alors que j'étais dans une chambre d'hôpital et que je n'avais rien d'autre à faire : il m'est apparu soudain qu'en permanence on y parlait subrepticement d'inceste du deuxième type, que ce type de relation était même l'enjeu majeur qui, en sourdine, permettait au scénario de fonctionner. Du coup, je l'ai regardé assidûment et j'ai même acheté le livre. Puis il y a eu l'affaire Woody Allen, très motivante à cause des réactions du public et de la presse : « Ce n'est pas vraiment un inceste, mais quand même… » Cela m'a été très utile pour contrer une opinion spontanée renvoyant l'inceste du deuxième type à une réalité exclusivement exotique. Pour répondre plus directement à votre question, je n'ai pas fait une plongée dans la littérature en vue d'y recueillir des informations : je me suis servie de ce que je connaissais déjà.

G. G.-E. – *Si l'on devait localiser une proximité intellectuelle entre Claude Lévi-Strauss et vous, beaucoup seraient tentés de la pressentir dans un goût pour la logique formelle.*

J'avoue que je suis toujours un peu désorientée quand on me dit cela. Par exemple, quand on laisse entendre dans la même foulée que je dois être très bonne aux échecs. Absolument pas. Je n'ai pas tellement le sentiment d'être portée sur les mathématiques ou sur la logique formelle. En tout cas, je ne lis rien sur ces matières. En revanche, si par là on désigne une certaine forme d'esprit, je suis plutôt d'accord : je repère assez vite les discordances dans un discours. Cela dit, je verrai plutôt cette proximité dans un goût pour les détails concrets ethnographiques et les sciences de la nature et de la vie.

G. G.-E. – *N'est-ce pas un facteur qui a nui à l'image et à la diffusion de votre livre,* L'Exercice de la parenté, *qui était considéré comme très…*

… froid.

G. G.-E. – *Non, ce n'est pas ce à quoi je pensais. « Froid », c'est le reproche qui fut adressé jadis à Lévi-Strauss. Mais votre essai a paru tellement « logique », tellement cohérent qu'il ne prêtait pas à contestation. Il a été attendu, reçu, mais il paraissait dépourvu de failles…*

Il y en a, je pourrais vous en montrer. À mon sens, mon principal défaut y fut de vouloir aller trop vite en besogne : ce livre aurait été mieux reçu s'il avait fait six cents pages de plus et que je sois revenue plusieurs fois sur les raisonnements, avec un luxe plus grand de détails… Chacun a sa manière d'écrire : en l'occurrence, cela m'a sans doute un peu desservie.

G. G.-E. – *N'était-ce pas aussi un moment où la parenté commençait à passer de mode ?*

Oui, bien sûr. Mais j'ai toujours beaucoup de mal à me reconnaître dans les jugements sur la discipline. Combien de fois m'a-t-on dit : « La parenté, comment pouvez-vous encore vous y intéresser ? Ça n'intéresse plus personne… » ? Au Collège, j'ai consacré pendant une dizaine d'années un séminaire à la parenté : croyez-vous que j'aurais trouvé des intervenants et des auditeurs pendant dix ans si cela n'intéressait vraiment personne ?

G. G.-E. – *Je ne défends pas un point de vue personnel : il est devenu fréquent – et je dirais même de bon ton – de présenter la parenté comme un dinosaure des sciences humaines.*

Ceux qui portent ce jugement ne comprennent rien à rien. La parenté est effectivement un dinosaure des sciences humaines, mais pas au sens où cela signifierait qu'elle appartient au passé ! Elle l'est en ce sens que « c'est là », de façon instrumentale, massive ; qu'elle pose d'authentiques problèmes et que, tant qu'on n'aura pas compris comment ces choses fonctionnent au cœur du lien social, on voit mal comment on pourra prétendre à la pure intelligibilité du politique ou de l'économique, pour ne prendre que ces deux domaines.

G. G.-E. – *N'y a-t-il pas eu quand même une sorte d'isolement excessif de l'anthropologie de la parenté au moment où elle s'y imposait comme une puissance éminente ? Beaucoup d'étudiants des années 1970 et 1980 y ont vu une forteresse, située en haut certes, mais en n'ouvrant pas ses portes sur le reste de la discipline.*

Il y avait plusieurs raisons à cela. L'œuvre majeure de Lévi-Strauss, d'abord, et le fait qu'elle s'ouvrait sur des perspectives qui ont peut-être fait peur par leur teneur mathématique et l'hypothèse de simulations possibles, notamment (alors même que l'ouverture à la mathématique et à la logique ne pouvait qu'accréditer encore plus le caractère « scientifique » de la discipline). Après quoi, il y a eu l'informatique : maintenant, tout le monde s'en sert, mais, au départ, c'était très surprenant et rébarbatif. J'ai dû être la première anthropologue à m'y lancer, avec cette conviction que si on pouvait s'en servir ailleurs, il n'y avait pas de raison que l'on ne puisse pas l'utiliser pour tester des hypothèses de travail dans notre discipline. Il n'était pas pour autant nécessaire de « s'y connaître » : il suffisait d'avoir une disposition d'esprit qui s'attache à traiter les problèmes en extrayant des hypothèses rigoureuses de l'étude des données de terrain et de la littérature scientifique existante. Mais ces questions-là effrayaient en effet, dans un temps qui privilégiait à la fois le sujet et l'émotion, parce que leur rigueur objective paraissait sibylline et – contresens profond – coupée du réel

G. G.-E. – *N'a-t-on pas reproché aussi à votre « école », ou à votre « mouvance », le basculement d'une époque où l'ethnologue faisait avant tout figure d'explorateur dans une phase radicalement différente ? À partir de* Tristes Tropiques[1], *l'anthropologue évoque plutôt le philosophe.*

Là, je veux bien faire un *mea culpa,* mais il faut que je le fonde : je fais effectivement partie d'une école de pensée qui considère qu'on peut faire de l'ethnologie en étant profondément impliqué par ce qu'on fait sur le terrain et par ce qui s'y passe dans le domaine des relations personnelles, mais qu'il n'est pas absolument indispensable de livrer ses états d'âme et son histoire personnelle quand on en rend compte par la suite. Il y a deux manières d'écrire : celle, très impliquée, de *Tristes Tropiques* en est une et il est possible qu'un jour je raconte ma vie sur le terrain (mais je n'en suis pas sûre) ; ou la description à des fins d'analyse qui ne réclame pas une présence appuyée de l'auteur dans le texte. Cela nous est parfois reproché avec l'idée sous-jacente que le rapport au terrain n'est pas innocent et que, par exemple, ce que j'ai vu sur le terrain samo n'est pas forcément ce qu'une autre personne aurait vu à ma place. J'en suis tout à fait persuadée, tout autant, peut-être plus, que les autres, pour ce qui est des relations interpersonnelles et de la « couleur » de la culture. Cependant, il existe des domaines où l'on peut faire abstraction d'un regard personnel, et la parenté en est justement un. Cela dit, pour ce qui me concerne, je récuserai le rapprochement avec la philosophie.

1. C. Lévi-Strauss, *Tristes Tropiques*, Paris, Plon, 1955.

G. G.-E. – *Vous donnez l'impression d'une chercheuse qui a commencé par être « sage », voire « apolitique », et qui a développé progressivement un souci de l'engagement.*

C'est vrai. Je viens d'un milieu « petit-bourgeois », d'origine paysanne, plutôt conservateur, et j'ai découvert la politique à l'université, mais sans m'en mêler vraiment.

G. G.-E. – *Mai 68 ?*

Non. En mai 1968, j'étais sur le terrain. Je me souviens avoir appris incidemment, lors d'un bref passage à Ouagadougou, que la rue Gay-Lussac était en flammes. Je regrette un peu. Quand je suis revenue, j'ai perçu des modifications, notamment dans mon laboratoire, mais je n'ai pas eu le sentiment de changements essentiels. C'est étrange : j'étais aussi sur le terrain au moment de l'assassinat de Kennedy, tout comme lors du lancement du premier homme dans l'espace. Pour Kennedy, c'est un chef de village (il avait une radio) qui me l'a appris… Ces grands événements y perdaient de leur importance. Bref, je n'avais pas alors d'engagement autre que moral : le juste et l'injuste. J'ai mis longtemps à me motiver sérieusement dans ce registre. L'expérience coloniale – dont j'ai connu les ultimes années – a été un facteur marquant, puis, très vite, le rapport des sexes que j'ai ressenti sur le mode du juste et de l'injuste. Cela dit, je ne suis jamais devenue une militante au sens usuel.

G. G.-E. – *Quand avez-vous considéré que cet engagement faisait partie du métier lui-même ?*

Je crois que ça a commencé quand François Mitterrand est devenu président : un Haut Conseil de la population et de la famille, puis un autre de la francophonie, ont été créés et il m'a demandé d'y être. Il a bien fallu y aller. Sur la francophonie, j'ai rapidement compris que l'on ne prenait pas les questions « par le bon bout » :

j'ai mal supporté qu'on se complaise dans des discours éthérés sur la signification ou la philosophie de la francophonie, sans jamais mentionner des systèmes plus pragmatiques et efficaces, comme l'offre de bourses pour les étudiants étrangers. Et surtout, dans certaines occasions, j'ai entendu des discours auxquels j'ai été amenée à réagir vivement en tant qu'anthropologue. Sur la filiation notamment : des décisions ou des propositions étonnantes.

Je peux vous exposer un exemple : avec les progrès de la génétique, et bien avant qu'elle ne devienne si présente dans nos vies et dans l'actualité, il y a eu au début des années 1980 une modification du droit qui a introduit une nouvelle forme de reconnaissance de la filiation, s'ajoutant aux trois formes légales classiques (légitimité, possession d'état, volonté). La vérité biologique a été admise comme critère supplémentaire. Bon. Seulement, on a rendu l'argument biologique « opposable » aux trois autres. Du coup, un homme peut reconnaître un enfant comme le sien quand il est né dans le cadre du mariage par insémination artificielle, divorcer plus tard et déclarer alors qu'il refuse la paternité de cet enfant, en apportant la preuve par l'ADN qu'il ne peut en être le père. Bien sûr, il y a quelques limitations légales. Néanmoins, je trouvais cette disposition scandaleuse : j'ai expliqué que la parenté est avant tout sociale et que cette parenté sociale admise ne doit pas pouvoir être reniée ultérieurement, car il s'agit d'un tort fait à l'enfant en lui déniant son identité, pour faire droit à la volonté changeante d'un adulte. Chez les Samo, le premier enfant d'une femme n'est jamais le fils de son *pater*, tout le monde le sait, mais personne ne s'avisera de le lui dire. Dans ce contexte, si l'on veut vraiment nuire à quelqu'un, on lui dira en public qu'il n'est pas le fils de son *pater* : on l'oblige par là à se « désaffilier » et à aller s'affilier dans le lignage de son géniteur. Dans toutes les généalogies que j'ai recueillies sur trois villages et *n* générations, je n'ai rencontré que trois histoires de ce genre et elles sont sanglantes. Paradoxalement, notre droit, s'appuyant soi-disant sur les sciences sociales et la nécessité de « coller » aux changements pour régler la filiation, a produit un moyen de dénier le droit de l'enfant et de délier le lien social.

Je me suis sentie impliquée alors en tant qu'anthropologue – toujours à partir de la perception de base du juste et de l'injuste – pour défendre une vérité menacée. Rien que pour cela, je ne regrette pas ces expériences. Bien sûr, on ne parvient pas toujours à se faire entendre aussi haut qu'on le voudrait, mais il arrive qu'on puisse conquérir une certaine efficacité et se sentir utile. Ce fut le cas au Conseil national du sida.

G. G.-E. – *Comment percevez-vous aujourd'hui les relations entre les anthropologues et les « intellectuels » ? Vous avez été une des rares à parler en tant qu'anthropologue de la Yougoslavie…*

Nous manquons souvent des coches, par pudeur, par timidité, avec la conscience de notre propre insignifiance, peut-être aussi par crainte de se laisser emporter dans des conflits risquant de nuire à la pure intellectualité du travail anthropologique… Je ne me suis pas vraiment impliquée dans le conflit yougoslave, non, mais il est vrai qu'en traitant de la violence, je ne l'ai pas esquivé non plus. J'ai surtout été sensible à cette torture particulière qu'est la grossesse forcée, maintenant reconnue comme crime contre l'humanité. L'analyse anthropologique met en évidence que cette cruauté infinie repose sur le sentiment implicite, présent aussi chez les Occidentaux, que le sperme de l'homme définit l'identité de l'enfant. Il était important de faire toucher cette réalité du doigt aux hommes « bien élevés » de notre société, y compris ceux qui lisent *Le Monde*, car j'ai reçu des lettres d'injures après une interview dans ce journal : « Votre pensée est ordurière », etc. C'est pourtant là et c'est criant : il y a des modèles de pensée qui inscrivent dans le sperme masculin la totale substance d'un enfant à naître et la barbarie de la grossesse forcée en est la conséquence.

G. G.-E. – *Quand l'anthropologue quitte le terrain d'un pur symbolisme et dit quelque chose de concret sur sa société ou sur une société contemporaine, ne s'expose-t-il pas aussitôt à l'accusation de « divagation » ?*

Il faut aller au-delà de cette crainte. Au fond, le danger ne vient pas d'un structuralisme qui constituerait une sorte de citadelle coupée du monde, il émane plus généralement d'un désir propre des ethnologues de rester maîtres du petit trésor qui leur a été confié qui consiste en la description d'une société qu'ils connaissent bien et la mainmise intellectuelle qui s'ensuit. Il faut accepter d'en sortir pour montrer au grand public que notre système de pensée et notre fonctionnement ne sont pas fondamentalement différents des autres, de ceux que l'on juge primitifs ou barbares, et réciproquement. Je crains que nous n'ayons à convaincre un certain nombre d'ethnologues qu'il est important pour eux et leur travail de se délivrer d'une sorte de passion exclusive pour son terrain presque subliminale. En ce qui concerne la Yougoslavie, quelque chose se passait sous nos yeux qui correspondait à mon type de recherches et je ne pouvais pas manquer de tâcher de faire comprendre les ressorts cachés de ces actions, car on lutte mieux quand on sait exactement ce à quoi on a affaire.

G. G.-E. – *N'y a-t-il pas un rapport particulier en anthropologie entre l'individu et la communauté scientifique à laquelle il est censé appartenir ? En d'autres termes, cette communauté existe-t-elle vraiment ?*

La question que je me pose, c'est si, en dehors d'aventures intellectuelles qui durent un temps et que l'on mène quelque peu collectivement, le propre de toute recherche n'est pas d'être une expérience individuelle. Dans nos disciplines, surtout. Pour moi, dans la recherche il y a à la fois le plaisir du partage et une quête individuelle irréductible. Nous sommes tous des taupes qui fouillent isolément leur petit secteur.

G. G.-E. – *Les étudiants en anthropologie de nos universités se montrent fréquemment furieux contre un climat de résignation de la discipline et accusent leurs enseignants de s'y complaire en s'adonnant à la nostalgie d'une science vieillissante, privée de « primitifs » authentiques…*

Quand j'ai commencé à faire de l'ethnologie – c'était en 1957 –, ce discours était déjà là. On disait déjà qu'il y avait urgence, et il existait un bulletin recensant les populations en danger de disparaître culturellement. Je ne nierai évidemment pas que le monde change. Cependant, s'il change, il reste des constantes et des sociétés dont il faudra continuer à décrypter les usages, quand bien même ceux-ci auront été modifiés par rapport à ce que l'on observait par le passé.

G. G.-E. – *« Pollués » ?*

Si l'on veut. Mais, avec ces éléments de « pollution », les humains ont recréé quelque chose de différent qui vaudra indubitablement la peine d'être étudié. Après tout, quels sont les peuples qui peuvent se targuer d'avoir vécu dans un superbe isolement depuis la nuit des temps ? Créations et re-créations ont toujours été là, avec toujours des invariants à débusquer sous ces bigarrures : cela, j'y crois profondément. D'autre part, je suis totalement hostile à l'idée que nous sommes tous menacés culturellement de disparition par la mondialisation ou la globalisation (selon le terme anglais). On veut nous faire croire que la mondialisation financière et économique entraînerait nécessairement une mondialisation culturelle et sociale, absolue, universelle, irréversible. Cela, je n'y crois pas. Sur certains points, je peux parfois le regretter : sur les droits des femmes, par exemple. Songeons aux grandes conférences du Caire et de Pékin, où il n'a pas été possible d'obtenir la signature par tous les États d'un texte commun sur la liberté des femmes de disposer de leur corps. Dans un tel cas, une certaine « mondialisation » serait bienvenue, ne l'oublions pas. De tels barrages suffisent à indiquer que la crainte de la mondialisation totale, au sens de l'uniformisation des cultures, n'est pas réaliste.

G. G.-E. – *Quels sont, à votre sens, les rendez-vous que l'anthropologie a pu « manquer » au cours des dernières décennies ? Et, à l'inverse, quelles sont les voies prometteuses, ou les voies à parcourir d'urgence (ce n'est pas forcément pareil) qui se proposent à elle ?*

Les rendez-vous manqués... Pour répondre à cette question, on se réfère nécessairement à son propre vécu. Je me dis que, sans vouloir faire de l'interdisciplinarité à toute force, il est vrai que nous devrions admettre que ce que nous avons principalement à dire ne se situe pas dans la singularité de nos méthodes et de nos modes de pensée. La description de nos objets n'est pas fondamentalement une démarche différente de la démarche d'autres disciplines, y compris des sciences de la nature. Donc, nous n'avons pas à nous isoler et nous avons peut-être trop privilégié le contact avec des disciplines jugées proches – l'histoire, la linguistique – et pas assez avec des disciplines qui nous paraissaient éloignées de nous et dont je me rends compte maintenant qu'elles sont au cœur de mes problématiques : la biologie, surtout. La médecine aussi, éventuellement les mathématiques dont nous parlions tantôt, l'esthétique, bref des problématiques qui ne sont pas vraiment venues à existence chez nous ou qui n'y sont parvenues que récemment, et dont je prends conscience que j'ai regretté de ne pas m'y connaître. Nous avons cherché des appuis à proximité immédiate, mais nous avons négligé ceux qui s'offraient au loin. On a probablement manqué aussi la relation avec la psychanalyse qui s'est développée plutôt comme relation conflictuelle que comme rapport constructif.

G. G.-E. – *Malgré Georges Devereux ?*

Malgré Devereux, oui, et c'est dommage. Je ne saurais dire exactement pourquoi le lien ne s'est pas constitué et, jusqu'à présent, je ne vois pas très bien comment le nouer. Des possibilités vont sans doute s'ouvrir. Et puis, comme nous le disions, nous avons besoin d'une perception plus nette que l'anthropologie est ancrée dans le réel social et dans le paysage politique. Quant à la seconde partie de la question, les perspectives prometteuses, je constate une floraison de recherches sur le corps, la symbolique du corps. Sans que je prétende en être à l'origine, cela correspond à l'intérêt que j'ai porté à ces sujets depuis plus de vingt ans. Ici se trouve justement un de ces points d'ancrage qui nous permettraient d'édifier un pont entre l'anthropologie, la philosophie, la biologie et la psychanalyse.

G. G.-E. – *Voilà pour le prometteur. Et l'urgence ?*

Si vous me dites que tel groupe ethnique est en état de perdition, en proie à un génocide ou à un ethnocide, je considérerai évidemment cela comme une urgence. Toutefois, il s'agit d'autre chose : l'urgent n'est pas alors d'étudier, c'est d'aider.

Le travail scientifique à accomplir d'urgence se situe moins dans la recherche elle-même que dans l'organisation de la discipline : il nous manque notamment un système d'interface entre le producteur et le consommateur, si vous me pardonnez l'expression. Entre l'anthropologue et les politiques, les journalistes, les documentaristes, les voyagistes, etc. Je crois que c'est Charpak qui souhaitait des corps spécialisés de chercheurs acceptant de ne plus faire de la recherche pour leur compte, mais qui auraient toutes les connaissances requises pour la diffuser d'une manière qui convienne à la fois aux producteurs et aux consommateurs : ce ne sera sûrement pas facile à mettre en place, mais cela me semble effectivement être une tâche urgente pour contrecarrer la lèpre galopante des utilisations et interprétations abusives pour les peuples concernés et pour l'anthropologie.

G. G.-E. – *La dernière question sera provocatrice. Quelques-uns d'entre nous ont été troublés, voilà quelques années, par une déclaration dans la presse de Claude Lévi-Strauss rejetant sans appel toute ambition de scientificité authentique en anthropologie. Est-ce également votre position ?*

Non. Ce n'est absolument pas ma position. Je vois très bien ce qu'il veut dire : que nous ne trouverons pas des corps, des éléments et des matériaux comme on les trouve dans les sciences naturelles et qui nous permettraient d'établir un tableau de Mendeleïev. Analyser les composantes fondamentales qui, chaque fois qu'elles sont réunies de façons diverses, « donnent » les figures et les configurations particulières que l'on observe dans les différentes cultures, cela nous prendra certainement beaucoup plus de temps qu'il n'en a fallu pour les corps organiques. Mais, contrairement à Lévi-Strauss, moi je crois que l'on peut y arriver. Nous avons pu le faire dans ce secteur très spécial de la parenté, où il est vrai que les unités sont immédiatement décryptables : on y part effectivement des positions des individus et on regarde ensuite tous les systèmes d'appariements logiques et pensables qui permettent de construire des modèles récurrents. Ainsi, la rencontre d'un système de type omaha en Afrique ne s'explique pas par une diffusion depuis l'Amérique, mais par une nécessité interne. Je pense qu'on peut faire le même travail en arrivant à décomposer des unités fondamentales qui, par autoajustements ou « autofrottements », vont créer les atomes qui font le social, le mental, le culturel, etc.

On le fera. Un jour ou l'autre, on le fera. Ne tendons pas les verges pour nous faire battre aux prétendues « sciences dures », selon une expression que je refuse habituellement d'utiliser, car elles sont, quand on y regarde de près, aussi « molles » que les nôtres et de façon telle que nous n'avons pas toujours à envier leur rigueur. Simplement, il nous faudra beaucoup plus de travail que celui que nous avons fourni jusqu'à présent, c'est tout. Peut-être n'en sommes-nous encore qu'au simple décryptage de la bande sonore !

Postface

La structure dans les choses

Salvatore D'Onofrio

> « Je suis persuadé que ces systèmes n'existent pas en nombre illimité, et que les sociétés humaines comme les individus [...] ne créent jamais de façon absolue, mais se bornent à choisir certaines combinaisons dans un répertoire idéal qu'il serait possible de reconstituer. En faisant l'inventaire de toutes les coutumes observées [...] on parviendrait à dresser une sorte de tableau périodique comme celui des éléments chimiques, où toutes les coutumes réelles ou simplement possibles apparaîtraient groupées en familles, et où nous n'aurions plus qu'à reconnaître celles que les sociétés ont effectivement adoptées. »
>
> C. Lévi-Strauss, *Tristes Tropiques*

« La structure est déjà dans les choses. » Axe porteur du renouvellement que Françoise Héritier a imposé à l'anthropologie, ce concept semblerait démenti par les lois de l'esprit qui président, depuis Claude Lévi-Strauss, à l'analyse structurale – notamment, par les « enceintes mentales » dans lesquelles les faits sociaux se laissent appréhender, comme par les « modèles » permettant de les étudier en laboratoire. En d'autres termes, la notion de structure serait-elle ramenée par Françoise Héritier à la réalité empirique avec laquelle le structuralisme avait pris ses distances par la voie des modèles ? En cherchant la « structure dans les choses », renoncerions-nous à l'étude de leur infrastructure inconsciente ?

Pour aller au bout de ces questions, qui abordent des aspects saillants du discours sur l'homme, c'est inévitablement dans le structuralisme qu'il faut chercher les réponses. Françoise Héritier n'a jamais manqué de s'en réclamer en insistant pour sa part sur des thèmes dont Lévi-Strauss – en savant de son temps – n'aurait pas pu tenir compte. En effet, comme celui-ci le soulignait lui-même dans son article « La notion de structure en ethnologie[1] », qui sert de miroir dans cette réflexion sur l'anthropologie de Françoise Héritier, le progrès scientifique ne résulte pas seulement de la découverte de constantes à chaque niveau d'une culture donnée, mais de l'isolement de niveaux non encore repérés. C'est, par exemple, ce qui s'est produit avec l'avènement de la psychanalyse qui « a découvert le moyen d'établir des modèles correspondant à un nouveau champ d'investigation : la vie psychique du patient prise dans sa totalité[2] ».

Précisons tout d'abord que l'agencement structural postulé par Françoise Héritier ne relève pas de la nature des faits observés. Qu'il s'agisse de la parenté, de la prohibition de l'inceste ou des humeurs du corps, leur fonction pratique n'implique pas une logique différente de celle d'autres objets, les mythes par exemple, dont on sait qu'ils sont plus pensés que vécus. Ils sont tous soumis aux mêmes opérations de l'esprit.

Soulignons ensuite que cette contradiction entre l'existence de structures dans les choses (*in objecto*, pourrait-on dire) ou bien (*in intellectu*) dans les systèmes de représentation n'est à vrai dire qu'apparente. D'autant plus que l'adoption de procédures analytiques de type structural oblige, parfois même de manière inconsciente, à tisser le lien entre ces deux aspects incontournables des

1. C. Lévi-Strauss, « La notion de structure en ethnologie », *in Anthropologie structurale*, Paris, Plon, 1958, p. 312.
2. *Ibid.*, p. 339.

phénomènes sociaux qu'à la suite de Lévi-Strauss nous avons l'habitude d'appeler le « sensible » et l'« intelligible ».

Françoise Héritier a donné bien des exemples de cette démarche, en confirmant par ailleurs que le structuralisme n'est qu'une méthode de connaissance et d'analyse des faits sociaux dont les postulats, appliqués spécifiquement pour la première fois en anthropologie entre les années 1940 et 1960, ont toujours existé puisqu'ils sont inhérents à toute procédure scientifique. C'est ce que Lévi-Strauss a rappelé encore récemment en parlant du poète catalan Raymond Lulle[1].

Remarquons enfin que dans la genèse de l'analyse structurale en anthropologie une place importante est accordée par Lévi-Strauss non seulement aux trois « maîtresses » dont il s'estime nommément redevable dans *Tristes Tropiques* (la géologie, la psychanalyse et le marxisme, auxquels on ajoute bien sûr la linguistique structurale[2]), mais aussi à la « transmutation » subie au contact du terrain. Cette transmutation ne serait pour Lévi-Strauss que « psychologique », alors qu'elle résulte également d'un rapport à l'autre franchissant les limites de sa « subjectivité créatrice » : la pensée des Amérindiens (mais il aurait pu s'agir d'autres groupes ethniques) a forgé le structuralisme lévi-straussien plus qu'on ne l'a reconnu jusqu'ici. C'est la thèse défendue depuis quelque temps par Anne-Christine Taylor[3] et dont toutes les implications théoriques n'ont pas été encore

---

1. C'est le discours prononcé le 13 mai 2005 à l'Académie française à l'occasion de la remise du XVIIe Premi Internacional Catalunya.
2. N'oublions pas cependant l'approche critique de Lévi-Strauss à l'égard de la psychanalyse et du marxisme et son élaboration originale de quelques postulats de la linguistique structurale : *cf.* S. D'Onofrio, « Lévi-Strauss et l'Italie », *in* M. Izard (éd.), *Claude Lévi-Strauss*, Paris, L'Herne, coll. « Cahiers de L'Herne », 82, 2004, p. 369-373.
3. *Cf.* sa communication : « L'Amérique dans le structuralisme », au colloque international *Claude Lévi-Strauss, un parcours dans le siècle*, organisé par le Collège de France (Paris, 25 novembre 2008) à l'occasion du centenaire de la naissance de Lévi-Strauss.

explorées. Ce qui est néanmoins acquis, c'est que l'esprit, tel qu'il se déploie dans les institutions et les coutumes d'un des mondes de l'humain (marqué par ailleurs d'un éloignement très productif du point de vue de l'originalité des modèles qu'il affiche), a pu contribuer au raffinement d'une méthode qui a produit les *Mythologiques* et aujourd'hui la découverte, par Philippe Descola[1], d'un mode animiste de relation prévalant dans les Basses Terres amazoniennes. En effet, aucune analyse structurale des mythes amérindiens au moyen de la formule canonique n'aurait été possible si ces mythes ne s'étaient pas déjà parlés entre eux. En expliquant avoir choisi le mythe d'Œdipe comme premier exemple de cette analyse en raison des « analogies remarquables qui semblent exister entre certains aspects de la pensée grecque archaïque et celle des Indiens pueblo », Lévi-Strauss lui-même se hâte de préciser qu'il l'a interprété « à l'américaine »[2].

Si le terrain a donc eu un rôle si important pour Lévi-Strauss qu'il a été jusqu'à associer l'ethnographie à la collecte des documents d'archive par les historiens, la question est à nouveau de savoir où se place la notion de structure et de quoi elle est chargée. C'est bien là la clé pour comprendre la portée novatrice de l'anthropologie de Françoise Héritier dans le sillage du structuralisme lévistraussien.

Alors que Lévi-Strauss s'attache surtout aux aspects sociaux de la notion de structure, Françoise Héritier a tendance à ne pas la circonscrire ainsi. Néanmoins, cette notion n'est pas, pour elle, cet « agréable piquant » qui, pour Kroeber[3], pallie l'absence d'esprit critique de ceux – lui le premier – qui se contentent de l'idée que « n'importe quoi possède une structure ». Conçue comme étant

---

1. P. Descola, *Par-delà nature et culture*, Paris, Gallimard, 2006.
2. C. Lévi-Strauss, « La structure des mythes », *in Anthropologie structurale*, *op. cit.*, p. 230-239.
3. A. L. Kroeber, *Anthropology*, New York, p. 325, cité *in* C. Lévi-Strauss, « La notion de structure en ethnologie », *op. cit.*, p. 304.

déjà dans les choses, la structure saisie par Françoise Héritier est d'autant plus abstraite (voire potentielle dans sa conception) qu'elle est manifestée par les « évidences élémentaires » des cultures observées, par des faits non sécables qui relèvent de l'ordre biologique (le corps) et du monde naturel (les régularités du cosmos). On rejoint ainsi ce principe de l'analyse structurale qui consiste à chercher le même type de formalisation dans des contenus différents et non pas le contraire.

Françoise Héritier recherche les propriétés formelles dans les relations dyadiques de valeur universelle inventoriées par Holton[1]. Ce cheminement ne la ramène pas pour autant dans le cadre d'une « physiologie descriptive » à la manière de Radcliffe-Brown[2]. Pour elle, les contrastes comme froid/chaud, sec/humide, supérieur/inférieur ne s'ajoutent pas linéairement les uns aux autres mais, en se classant sous l'opposition conceptuelle essentielle identique/différent, ils composent des systèmes de représentation arbitraires dont elle a montré, pour la première fois, la logique sous-jacente dans des espaces sociaux différents. Pour utiliser ses mots : « Avec un même "alphabet symbolique universel", ancré dans cette nature biologique commune, chaque société élabore en fait des "phrases" culturelles singulières et qui lui sont propres[3]. »

Cette démarche qualifie l'analyse structurale dans deux directions qui s'étayent constamment : d'une part, la recherche d'invariants ou bien la composition des différences (qui inévitablement se ressemblent !) au sein d'un même système de transformation, de l'autre, tout simplement, l'élargissement du champ des choses observées. L'abstrait et le concret sont ainsi strictement entremêlés, le progrès de l'un ne pouvant être mesuré que par celui de l'autre.

1. G. Holton, *L'Invention scientifique. Thémata et interprétation*, *op. cit.*
2. R. Radcliffe-Brown, « On social structure », *Journal of the Royal Anthropological Institute*, 70, cité par C. Lévi-Strauss, « La notion de structure en ethnologie », *in Anthropologie structurale*, *op. cit.*, p. 333 et suiv.
3. F. Héritier, *Masculin/Féminin. La pensée de la différence*, *op. cit.*, p. 22.

S'il est vrai qu'après Lévi-Strauss on ne peut plus confondre les deux notions de « structure sociale » et de « relations sociales », car ces dernières « sont la matière première employée pour la construction des modèles qui rendent manifeste la *structure sociale* elle-même[1] », il s'ensuit que les relations sociales ont déjà une structure et que nous ne pouvons l'appréhender que par la construction de modèles (objet véritable de l'analyse structurale).

Or c'est précisément à ce niveau que Françoise Héritier a marqué le progrès le plus durable dans la discipline, car les modèles ont dû être perfectionnés pour que leur fonctionnement puisse rendre compte de manière exhaustive des nouvelles dimensions qu'elle a mises en évidence dans la vie sociale des humains. En effet, en traitant (à la suite de Durkheim) les faits sociaux comme des choses, Françoise Héritier a fait apparaître la notion de structure dans ce qu'on peut appeler la substance des relations de parenté auxquelles les ethnologues l'avaient traditionnellement rattachée. En particulier, elle a décelé le caractère structurant, dans les relations de parenté, de la valence différentielle des sexes et de la mécanique des fluides qui lui est associée.

Les conséquences de cette constante attention pour les phénomènes de structure sont remarquables. Tout d'abord, en agissant l'une sur l'autre, ces deux dimensions permettent de montrer, en plus d'une asymétrie première dont les mythes témoignent surtout, que les choix dans la parenté relèvent moins (ou pas exclusivement) de la nécessité de l'échange que du souci de cohérence dans la circulation des fluides selon des parcours aptes à garantir la construction du social.

À part la « question de l'échange », encore ouverte et dont les configurations lévistraussiennes impliquées (l'atome de parenté et le rôle de l'oncle maternel, notamment) ont été confirmées par les données ethnographiques discutées ces dernières années (du

1. C. Lévi-Strauss, « La notion de structure en ethnologie », *in Anthropologie structurale*, *op. cit.*, p. 305-306.

mariage arabe au système matrilinéaire des Na de Chine[1]), c'est sur deux plans de la théorie structurale de la parenté que Françoise Héritier a atteint des résultats majeurs : l'analyse des systèmes-type terminologiques et, grâce aussi à l'utilisation de l'informatique, celle des structures semi-complexes de l'alliance.

Les systèmes-type terminologiques ont été « substantialisés » par leur croisement avec les humeurs et les trois données incontournables de tout système de parenté : 1. l'antériorité des parents par rapport aux enfants ; 2. la nécessité de la rencontre entre les deux sexes pour pouvoir procréer ; 3. l'impossibilité d'inverser l'ordre naturel des naissances.

Françoise Héritier a pu montrer, entre autres, que la combinatoire de ces éléments de base relève d'une double dimension : flexible par rapport aux faits historiques, elle a aussi une existence atemporelle dont les « blocages » rendent compte. D'où l'intérêt, plutôt que de répertorier toutes les combinaisons qui se sont effectivement réalisées, de comprendre pourquoi certaines d'entre elles ne demeurent qu'au niveau virtuel (par exemple, parmi les six systèmes terminologiques recensés, celui qui associerait les cousins croisés à des germains, alors qu'il désignerait les cousins parallèles par des termes spécifiques).

La comparaison entre les systèmes-type terminologiques de parenté confirme à nouveau que la structure est déjà dans les choses. Chacun d'eux est porteur d'une vision du monde, il nous parle des relations entre les sexes et les générations, et il le fait par des combinaisons différentes des mêmes substances et des mêmes *thémata* archaïques.

---

1. *Cf.* notamment les articles de F. Héritier, C.-K. Shih, et la « Postface » de C. Lévi-Strauss dans le numéro de *L'Homme,* « Question de parenté », 154-155, avril-septembre 2000, dirigé par Laurent Barry, et ailleurs les travaux de Sophie Caratini et Sophie Ferchiou. Sur la parenté dans le monde arabe, *cf.* également C. Lévi-Strauss, « La figlia del fratello del padre. Il matrimonio nel mondo arabo », avec une « Note introductive » de S. D'Onofrio, *Uomo e cultura. Rivista di studi antropologici*, 41-44 : 5-24 ; sur les Na, *cf.* aussi S. D'Onofrio, *L'Esprit de la parenté. Europe et horizon chrétien*, préf. de F. Héritier, Paris, Éditions de la Maison des sciences de l'homme, 2004, p. 22-30.

Les analyses de Françoise Héritier sur les structures semi-complexes de l'alliance chez les Samo du Burkina Faso ont apporté une contribution décisive à la compréhension du fonctionnement de certains aspects des structures élémentaires, mais surtout ont poussé vers la recherche de constantes dans les structures complexes. Alors que Lévi-Strauss s'était arrêté à la définition d'un modèle statistique (par opposition au modèle mécanique qu'il limitait aux degrés prohibés), on est aujourd'hui en mesure de faire avancer sensiblement la réflexion sur le système matrimonial occidental moderne, y compris des grandes villes, en montrant l'existence de régularités dans le choix du conjoint.

Face à la tendance actuelle à se débarrasser des acquis théoriques de la discipline – en pensant ainsi la faire progresser alors que l'on ne revient souvent qu'à une situation préstructurale (empirico-inductive notamment) –, les travaux de Françoise Héritier sur les structures semi-complexes de l'alliance ont ouvert de nouveaux horizons dans les études sur la parenté. Il suffit de citer le constat de Philippe Descola concernant les types d'alliance de mariage que pratiquent les collectifs caractéristiques des quatre schèmes d'identification des rapports entre les humains et les non-humains dont il a élaboré la théorie dans *Par-delà nature et culture* : « L'animisme et le totémisme sont sans conteste du côté des structures élémentaires – celles dans lesquelles les conjoints sont prescrits –, le premier selon le régime des relations – l'on doit épouser un individu défini par sa position généalogique –, le second selon le régime des classes – l'on doit épouser un individu défini par son appartenance à un groupe de filiation ; tandis que l'analogisme relève plutôt mais non exclusivement des structures semi-complexes – prohibition d'épouser un individu défini par son appartenance à des groupes de filiation – et que le naturalisme correspond aux structures complexes – prohibition d'épouser un individu défini par sa position généalogique[1]. » Si

1. P. Descola, « Sur Lévi-Strauss, le structuralisme et l'anthropologie de la nature », Entretien avec Marcel Hénaff, *Philosophie* (« Claude Lévi-Strauss : langage, signes, symbolisme, nature »), 98, 2008, p. 13.

l'on considère que chacun de ces modes d'identification est prévalent mais non exclusif des régions où il a été relevé (les trois autres n'étant donc pas absents), on comprend bien comment ce que nous appelons le « structuralisme ontologique » de Descola peut contribuer à explorer d'autres dimensions de la parenté que celles introduites par Françoise Héritier. Les deux perspectives ne s'excluent pas, voire elles s'intègrent, ce qui demeure constant est la continuité logique entre les structures (d'élémentaires à complexes) de l'alliance proposée par Lévi-Strauss et la justesse des postulats sur lesquels cette tripartition est fondée[1].

Levier majeur de l'anthropologie de Françoise Héritier, la valence différentielle des sexes explique, en s'y ajoutant comme une corde qui les lie ensemble, le fonctionnement des trois piliers constitutifs du tripode social selon Lévi-Strauss : la règle de la prohibition de l'inceste, la répartition sexuelle des tâches et une forme reconnue d'union sexuelle. Ainsi, en posant la différence sexuée au fondement de toute pensée, Françoise Héritier a-t-elle pu dévoiler l'« illusion naturaliste » dont les sociétés humaines se parent dans la tentative de légitimer, de manière plus ou moins consciente, la domination masculine.

La question est délicate et l'enjeu important car, en effet, l'observation primale de la différence irréductible des sexes pourrait laisser croire à « une transcription universelle et unique, sous une forme canonique qui légitime le rapport des sexes, de faits considérés comme d'ordre naturel parce qu'ils sont les mêmes pour tout le monde[2] ». L'illusion naturaliste serait corroborée par des systèmes de représentation dont la spontanéité se manifeste tout d'abord au niveau du langage : qu'il s'agisse des conceptions des biologistes selon lesquelles, encore de nos jours, la vie résulte de la fécondation d'une matière « inerte » qui est l'ovule par le principe « actif »

1. Les structures semi-complexes constituent par ailleurs le point d'articulation entre les structures élémentaires et les structures complexes.
2. *Cf. supra*, p. 91.

contenu dans le spermatozoïde ; ou qu'il s'agisse également des notions populaires sur la grossesse ou sur l'allaitement.

Mais en réalité, en explorant la manière dont la valence différentielle des sexes se manifeste dans les différentes sociétés humaines, on découvre qu'il n'y a pas un « paradigme unique », car, pour le dire encore avec Françoise Héritier, « les caractères observés dans le monde naturel sont décomposés, atomisés en unités conceptuelles et recomposés dans des associations syntagmatiques qui varient selon les sociétés[1] ».

Un autre point de méthode est ici à signaler. La réflexion entamée sur la valence différentielle des sexes, le corps et ses humeurs, si elle pousse à se tourner vers les sciences de la vie, n'en confirme pas moins la fécondité des découvertes de la linguistique structurale. La réflexion de Françoise Héritier s'inscrit ainsi, implicitement, dans la ligne de pensée initiée par Joseph Bédier[2], reprise par le formalisme de Vladimir Propp, jusqu'à l'analyse structurale des mythes de Lévi-Strauss[3] : cette dernière a marqué un tournant décisif justement lorsqu'elle a commencé à décomposer les récits mythiques dans des unités minimales irréductibles (les mythèmes) et à les recomposer selon les ressources de la partition musicale.

Le modèle linguistique, qui a imprégné à travers le structuralisme lévistraussien une grande partie de la pensée anthropologique contemporaine, est également à l'origine de l'idée de chaîne de concepts associés élaborée par Françoise Héritier.

À proprement parler, on retrouve la source de cette idée à la fois dans la décomposition en unités minimales que l'on vient d'évoquer (et que nous devons tous à la notion de phonème de Troubetzkoy) et dans l'aspect paradigmatique du langage (notam-

1. *Ibid.*
2. Notamment dans « Les réflexions sur la méthode » qui ouvrent *Les Fabliaux*, Paris, Champion, 1893.
3. Nous renvoyons à V. Propp, *Morfologia della fiaba*, avec une intervention de C. Lévi-Strauss (« La structure et la forme ») et une réplique de l'auteur, G. L. Bravo (éd.), Turin, Einaudi, 1966.

ment, les « séries mnémoniques virtuelles » mises au jour par Ferdinand de Saussure[1]). C'est bien du fait que ces chaînes de concepts communiquent entre elles par contiguïté sémantique (relevant de leur association paradigmatique dans l'architecture de l'esprit) qu'elles peuvent être divisées en segments, ce qui fournit la matière première dont l'anthropologue se sert pour construire ses modèles.

Au niveau de la méthode un changement important a été introduit. Françoise Héritier montre comment la logique qui préside au fonctionnement de cette armature invariante de la pensée légitime la comparaison entre des ensembles non contigus dans l'espace-temps (des Nuer aux Nambikwara, d'Aristote aux Siciliens). Les concepts qui forment les chaînes étant associés à des séries particulières de possibilités d'utilisation, un postulat se définit : « lorsqu'est actualisé tel possible dans telle série conceptuelle, cela empêche ou autorise d'autres associations d'advenir[2] ». Le rapprochement en termes inversés de la combustion des moines bouddhistes dans leur ascèse pour parvenir à l'état de bienheureux et de celle des femmes alcooliques en Europe et aux États-Unis au XVIIe siècle est à ce propos exemplaire. Cette analyse explique non seulement l'utilisation d'une même chaîne associative correspondant à l'alimentation végétale, mais aussi l'affinité très stricte existant entre ces structures dans les choses et le travail de manipulation symbolique qui, surtout au niveau du corps, est propre à toute société. Ancrée dans la matérialité des substances, la logique symbolique ne perd pas en effet l'autonomie dont son caractère universel témoigne.

Ce primat du symbolique et le travail de manipulation sont de toute évidence une donnée constitutive du fait social. C'est pour cela qu'ils se conforment si bien à l'émergence et au maintien de la

---

1. F. de Saussure, *Cours de linguistique générale*, Paris, Payot, 1969 [1916], p. 170-175.
2. *Cf. supra*, p. 76.

prohibition de l'inceste. La valence différentielle des sexes (ainsi que leur identité) est structurellement impliquée dans l'interdiction à deux consanguins de même sexe de partager le même partenaire : c'est l'inceste du deuxième type découvert par Françoise Héritier[1]. En faisant se toucher indirectement les humeurs de ces deux consanguins, leur partenaire de l'autre sexe transforme leur consubstantialité, donnée par la nature, en un cumul d'identique incestueux. Cette duplication symbolique du même par l'autre est corrélée, par inversion logique, à la duplication de l'autre en soi, c'est-à-dire la fabrication d'individus de sexe masculin par les femmes. Ce dernier point est un aspect sur lequel les cultures humaines insistent au moyen des mythes ainsi qu'à travers les rites et des formes d'organisation sociale qui visent à représenter à rebours le passage de la nature à la culture[2].

À la valence différentielle se lie également le principe d'équivalence des germains de même sexe, comme en témoigne précisément la manipulation subie par la prohibition de l'inceste du deuxième type dans le cas le plus exemplaire, l'interdit des deux sœurs. Nous en discuterons pour souligner l'importance de cette manipulation sur laquelle nous avons nous-même insisté dans nos travaux sur la parenté spirituelle[3].

À part l'interdit, ce qui qualifie davantage, du point de vue structural, la relation d'un homme avec deux sœurs, c'est qu'elle n'est pas anodine. S'il n'est pas refusé, le cumul d'identique est recherché : nous pensons notamment aux cas amérindiens ainsi qu'à ceux européens et de l'Ancien Testament, car ils nous offrent des modèles très élaborés de manipulation symbolique de la prohibition de l'inceste.

1. F. Héritier, *Les Deux Sœurs et leur mère. Anthropologie de l'inceste*, *op. cit.*
2. Sur cette procédure *cf.* notre « Introduction » à *L'Esprit de la parenté. Europe et horizon chrétien*, *op. cit.*
3. *Cf. ibid.* et notamment les concepts d'inceste du troisième type et d'atome de parenté spirituelle.

L'horizon chrétien tout d'abord. Françoise Héritier a mis en valeur dans d'autres aires culturelles non seulement le caractère spécifique de l'interdit concernant les relations sexuelles d'un homme avec deux sœurs, mais aussi l'impossibilité d'épouser la belle-sœur après le divorce ou la mort de sa propre femme. Elle voit une confirmation éclairante de cet inceste du deuxième type dans la législation européenne, et notamment française, qui interdisait ce mariage jusqu'en 1914 et dans le droit canon, qui prévoyait la demande d'une dispense (abolie en 1986) pour que ce mariage puisse se faire. Le point de vue institutionnel apparaît néanmoins surestimé. Car il se trouve qu'au niveau populaire, dans plusieurs régions européennes, la perception des rapports avec la belle-sœur était bien plus subtile.

Tout en confirmant les postulats de l'inceste du deuxième type, l'analyse de ce cas nous offre un modèle exemplaire du traitement symbolique que partout dans le monde subit la relation entre les sexes en raison de la coprésence, dans l'acte sexuel, du principe du plaisir (voire l'amour et plus généralement les affects) et des exigences de la procréation. Alors que la relation avec la belle-sœur est fortement censurée du vivant de l'épouse d'un homme – et perçue comme étant bien plus grave qu'une « simple » relation adultérine – en Europe, elle est fortement conseillée, voire même prescrite lorsque l'épouse de cet homme est décédée[1]. L'injonction de l'entourage pour ce mariage se fait très pressante, surtout s'il y a des enfants en bas âge dont on ne veut pas qu'ils soient élevés par d'autres personnes que la famille de leur mère. C'est une richesse, matérielle et symbolique, que l'on ne peut pas gaspiller.

La prohibition se convertit donc dans son contraire, elle devient une possibilité, sinon une prescription populaire au mariage. Nous pouvons même y voir, en filigrane et dans un système à structure de parenté complexe, une application originale de la règle qui veut

1. *Cf.*, entre autres, M. Segalen, *Quinze Générations de Bas-Bretons. Parenté et société dans le pays bigouden sud (1720-1980)*, Paris, PUF, 1985.

que la prohibition de l'inceste, de n'importe quel type, n'est pas concevable en dehors de l'exogamie. Le renversement d'attitude vis-à-vis de la belle-sœur aboutit donc à une exogamie interne (ou endogamie sélective) qui ne pourrait se produire sans l'action du principe d'équivalence des germains de même sexe que nous avons évoqué.

En effet, il arrivait en Europe, et en Italie du Sud presque jusqu'à nos jours, qu'un garçon se voyait refuser la main d'une jeune fille si son père avait encore à marier l'aînée, et souvent il était invité à choisir celle-ci. On voit s'affirmer, dans le même temps, le droit d'aînesse et l'idée que les sœurs sont interchangeables. Ainsi, alors que l'on était obligé de marier en premier l'aînée d'un groupe de sœurs, le cas échéant on pouvait (et même on devait) passer à la cadette. La volonté individuelle étant tout à fait secondaire, une structure de l'échange matrimonial se dessine qui n'a pas été suffisamment explorée jusqu'ici : le fait que le mariage (souvent arrangé et/ou orienté par les stratégies relevant de la parenté spirituelle) était toujours une affaire de famille.

Nous trouvons un antécédent emblématique de la manipulation symbolique du rapport avec deux sœurs dans l'Ancien Testament. C'est le mariage de Jacob avec Léa et Rachel, un tournant décisif dans l'histoire des Hébreux car de ces unions et de celles avec les servantes de ses épouses naîtront les douze hommes qui donneront la vie aux douze tribus d'Israël. Épris de Rachel, Jacob est trompé par son beau-père Laban : la nuit de noces, ce dernier remplace Rachel par sa sœur aînée Léa. Le lendemain, il justifia cet acte en se référant à la coutume qui l'obligeait à marier d'abord l'aînée. Au final, Jacob obtiendra en épouse aussi Rachel, mais ce ne sera pas véritablement une relation incestueuse, car Dieu ouvre et ferme à son gré la fécondité des deux sœurs en évitant toute superposition dans leurs rapports sexuels avec leur mari. Là aussi le dédoublement n'est pas anodin et il n'y a que la manipulation symbolique, inscrite dans un cadre religieux, dont il faut tenir compte, qui peut expliquer l'inversion de la prohibition (affirmée dans les normes du Lévitique) en possibilité matrimoniale.

Un dernier cas, concernant l'autre cumul d'identique dans le groupe des germains, le couple frère/frère, non seulement confirme leur équivalence et la possibilité de manipulation de l'inceste du deuxième type, mais ouvre vers un des champs d'analyse sur lesquels Françoise Héritier s'est davantage engagée ces dernières années : les nouvelles techniques de procréation. Il s'agit de l'insémination artificielle avec donneur[1].

Contrairement aux dispositions de la loi, selon lesquelles l'inséminateur doit être totalement inconnu, il arrive que des couples amènent avec eux « leur donneur » pour leur propre usage, alors que celui-ci n'est sollicité que pour alimenter la banque du sperme. Dans les dispositions officielles il y a certainement quelque chose qui relève, sous le couvert de l'anonymat, du refus de l'inceste : la peur d'une rencontre des humeurs de deux consanguins dans la même femme. Mais il faut aussi comprendre les raisons de ceux qui refusent le donneur inconnu en proposant leur propre donneur. Le donneur inconnu peut être perçu comme une figure dangereuse de l'étranger absolu. Comme l'a remarqué Françoise Héritier, « on ne trouve pas de sociétés où on prenne comme figure principale valorisée le mariage avec l'étranger absolu. Ce mariage, même s'il apparaît souvent comme fondateur, (en Afrique bantoue, ou dans les sociétés arabes, où le mariage valorisé est le mariage au plus près) est un mariage exceptionnel[2] ». Au contraire, le meilleur inséminateur remplaçant le mari est souvent, du point de vue populaire, quelqu'un qui aurait pu être vraiment ce mari et ce père, dont l'intervention permet à l'enfant qui naîtra d'avoir légitimement ses grands-parents. Ce modèle « fait à la maison » d'insémination artificielle est tout à fait cohérent avec la prohibition de l'inceste du deuxième type : aucune rencontre d'humeurs de consanguins dans la même matrice, puisque le sperme du mari est censé n'avoir aucune valeur active. Du

1. *Cf. supra*, p. 194.
2. *Ibid.*, p. 196.

point de vue symbolique, cela équivaut à relever la place d'un mort : le meilleur inséminateur est alors, selon les possibilités du couple demandeur, le frère du mari ou bien un cousin germain, ou encore un ami intime du mari. La logique à l'œuvre rapproche les nouvelles techniques des solutions archaïques pratiquées, par exemple, lors de certains pèlerinages en Italie du Sud où, en cas d'infécondité de l'homme, on avait recours à son frère ou à son compère. Dans un certain sens, dans les deux cas, il s'agit de laboratoires : à l'horizon sacré qui justifie la possibilité de résoudre dans un cadre orgiaque collectif les problèmes de stérilité correspond ici une relation aseptique hors de toute implication psychologique qui relèverait de la conjonction charnelle.

Alors que le point de vue normatif des institutions nous en éloigne, les conceptions populaires rapprochent les nouveaux modes de procréation ainsi que les nouvelles formes de parenté (des familles recomposées au Pacs) de solutions élaborées dans les sociétés « exotiques » ou dans notre propre passé. C'est notre point de vue d'anthropologues que nous défendons, à la différence de l'approche sociologique qui tend parfois à n'analyser ces questions que dans le cadre des sociétés occidentales contemporaines.

En effet, il n'y a rien de ce qui se passe actuellement que les sociétés humaines n'aient déjà connu ou conçu dans l'horizon symbolique. Bien qu'élémentaire, cet aspect de l'unité de l'homme est certainement l'un des plus emblématiques de la tradition anthropologique renouvelée par Françoise Héritier. Pour l'époque moderne, il suffit de remonter aux *Mœurs des sauvages américains comparées aux mœurs des premiers temps* du jésuite Joseph-François Lafitau (1724), pour en arriver, à travers ce véritable scandale oxymorique que représenta dans l'Angleterre victorienne *La Civilisation primitive* de Tylor (1871), jusqu'à *La Pensée sauvage* de Lévi-Strauss (1982).

La vocation de l'anthropologie à renouer les fils du monde explique également la qualité de l'engagement politique de Françoise Héritier. En reprenant l'intitulé de quelques-uns de ses séminaires au Collège de France, nous pouvons évoquer son rôle d'anthropologue dans la Cité, et encore mieux parler d'une pensée en mouvement, car cette expression traduit bien sa capacité à déplacer rapidement le regard et à surprendre ses interlocuteurs par l'originalité d'une réflexion *in vivo*. Cette expression traduit aussi sa faculté à suivre les mouvements de la pensée afin de découvrir la manière dont celle-ci se structure dans les choses. On comprend ainsi pourquoi toute cause civique ayant fait l'objet d'un engagement personnel de Françoise Héritier – de la question de la violence aux problèmes de la recherche en passant par le sida – ne fut point séparée de l'approche propre à la discipline et devint un objet anthropologique. Dès lors, celui-ci a pu être abordé de manière plus efficace du point de vue politique et social.

La véritable dimension éthique de l'anthropologie consiste précisément non pas à chercher auprès des groupes ethniques des systèmes de valeurs censés pouvoir servir de nouvelles vérités révélées, mais à remonter, grâce aux traits différentiels de leurs cultures, aux principes qui fondent l'identité humaine. Entrée comme beaucoup d'entre nous presque par hasard dans cette aventure de l'esprit qu'est l'anthropologie, Françoise Héritier n'en est jamais plus sortie. Enfin, sa vie et son œuvre témoignent d'un courage et d'une générosité intellectuels dont les nouvelles générations ne manqueront pas de relever les défis.

Avec Claude Lévi-Strauss
au Laboratoire d'anthropologie sociale.

1984. Les professeurs du Collège de France. Au centre, l'administrateur, M. Yves Laporte.

1940. Bertignat (Puy-de-Dôme), fenaison en famille. Je suis l'une des fillettes à l'extrême droite.

1987.
Les professeurs
du Collège de France
à une extrémité
de la grande table
de réunion dans
la salle du conseil.

Au Collège de France,
en 1987.

1928. Mariage de mes parents. À droite, ma grand-mère maternelle entourée de ses parents. À gauche, ma grand-mère paternelle avec son père à l'extrême gauche.

1955. Je porte la ceinture et les boucles d'oreilles créées par des artistes américaines fréquentées au café *Le Tournon*.

(Clichés Michel Huillard.)

1957. Relevé de champs à la planchette, par triangulation.

1957. Bouna, départ à la chasse collective.

En pays samo. Une rangée de greniers à mil.

1958. Bouna, Konzon, un vieux chef de terre.

Enfants samo devant
des greniers à mil.

Femme allaitant
son enfant.

1968. Enquête généalogique sous un baobab. À mes côtés, M.Gulé Zo.

1988. Les membres du Laboratoire d'anthropologie sociale et quelques personnalités entourant Claude Lévi-Strauss pour ses 80 ans.

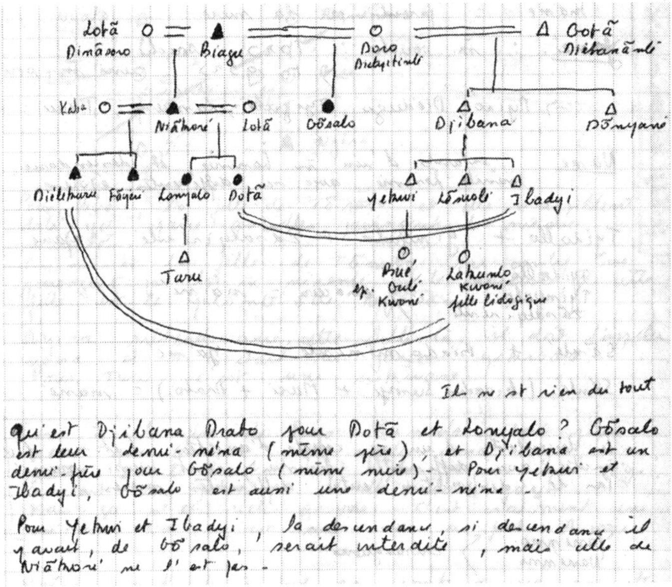

Ci-dessus, page de cahier lors du travail généalogique sur le terrain.

Ci-dessous, fiche individuelle récapitulative avec son numéro de codage.

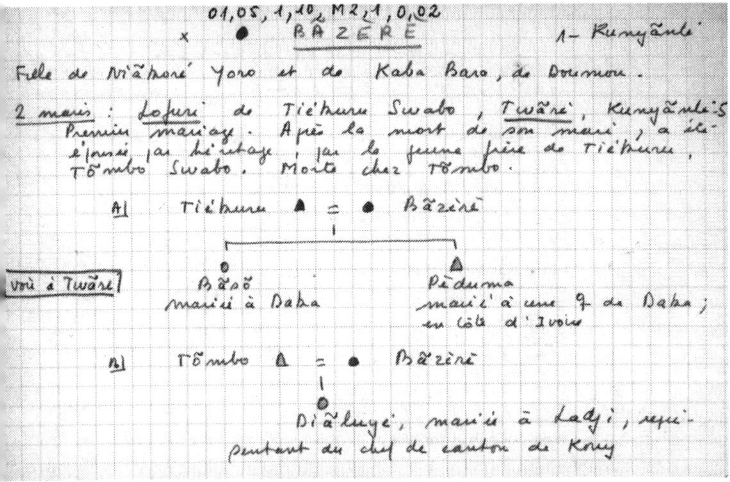

BLACK

Françoise Héritier: l'Afrique au Collège

L'ethnologue Françoise Héritier a prononcé hier sa leçon inaugurale au Collège de France. Elle y travaillera sur l'étude des sociétés africaines.

Elue au mois de juin dernier professeur au Collège de France, l'ethnologue Françoise Héritier a prononcé hier en fin d'après-midi sa leçon inaugurale. Cette disciple de Claude Levi Strauss, ouvrait ainsi, quelques mois après le départ à la retraite du maître de l'anthropologie structurale, son enseignement d'*Etude comparée des sociétés africaines*. Tel est en effet l'intitulé de la chaire créée pour elle, puisque la règle veut que chaque nouveau professeur arrive avec « sa » chaire pour y faire connaître ses recherches dans toute leur originalité.

Avec cet enseignement, comme elle s'est plu à le souligner, c'est l'Afrique qui entre à part entière dans la prestigieuse institution de la rue des Ecoles : « *Ce continent n'a jamais été au cœur d'un enseignement au collège de France alors même qu'ont fleuri depuis le 19ème siècle bien des chaires d'étude de civilisations étrangères* ». Mais ce retard n'est peut-être qu'un lointain écho du désintérêt face à l'Afrique de la tradition universitaire française, imprégnée de racisme ou déroutée par la « *protection naturelle* » qui se dressait devant une curiosité intellectuelle déjà bien faible.

Pourtant a souligné Françoise Héritier, après avoir retracé brièvement les mouvements qui ont agité le continent, on aurait tort de croire que « *l'Afrique est resté à l'écart de l'histoire du monde jusqu'à son ouverture par la colonisation* ». Bien au contraire, elle a été un « *lieu d'élaboration, pendant des millénaires, dans tous les domaines qui font le dans tous les domaines qui font le social. On y trouve tous les systèmes-types de nomenclature de la parenté (...) ; la plus grande variété des formations économiques et sociales (...) ; tous les types d'organisation politique traditionnelle (...) : des systèmes segmentaires à l'échelle de l'ethnie aux grands états à administration centralisée...* ».

Mais l'Afrique a élaboré également pendant des millénaires « *des formes de pensée raffinée, des croyances religieuses, des cosmogonies, des mythologies et des panthéons d'une grande richesse (...) ; un art et des genres littéraires multiformes...* »

On comprend alors que l'Afrique soit un véritable paradis pour l'ethnologue, une galerie qui « *loin d'exposer des matériaux morts ou moribonds, des survivances ou des archaïsmes, les étale à nos yeux dans le foisonnement de la vie* ».

Mais comment connaître dans son intégralité « *un champ si énorme o[...] toutes, ou presque toutes les form[...] sociales connues ont été essayées, en[...]visagées, réalisées* » ? Loin d'une tel[...] prétention, Françoise Héritier a préfé[...] parler de la nature même de la co[...]naissance anthropologique : « *[...] vision synoptique que j'ai essayé [...] mettre au point lie les fai[...] d'organisation sociale au sens large [...] leur représentation au sein d'ensembl[...] symboliques, et cherche à mettre [...] évidence par cette association [...] logique et la nécessité interne [...] systèmes sociaux ethniques pa[...]ticuliers* ». Importance donnée au[...] représentations qui, a-t-elle précisé, [...] relève pas d'un « *parti pris idéaliste* »[...] « *S'il ne peut y avoir d'actes sociau[...] réglés qui ne soient simultaném[...] réglés en esprit, on conviendra que to[...] système social et toute pratique sont [...] même temps symboliques* ».

François Héritier a conclu par l'ave[...] d'une passion : la présence sur [...] terrain comme bonheur d[...] l'ethnologue.

Didier ERIBO[...]

Mort de Benoist-Mechin

L'historien Jacques Benoist-Mechin est décédé jeudi à Paris à l'âge de 82 ans. Il avait dirigé pendant la seconde guerre la Légion des volontaires français engagés dans les rangs allemands pour lutter contre le communisme et ses « *incarnations juives ou francs-maçonnes* ». Arrêté à la Libération, il avait été condamné à mort en 47 puis libéré en 54. On lui doit notamment des ouvrages sur Alexandre, Cléopatre...

Ci-dessus, article paru dans *Libération* du samedi 26 et du dimanche 27 février 1983, après la leçon inaugurale au Collège de France.

Ci-contre et page suivante, article paru dans *Le Monde* du 1er mars 1983.

LA LEÇON INAUGURALE DE Mme FRANÇOISE HÉRITIER-AUGÉ AU COLLÈGE DE FRANCE

L'Afrique, enfin

Mme Françoise Héritier-Augé, deuxième femme professeur au Collège de France, après Mme Jacqueline de Romilly, a prononcé vendredi 25 février sa leçon inaugurale. Elle occupe la chaire d'étude comparée des sociétés africaines.

L'Afrique entre enfin de plein droit et *« à part entière »* au Collège de France. Il était donc naturel que celle par qui l'étrangeté de ce retard prend fin s'attardât d'abord dans son propos inaugural sur l'histoire de ce délai. Absent, ce continent ne le fut pas complètement. Dans le passé, plusieurs enseignements ont invoqué ou utilisé à l'occasion des exemples africains. Sans plus.

Une situation propre au Collège de France ? Non. Mme Héritier-Augé souligne *« l'étrange absence de l'Afrique dans les intérêts universitaires et savants autres que naturalistes, en France, avant les années 30 de ce siècle »*. Elle rappelle que *« la naissance d'un « africanisme » à visée scientifique survient en France bien après le déploiement colonial ; de façon générale, les initiatives scientifiques françaises, officielles ou non, sont sensiblement postérieures à celles d'autres pays colonisateurs, et ainsi, l'intérêt porté à l'Afrique sur ce plan souffre, pourrait-on dire, d'un double retard »*. Retard des sociétés savantes : celle des Africanistes n'apparaît qu'en 1931. Retard dans l'enseignement : rien avant la chaire des langues soudanaises (1921) à l'École des langues orientales vivantes.

M. K.

(Lire la suite page 17.)

La leçon inaugurale de Mme Françoise Héritier-Augé au Collège de France

(Suite de la première page.)

Marcel Mauss crie encore dans le désert lorsqu'il dénonce en 1913 l'*« opposition générale, sociale, têtue, réactionnaire »* qui a frappé d'ostracisme en France l'anthropologie exotique et l'ethnographie.

L'une des causes non avouées de cette situation est la longue persistance de la vision méprisante de l'homme noir et de ses œuvres. Racisme, absence d'intérêt, difficulté d'accès du continent, tout concourt à cette ignorance durable jusqu'à ce que *« la Revue nègre déploie ses charmes la même année où se crée l'Institut d'ethnologie »*.

La fin de l'ignorance du plus grand nombre entraîne celle d'une appréciation d'ensemble erronée : une Afrique qui serait *« restée à l'écart de l'histoire du monde jusqu'à son ouverture par la colonisation »*, un continent où rien n'aurait pu se passer *« qui n'y soit introduit de l'extérieur »*. On sait maintenant qu'il n'en est rien, et aussi que l'Afrique *« a eu ses propres déterminations »*. *« Lieu d'élaboration pendant des millénaires dans tous les domaines qui font le social, on y trouve représentés tous les systèmes-types de nomenclature de la parenté, toutes les formes connues de filiation (...) et de résidence, toutes celles de l'alliance (...) ; on y trouve la plus grande variété de formations économiques et sociales, de modes et de rapports de production qu'une abondante littérature s'efforce d'ordonner : sociétés de chasseurs-collecteurs, puisqu'il en subsiste encore, y compris des peuples de pêcheurs lagunaires ou fluviaux, de pasteurs nomades, de cultivateurs sédentaires ou itinérants, de planteurs, etc., qu'organiseraient des modes de production domestique, lignager, cynégétique, villageois, esclavagiste, colonial, africain...*

» On y trouve tous les types d'organisation politique traditionnelle, des petites bandes acéphales aux communautés villageoises autonomes qui répartissent les fonctions politiques non dissociées des religieuses entre différents lignages, des systèmes segmentaires à l'échelle de l'ethnie aux grands États à administration centralisée, avec armée, appareil répressif, taxes et impôts, des royautés « sacrées » aux empires mercantiles ou religieux des conquérants précoloniaux. »

« L'Afrique a élaboré également pendant des millénaires, poursuit Mme Héritier-Augé, *des formes de pensée raffinée, des croyances religieuses, des cosmogonies, des mythologies et des panthéons d'une grande richesse, qu'elle a exportés, sans l'avoir voulu d'ailleurs, dans le Nouveau Monde ; un art et des genres littéraires multiformes, un prodigieux savoir naturaliste, et, malgré la pauvreté des matériaux, des architectures remarquables (...). »*

Ainsi, le continent africain se présente *« comme une gigantesque galerie ethnographique où seraient rassemblés la quasi-totalité des éléments, dans leurs diverses combinaisons, sur lesquels s'exerce la sagacité anthropologique. Et cette galerie, loin d'exposer des matériaux morts ou moribonds, des survivances ou des archaïsmes, les étale à nos yeux dans le foisonnement de la vie. Ainsi l'Afrique procure-t-elle la matière nécessaire à un travail anthropologique en profondeur : elle fournit toujours la ressource de comparer entre elles ses sociétés actuelles, qui sont diverses, tout en les confrontant à d'autres qui lui sont extérieures, mais aussi elle offre la possibilité de voir fonctionner* in situ *des institutions, et même parfois plus largement des types d'organisation sociale, qu'ailleurs on ne connaît que par des descriptions ethnographiques anciennes ou par l'histoire »*.

Vivante galerie

Mais le continent n'est pas un vaste conservatoire, il *« s'inscrit dans l'histoire chaude du contact culturel. Il ne peut y avoir de société préservée ; elle évolue et se transforme par un travail d'élaboration continue, et si des traits disparaissent, d'autres se réorganisent et s'adaptent à de nouveaux contextes, usant pour cela des possibilités d'ouverture et de manipulation qu'offre le système lui-même »*.

Par exemple, *« la diversité des situations politiques actuelles, l'expansion continue de l'islam, la difficulté d'application des politiques de développement, le foisonnement du phénomène urbain, les migrations de travailleurs et le chômage témoignent à leur manière des contacts plus ou moins difficiles des peuples, comme en présentent directement les effets, les syncrétismes et les messianismes aux diverses facettes selon les lieux et les moments où ils sont nés, religions séparatistes d'Afrique du Sud, mouvement harriste de Côte-d'Ivoire, kimbanguisme au Congo »*.

La tâche d'anthropologue que s'assigne Mme Héritier-Augé, face à la richesse du continent africain, *« ne se résume pas à la confection d'un « patchwork » dont chaque ethnologue aurait approximativement découpé un morceau incomparable (...) ; son projet, au sens plein du terme, peut être légitime dans la mesure où il ne se veut ni réductiviste ni totalitaire.*

» Chaque société offre, il est vrai, une configuration singulière, mais plutôt que de l'entendre comme un assemblage de traits culturels irréductibles dont aucun n'est par définition comparable avec un trait homologue d'une autre société, il me semble plus justifié de l'entendre comme un ensemble intégré de pratiques et de représentations symboliques de la pratique, inscrit dans une culture et une histoire, et dont les mécanismes d'intégration et d'association sont comparables avec ceux qui sont pratiqués dans d'autres sociétés.

Une logique du social

» Il n'y a somme toute que deux manières, conçues de façon antithétique, de traiter de l'homme social : l'une, que je récuse, oppose la diversité tatillonne de cultures intraduisibles, inconnaissables et incommunicables, à l'existence universelle de grands archétypes de la pensée humaine où toutes les cultures et les sociétés peuvent être confondues ; l'autre, à laquelle je me propose de conformer mon enseignement et mes recherches, associe le donné phénoménologique variable des sociétés à des mécanismes invariants sous-jacents, qui sont en petit nombre, ordonnant ce donné et lui conférant son sens. »

Autour de la notion de *« logique du social »*, Mme Héritier-Augé se propose de tracer *« dans la masse des faits des itinéraires reliant entre eux les domaines empiriques ordinairement recensés de façon à construire progressivement un assemblage où les points de vue sociologique et anthropologique ne se laissent pas dissocier et où la perspective monographique, qui amène à décrire la logique d'un système quel qu'il soit, entraîne inévitablement sa mise en parallèle avec d'autres »*.

Pour autant, à l' *« Afrique fantôme »* qu'évoquait Michel Leiris, peut-on substituer une Afrique de savoir, d'enseignement et, à la limite, de pure abstraction ? Non, conclut Mme Héritier-Augé, car les chemins de la connaissance *« passent aussi par l'intimité partagée avec l'Autre, cette compréhension où Lévi-Strauss voyait « une forme supplémentaire de preuve », et, pour moi, par les visages familiers et amis de ceux qui arrachent à une difficile terre voltaïque les moyens de leur subsistance et prolongent l'effort de réflexion amorcé par leurs ancêtres en interrogeant avec inquiétude les approximatives régularités de la nature, si avare en eau, et les aléas de l'histoire »*.

M. K.

Changement et continuité

La chaire d'étude comparée des sociétés africaines a été créée par transformation de la chaire d'histoire et structure sociales de Paris et de la région parisienne, dont M. Louis Chevalier fut titulaire de 1952 à 1981.

Connue surtout pour ses études anthropologiques sur les systèmes de parenté, Mme Héritier-Augé, membre depuis 1967 du laboratoire d'anthropologie sociale rattaché au Collège de France, au C.N.R.S. et à l'École des hautes études en sciences sociales, en assume depuis peu la responsabilité administrative. Ce laboratoire était auparavant dirigé par M. Claude Lévi-Strauss, qui a lui-même été titulaire au Collège de France, de 1959 à 1982, d'une chaire d'anthropologie sociale. – M. K.

Index

Bibliographie des entretiens[1]

1967. Michel Cartry, Germaine Dieterlen, Susan Drucker, Meyer Fortes, Michel Izard, Guy Le Moal, Marc Piault et Jean Rouch

Communication sans titre sur la culture samo, suivie de questions posées par des anthropologues africanistes, in *Colloque sur les cultures voltaïques* (Sonchamp, 6-8 décembre), Paris, CNRS, coll. « Recherches voltaïques », 8, p. 127-140.

1978. Évelyne Sullerot*

« La femme dans les systèmes de représentation. Entretien », *in* É. Sullerot (dir.), *Le Fait féminin*, Paris, Fayard (Centre Royaumont pour une science de l'homme), p. 397-404.

© Librairie Arthème Fayard, 1978.

1985. Philippe Girard*

« Sur l'inceste. Entretien », *Cahiers du LASA*, 3, p. 27-61.

1985. François Ewald*

« Anthropologie de la filiation », *Le Magazine littéraire*, 218, p. 51-52.

© *Le Magazine littéraire*, 1985.

1989. Pierre Baron*

« Les permanences du savoir », *Sciences et Avenir*, 75, hors-série, p. 35-38.

© 1989, Pierre Baron-*Sciences et Avenir*, tous droits réservés.

1990. Françoise Brisset-Vigneau*

« Entretien », *Le Quotidien du médecin*, 5, mai.

1. Les entretiens suivis d'un astérisque ont été repris, dans leur totalité ou en partie, dans cet ouvrage.

1991. Nicole Échard et Catherine Quiminal*
« La valence différentielle des sexes au fondement de la société ? », *Journal des anthropologues,* 45, septembre, p. 67-78.

1993. Ruth Scheps*
« Une anthropologie symbolique du corps », *in* S. Arom, M. Augé *et al.*, interrogés par R. Scheps (dir.), *La Science sauvage. Des savoirs populaires aux ethno-sciences*, Paris, Le Seuil, p. 123-135.

1993. Laurent Greilsamer et Michel Kajman
« Les cultures ne sont pas des mondes absolus », *Les Grands Entretiens du Monde*, t. 1, Paris, Dossiers et documents du *Monde*, p. 100-101.

1993. Jean-Baptiste Barrière et Laurent Bayle
« Entretien », *Résonance,* 5, septembre, p. 4-7.

1994. Hélène Amblard*
« La solidarité n'est pas perdue », *Révolution,* 762, 6-12 octobre, p. 52-58.
Entretien reproduit avec l'aimable autorisation d'Hélène Amblard.

1994. Anne Guérin*
« Le modèle culturel de la femme africaine », *Le Journal du sida,* 64-65, avril-septembre, numéro spécial : « La femme et l'enfant face au sida », p. 33-34.

1996. Michel Juffé*
« L'anthropologie symbolique du corps », *in Aux frontières du savoir. Conférences-débats présentées et animées par M. Juffé*, Paris, Presses de l'École nationale des ponts et chaussées, p. 231-248.

1996. Nicola Gasbarro
« Il pensiero della differenza », *Prometeo. Rivista trimestrale di scienze e storia*, 14, 55, septembre, p. 50-61.

1997. Annie Le Palec, Anne Luxereau et Yasmine Marzouk*
« Entretien », *Journal des anthropologues*, « Femmes et sida », 68-69, p. 21-33.

1997. Véronique Nahoum-Grappe*
« Les butoirs de la pensée », *Sociétés et Représentations* (« La nuit »), mai, p. 39-45.

1997. Françoise Barret-Ducrocq et Évelyne Pisier
[Interview commentée] *Femmes en tête*, sous la direction de F. Barret-Ducrocq et É. Pisier, Paris, Flammarion, p. 188-193.

1994. Miriam Pillar Grossi
« Entretien realizada em Paris no Laboratoire de Antropologia Social em Fevereiro de 1993 », *Boletim da Associaçao Brasileira de Antropologia,* 22, mars, p. 3-4.

1996. Irène Bérélowitch
« L'esprit de famille », *Eureka*, 14, p. 31-34.

1998. Marie Rebeyrolle*
« Remettre en cause les hiérarchies du masculin et du féminin », *Les Cahiers*, ENSPTT, 8, avril (« Pouvoir au féminin. Les femmes dirigeantes en entreprises »), p. 105-110.
Entretien reproduit avec l'aimable autorisation de Marie Rebeyrolle.

1999. Georges Guille-Escuret*
« Regards au loin et alentour », *Journal des anthropologues*, 76, p. 7-23.
© G. Guille-Escuret-*Journal des anthropologues*, 1999.

1999. Isabelle de Vigan
« Questions de parenté et de filiation », *Le Journal des psychologues*, 169, juillet-août, p. 26-28.

1999. Isabelle Latinis-Héritier et Brigitte Héritier-Fasseur*
« Le pédiatre et la loi », *Le Pédiatre*, 174, t. XXXV, septembre-octobre, p. 177-185.

2000. Julie Chupin*
« Les acquis des femmes sont bien fragiles », *Le Monde de l'éducation*, 282, juin, p. 14-19.
© *Le Monde de l'éducation*, 2000.

2001. Olivier Mongin, Marc-Olivier Padis, Alexandra Pizoird et Irène Théry*
« Privilège de la féminité et domination masculine », *Esprit* (« L'un et l'autre sexe »), mars-avril, p. 77-95.

2001. Blandine Grosjean*
« Les hommes peinent à accepter que les femmes soient leurs égales », *Libération* (rubrique « Rencontre »), 18-19 août, p. 30-31.
© *Libération*, 2001-Blandine Grosjean.

2001. François Hollande*
« L'humain politique », *Témoin*, 25, septembre-octobre, p. 13-46.

2001. Jacques André*
« Inceste et substance. Œdipe, Allen, les autres et nous », *in* J. André (éd.), *Incestes*, Paris, PUF, coll. « Petite Bibliothèque de psychanalyse », p. 91-133.
© PUF, 2e édition, 2001.

2003. Jean-Paul Pichard*
« Dialogue sur *Masculin/Féminin II. Dissoudre la hiérarchie* », *Arc-en-ciel*, 52, 1er trimestre, p. 12-15.

2003. Colette Barroux
« En finir avec la hiérarchie entre masculin et féminin », *L'École des parents*, février-mars, p. 8-10.

2003. Agnès Boussuge
« Masculin-Féminin. De la domination à l'égalité », *Clara-Magazine*, 76, mars, p. 18-19.

2003. Françoise Escarpit
« Le barrage le plus fort vient du politique », *L'Humanité hebdo*, 8 et 9 mars, p. 9-10.

2003. Armand Touati
« Sortir de la domination masculine », *Cultures en mouvement*, 56, avril, p. 12-19.

2003. Nicolas Journet*
« Pourquoi la domination sexuelle ? », *Sciences humaines*, 140, juillet, p. 44-48.

2003. François de Singly*
« La domination masculine devient plus subtile », *Alternatives internationales*, juillet-août, p. 31-41.
Entretien reproduit avec l'aimable autorisation de l'auteur.

2003. Agnès Fine, Pascale Molinier, Sabine Prokhoris, Alice Pechriggl, Marie-Blanche Tahon
« Françoise Héritier répond... », *in* « Controverse autour du livre de Françoise Héritier *Masculin/Féminin II. Dissoudre la hiérarchie* », *in Travail, genre et sociétés*, 10, novembre, p. 208-217.

2003. *Liane*
« L'expérience fraternelle », *Liane* 2, p. 34-37.

2003. Catherine Portevin
« Entretien », avec la participation de Marcela Iacub, *Télérama*, janvier.

2003. Unesco*
Questionnaire, « Rapport mondial Unesco. Construire des sociétés du savoir », 12 juin.

2003. Anne Terrier*
Interview pour le site internet *Défenseur des enfants*, avril.

2004. Claudine Haroche*
« Regard et anthropologie », *Communications*, 75 (« Le sens du regard »), Paris, Le Seuil, p. 91-111.
© *Communications*, 2004.

2004. Gisèle Halimi, Martine Houyvet et Sophie Vacher
« L'interview », *Choisir la cause des femmes*, 89, mars, p. 3-6.

2004. Marc Kirsch*
« La Recherche », *La Lettre du Collège de France*, 11, juin, p. 31-37. Repris *in Lettre du Collège de France* (hors-série « Situation de la recherche en France et en Europe », juin), p. 59-65.
Entretien reproduit avec l'aimable autorisation du Collège de France.

2004. Marie-Laure Théodule
« La politique peut appauvrir la science », *La Recherche*, 381, décembre, p. 21.

2005. *Équilibres et Populations*
« Avec la pandémie de VIH-Sida, “on est bien au cœur des rapports sociaux de sexe” », *Équilibres et Populations*, Lettre d'information n° 93, janvier-mars, p. 8-9.

2005. Vincent de Gaulejac*
Intervention enregistrée le 13 février 2002 dans le cadre du séminaire animé par Vincent de Gaulejac au Laboratoire de changement social (université Paris-Diderot-Paris-VII), sur le thème « Histoire de vie et choix théorique », et publiée sous le titre : « Un parcours remémoré », *in Histoires de vie et choix théoriques en sciences sociales. Parcours de femmes*, ouvrage présenté par C. Zaidman et coordonné par F. Aubert, Paris, L'Harmattan, coll. « Changement social », p. 117-158.

2005. Muriel Rouyer*
« Entretien. Parcours de recherche », *Raisons politiques. Études de pensée politique*, novembre, p. 113-148.
© Presses de la Fondation nationale des sciences politiques, 2005.

2005. Philippe Lazar*
« Entretien », *Diasporiques,* 36, décembre, p. 6-13.
© *Diasporiques*/Cultures en mouvement, 2005. www.diasporiques.org

2006. Emmanuel Giannesini*
« Nous ne devons pas avoir peur de l'innovation sociale », rubrique « Pour ou Contre. Le mariage homosexuel et l'homoparentalité », *in Philosophie Magazine*, 4, octobre-novembre, p. 14.

2007. Anne Chemin*
« Le *vade-mecum* du mâle dominant », *Le Monde* 2, 155, 3-9 février, p. 18-25.
© Anne Chemin-*Le Monde*, 2007.

2007. *Psychologies*
« Une anthropologue dans la Cité », *Psychologies*, avril, p. 106-108.

2008. Michèle Fiéloux, Claire Mestre, Marie Rose Moro*
« Une anthropologue dans la Cité », *L'Autre. Cliniques, cultures et sociétés*, 9 (1), p. 11-36.

2008. Anne Dhoquois
« Françoise Héritier », *in* A. Dhoquois (éd.), *Comment je suis devenue ethnologue*, Paris, Le Cavalier bleu, p. 149-166.

2008. Olivia Benhamou*
« Il était beau, grand, brun, les cheveux coiffés en arrière, un peu ondulés, avec un beau regard... », *in* O. Benhamou (éd.), *Le Premier Homme de ma vie. Onze femmes racontent leur père*, Paris, Robert Laffont, p. 175-192.
© Robert Laffont, 2008.

2008. Jacques Delcuvellerie et Annette Wieviorka

« Pour le meilleur et pour le pire : l'homme entre culture et barbarie », *in Le Théâtre des idées. 50 penseurs pour comprendre le XXIe siècle*, ouvrage dirigé par Nicolas Truong avec le Festival d'Avignon, Paris, Flammarion, p. 118-131.

2008. Caroline Broué*

L'Identique et le différent. Entretiens avec Caroline Broué, Paris, France Culture-Éditions de l'Aube, coll. « Monde en cours ».

Table

Chapitre 3
Incestes et substances

Chapitre 4
L'anthropologue dans la Cité

Chapitre 5
L'avenir des sciences

Chapitre 6
Le sens du regard

Crédits photographiques

Cet ouvrage a été transcodé et mis en pages
chez Nord Compo (Villeneuve d'Ascq)

Impression réalisée par

BRODARD & TAUPIN

La Flèche (Sarthe), le 22-04-2013
N° d'impression : 73257
N° d'édition : 7381-2987-X
Dépôt légal : mai 2013

Imprimé en France